Der große QUIZ JUMBO

Testen und erweitern Sie Ihr Wissen.

Liebe Rätselfreunde!

Höchst erfreulich und belehrend
Ist es doch für jedermann,
Wenn er all die Rätselseiten
Lesen und erraten kann. ...

Hätte es zur Zeit von Wilhelm Busch bereits Kreuzworträtsel gegeben, hätten wir den Spruch sicherlich nicht abändern müssen – bestimmt gäbe es ein passendes Zitat von ihm für diesen Volkssport Nr. 1. Denn Wilhelm Busch hatte – wie die vielen Rätselrater auf dieser Welt – Spaß am Wissen und an der Herausforderung, dieses Wissen immer wieder unter Beweis stellen zu können.

Wir wünschen Ihnen viel Vergnügen mit den vielen Fragen, die hier auf Sie warten!

Ihre Bassermann-Rätsel-Redaktion

ISBN: 978-3-8094-3973-8

817 2635 4453 6271

Wer wird Millionär?

1) Ein Polier arbeitet als Vorarbeiter auf dem ... (50 €)
- A Schiff
- B Bau
- C Rathaus
- D Gericht

2) Manche Menschen reden ohne Punkt und ... (100 €)
- A Ausrufezeichen
- B Fragezeichen
- C Komma
- D Semikolon

3) Hornhautschwielen an den Füßen nennt man ... (200 €)
- A Katzenaugen
- B Hühneraugen
- C Pfauenaugen
- D Ochsenaugen

4) Einige Boxer haben nach einem Kampf ein ... (300 €)
- A Nelkchen
- B Röschen
- C Stiefmütterchen
- D Veilchen

5) Rolf Kauka schuf die Comicfiguren „... und Foxi". (500 €)
- A Fax
- B Fips
- C Fix
- D Struppi

6) Wie wird New York auch genannt? (1000 €)
- A Big Apple
- B Big Fruit
- C Big Cherry
- D Big Ben

7) Jil Sander ist eine bekannte ... (2000 €)
- A Modeschöpferin
- B TV-Ansagerin
- C Sängerin
- D Turnerin

8) Was explodiert garantiert nicht? (4000 €)
- A Sprengsatz
- B Granatapfel
- C Feuerwerkskörper
- D Dynamitladung

9) Welche Band nannte man auch die „Pilzköpfe"? (8000 €)
- A ABBA
- B The Rolling Stones
- C Queen
- D The Beatles

10) Die Summe ist das Ergebnis einer ... (16 000 €)
- A Addition
- B Subtraktion
- C Division
- D Multiplikation

11) Wer gehörte nicht zu den Heiligen Drei Königen? (32 000 €)
- A Melchior
- B Bartholomäus
- C Balthasar
- D Kaspar

12) Ein Millennium ist ein Zeitraum von ... (64 000 €)
- A 10 Jahren
- B 100 Jahren
- C 1000 Jahren
- D 1 000 000 Jahren

13) Welche Edelsteine bestehen aus reinem Kohlenstoff? (125 000 €)
- A Rubine
- B Smaragde
- C Opale
- D Diamanten

14) Welches Gewürz basiert auf Orchideen? (500 000 €)
- A Zimt
- B Ingwer
- C Vanille
- D Muskat

15) Die berühmte Gemäldegalerie in München heißt ... (1 000 000 €)
- A Grünes Gewölbe
- B Nationalgalerie
- C Pinakothek
- D Eremitage

TIER-QUIZ

1 Ein bunter Koi ist im heimischen Teich ein Hingucker. Dabei ist er keine eigene Art, sondern eine Mutation welchen Fisches?

- KARPFEN
- FLUNDER
- PIRANHA

2 Der Mops ist in der Kunst eine häufig porträtierte Hunderasse. Bereits 600 v. Chr. wusste er die Kaiserhäuser zu begeistern. In welchem Land?

- KENIA
- CHINA
- JEMEN

3 Früher war die Brieftaube ein schneller Postbote, heute ist sie sportliche Wettkämpferin. Man nennt sie vielerorts auch „... des kleinen Mannes".

- FLITZMAUS
- RENNPFERD
- FLUGKAMEL

QUIZ

1. Bei keinerlei Interesse hat man „null ...".

A Hirsch	**B** Schwein
C Bock	**D** Stier

2. Wenn man sich vor etwas drückt, dann ... man.

A spuckt	**B** beißt
C kratzt	**D** kneift

3. Alter schützt sprichwörtlich vor was nicht?

A Weisheit	**B** Torheit
C Klugheit	**D** Faulheit

4. Eine „beinharte" Deutschrock-Band heißt ...

A Brikettrumba	**B** Holzwalzer
C Kokstango	**D** Torfrock

5. Der Name Arktis ist abgeleitet vom griechischen Wort für ...

A Bär	**B** Eis
C Frost	**D** Pol

6. Jäger zielen über Kimme und ...

A Likör	**B** Korn
C Wodka	**D** Wein

7. Was ist bei Peeptoes dem Namen nach zu sehen?

A Fersen	**B** Zehen
C Fersen und Zehen	**D** weder Fersen noch Zehen

8. Der Tadsch Mahal in Indien ist ...

A ein Mausoleum	**B** ein Palast
C eine Moschee	**D** ein Tempel

9. Der Türkenbund ist ...

A ein Turban	**B** eine Lilie
C ein Verteidigungspakt	**D** ein Knoten

10. Ein Erfolgsroman von Daniel Glattauer heißt „Gut gegen ...".

A Ostwind	**B** Nordwind
C Südwind	**D** Westwind

11. Was ist Ökotrophologie?

A Weinbaukunde	**B** Umweltkunde
C Ernährungswissenschaft	**D** Wirtschaftswissenschaft

12. Wer sagte „Noch so ein Sieg, und wir sind verloren!"?

A Hannibal	**B** Pyrrhus
C Napoleon	**D** Cäsar

WORTSPIEL

Wenn Sie die Bedeutungen der 8 Wörter herausgefunden haben, ergeben die Buchstaben hinter den richtigen Antworten – von oben nach unten gelesen – ein Sprichwort.

1 Backbord
a) Tennis: Rückhandschlag **WER**
b) Kuchenablage . . . . **DER**
c) linke Schiffsseite. . . . . **VOL**

2 Dublone
a) Bewohner von Dublin . . . **SCH**
b) alte span. Goldmünze . . . **LER**
c) Doppelstück . . . . **GEB**

3 Fighter
a) Kämpfernatur . . . . **MAG**
b) Düsenflugzeugpilot . . . . . **WEI**
c) Hunderasse . . . . **RAN**

4 Heimniederlage
a) Zweiggeschäft . . . . **CHM**
b) Spielverlust auf eigenem Platz (Sport) . . . . **ENW**
c) Schließung e. Kinderhorts **GTS**

5 Kahlschlag
a) kahl geschorener Kopf . . **ACH**
b) Finte im Boxsport . . . . . . **AGT**
c) abgeholzte Waldfläche . . . **ILL**

6 Kollision
a) Frachtbriefprüfung . . . . . . **TER**
b) Zusammenstoß . . . . **RUH**
c) Warenmustersammlung . . **AUC**

7 Mutation
a) Tapferkeitsschulung . . . . **HET**
b) Mutprobe . . . . **FAH**
c) Veränderung im Erbgefüge **EHA**

8 Seismogramm
a) Aufzeichnung der Erdbebenwellen . . . . **BEN**
b) kleine Gewichtseinheit . . **REN**
c) Stempelautogramm. . . . . **WAS**

Nur wenn Sie die Fragen richtig beantworten, werden Sie am Ziel mit den richtigen Buchstaben ankommen. Diese ergeben – hintereinandergelesen – ein Sprichwort.

START

A Spinnen haben acht Beine.	NEIN ▶	**L** Linda ist eine deutsche Kartoffelsorte.	JA ▶	**G** Japanische Haikus bestehen traditionell aus 17 Wörtern.	JA ▶	**N** Die Gamma-Eule gehört zu den Raubvögeln.
JA ▼	◀ NEIN	JA ▲	NEIN ▲	NEIN ▼	◀ NEIN	JA ▼
U Rooibos-Tee wird ausschließlich in Südafrika angebaut.	NEIN ▶	**E** Histidin ist ein Hormon.	◀ NEIN	**E** 1891 wurde der Durchmesser eines Golflochs mit 10,79 cm festgelegt.	◀ JA	**P** Klaus Wowereit war Regierender Bürgermeister in Berlin.
JA ▼		JA ▲		JA ▼		NEIN ▼
F Ein Schachbrett hat 68 Felder.	NEIN ▶	**R** Das Porto für einen Inlandsbrief in Spanien kostet 36 Cent.	NEIN ▶	**N** Würzburg liegt am Rhein.	JA ▶	**H** In Marzipan sind gemahlene Nüsse.
JA ▼	NEIN ▲	JA ▲		NEIN ▼	◀ NEIN	JA ▼
L Der Weltrekord im Kirschkernweitspucken liegt bei 21,71 Metern.	◀ NEIN	**O** Ludwig van Beethoven komponierte drei Opern.	◀ NEIN	**F** Angela Merkel wurde in Templin geboren.	◀ JA	**R** Wenn Sommerzeit ist, wird die Uhr eine Stunde zurückgestellt.
JA ▼		JA ▲		JA ▼		NEIN ▼
G Ein DIN-A4-Blatt ist 297 mm x 420 mm groß.	NEIN ▶	**T** Der Eurovision Song Contest 2015 findet in der Schweiz statt.	◀ NEIN	**K** Alexander Graham Bell erfand das Telefon.	JA ▶	**E** Garam masala ist eine indische Süßspeise.
JA ▼	◀ NEIN	JA ▲		NEIN ▲	◀ NEIN	JA ▼
S Die Amsel ist der Bräutigam im Lied „Die Vogelhochzeit“.	NEIN ▶	**O** Himmelfahrt wird 37 Tage nach dem Ostersonntag gefeiert.	NEIN ▶	**N** Rosskastanien und Esskastanien sind nicht miteinander verwandt.	◀ JA	**A** Mario Götze schoss das entscheidende Tor im Finale der Fußball-WM 2014.
JA ▼	NEIN ▲	JA ▲		JA ▼	NEIN ▲	NEIN ▼
S Wenn Schwalben tief fliegen, gibt es Regen.	JA ▶	**G** Der Bundespräsident wohnt in der „Villa Nagelschmidt“.	NEIN ▶	**N** Katzenelnbogen ist eine Stadt in Deutschland.	JA ▶	**E** ZIEL 

Lösung:

☐☐☐ ☐☐☐☐☐ ☐☐☐☐☐ ☐☐☐☐☐

„In den entscheidenden Momenten deines Lebens warst du immer ohne Taschentuch.“ Das muss sich Scarlett O'Hara von Rhett Butler in „Vom Winde verweht“ anhören. Und auch Zuschauer, die bei diesem Film keinen Vorrat an Taschentüchern bereitlegen, haben den Vorwurf verdient. Kennen Sie das rührselige Südstaaten-Epos aus dem Jahr 1939?

1 Welches Ereignis der amerikanischen Geschichte bildet den Hintergrund für den Film?

F die Große Depression
E Goldrausch in Kalifornien
K Sezessionskrieg
P Unabhängigkeitserklärung

2 Wie heißt die Baumwollplantage, auf der Scarlett mit ihrer Familie lebt?

R Brutto
E Mount Royal
A Netto
I Tara

3 Die Rolle der Scarlett spielte Vivian Leigh (1913–1967). In welchem damals noch unter britischer Herrschaft stehenden Land kam sie zur Welt?

L Australien
N Indien
S Kanada
R Kenia

4 Wie heißt der von Leslie Howard gespielte Nachbar, in den die junge Scarlett sich verliebt?

O Ashley Wilkes
M Justin LaMotte
T Orry Main
N Victor László

5 Der Nachbar aber heiratet eine andere: Scarletts Freundin Melanie. Wer spielte die?

B Joan Fontaine
A Lesley-Anne Down
V Olivia de Havilland
S Victoria Principal

6 Wer spielte den charmanten Draufgänger Rhett Butler, der ungewollt Mitwisser von Scarletts heimlicher Liebe wurde?

O Clark Gable
E Gary Cooper
U Patrick Swayze
P Rock Hudson

7 Später heiraten Scarlett, inzwischen zweifache Witwe, und der unermesslich reich gewordene Rhett. Der Name ihrer gemeinsamen Tochter?

S Alice
R Bonnie
F Clyde
H Ellen

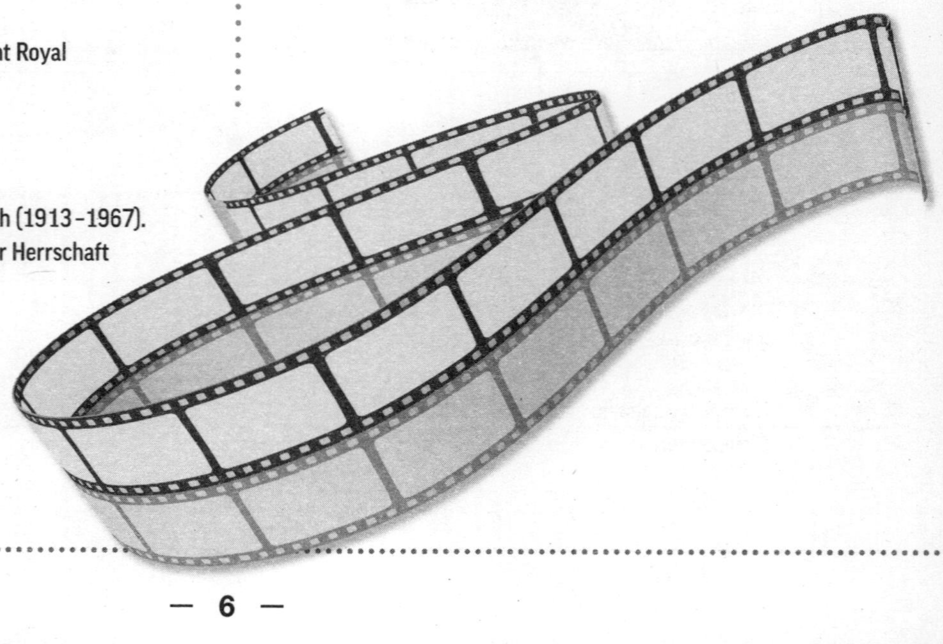

8

Nachdem die Tochter im Alter von vier Jahren tödlich verunglückt ist, verlässt Rhett Scarlett. Die hat das letzte Wort im Film. Was sagt sie?

P Das ist der Beginn einer wunderbaren Freundschaft!
F Hört nicht auf zu träumen!
R Ich will genau das, was sie hatte!
S Verschieben wir's auf morgen!

9

Am 15. Dezember 1939 feierte der Film in Atlanta Premiere. In welchem US-Bundesstaat also?

R Alabama
T Georgia
F Louisiana
P South Carolina

10

Wegen der damals noch geltenden Rassentrennung durften die schwarzen Darsteller nicht an der Premiere teilnehmen. Auch Hattie McDaniel nicht, die in der Rolle einer resoluten, aber herzensguten Haushälterin glänzte. Deren Name?

U Fanny
O Happy
E Mammy
R Nanny

11

Hattie McDaniel erhielt – als erste schwarze Schauspielerin überhaupt – einen Oscar. Auch Vivian Leigh erhielt eine der begehrten Trophäen. Wie viele Oscars gewann „Vom Winde verweht" insgesamt?

C zwei
H vier
G acht
L zehn

12

Ausgezeichnet wurde auch die Schriftstellerin, die mit dem Roman „Vom Winde verweht" die Vorlage für den Film geschrieben hatte. Was erhielt sie?

H Faulknermedaille
R Goethe-Plakette
G Nobelpreis
L Pulitzerpreis

13

Wie hieß die so ausgezeichnete Schriftstellerin, die 1949 bei einem Autounfall ums Leben kam?

E Harriet Beecher-Stowe
U Margaret Mitchell
S Nelle Harper Lee
A Pearl S. Buck

14

Viele Jahre später – 1991 – erschien unter dem Titel „Scarlett" eine Fortsetzung des Romans. Wer schrieb sie?

N Alexandra Ripley
A Joanne K. Rowling
M Nadine Gordimer
I Rosamunde Pilcher

15

Auch „Scarlett" wurde verfilmt. Wer hatte die Ehre, Rhett Butler zu spielen?

S Daniel Craig
T Pierce Brosnan
M Sean Connery
G Timothy Dalton

REISE-QUIZ

Fachwerkhäuser, bizarre Felslandschaften und endlose Wälder: Das ist die Pfalz. Wie gut kennen Sie die für den Weinanbau berühmte Region? Die acht Fragen haben je vier Antwortmöglichkeiten. Die Lösung Ihrer Wahl tragen Sie in die entsprechend nummerierten Felder im Rätseldiagramm ein.

1 **Eine Fülle touristischer Attraktionen bietet die Pfalz mit ihrer Deutschen Weinstraße. Ein Teil des Weges wird im Frühling in ein zartrosa Blütenmeer getaucht. Welches Gewächs ist dafür verantwortlich?**

A Waldkiefer — *B Stechpalme*
C Sandelholz — *D Mandelbaum*

2 **Eine der Stationen an dieser Straße ist Bad Dürkheim, wo das weltgrößte Weinfass steht. Es fasst bis zu 1,7 Millionen Liter und wurde 1934 von welchem Küfermeister erbaut?**

A Keller — *B Zimmer*
C Balkon — *D Giebel*

3 **Das Hambacher Schloss bei Neustadt gilt als „Wiege der deutschen Demokratie". Dort demonstrierten 1832 tausende Menschen für Freiheit und nationale Einheit. Welches Land diente als Vorbild?**

A Tschechien — *B Frankreich*
C Kasachstan — *D Mazedonien*

4 **Im beschaulichen Hauenstein kam es ab 1886 zu einem regelrechten Wirtschaftsboom. Etwa 35 Fabriken stellten ein Produkt her, dem heute ein Museum gewidmet ist. Was war es?**

A Butter — *B Papier*
C Marmor — *D Schuhe*

5 **Der Kaiserdom, das Wahrzeichen von Speyer, wurde 1061 geweiht. In der Krypta fanden deutsche Kaiser und Könige ihre letzte Ruhe. Wie viele Kaiser und Könige liegen dort begraben?**

A zwei — *B vier*
C acht — *D zehn*

6 **Eine der Sehenswürdigkeiten im Naturpark Pfälzerwald sind die Ruinen der Burg Drachenfels. Der Aussichtsturm wird wegen seiner Form im Volksmund wie genannt?**

A Ohrmuschel — *B Backenzahn*
C Adamsapfel — *D Ellenbogen*

7 **In Rhodt unter Rietburg kommt man am vermutlich ältesten Weinberg der Welt vorbei. Seit mehr als 400 Jahren gedeiht dort welche Rebsorte?**

A Traminer — *B Kernling*
C Riesling — *D Charmont*

8 **Die sonnenreiche Rheinebene lädt zum Radeln ein. Vorbei geht es an Auwäldern, Seen und Feldern. Welches Genussmittel wird hier seit 1573 geerntet?**

A Chili — *B Betel*
C Tabak — *D Kakao*

Wer wird Millionär?

1) Einem Menschen, den man nicht mag, wird man etwas ... (50 €)
A kratzen — C niesen
B husten — D schnupfen

2) Was ist aller Laster Anfang? (100 €)
A Laubengang — C Müßiggang
B Börsengang — D Alleingang

3) Wenn man etwas nicht begreift, ist man wie ... (200 €)
A verleimt — C vernagelt
B verklebt — D verschraubt

4) Die Frau von Prinz William trägt den Titel Duchess of ... (300 €)
A Wales — C Cornwall
B Cambridge — D Windsor

5) Das erste Fahrrad war aus ... (500 €)
A Holz — C Bambus
B Stahl — D Eisen

6) Der Hase heißt in der Fabel Meister ... (1000 €)
A Kerze — C Leuchte
B Lampe — D Licht

7) Was gehört sprichwörtlich zum Handwerk? (2000 €)
A rasseln — C pfeifen
B klappern — D klingeln

8) Makoré ist eine ... (4000 €)
A Holzsorte — C Stickerei
B Speise — D Stoffart

9) Was wird mit einem EEG gemessen? (8000 €)
A Herzschlag — C Puls
B Hirnströme — D Reflexe

10) Ein klassisches Fleischgericht ist das Filet ... (16 000 €)
A Blücher — C Nelson
B Cumberland — D Wellington

11) Günther Jauchs Karriere begann als Sportmoderator beim ... (32 000 €)
A WDR — C NDR
B RIAS — D BR

12) Was ist kein Konservierungsverfahren? (64 000 €)
A Räuchern — C Kandieren
B Pökeln — D Flambieren

13) Wo liegt die berühmte Burg Canossa? (125 000 €)
A in Portugal — C in Italien
B in Frankreich — D in Spanien

14) Wer schrieb die Ode „An die Freude"? (500 000 €)
A Heine — C Goethe
B Schiller — D Lessing

15) Welche Pflanze wurde nicht nach einer Person benannt? (1 000 000 €)
A die Magnolie — C die Gardenie
B die Geranie — D die Klivie

Kein April-Narr!

Am 1. April ist er zwar getauft, nicht aber geboren worden. Darauf legte er noch im hohen Alter wert. „Ich wäre ja sonst ein April-Narr", sagte er. Deshalb gilt heute als wahrscheinlich, dass er am 31. März 1732 zur Welt kam. In jungen Jahren verdiente er als Klavierbegleiter und Tanzbodengeiger sein Brot. Zeitgenossen schätzten natürlich vor allem seine Werke, aber auch sein stets freundliches, hilfsbereites Wesen. Sein Freund Mozart widmete ihm sechs Streichquartette. Als erster Musiker wurde er von der Universität Oxford mit einem Doktortitel geehrt. Eines seiner Werke wird bei bestimmten Gelegenheiten noch heute von sehr sehr vielen Menschen intoniert.

Sein Name? Wenn sie wissen, welcher seiner Kollegen welches Werk komponierte, haben Sie die Antwort.

○	**Das wohltemperierte Klavier**	**Beethoven**	**A**
○	**Für Elise**	**Mozart**	**D**
○	**Regentropfen-Prelude**	**Bach**	**H**
○	**Rondo alla Turca**	**Schumann**	**N**
○	**Träumerei**	**Chopin**	**Y**

DAS VERZWICKTE QUIZ

Beantworten Sie die Quizfragen. Die Buchstaben hinter den richtigen Antworten ergeben ein Lösungswort.

1 Die Windrichtung wird angezeigt von einem ...
a) Wetterfrosch .... G
b) Wetterhahn .... S
c) Wetterhuhn .... F
d) Wetterbaum .... K

2 Betrüger legen ihre Opfer aufs ...
a) Kreuz .... T
b) Herz .... R
c) Pik .... S
d) Karo .... E

3 Ein Lied von Stephan Remmler heißt „Keine Sterne in ...".
a) Athen .... R
b) Berlin .... J
c) Paris .... D
d) St. Kathrein V

4 Inaktive Menschen machen sich einen faulen ...
a) Winter .... A
b) Lenz I
c) Sommer .... G
d) Herbst .... B

5 Eine Shakespeare-Komödie heißt „Viel Lärm um ...".
a) weniges L
b) alles .... R
c) nichts C
d) einiges .... H

6 Welches Tier hält einen Winterschlaf?
a) Fledermaus .... K
b) Eichhörnchen .... D
c) Dachs .... S
d) Waschbär .... B

7 Die roten Blutkörperchen sind die ...
a) Erythrozyten .... E
b) Leukozyten .... F
c) Lymphozyten C
d) Thrombozyten .... H

8 Welchen Ortsnamen gibt es in Deutschland nicht?
a) Linsengericht .... T
b) Pausenhof .... N
c) Lederhose .... E
d) Winterberg .... A

○1 ○2 ○3 ○4 ○5 ○6 ○7 ○8

Quiz für Ballermänner!

Selbst für Mallorquiner und Mallorcafans ist nicht jede der folgenden Fragen leicht zu beantworten. Oder kennen Sie die Insel wie Ihre Westentasche? Testen Sie es mit diesem Quiz!

1 Die Kathedralkirche in Palma heißt im Volksmund ...

A) La Patria
B) La Seu
C) Monasterio del Palma
D) La Cibeles

2 Keine Baleareninsel ist ...

A) Cabrera
B) La Palma
C) Mallorca
D) Formentera

3 Die kleine Insel Sa Dragonera heißt übersetzt ...

A) Häftlingsinsel
B) Dracheninsel
C) Reiterinsel
D) Tulpennest

4 Der Airportcode (IATA) des Flughafens von Palma de Mallorca lautet ...

A) PMI
B) PDM
C) FUE
D) MAL

5 Die inoffizielle Mallorca-Hymne La Balanguera handelt von …

A) einem Rappen
B) einer Elfe
C) einer Spinne
D) einer Ziege

6 Wie nannte Rubén Darío Mallorca zu Beginn des 20. Jahrhunderts?

A) Mon Repos
B) Eiland der Freude
C) La Serena
D) Insel der Ruhe

7 Die Ureinwohner Mallorcas bauten …

A) Schiffskanäle
B) Talayots
C) Estellencs
D) Novetiforme

8 Die Balearen befinden sich in welchem Meer?

A) Atlantik
B) Mittelmeer
C) Ligurisches Meer
D) Sargassosee

9 Die 1932 geplante Seilbahn sollte wo enden?

A) auf dem Puig Tomir
B) am Torrent de Pareis
C) auf dem Puig Major
D) auf der Insel Cabrera

10 Fährt man mit der U-Bahn zur Universität, heißt die Station hinter Son Castelló ...

A) Jacint Verdaguer
B) Gran Via Asima
C) Son Fuster Vell
D) Son Sardina

Millionär können Sie bei uns (leider) nicht werden, aber auch hier können Sie Ihr Wissen testen. Viel Spaß!

1. Lehrer können ihre Schüler manchmal ganz schön ...

A salzen | B zwiebeln
C pfeffern | D würzen

2. Massenware kauft man ...

A vom Geländer | B vom Pfosten
C von der Rampe | D von der Stange

3. Auf Gruppenfotos stehen Personen oft wie die ...

A Trillerpfeifen | B Wasserpfeifen
C Orgelpfeifen | D Querpfeifen

4. Jemand, der voller Energie ist, steht unter ...

A Wasser | B Regen
C Wind | D Dampf

5. Welches Material taugt nicht für Pullover?

A Angorawolle | B Merinowolle
C Baumwolle | D Holzwolle

6. Schwimmen kann die ...

A Alimente | B Polente
C Eiderente | D Frührente

7. Welches Kleidungsstück wird immer plissiert?

A Daunenjacke | B Schottenrock
C Krawatte | D Handschuh

8. Ein Indianervolk Südamerikas waren die ...

A Aborigines | B Tuareg
C Inka | D Inuit

9. Ein Admiral ist ein ...

A Vogel | B Fisch
C Krebs | D Schmetterling

10. Was gehört hauptsächlich zu einer Kneippkur?

A Bier | B Wasser
C Wein | D Schnaps

11. Wer spielte die weibliche Hauptrolle in dem Film „Pretty Woman"?

A Meg Ryan | B Jennifer Lopez
C Julia Roberts | D Cameron Diaz

12. Wie hoch ist der Materialwert einer Oscar-Statue?

A ca. 30 Dollar | B ca. 300 Dollar
C ca. 3000 Dollar | D ca. 30 000 Dollar

QUIZ

Testen Sie Ihr Allgemeinwissen!

1

Auf welchen dieser Nachnamen hören die meisten Menschen?

- ☐ Chang
- ☐ Müller
- ☐ Schmidt
- ☐ Smith

2

Die „Eis am Stiel"-Filme wurden in welchem Land produziert?

- ☐ Italien
- ☐ Dänemark
- ☐ Israel
- ☐ Schweden

3

Ein altes deutsches Kartenspiel ist ...

- ☐ Dickkopf
- ☐ Dummkopf
- ☐ Schafkopf
- ☐ Wirrkopf

4

Was sind Eierfrüchte?

- ☐ Auberginen
- ☐ Avocados
- ☐ Kiwis
- ☐ Zucchini

5

Donnerkeile sind versteinerte Teile prähistorischer ...

- ☐ Korallen
- ☐ Haifische
- ☐ Kopffüßer
- ☐ Schildkröten

6

Penizillin wird gewonnen aus ...

- ☐ Algen
- ☐ Baumrinde
- ☐ Ginseng
- ☐ Schimmelpilzen

7

Welche Tiere produzieren Honigtau?

- ☐ Kakerlaken
- ☐ Ameisen
- ☐ Blattläuse
- ☐ Bienen

8

Wie viele Enkelkinder hat Königin Elisabeth II.?

- ☐ zwei
- ☐ vier
- ☐ sechs
- ☐ acht

9

In Japan ist der Donnerstag der Tag ...

- ☐ der Erde
- ☐ der Sonne
- ☐ des Baumes
- ☐ des Esels

10

Wie viele französische Übersee-Departements gibt es?

- ☐ keine
- ☐ zwei
- ☐ fünf
- ☐ zwölf

11

Auf der Hochzeit von Rons Bruder nennt sich Harry Potter ...

- ☐ Vetter Ben
- ☐ Hexer Bronx
- ☐ Onkel Steve
- ☐ Cousin Barney

12

Die Spanische Fliege ist ...

- ☐ ein Schnaps
- ☐ ein Käfer
- ☐ ein Tanz
- ☐ eine Reckübung

BILDER-QUIZ

Wie nennt man das Nest des Eichhörnchens?

KOBEL – FIBEL – MULDE

Wie nennt man einen Funkstreifenwagen auch?

MINNAWAGEN – PETERWAGEN – DIETERAUTO

Ein zu den Ölbaumgewächsen gehörender Zierstrauch mit stark duftenden Blüten heißt ...

JEANNE – JASMIN – JANINE

QUIZ

500 Euro

1 Zwielichtige Gestalten sind ...

A Meiler **B** Alkoven
C Ganoven **D** Karabiner

1000 Euro

2 Als Erfinder der Jeans gilt ...

A Johann Strauss **B** Levi Strauss
C Richard Strauss **D** Franz Josef Strauß

2000 Euro

3 Die Carnegie Hall steht in ...

A London **B** New York
C Paris **D** Dublin

5000 Euro

4 Wie heißt ein Gebirge auf Kreta?

A Eva **B** Ida
C Pia **D** Lea

10 000 Euro

5 Wozu benutzt man in der Wiener Staatsoper einen Schal?

A Als Erkennungszeichen **B** Zur Platzreservierung
C Als Sitzkissen **D** Gegen die Zugluft

50 000 Euro

6 Was bekommt man in Österreich in einer Trafik?

A Mietautos **B** Tabakwaren
C Bücher **D** Hüte

100 000 Euro

7 Die unterste Schicht der Erdatmosphäre ist die ...

A Mesosphäre **B** Thermosphäre
C Stratosphäre **D** Troposphäre

250 000 Euro

8 Der erste Marathon endete der Legende nach in ...

A Athen **B** Mykonos
C Patras **D** Marathon

500 000 Euro

9 In welcher Pflanze ist am meisten Vitamin C enthalten?

A Petersilie **B** Sanddorn
C Paprika **D** Spinat

1 000 000 Euro

10 Was ist ein Kollergang?

A Korridor **B** Mahlwerk
C Bußsakrament **D** Pilgerfahrt

ROYALS-QUIZ

1 Wie heißt das spanische Königshaus?

a Aquavit
b Bourbon
c Curaçao
d Vanille

2 Der Stammvater der heutigen schwedischen Königsdynastie war ...

a Deutscher
b Franzose
c Pole
d Schwede

3 Aus welchem Land stammt Dänemarks Kronprinzessin Mary?

a Argentinien
b Australien
c Neuseeland
d Schottland

4 Bei welcher Gelegenheit lernten sich Charles und Camilla kennen?

a Fastenkur
b Fuchsjagd
c Polospiel
d Skiurlaub

Wer wird Millionär?

1) Zu einer Feuerzangenbowle gehört ein ... (50 €)
- A Fingerhut
- B Strohhut
- C Doktorhut
- D Zuckerhut

2) Nicht in der Konditorei zu haben ist ... (100 €)
- A Sandkuchen
- B Baumkuchen
- C Pustekuchen
- D Marmorkuchen

3) Ein Preisnachlass beim Kauf von Waren ist ein ... (200 €)
- A Dispo
- B Rabatt
- C Giro
- D Porto

4) Einen zusammenschiebbaren Regenschirm nennt man ... (300 €)
- A Knirps
- B Wicht
- C Zwerg
- D Gnom

5) Familie Beimer zeigt sich seit Jahren in der ... (500 €)
- A Sesamstraße
- B Lindenstraße
- C Schillerstraße
- D Comedystreet

6) Wie nennt man einen dicken Strickpullover auch? (1000 €)
- A Grönländer
- B Norweger
- C Däne
- D Schwede

7) Was ist Granny Smith? (2000 €)
- A Birnensorte
- B Apfelsorte
- C Kirschsorte
- D Pflaumensorte

8) Mit welchen Hilfsmitteln bringt man Locken ins Haar? (4000 €)
- A Schalotten
- B Marotten
- C Hugenotten
- D Papilloten

9) Aus welchem Material werden Langspielplatten gepresst? (8000 €)
- A Plexiglas
- B Vinyl
- C Gummi
- D Guttapercha

10) Ein Bestseller von Cornelia Funke heißt ... (16 000 €)
- A „Tintenfisch"
- B „Tintenherz"
- C „Tintenklecks"
- D „Tintenfass"

11) Auswanderer nennt man auch ... (32 000 €)
- A Emigranten
- B Immigranten
- C Asylanten
- D Simulanten

12) Ein hilfreiches Küchengerät ist die Flotte ... (64 000 €)
- A Tante
- B Motte
- C Lotte
- D Biene

13) Wer sich selbst etwas beigebracht hat, ist ein ... (125 000 €)
- A Autokrat
- B Autodidakt
- C Autonomer
- D Automat

14) Eine künstlerische Veranstaltung am Vormittag ist eine ... (500 000 €)
- A Soiree
- B Vernissage
- C Chaussee
- D Matinee

15) Welches Tier heißt auch Ackermännchen? (1 000 000 €)
- A die Bachstelze
- B der Hamster
- C die Spitzmaus
- D der Feldhase

TIER-QUIZ

1 Bartagamen sind faszinierende Tiere, doch ihre Haltung ist nicht einfach: Neben einer bestimmten Beleuchtung benötigen die Echsen auch die passende ...

- TEMPERATUR
- HAUTPFLEGE
- AKTIVITÄT

2 Bei den Hausgänsen leben Gans und Ganter in lebenslanger monogamer Partnerschaft. Wie werden die Gänseküken genannt?

- PIEPSER
- GÖSSEL
- FÜLLEN

3 Sie sehen aus wie Miniatur-Collies und sind doch eine eigenständige Rasse: Die süßen Shelties stammen von welcher Inselgruppe?

- SHETLAND
- ANTILLEN
- BERMUDAS

QUIZ

1. Bei Veranstaltungen werden oft Kontakte ...

A gestrickt	**B** genäht
C geknüpft	**D** gestickt

2. Jedes Hochschulstudium beginnt mit dem ...

A Paket	**B** Einschreiben
C Telegramm	**D** Sparbuch

3. Die Goldreserven der USA liegen in ...

A Fort Lauderdale	**B** Fort Knox
C Alcatraz	**D** Langley

4. Wie nennen sich die Kölner Eishockeyspieler?

A Eisbären	**B** Haie
C Pinguine	**D** Piranhas

5. Das Folies Bergère ist ...

A eine Klimazone	**B** ein Pariser Varieté
C eine Partei	**D** Alufolie

6. In welchem Märchen spielt ein Haselbusch eine Rolle?

A Aschenputtel	**B** Hänsel und Gretel
C Rotkäppchen	**D** Dornröschen

7. Die Grundstruktur der Schneeflocken ist immer ...

A viereckig	**B** fünfeckig
C sechseckig	**D** achteckig

8. Wie heißt die römische Göttin der Liebe und Schönheit?

A Venus	**B** Diana
C Vesta	**D** Aphrodite

9. Ein aus Südamerika stammendes Kartenspiel ist ...

A Skat	**B** Bridge
C Rommé	**D** Canasta

10. Aus dem Schauspiel „Pygmalion“ entstand das Musical ...

A „My Fair Lady“	**B** „Cats“
C „Phantom der Oper“	**D** „Kiss me, Kate“

11. Wer schrieb das Gedicht „Die Lore-Ley“?

A Goethe	**B** Schiller
C Heine	**D** Lessing

12. Was für ein Tier ist der Würger?

A eine Schlange	**B** ein Singvogel
C ein Fisch	**D** eine Spinne

WORTSPIEL

Wenn Sie die Bedeutungen der 8 Wörter herausgefunden haben, ergeben die Buchstaben hinter den richtigen Antworten – von oben nach unten gelesen – ein Sprichwort.

1 Drilling

a) Jagdgewehr . . . . **BES**
b) Sämaschine. . . . . **WAS**
c) Schleifer beim Militär . . . . **WIE**

2 Drusch

a) Pferdekrankheit . . . . **DER**
b) Hauptverkehrszeit . . . . . . **DAS**
c) Ertrag des Dreschens. . . . **SER**

3 Dünung

a) langsam ansteigendes Gelände . . . . **EIN**
b) durch Wind hervorgerufener Seegang. . . . . . **GLA**
c) wellige Haarfrisur . . . . **FRU**

4 Egalität

a) Gleichgültigkeit . . . . **ENI**
b) Eigenliebe. . . . . **EHJ**
c) Gleichheit . . . . **UBE**

5 Estremadura

a) Käsesorte. . . . . **CHT**
b) Gewürzpflanze . . . . **AHR**
c) Region in Spanien . . . . . . **NAL**

6 Etagere

a) doppelstöckiges Bett . . . . **WIL**
b) Kosmetiktasche . . . . **SGR**
c) niedriges Stockwerk . . . . **BEG**

7 Finish

a) Endkampf im Sport . . . . . **UEB**
b) Finnland auf Finnisch . . . **LEN**
c) Feinheit, Kniff. . . . . **INN**

8 Examinand

a) Hysteriker . . . . **HAT**
b) Verurteilter . . . . **TEN**
c) Prüfling . . . . **ELN**

Nur wenn Sie die Fragen richtig beantworten, werden Sie am Ziel mit den richtigen Buchstaben ankommen. Diese ergeben – hintereinandergelesen – ein Sprichwort.

START

O Weibliche Bienen heißen Drohnen.	NEIN ▶	**F** Morgen ist übermorgen gestern.	JA ▶	**T** Coco Chanel entwarf das „kleine Schwarze“.	NEIN ▶	**I** Es gibt 88 Sternbilder.
JA ▼	JA ▲	NEIN ▼		JA ▼	◀ JA	NEIN ▼
S Der Struwwelpeter aß seine Bohnen nicht.	◀ NEIN	**E** Der Vogel des Jahres 2014 war der Grünspecht.	◀ JA	**W** Der Frauenfußball feierte 1992 seine olympische Premiere.	◀ NEIN	**L** Die Eiche ist der häufigste Laubbaum in Deutschland.
NEIN ▼		JA ▼		NEIN ▼		JA ▼
A Eine Kuh produziert täglich ca. 200 Liter Speichel.	NEIN ▶	**R** Kumuluswolken kündigen Regen an.	JA ▶	**E** In Deutschland gibt es eine Atomuhr.	NEIN ▶	**C** Der Triceratops war ein Fleischfresser.
JA ▼	JA ▲	NEIN ▼		JA ▼	◀ JA	NEIN ▼
N Nach Lady Gaga wurde eine Spinne benannt.	◀ NEIN	**N** Transsilvanien liegt in Rumänien.	◀ JA	**T** Das Zitat „Wanderer ferner Wege“ stammt aus dem Gilgamesch-Epos.	◀ NEIN	**K** Der grüne Farbstoff in Blättern heißt Chloroform.
NEIN ▼		JA ▼		NEIN ▼		JA ▼
T Ein bekanntes Kinderlied beginnt mit „Drei Chinesen mit dem Kompass“.	NEIN ▶	**O** Der 11. Buchstabe des griechischen Alphabets ist Lambda.	JA ▶	**T** Seit 1979 gilt die allgemeine Anschnallpflicht in Deutschland.	NEIN ▶	**T** Der „Problembär“ 2006 hieß Bruno.
JA ▼	JA ▲	NEIN ▼		JA ▼	◀ JA	NEIN ▼
S Eine meditative Kampfsportart heißt Tai Chi.	◀ NEIN	**L** „Dolly“ war das erste geklonte Schaf.	◀ JA	**A** Ein Rumpfgeschäftsjahr ist kürzer als 12 Monate.	◀ NEIN	**G** Pierce Brosnan spielte die Hauptrolle in „Mission: Impossible“.
NEIN ▼	JA ▲	JA ▼	NEIN ▲	NEIN ▼	JA ▲	JA ▼
U Während der Hanse wurde in Lübeck am meisten mit Marzipan gehandelt.	NEIN ▶	**E** Etwa 400 Kalorien stecken in 100 g Zucker.	JA ▶	**N** „Feuchtgebiete“ ist ein Buchtitel von Charlotte Link.	NEIN ▶	**T** **ZIEL** 

Lösung:

☐☐☐ ☐☐☐☐☐ ☐☐☐ ☐☐☐☐☐☐

Wie feiern Sie?

Feuerwerk und Sekt, rote Unterwäsche und Gaben an die Meeresgöttin: Silvester feiern Menschen auf der ganzen Welt in höchst unterschiedlicher Weise. Eine kleine Auswahl finden Sie in diesem Rätsel.

1 Gaben an die Göttin

Am 31. Dezember wird auch die Meeresgöttin Yemanjá verehrt. Sie symbolisiert Reinheit, Glück und weibliche Fruchtbarkeit. Weiß gekleidete Frauen werfen am letzten Tag des Jahres Blumen ins Meer und hoffen, dass sich ihre Wünsche erfüllen.

? In welchem südamerikanischen Land geschieht das?

A Argentinien

B Brasilien

C Chile

2 Ziemlich hektisch

Weintrauben essen unter Zeitdruck: zwölf Gongschläge, zwölf Trauben in den Mund, zwölf Wünsche, die sich erfüllen. Heimatland dieses Brauchs ist Spanien. Übrigens: „Trauben" ist nicht ganz korrekt.

? Eine ganze Weintraube besteht nämlich aus mehreren Wein...

A ...beeren B ...gummis C ...proben

3 Gefährliche Speise

Japaner bereiten Silvester Mochis zu, die sie am Neujahrstag essen. Diese Spezialität soll Glück bringen, doch neigt sie leider dazu, im Hals stecken zu bleiben.

? Welches Nahrungsmittel ist Hauptbestandteil der gefährlichen Köstlichkeit, wegen der in Japan alljährlich ein eigener Notdienst eingerichtet wird?

A Fisch B Mais C Reis

4 Was bedeutet das?

Schon den antiken Römern bereitete das Bleigießen Vergnügen. Auch heute noch gießen Menschen in vielen Ländern flüssiges Blei in kaltes Wasser und rätseln dann über die Bedeutung der entstandenen Form.

? Welches Metall wird wegen seines niedrigeren Schmelzpunkts ebenfalls gerne verwendet?

A Eisen B Gold C Zinn

5 Drängeln in den Highlands

Zu Hogmanay, dem schottischen Silvester, ist Rempeln angesagt. Beim „First Footing" versuchen junge Männer, die Türschwelle eines Gastgebers vor allen anderen zu überschreiten. Als Mitbringsel sind heute – wenig überraschend – Whisky und auch Früchtebrot üblich.

? Was gehörte früher noch zu dem Geschenk?

A Pfeffer B Salz C Zucker

6 Hauptsache romantisch

Silvester ganz im Zeichen der schönen Gefühle: Wer sich Glück in der Beziehung wünscht, wirft einen Ring in das Sektglas des Partners. Außerdem trägt man zum Jahreswechsel Unterwäsche in Rot, der Farbe der Liebe.

? Die Bewohner welchen Landes beweisen mit diesen Bräuchen Sinn für Romantik?

A China

B Finnland

C Italien

DAS LEICHTE QUIZ

Testen Sie Ihr Allgemeinwissen, und schicken Sie Ihr Gehirn ins Trainingslager! Unser Quiz macht Sie fit für Jauch, Pilawa und Co.

1 **50 Euro**
Welche Frucht hat den größten Kern?
A Pflaume B Mango C Kirsche D Mirabelle

2 **100 Euro**
Ungekocht lassen sich ... als Trinkhalm verwenden.
A Spaghetti B Farfalle C Makkaroni D Tagliatelle

3 **200 Euro**
Der Klabautermann ist auf dem Schiff ...
A der Arzt B der Zahlmeister C der Kobold D der Ausguck

4 **300 Euro**
Jedes Auto muss alle zwei Jahre zur ...untersuchung.
A Ultraschall B Nach C Reihen D Haupt

5 **500 Euro**
Das Ergebnis einer Division heißt ...
A Differenz B Produkt C Quotient D Summe

6 **1.000 Euro**
Eine heikle Sache bezeichnet man als heißes ...
A Blech B Eisen C Geld D Wasser

7 **2.000 Euro**
In der Betriebswirtschaft wird ganz legal ...
A vorgesagt B gespickt C abgeschrieben D geschummelt

8 **4.000 Euro**
Was sind Dessous?
A Stoffmuster B Damenunterwäsche C Nachspeisen D Wurfscheiben

9 **8.000 Euro**
Was gehört zum Fotoapparat?
A Belichtungsmesser B Stimmgabel C Brennschere D Abblendlicht

10 **16.000 Euro**
Der Sitz des Europäischen Parlaments befindet sich in ...
A Brüssel B Straßburg C Paris D Genf

11 **32.000 Euro**
Woraus wird Roquefort hergestellt?
A Aus Eselsmilch B Aus Kuhmilch C Aus Schafmilch D Aus Ziegenmilch

12 **64.000 Euro**
Veltliner und Trollinger sind ...
A Rebsorten B Sagengestalten C Katzenrassen D Staudengewächse

13 **125.000 Euro**
Im Dschungelbuch ist Shir Khan ein ...
A Junge B Bär C Tiger D Geier

14 **500.000 Euro**
Wie heißt eine Zeitschrift der Zeugen Jehovas?
A „Der Funkturm" B „Der Leuchtturm" C „Der Kirchturm" D „Der Wachtturm"

15 **1.000.000 Euro**
Die Hauptstadt von Ecuador heißt ...
A Bogotá B Lima C Freetown D Quito

BILDER-QUIZ

Auch für das Jahr 2016 gab es einen „Vogel des Jahres": den Stieglitz. Der auch als Distelfink bekannte Piepmatz lässt sich gut an seinem roten Gesicht erkennen. Wie ist ein Teil der Flügel gefärbt?

GELB – BLAU – LILA

Kaum zu glauben, dass eine Pflanze mit solch einem schönen Namen zur „Giftpflanze des Jahres 2014" gewählt wurde: das in unschuldigem Weiß blühende Maiglöckchen. Wie heißt das unterirdische Speicherorgan der Pflanze?

HANSOM – RHIZOM – SHALOM

Auch die Europäische Sumpfschildkröte war sich nicht zu schade, am Wettbewerb um das „Reptil des Jahres 2015" teilzunehmen. Mit Erfolg. In unter anderem welchem Bundesland ist die Siegerin noch heute anzutreffen?

HESSEN – BERLIN – BREMEN

REISE-QUIZ

Fröhliche Feste und verwahrloste Armenviertel, Traumstrände vor der Skyline einer modernen Großstadt: Wie gut kennen Sie Rio de Janeiro, eine Stadt der Gegensätze? Die acht Fragen haben je vier Antwortmöglichkeiten. Die Lösung Ihrer Wahl tragen Sie in die entsprechend nummerierten Felder im Rätseldiagramm ein.

1 **Ihren Namen verdankt die Millionen-Metropole dem Seefahrer Gaspar de Lemos. Er entdeckte am Neujahrstag 1502 eine Bucht, hielt diese aber für etwas anderes. So nannte er die schöne Stelle Rio de Janeiro, also ...**

A Jahresquell — *B Januarfluss*
C Jungbrunnen — *D Jungfernsee*

2 **Wahrzeichen Rios ist der 396 Meter hohe „Pão de Açúcar". Wie lautet der deutsche Name des steil aufragenden, rundkuppigen Gneisberges?**

A Hoernchen — *B Honigwabe*
C Zimtstern — *D Zuckerhut*

3 **Westlich davon liegt ein weiterer, fast ebenso berühmter Berg mit einer 38 Meter hohen Statue. Wen stellt sie dar?**

A Felipe Scolari — *B Gaspar de Lemos*
C Jesus Christus — *D Jungfrau Maria*

4 **Wie heißt der Stadtteil von Rio, der für seinen fünf Kilometer langen Badestrand bekannt ist?**

A Bairro Novo — *B Copacabana*
C Costa Brava — *D Praia de Rio*

5 **Ein anderer Teil der Stadt ist vor allem wegen eines Liedes von Antônio Carlos Jobim bekannt: „The Girl from ..."**

A Estacio — *B Humaita*
C Ipanema — *D Ribeiro*

6 **2014 war Brasilien Gastgeber der Fußballweltmeisterschaft. Wie heißt das legendäre, lange Zeit weltgrößte Stadion, das 75000 Zuschauer fasst?**

A Burgueno — *B Gambarte*
C Maracanã — *D Maradona*

7 **Zwei Jahre später stand schon wieder ein großes Ereignis in Rio an. Welches?**

A Olympische Sommerspiele
B Olympische Winterspiele
C Poker-Weltmeisterschaft
D Panamerikanische Spiele

8 **Legendär ist auch der Karneval, den die Einwohner der Stadt jedes Jahr ausgelassen auf den Straßen feiern. Was tanzen sie dabei?**

A Limbo — *B Polka*
C Samba — *D Tango*

Wer wird Millionär?

1) Wenn etwas schnell gelingt, sagt man: „Fertig ist die ..." (50 €)
A Hütte — B Laube
C Garage — D Bude

2) Welcher Zug hat nie Verspätung? (100 €)
A Eilzug — B Bummelzug
C Schnellzug — D Gummizug

3) Eine Gedächtnishilfe nennt man auch ... (200 €)
A Fallbrücke — B Luftbrücke
C Eselsbrücke — D Zugbrücke

4) Mr. Spock vom Raumschiff Enterprise war ... (300 €)
A Moorier — B Wüstenier
C Vulkanier — D Plateauier

5) Das Getränk Cidre wird gewonnen aus ... (500 €)
A Birnen — B Äpfeln
C Trauben — D Pflaumen

6) Mit einem Geigerzähler misst man ... (1000 €)
A Musiktakte — B Schallwellen
C Radioaktivität — D Wärmemengen

7) Wer half Hänsel und Gretel im Märchen auf dem Heimweg? (2000 €)
A Gans — B Katze
C Hund — D Ente

8) Welche Nudeln sind keine Hohlnudeln? (4000 €)
A Makkaroni — B Penne
C Rigatoni — D Farfalle

9) Welche Farbe hat ein Lapislazuli? (8000 €)
A Rot — B Rosa
C Schwarz — D Blau

10) Welches der folgenden Instrumente ist kein Streichinstrument? (16 000 €)
A Kontrabass — B Harfe
C Cello — D Violine

11) Das Verhältnis von Masse und Volumen bezeichnet man als ... (32 000 €)
A Kraft — B Dichte
C Leistung — D Arbeit

12) Die Deutsche Sporthochschule findet man in ... (64 000 €)
A Berlin — B Kassel
C Köln — D München

13) Wer malte das Bild „Venus von Urbino"? (125 000 €)
A Michelangelo — B Tizian
C Raffael — D Rembrandt

14) Was ist eine Majuskel? (500 000 €)
A Großbuchstabe — B ungarischer Tanz
C Hautunreinheit — D Wiesenblume

15) Unter welchem Künstlernamen ist Erna Strube bekannt geworden? (1000 000 €)
A Manuela — B Joy Fleming
C Mary Roos — D Nicki

Streng geheim!

Geheim? Weltberühmt sind die Verfilmungen der Romane von Ian Fleming. Am 16. Januar 1962 begannen die Dreharbeiten für „James Bond jagt Dr. No“, den ersten Film der legendären 007-Reihe. Auf welcher schönen Insel, auf der auch Autor Fleming seine Werke geschrieben hat? Wenn Sie wissen, wer welchen Bond-Titelsong interpretierte, haben Sie die Antwort.

☐	Die Another Day	Shirley Bassey	A
☐	Diamonds Are Forever	Shirley Bassey	A
☐	Golden Eye	Shirley Bassey	A
☐	Moonraker	Paul McCartney	I
☐	Live And Let Die	Madonna	J
☐	Thunderball	Tom Jones	K
☐	Goldfinger	Tina Turner	M

DAS VERZWICKTE QUIZ

Beantworten Sie die Quizfragen. Die Buchstaben hinter den richtigen Antworten ergeben ein Lösungswort.

1 Wer repräsentiert das närrische Volk im Kölner Karneval?

Dreiachser .... A
Dreigestirn .... R
Dreispänner .... U
Dreispitz .... N

2 Welches der folgenden Bundesländer hat keinen Löwen im Wappen?

Hessen .... P
Rheinland-Pfalz .... E
Schleswig-Holstein I
Brandenburg .... A

3 Andrew Taylor Still entwickelte Ende des 19. Jahrhunderts die ...

Osteopathie .... T
Homöopathie I
Chiropraktik .... P
Akupunktur .... S

4 Welche der folgenden Inseln gehört nicht zum Königreich der Niederlande?

Grenada .... G
Curaçao .... O
Bonaire .... W
Aruba .... N

5 Wann wurde die erste Folge der TV-Krimireihe „Tatort“ ausgestrahlt?

1968 I
1970 .... E
1972 .... D
1974 .... P

6 Nicht zur G7-Gruppe der bedeutendsten Industrienationen gehört ...

Spanien .... B
Japan .... U
Kanada .... N
Italien .... T

7 Welche Frau wurde als Erste mit dem Literaturnobelpreis ausgezeichnet?

Selma Lagerlöf .... E
Astrid Lindgren .... A
Inger Christensen .... U
Karen Blixen .... D

8 Welche der folgenden Käsesorten hat den niedrigsten Fettgehalt?

Mascarpone I
Harzer .... R
Gouda .... A
Parmesan .... E

1 2 3 4 5 6 7 8

THEMEN-QUIZ

Nix für Thaddädl und Urschel!

Selbst für Österreicher und Fans Österreichs ist nicht jede der folgenden Fragen leicht zu beantworten. Oder kennen Sie das Land wie Ihre Westentasche? Testen Sie es mit diesem Quiz!

1. Was ist auf der österreichischen 1-Euro-Münze abgebildet?

A) der Stephansdom
B) Berta von Suttner
C) Wolfgang Amadeus Mozart
D) das Schloss Belvedere

2. Wie viele Nachbarländer haben eine Grenze mit Österreich?

A) fünf
B) sechs
C) sieben
D) acht

3. Wie heißt eine Landschaft in Niederösterreich?

A) Verwachsner Wald
B) Wildererviertel
C) Bucklige Welt
D) Hexeneck

4. Welcher dieser Tänzer nahm die österreichische Staatsbürgerschaft an?

A) Rudolf Nurejew
B) John Cranko
C) Nikolai Sergejew
D) William Forsythe

5. Wie wird die Österreichische Presseagentur abgekürzt?

A) DPA
B) APA
C) ÖPD
D) ÖVP

6. Was versteht man in Österreich unter Paradeisern?

A) Tomaten
B) Pfannkuchen
C) Gurken
D) Pferde

7. Kavalierspitz ist eine österreichische ...

A) Bergkette
B) Auszeichnung
C) Rindfleischsorte
D) Kopfbedeckung

8. In welche einflussreiche amerikanische Familie hat Arnold Schwarzenegger eingeheiratet?

A) Clinton
B) Johnson
C) Lincoln
D) Kennedy

9. Wie heißt der zweitgrößte See Österreichs?

A) Neusiedlersee
B) Traunsee
C) Wörther See
D) Attersee

10. Was entdeckte der Wiener Bakteriologe Karl Landsteiner und erhielt dafür 1930 den Nobelpreis?

A) das Blutgruppensystem
B) Penizillin
C) den Pockenvirus
D) den Impfstoff gegen Kinderlähmung

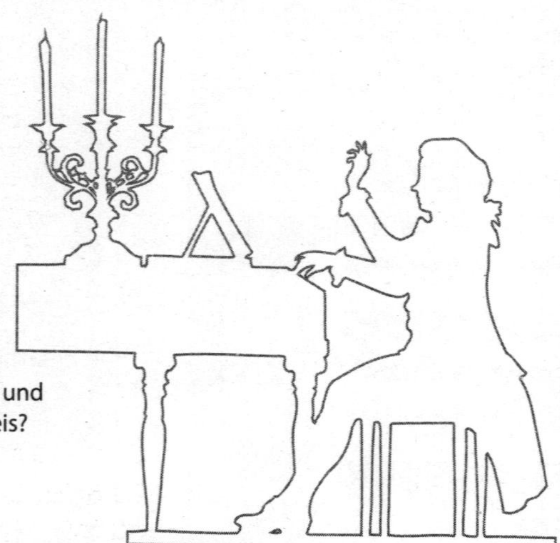

QUIZ für GENIES

Millionär können Sie bei uns (leider) nicht werden, aber auch hier können Sie Ihr Wissen testen. Viel Spaß!

1. Ein Frühstückshörnchen ist ...

A das Baguette | B die Brioche
C das Croissant | D das Eclair

2. Das I in der Abkürzung ICE steht für ...

A Informell | B Indirekt
C Inter | D Individual

3. Was ist ein Inkubator?

A Brutkasten | B römischer Feldherr
C Kapitalanleger | D chemisches Element

4. Wie heißt das Paar in der „West Side Story"?

A Porgy und Bess | B Tony und Maria
C Leonce und Lena | D Harold und Maude

5. Stricknadeln findet man in einem Kaufhaus bei den ...

A Langwaren | B Kurzwaren
C Querwaren | D Hochwaren

6. Was fehlt der Venus von Milo?

A ein Bein | B zwei Arme
C der Mund | D die Nase

7. Welche ist die größte Insel im Mittelmeer?

A Sardinien | B Korsika
C Sizilien | D Mallorca

8. Die Bezeichnung D.O.C. ist ein Gütesiegel für Weine aus ...

A Deutschland | B Spanien
C Portugal | D Italien

9. Der Apostel Thomas gilt als ...

A unbeherrscht | B jähzornig
C ungläubig | D geizig

10. Wie heißt die Statuette des Deutschen Filmpreises?

A Lulu | B Lale
C Lola | D Lili

11. Was für ein Vogel ist Wilhelm Buschs Hans Huckebein?

A eine Elster | B ein Kranich
C ein Rabe | D ein Storch

12. Wie heißt eine Kunstrichtung des 20. Jahrhunderts?

A Wowo | B Dada
C Kiwi | D Coco

QUIZ

Testen Sie Ihr Allgemeinwissen!

1

Wer leichtsinnig ist, der spielt mit dem ...

☐ Feuer ☐ Ofen ☐ Streichholz ☐ Wasser

2

Nach einer schlechten Nacht fühlt man sich morgens wie ...

☐ verbremst ☐ gelenkt ☐ gerädert ☐ verkuppelt

3

Eine bekannte deutsche Band sind „Die Fantastischen ...".

☐ Zwei ☐ Drei ☐ Vier ☐ Fünf

4

Ein Meeresvogel ist der ...

☐ Basstölpel ☐ Tenortrottel ☐ Soprangimpel ☐ Altpinsel

5

Ein besonders vernarrter weiblicher Fan ist ein ...

☐ Genie ☐ Hippie ☐ Groupie ☐ Oldie

6

Ein Schachspiel, das nicht beendet wurde, nennt man ...

☐ Wartepartie ☐ Schiebepartie ☐ Bummelpartie ☐ Hängepartie

7

Welches dieser Verkehrsmittel ist das weltweit sicherste?

☐ Flugzeug ☐ Auto ☐ Schiff ☐ Fahrrad

8

Die griechische Göttin der Gesundheit ist ...

☐ Hygieia ☐ Bacteriodite ☐ Pharmacia ☐ Infektia

9

Aus welchen Früchten wird Calvados hergestellt?

☐ Äpfeln ☐ Kirschen ☐ Pflaumen ☐ Birnen

10

Was ist ein Zestenreißer?

☐ Küchengerät ☐ Sportler ☐ Teppichmesser ☐ Gartengerät

11

Wer wurde nicht im Bundesland Brandenburg geboren?

☐ Wilhelm Busch ☐ Henry Maske ☐ Loriot ☐ Theodor Fontane

12

Jeanne d'Arc kämpfte im ... Krieg.

☐ 7-jährigen ☐ 30-jährigen ☐ 100-jährigen ☐ Vaterländischen

BILDER-QUIZ

Heinrich von Kleist schrieb das Theaterstück „Das Käthchen von ...".

STUTTGART – ESSLINGEN – HEILBRONN

Bibel: Wer verbrachte drei Tage und drei Nächte im Leib eines großen Fisches?

ESAU – NOAH – JONA

Wintersport: Was gehört beim Curling zur Ausrüstung?

BESEN – MIXER – SKIER

QUIZ

500 Euro

1

Ein Film von Loriot heißt ...

A Octopussi
B Ödipussi
C Obertussi
D Ohnebussi

1000 Euro

2

Welche Tierart nennt man Schwarzwild?

A Raben
B Wildschweine
C Fledermäuse
D Maulwürfe

2000 Euro

3

Wer war Sir Stanley Matthews?

A Schauspieler
B General
C Ritter der Tafelrunde
D Fußballspieler

5000 Euro

4

Snoopys bester tierischer Freund ist ...

A eine Katze
B ein Vogel
C ein Esel
D ein Goldfisch

10 000 Euro

5

Wo wurde André Rieu geboren?

A Maastricht
B Brüssel
C Luxemburg
D Antwerpen

50 000 Euro

6

Woraus wird der Panamahut hergestellt?

A aus Palmenblättern
B aus Kautschuk
C aus Krokodilleder
D aus Kolibrifedern

100 000 Euro

7

Marilyn Monroe war verheiratet mit ...

A Arthur Miller
B Henry Miller
C Glenn Miller
D Oskar von Miller

250 000 Euro

8

Was ist ein Borstenzähner?

A Fisch
B Stachelschwein
C Igel
D Haushaltsgerät

500 000 Euro

9

Das Folketing ist das Parlament von ...

A Island
B Dänemark
C Norwegen
D Schweden

1 000 000 Euro

10

Welche Frequenz hat der Kammerton a?

A 220 Hz
B 440 Hz
C 660 Hz
D 1000 Hz

BILDER-QUIZ

Den Titel „Blume des Jahres" gewinnen Pflanzen, die in ihrem Bestand bedroht sind. 2012 heimste ein Exemplar mit fünf roten oder lilafarbenen Kronblättern mit weißen Punkten die Trophäe ein. Um welche Blume handelt es sich?

HEIDENELKE • ACKERWINDE • BLASENTANG

„Böser Wolf"? Seit dem Altertum gilt der wilde Verwandte des Haushundes als Sinnbild der Mordlust. Dennoch hat das „Tier des Jahres" von 2003 auch gute Seiten. Einer Sage nach säugte eine Wölfin den Gründer Roms. Sein Name?

LEPIDUS • QUINTUS • ROMULUS

Beethoven, Strawinsky, Strauss ... Viele Komponisten haben versucht, ihren Gesang nachzuempfinden. Doch sie bleibt unerreicht: die Nachtigall, „Vogel des Jahres" 1995. Wie heißt die nordöstliche Schwesterart des Singvogels?

DOMPFAFF • SPROSSER • KUHVOGEL

Wer wird Millionär?

1) Lewis Carroll schrieb die Geschichte von „Alice im ...“.

50 €
- A Lummerland
- B Märchenland
- C Wunderland
- D Schlaraffenland

2) Das Buschwindröschen ist eine ...

100 €
- A Nelke
- B Lilie
- C Anemone
- D Gerbera

3) Wo befindet sich das Heck eines Schiffes?

200 €
- A oben
- B unten
- C vorne
- D hinten

4) Was ist eine beliebte Suppeneinlage?

300 €
- A Eierschlag
- B Eierkuchen
- C Eierstich
- D Eierlikör

5) In Venedig geht man über die ...

500 €
- A Jammerstraße
- B Seufzerbrücke
- C Klagemauer
- D Wimmergasse

6) Eine Frisur und ein Wintersportgerät ist der ...

1000 €
- A Schlitten
- B Ski
- C Bob
- D Rodel

7) Ein besonders stark gebrautes Bier heißt ...

2000 €
- A Junikäfer
- B Apriltiger
- C Maibock
- D Augustfalter

8) Der Lügenbaron Münchhausen ritt auf ...

4000 €
- A einem Besen
- B einer Welle
- C einer Kanonenkugel
- D einem Teppich

9) Ein in der deutschen Küche beliebter Speisepilz ist der ...

8000 €
- A Feigling
- B Pfifferling
- C Fiesling
- D Winzling

10) Hinter welcher Taube verbirgt sich kein Tier?

16 000 €
- A Hohltaube
- B Ringeltaube
- C Tontaube
- D Brieftaube

11) Ein Hit von Udo Lindenberg war der „Sonderzug nach ...“.

32 000 €
- A Kreuzberg
- B Pankow
- C Moskau
- D Peking

12) Der polnische Nationaltanz heißt ...

64 000 €
- A Mazurka
- B Csardas
- C Tarantella
- D Bolero

13) Albrecht Dürer schuf den Kupferstich „Ritter, Tod und ...“.

125 000 €
- A Engel
- B Teufel
- C Knappe
- D König

14) Wenn man in Frankreich „poisson“ bestellt, bekommt man ...

500 000 €
- A Fisch
- B Geflügel
- C Kartoffeln
- D Pudding

15) Die amerikanische Freiheitsstatue steht im Bundesstaat ...

1 000 000 €
- A New York
- B Connecticut
- C Pennsylvania
- D Rhode Island

TIER-QUIZ

1 Das Geschlecht von Wellensittichen lässt sich an der Farbe der Haut oberhalb des Schnabels ablesen. Bei Männchen ist sie blau. Und bei Weibchen?

- GRÜN
- WEISS
- BRAUN

2 Viele Maine-Coon-Katzen haben Härchen an den Ohrspitzen, die an den Luchs erinnern. Wie nennt man solche Haare?

- HAMMER
- PINSEL
- SCHERE

3 Das Alpaka ist seit mehr als 5000 Jahren Haustier des Menschen. Hierzulande findet man es nicht so häufig, dafür in seiner Heimat. Welcher?

- SÜDAMERIKA
- MIKRONESIEN
- MITTELASIEN

QUIZ

1. Einem Vorbild kann man nicht das Wasser ...

- **A** streichen
- **B** reichen
- **C** umleiten
- **D** sperren

2. Ein Fachmann erkennt: Da liegt der Hase im ...

- **A** Salz
- **B** Gras
- **C** Pfeffer
- **D** Heu

3. Bei der Musik der Beach Boys denkt man ans ...

- **A** Rudern
- **B** Surfen
- **C** Schwimmen
- **D** Tauchen

4. Eine bemerkenswerte Idee hat ...

- **A** Tiefgang
- **B** Höhenrausch
- **C** Oberwasser
- **D** Überlauf

5. Beim Schachspiel werden Bauern ...

- **A** verhauen
- **B** vertrieben
- **C** geschlagen
- **D** gemobbt

6. Das Zerteilen eines fertigen Bratens nennt man ...

- **A** haschieren
- **B** tranchieren
- **C** faschieren
- **D** retuschieren

7. Die Worte „Zwei Seelen wohnen, ach! in meiner Brust" sagte ...

- **A** Wilhelm Tell
- **B** Wallenstein
- **C** Faust
- **D** Othello

8. Der größte See, der ganz innerhalb Deutschlands liegt, ist ...

- **A** der Schaalsee
- **B** die Müritz
- **C** der Ammersee
- **D** der Chiemsee

9. Eine Region in Bayern heißt ...

- **A** Priesterwinkel
- **B** Bischofswinkel
- **C** Kardinalswinkel
- **D** Pfaffenwinkel

10. Wer gehört nicht zu den Eisheiligen?

- **A** Servatius
- **B** Pankratius
- **C** Bonifatius
- **D** Horatius

11. Ein markanter Felsen auf Helgoland ist bekannt als die ...

- **A** Dicke Bertha
- **B** Lange Anna
- **C** Schnelle Gerdi
- **D** Grüne Minna

12. Wo sitzt beim Menschen das Kopfbein?

- **A** im Knie
- **B** im Fuß
- **C** in der Hand
- **D** in der Schulter

WORTSPIEL

Wenn Sie die Bedeutungen der 8 Wörter herausgefunden haben, ergeben die Buchstaben hinter den richtigen Antworten – von oben nach unten gelesen – ein Sprichwort.

1 Fernweh

a) Sehnsucht nach d. Fremde **ALL**
b) Sehnsucht nach zu Hause **AND**
c) Schmerz, Leid . . . . **WER**

2 verdutzt

a) unhöflich . . . . **ERE**
b) erstaunt . . . . **ZUK**
c) mit allen vertraut . . . . **AND**

3 Medizinball

a) Blasebalg . . . . **ZEI**
b) Gymnastikgerät . . . . **LUG**
c) Ärztefest . . . . **ERN**

4 Dossier

a) genaue Mengenangabe . . . **TEN**
b) Dosenöffner . . . . **EIN**
c) Aktenheft, Aktenbündel . . **REG**

5 Dressing

a) Salatsoße . . . . **IER**
b) Kleidung . . . . **AND**
c) Tierabrichtung . . . . **EGR**

6 Browser

a) Teil der Dusche . . . . **ERE**
b) Kosmetikstift . . . . **UBE**
c) Computerprogramm . . . . . . **TNI**

7 Fond

a) Geldreserve . . . . **BER**
b) Käsespeise . . . . **DER**
c) Rücksitzraum im Auto . . . . **CHT**

8 Patella

a) Kniescheibe . . . . **GUT**
b) spanisches Reisgericht . . . **TEN**
c) lateinamerikanischer Tanz . . **IST**

Nur wenn Sie die Fragen richtig beantworten, werden Sie am Ziel mit den richtigen Buchstaben ankommen. Diese ergeben – hintereinandergelesen – ein Sprichwort.

START

M Die Brennnessel nennt man auch Rührmichnichtan.	**I** Erster Fußballweltmeister war 1930 Brasilien.	**E** Auf Mallorca komponierte Chopin das „Regentropfen-Prélude“.	**N** Hameln liegt auch an der Hamel.
T Montreal in Kanada ist die größte französischsprachige Stadt der Welt.	**W** Gutenberg erfand den Kursivdruck mit beweglichen Lettern.	**G** Portwein stammt aus Portugal.	**I** Wer mittags auf dem Äquator steht, wirft keinen Schatten.
P Der Musikantenknochen ist ein Höcker am Ellbogen.	**U** Uran ist das seltenste chemische Element auf der Erde.	**L** Beim Scrabble kommt der Buchstabe „Q“ nur einmal vor.	**E** 49 v. Chr. überschritt Augustus den Rubikon.
M Die „Comedian Harmonists“ gründeten sich 1928 in Berlin.	**T** In Dänemark und Norwegen herrscht das Haus Sonderburg-Glückstadt.	**B** Kamele speichern Wasser in ihren Höckern.	**N** Schuppenkriechtiere haben drei Gehirne.
A Nicole Heesters war 1978 die erste Kommissarin im „Tatort“.	**I** Im Porsche 918 Spyder sitzt der Beifahrer 20 cm weiter hinten als der Fahrer.	**H** Ein Chorknabe im Stimmbruch wird als Knackskerl bezeichnet.	**A** Der Napoleon-Komplex bezeichnet Muttersöhnchen.
N Nach der gleichnamigen Inselgruppe benannt sind die „Balearenshorts“.	**W** Vincent van Gogh malte „Die Kartoffelkäfer“.	**O** Der Wimbledonsieger Fred Perry war auch Weltmeister im Tischtennis.	**S** Eine Gruppe von Delfinen nennt man Hort.
B Der wissenschaftliche Ausdruck für Gänsehaut heißt Dermarektion.	**U** Malta ist der einzige Inselstaat, der keine Hauptstadt hat.	**H** Die musikalische Vortragsbezeichnung „piano“ bedeutet: leise, sanft.	**L** ZIEL 

Lösung:

☐☐☐ ☐☐☐☐☐ ☐☐☐☐ ☐☐☐ ☐☐☐☐

„And the winner is ...", heißt es einmal im Jahr in Hollywood. Und der „Winner" reißt überrascht die Augen auf, wankt aufs Podium und dankt stammelnd Gott und der Welt und Kind und Kegel. Das ist verständlich, ist doch der Oscar der begehrteste Preis in der Filmbranche. Kennen Sie sich aus in der Geschichte der traditionsreichen Auszeichnung? Die Buchstaben der richtigen Lösungen ergeben das gesuchte Lösungswort.

1 Darüber, warum der Oscar „Oscar" heißt, gibt es keine gesicherten Erkenntnisse, aber viele Geschichten. Eine besagt, dass Harmon Oscar Nelson der Namenspate war. Das soll jedenfalls dessen Ehefrau immer wieder betont haben, die selbst Oscar-Preisträgerin war. Ihr Name?

P Bette Davis
S Marlene Dietrich
G Ginger Rogers
A Marilyn Monroe

2 Zum allerersten Mal wurde der Oscar anno 1929 vergeben. In der Kategorie „Bester Hauptdarsteller" gewann gleich ein Deutscher. Wer blieb allerdings bis heute auch der einzige Deutsche, der diese Auszeichnung erhalten hat?

R Emil Jannings
I Heinz Rühmann
E Heinrich George
B Will Quadflieg

3 Und wer gewann in der Kategorie „Beste Hauptdarstellerin"? Die Schauspielerin ist heute völlig vergessen, oder?

W Diane Keaton
E Janet Gaynor
S Doris Day
A Vivien Leigh

4 Ebenfalls kaum mehr bekannt ist die bislang einzige Deutsche, die als „Beste Hauptdarstellerin" ausgezeichnet wurde. Der Name der Frau, die den Oscar in dieser Kategorie gleich zweimal gewann und im Januar ihren 100. Geburtstag feierte?

G Brigitte Mira
S Lotte Lenya
T Ilse Werner
I Luise Rainer

5 Jeder kennt dagegen die Diva, die mit vier Oscars in der Kategorie „Beste Hauptdarstellerin" bis heute Rekordhalterin ist. Ihr Name?

N Audrey Hepburn
S Katharine Hepburn
E Ingrid Bergman
I Sophia Loren

6 Elf Oscars für einen einzigen Film – diese Rekordmarke erreichten bislang drei Filme: „Ben Hur", „Der Herr der Ringe: Die Rückkehr des Königs" und ...

N „Casablanca"
M „Der dritte Mann"
S „Der mit dem Wolf tanzt"
V „Titanic"

7 Wer erhielt als erster schwarzer Schauspieler einen Oscar als „Bester Hauptdarsteller"?

M Bill Cosby
E Sidney Poitier
N Denzel Washington
I Will Smith

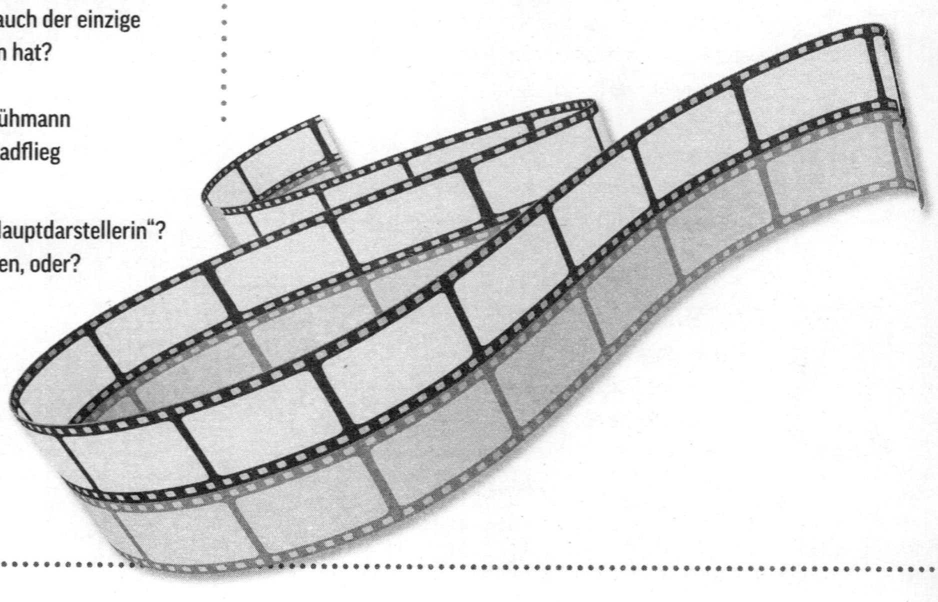

8

In wie vielen Kategorien wurde der Oscar bei seiner Premiere 1929 vergeben?

A 4 — R 12
U 9 — O 14

9

Und wie viele sind es heute?

W 18 — N 22
C 20 — L 24

10

Welche nur ein einziges Mal vergebene Kategorie für Stummfilme zählt zu den Oscars, die es heute nicht mehr gibt?

A Bestes Titelschreiben — G Beste Mimik
H Beste Nahaufnahme — E Beste Musikbegleitung

11

Die Kategorie „Bester animierter Spielfilm" wird hingegen erst seit 2002 vergeben. Der Gewinner damals?

R „Asterix in Amerika" — I „Shrek"
S „Shaun das Schaf" — T „Wallace & Gromit"

12

Für ihre schauspielerischen Leistungen haben Ben Affleck und Matt Damon noch keinen Oscar erhalten. Dafür holten sich die beiden Hollywoodstars den Preis gemeinsam in einer anderen Kategorie. In welcher?

T Beste Filmmusik — I Bestes Kostümdesign
H Bestes Drehbuch — R Bestes Make-up

13

Erfolgreich in jüngerer Zeit war Sean Penn: 2004 erhielt er den Oscar als „Bester Hauptdarsteller" für seine Rolle in „Mystic River". Mit welchem Film wiederholte er den Erfolg 2009?

C Honey — I Sugar
U Milk — L Tea

14

Ein Jahr zuvor erhielt Tilda Swinton den Oscar als „Beste Nebendarstellerin" für ihre Rolle in „Michael Clayton". Der Darsteller des Titelhelden war für den Oscar als „Bester Hauptdarsteller" nominiert. Wer ging am Ende aber leer aus?

H Ben Stiller — E Hugh Grant
N George Clooney — V Michael Douglas

15

Preisträgerin 2010 als „Beste Hauptdarstellerin" ist Sandra Bullock. Kurios: Nur einen Tag vor der Ehrung im März dieses Jahres erhielt sie den „Anti-Oscar" als „Schlechteste Schauspielerin". Wie heißt die Trophäe, die Sandra Bullock sogar persönlich entgegennahm?

G Goldene Himbeere — T Faule Tomate
H Grüne Banane — Z Saure Gurke

REISE-QUIZ

Bei der Bundestagswahl sind immer einige Arbeitsplätze im Berliner Reichstag zu vergeben, schließlich sitzt hier seit 1999 der Bundestag. Wie gut kennen Sie sich aus? Die acht Fragen haben je vier Antwortmöglichkeiten.

1 **Architekt Paul Wallot errichtete das Reichstagsgebäude zwischen 1884 und 1894. In welchem, heute zu Berlin-Mitte gehörigen Stadtteil?**

A Zehlendorf *B Tiergarten*
C Haselhorst *D Alt-Treptow*

2 **Den Grundstein des Parlaments legte am 9. Juni 1884 das damalige Staatsoberhaupt der Deutschen. Wie hieß der Kaiser?**

A Konrad IX. *B Ludwig IV.*
C Wilhelm I. *D Rudolf II.*

3 **Bei der Schlusssteinlegung am 5. Dezember 1894 fehlte noch die Inschrift, die Paul Wallot vorgesehen hatte. Sie wurde erst 1916 angebracht. Wem ist der Reichstag seitdem gewidmet?**

A Den Berliner Leuten *B Dem Parlamentarier*
C Dem Preussenkoenig *D Dem deutschen Volke*

4 **Nach der deutschen Wiedervereinigung verlegte der Bundestag seinen Sitz nach Berlin. Dazu musste das Gebäude erst umgestaltet werden. In der Umbauphase verhüllte ein Künstler den Reichstag 1995 in einer spektakulären Kunstaktion. Sein Name?**

A Christo *B Chagall*
C C Picasso *D Richter*

5 **Den Umbau verantwortete der britische Stararchitekt Sir Norman Foster. Welchen Gebäudeteil gestaltete er gläsern und machte ihn so zu einem neuen Wahrzeichen Berlins?**

A Keller *B Kuppel*
C Balkon *D Giebel*

6 **Sir Norman Foster hätte auch gerne den Bundesadler im Plenarsaal umgestaltet. Doch auf Wunsch der Bauherren musste er sich an dem Adler orientieren, der schon in Bonn hing. Wie wird dieser scherzhaft genannt?**

A Fette Henne *B Dickes Huhn*
C Dralle Pute *D Gute Glucke*

7 **Der Reichstag ist mit der sogenannten Kanzler-U-Bahn zu erreichen, im Moment wohl die kürzeste U-Bahn-Linie Deutschlands. Wie viele Stationen hat sie?**

A zwei *B drei*
C vier *D acht*

8 **Inzwischen nutzt der Bundestag seit gut 19 Jahren das Reichstagsgebäude. Der wievielte Bundestag seit Gründung der Bundesrepublik wurde am 24. 9. 2017 gewählt? Der ...**

A dreizehnte *B siebzehnte*
C neunzehnte *D zwanzigste*

Wer wird Millionär?

1) Ein gutes Gewissen ist ein sanftes ... (50 €)
A Ruhekissen — C Sofakissen
B Federkissen — D Heizkissen

2) Etwas Vergebliches ist redensartlich für ... (100 €)
A das Kamel — C die Katz
B die Kuh — D den Koala

3) Für einen Freund geht man durchs ... (200 €)
A Wasser — C Feuer
B Gestrüpp — D Moor

4) Etwas längst Bekanntes ist umgangssprachlich „kalter ...". (300 €)
A Tee — C Kakao
B Kaffee — D Saft

5) Worin wird Regenwasser gesammelt? (500 €)
A Zitadelle — C Taverne
B Zisterne — D Zivette

6) Die Weltgesundheitsorganisation nennt sich kurz ... (1000 €)
A WHG — C WMO
B WHO — D WGB

7) Ein Nahrungsmittel ist ... (2000 €)
A Graubrot — C Schwarzobst
B Grünfleisch — D Blaubutter

8) Belehrt man jemanden, zeigt man ihm, was eine ... ist. (4000 €)
A Forke — C Harke
B Schaufel — D Sichel

9) Was ist Mobbing? (8000 €)
A Walfang — C Schikane
B Staubwischen — D Sprechfunk

10) Ein Theaterstück von Eugène Ionesco heißt „Die ...". (16 000 €)
A Elefanten — C Nashörner
B Nachtigallen — D Wühlmäuse

11) Welches der nachfolgenden Länder hat die meisten Einwohner? (32 000 €)
A Bangladesch — C Mexiko
B Japan — D Russland

12) Ein bekanntes Standbild im Bamberger Dom ist der Bamberger ... (64 000 €)
A Bär — C Michel
B Reiter — D Turm

13) Welches Hochzeitsjubiläum wird nach sieben Jahren gefeiert? (125 000 €)
A Blecherne Hochzeit — C Rosenhochzeit
B Kupferne Hochzeit — D Porzellanhochzeit

14) Der Vorname des Sprachforschers Duden war ... (500 000 €)
A Egon — C Boris
B Konrad — D Erich

15) Welche Pflanze zählt nicht zu den Hülsenfrüchtlern? (1 000 000 €)
A Erbse — C Erdnuss
B Linse — D Pistazie

Preisfrage

„Wer bekam 1954 den Chemie- und 1962 den Friedensnobelpreis? A: Linus Pauling, B: Otto Hahn, C: Pearl S. Buck, D: Albert Schweitzer?" Die Antwort auf diese Frage war in Günther Jauchs Quizshow „Wer wird Millionär" schon einmal eine Million Euro wert. Und die Kandidatin, eine pfiffige Assistenzärztin, wählte „Linus Pauling". Richtig? Richtig! Linus Pauling entdeckte mithilfe der Röntgenstrukturanalyse die Helix-Struktur vieler Proteine und engagierte sich zugleich in der internationalen Friedensbewegung. Wo aber kam der Mann, der so wertvoll sein kann, zur Welt? Der Name des US-Staates, in dessen größter Stadt Portland er am 28. Februar 1901 geboren wurde, ergibt sich, wenn Sie wissen, wer welchen Nobelpreis bekam.

◯	Pearl S. Buck	Chemie	R
◯	Otto Hahn	Frieden	E
◯	Albert Schweitzer	Literatur	O
◯	Robert Koch	Literatur	O
◯	Winston Churchill	Medizin	G
◯	Wilhelm Conrad Röntgen	Physik	N

DAS VERZWICKTE QUIZ

Beantworten Sie die Quizfragen. Die Buchstaben hinter den richtigen Antworten ergeben ein Lösungswort.

1 Eine Kinderkrankheit nennt man ...

a) Ziegenpeter .... E
b) Hackepeter .... N
c) Pockenpeter .... F
d) Wackelpeter .... K

2 Die italienische Bezeichnung für Teigwaren ist ...

a) Basta .... T
b) Pasta .... R
c) Pizza .... S
d) Piazza .... E

3 Eine bekannte Süßspeise ist der „Apfel im ...".

a) Morgenmantel .... A
b) Schlafrock .... D
c) Pyjama .... H
d) Negligé V

4 Wie nennt man eine vorläufig abgebrochene Schachpartie?

a) Schwebepartie .... A
b) Klebepartie .... K
c) Hängepartie .... B
d) Schiebepartie .... G

5 Das Logo der Umweltstiftung WWF ist ein ...

a) Hase L
b) Panda .... E
c) Fuchs .... K
d) Igel .... H

6 Wer löste den Gordischen Knoten?

a) Alexander der Große .... E
b) Attila .... D
c) Damokles .... S
d) Hammurabi V

7 Die Kühlerfigur eines Rolls-Royce nennt man auch ...

a) Emily .... R
b) Daisy .... F
c) Emmy .... G
d) Victoria .... J

8 Ein Film von Doris Dörrie mit Heiner Lauterbach heißt ...

a) „Väter" .... T
b) „Frauen" .... N
c) „Männer" .... E
d) „Kinder" .... A

◯ 1 ◯ 2 ◯ 3 ◯ 4 ◯ 5 ◯ 6 ◯ 7 ◯ 8

THEMEN-QUIZ

Nid schlufig sy!

Selbst für Schweizer und Fans der Schweiz ist nicht jede der folgenden Fragen leicht zu beantworten. Oder kennen Sie die Region wie Ihre Westentasche? Testen Sie es mit diesem Quiz!

1 Die seit dem Jahr 2000 geltende neue Verfassung der Schweiz enthält ...

A) erstmals die Grundrechte
B) den Text der Nationalhymne
C) ein Kapitel über den Finanzmarkt
D) eine Verfassungsgerichtsbarkeit

2 Global betrachtet liegt die Schweiz nicht ...

A) südlich von Montreal
B) auf den Längengraden von Nigeria
C) südlich von Japan
D) auf dem gleichen Breitenkreis wie Mexiko

3 Seit wann dürfen Frauen in der Schweiz wählen?

A) 1971
B) 1884
C) 1948
D) 1905

4 Der Lago Maggiore ist zu wie viel Prozent ein Schweizer See?

A) 100 %
B) 50 %
C) 75 %
D) 20 %

5 Der attraktive zweithöchste Wasserfall der Schweiz bei Interlaken heißt ...

A) Grenzfall
B) Sandert
C) Wasserschleierle
D) Staubbachfall

6 Die Rütliwiese liegt am ...

A) Silsersee
B) Urnersee
C) Thunersee
D) Ägerisee

7 Nicht zu den Berner Alpen gehört ...

A) Aletschhorn
B) Strohwitwer
C) Finsteraarhorn
D) Jungfrau

8 Kein echter Schweizer(in) ist/war ...

A) Sheikh Ibrahim Ibn Abdallah
B) Kurt Felix
C) Roger Federer
D) Maria Sibylla Merian

9 Die Schweiz besteht aus wie vielen Kantonen?

A) 15
B) 19
C) 23
D) 26

10 Der höchste Gipfel der Schweiz ist ...

A) Monte Rosa
B) Dufourspitze
C) Matterhorn
D) Rütli

QUIZ für GENIES

Millionär können Sie bei uns (leider) nicht werden, aber auch hier können Sie Ihr Wissen testen. Viel Spaß!

1. Was platzt einem bei einem Wutanfall?

A der Geduldsfaden | B der Kragen
C der Knoten | D die Hutschnur

2. Beim Bäcker bekommt man ...

A Weserwellen | B Rheinwellen
C Donauwellen | D Elbewellen

3. Der Kahle Asten befindet sich im ...

A Schwarzhaarwald | B Kraushaargebirge
C Rothaargebirge | D Glatzer Bergland

4. Wie nannte man König Ludwig XIV. von Frankreich?

A Frauenschwarm | B Sonnenkönig
C Märchenprinz | D Friedensfürst

5. Was spitzt der, der achtgibt?

A die Augen | B die Ohren
C die Nase | D die Lippen

6. Womit markierten Hänsel und Gretel ihren Heimweg?

A Tannenzapfen | B Holzspäne
C Kieselsteine | D Walnüsse

7. Welcher Ort liegt auf der Nordseeinsel Amrum?

A Nebel | B Regen
C Sturm | D Wyk

8. Wie heißt das sagenhafte Goldland in Südamerika?

A Elektrum | B Elysium
C Eldorado | D Eleison

9. In welcher Serie spielte Manfred Krug die Hauptrolle?

A „Anwalt Abel" | B „Ein Fall für zwei"
C „Ehen vor Gericht" | D „Liebling Kreuzberg"

10. Ein gutes Nachtmahl in Rom gibt es in einer ...

A Panaderia | B Enoteca
C Trattoria | D Galleria

11. 1993 führte die Deutsche Bundespost fünfstellige ... ein.

A Bankleitzahlen | B Vorwahlen
C Postleitzahlen | D Ortswahlen

12. Ein Tafelbild ist ein Gemälde auf einer ...

A Schokoladentafel | B Holztafel
C Schultafel | D Wandtafel

QUIZ

Testen Sie Ihr Allgemeinwissen!

1

Wenn man seine Meinung klar äußert, bekennt man ...

☐ Tusche ☐ Teint ☐ Buntes ☐ Farbe

2

Kein Geldinstitut ist die ...

☐ Universalbank ☐ Zentralbank ☐ Bundesbank ☐ Schulbank

3

Was ist sprichwörtlich der beste Koch?

☐ Durst ☐ Heimweh ☐ Hunger ☐ Sehnsucht

4

Flüchtige Treffen geschehen zwischen Tür und ...

☐ Spalt ☐ Zarge ☐ Klinke ☐ Angel

5

Cindy & Bert sangen den Schlager „Immer wieder ...".

☐ sonntags ☐ freitags ☐ mittwochs ☐ montags

6

Einer der Spitznamen für den Trabant war in der DDR ...

☐ Flitzpapier ☐ Laufkarton ☐ Rennpappe ☐ Sprintholz

7

Wohin wollten Jesu Eltern bei seiner Geburt?

☐ Markttag ☐ Lichtfest ☐ Volkszählung ☐ Königskrönung

8

„Diamonds Are a Girl's Best Friend" singt M. Monroe im Film ...

☐ „Niagara" ☐ „Blondinen bevorzugt" ☐ „Bus Stop" ☐ „Fünf Perlen"

9

Eine in Australien vorkommende Giftspinne ist die Sydney-...

☐ Trichternetzspinne ☐ Jagdspinne ☐ Seespinne ☐ Haarnetzspinne

10

Ein polnischer Nationaltanz heißt ...

☐ Csardas ☐ Polka ☐ Mazurka ☐ Flamenco

11

In welcher Stadt wurde Fußballer Cristiano Ronaldo geboren?

☐ Funchal ☐ Lissabon ☐ Faro ☐ Porto

12

Welchen Beinamen trug der Wikingerkönig Harald Gormsson?

☐ Schwarzohr ☐ Rothals ☐ Blauzahn ☐ Gelbhand

BILDER-QUIZ

Wie nennt man die Schwertlilie auch?

INGA – IRIS – INES

In welcher Stadt kann man die „Spanische Reitschule" besuchen?

WIEN – LEÓN - GENT

Welche Vögel halfen Aschenputtel, die Linsen aus der Asche zu lesen?

TAUBEN – MÖWEN – GÄNSE

QUIZ

500 Euro

1 Einem geliebten Menschen holt man was vom Himmel?

A Den Mond
B Die Sonne
C Die Sterne
D Die Wolken

1000 Euro

2 Eine schwere, vergebliche Arbeit nennt man ...

A Herkulesaufgabe
B Odyssee
C Sisyphusarbeit
D Tantalusqualen

2000 Euro

3 An welchem Fluss liegt Antwerpen?

A Maas
B Schelde
C Rhein
D Waal

5000 Euro

4 Was ist ein Bracke?

A Bergwerk
B Jagdhund
C Sumpfvogel
D Gewässer

10 000 Euro

5 Bei welcher Pflanze handelt es sich nicht um eine Weizenart?

A Buchweizen
B Dinkel
C Emmer
D Einkorn

50 000 Euro

6 Das Schmuckstück in dem Film „Titanic" hat welche Form?

A Tropfen
B Anker
C Mond
D Herz

100 000 Euro

7 Ein berühmtes Bild von Franz Marc heißt „Die großen blauen ...".

A Füchse
B Pferde
C Schmetterlinge
D Wölfe

250 000 Euro

8 Eine italienische, pikant gewürzte Wurst heißt ...

A Culatello
B Salsiccia
C Bresaola
D Pancetta

500 000 Euro

9 Tesla ist eine Bezeichnung aus ...

A Der Erdgeschichte
B Der Meteorologie
C Dem Magnetismus
D Der Musik

1 000 000 Euro

10 In welchem Staat leben die Aschanti?

A In Marokko
B In Kenia
C In Ghana
D In Somalia

KULTUR-QUIZ

1 Leiterinnen der Bayreuther Wagner-Festspiele sind Eva Wagner-Pasquier und ...

a Cosima Wagner
b Katharina Wagner
c Nike Wagner
d Winifred Wagner

2 Den Winnetou bei den Karl-May-Spielen in Bad Segeberg spielt derzeit ...

a Matthias M.
b Gojko Mitić
c Hardy Krüger jr.
d Pierre Brice

3 Gründer des Schleswig-Holstein-Musikfestivals war 1986 ...

a Herbert von Karajan
b Justus Frantz
c Leonard Bernstein
d Peter Harry Carstensen

4 Wer spielte bei den Salzburger Festspielen von 2002 bis 2004 die „Buhlschaft"?

a Hannelore Hoger
b Helen Mirren
c Lindsay Lohan
d Veronica Ferres

Wer wird Millionär?

1) Eine Hand wäscht ...

50 €

- A) den Fuß
- B) das Geschirr
- C) nicht gut genug
- D) die andere

2) Menschen ohne Mitgefühl haben ein Herz aus ...

100 €

- A) Glas
- B) Stein
- C) Eisen
- D) Gold

3) Sach- und fachgerecht ist nach allen Regeln der ...

200 €

- A) Kunst
- B) Musik
- C) Malerei
- D) Physik

4) Wer hat märchenhafte 40 Räuber gegen sich?

300 €

- A) Ali Bey
- B) Abu Dhabi
- C) Ali Baba
- D) Abu Simbel

5) Kein Vogel ist der ...

500 €

- A) Erlkönig
- B) Zaunkönig
- C) Königsglanzstar
- D) Wachtelkönig

6) Gunter Gabriel sang den Hit „Komm unter meine ...".

1000 €

- A) Haube
- B) Decke
- C) Fittiche
- D) Hecke

7) Welcher Erdteil ist der größte?

2000 €

- A) Amerika
- B) Asien
- C) Europa
- D) Afrika

8) Welche Pflanze wächst aus einer Zwiebel?

4000 €

- A) Rose
- B) Tulpe
- C) Nelke
- D) Gardenie

9) Welcher der folgenden Fernsehsender ist nicht öffentlich-rechtlich?

8000 €

- A) ARTE
- B) 3sat
- C) KiKA
- D) N24

10) Ken Follett schrieb den Roman „Die Säulen der ...".

16 000 €

- A) Erde
- B) Freiheit
- C) Welt
- D) Macht

11) Wie viele Punkte hat ein Spielwürfel insgesamt?

32 000 €

- A) 15
- B) 18
- C) 21
- D) 24

12) Welche italienische Vorspeise ist vegetarisch?

64 000 €

- A) Bresaola
- B) Caprese
- C) Vitello tonnato
- D) Carpaccio

13) Wer löste das Rätsel der Sphinx?

125 000 €

- A) Ödipus
- B) Odysseus
- C) Herkules
- D) Alexander der Große

14) Welches Land führte erst 1944 das Frauenwahlrecht ein?

500 000 €

- A) Dänemark
- B) Deutschland
- C) Spanien
- D) Frankreich

15) Was war Giovanni Pierluigi da Palestrina?

1 000 000 €

- A) Architekt
- B) Bildhauer
- C) Komponist
- D) Maler

TIER-QUIZ

1 Farbenfroh und friedlich, sind Schwertträger die idealen Zierfische. Die tropischen Wasserbewohner zählen zur Ordnung der ...kärpflinge.

- ZAHN
- MUND
- FUSS

2 Die Bengalkatze gilt als anhänglich und verschmust. Besonders auffällig ist ihre Fellzeichnung, weshalb sie auch unter welchem Namen bekannt ist?

- TUPFENKATZE
- LEOPARDETTE
- STUBENTIGER

3 Mönchssittiche benötigen jede Menge Platz und Ausflug. Am wohlsten fühlen sie sich – wie ihr Name vermuten lässt – in ...

- ABTEIRÄUMEN
- MÖNCHSKUTTE
- GEMEINSCHAFT

QUIZ

1. Eine Redewendung sagt: „Papier ist ...“

- **A** abwartend
- **B** geduldig
- **C** nachsichtig
- **D** tolerant

2. In Gefahrensituationen bekommt man leicht ...

- **A** Nierengehen
- **B** Magenrennen
- **C** Herzrasen
- **D** Leberhüpfen

3. Viele verschönern ihr Heim durch einen ...

- **A** Sommerzement
- **B** Herbstgips
- **C** Wintermörtel
- **D** Frühjahrsputz

4. Ein freudiges Ereignis wird oft ...

- **A** gedüngt
- **B** begossen
- **C** vertikutiert
- **D** entmoost

5. Wenn man Banknoten gegen das Licht hält erkennt man ...

- **A** Lesezeichen
- **B** Feuerzeichen
- **C** Rauchzeichen
- **D** Wasserzeichen

6. Walter Gropius gründete das Bauhaus 1919 in ...

- **A** Dessau
- **B** Berlin
- **C** Leipzig
- **D** Weimar

7. Ein germanischer Volksstamm in Nordhessen waren die ...

- **A** Chatten
- **B** Plaudern
- **C** Tratschen
- **D** Simsen

8. Heinz Rühmann spielte in Kriminalfilmen den Pater ...

- **A** Black
- **B** Brown
- **C** White
- **D** Red

9. Laut Schiller denkt der ... Mann an sich selbst zuletzt.

- **A** brave
- **B** reiche
- **C** arme
- **D** lustige

10. Wie viele Sterne hat die chinesische Flagge?

- **A** einen
- **B** zwei
- **C** vier
- **D** fünf

11. Welche Tätigkeit übt Bryan Adams neben der Musik aus?

- **A** Malerei
- **B** Fotografie
- **C** Reitsport
- **D** Modedesign

12. Wer gründete 1971 die Organisation Ärzte ohne Grenzen?

- **A** Amerikaner
- **B** Franzosen
- **C** Deutsche
- **D** Engländer

WORTSPIEL

Wenn Sie die Bedeutungen der 8 Wörter herausgefunden haben, ergeben die Buchstaben hinter den richtigen Antworten – von oben nach unten gelesen – ein Sprichwort.

1 Figaro

a) dänischer Inselbewohner **DIE**
b) kubanische Zigarre . . . **WER**
c) scherzhaft: Friseur . . . . . **EIN**

2 Hegemonie

a) Pflegerausbildung . . . . **ERS**
b) Vorherrschaft . . . . **ALT**
c) Tierschutzvorschrift . . . **DAS**

3 Herbling

a) Rebsorte . . . . **TEL**
b) unreife Frucht aus später Blüte . . . . **ESP**
c) spröder Mensch . . . . . . **ALT**

4 Libell

a) ein Insekt . . . . **IEB**
b) Teil der Wasserwaage . . **ERN**
c) altröm. Klageschrift . . . **FER**

5 Helfe

a) Mitarbeiterin . . . . **EIS**
b) Webstuhlschnur . . . . . **DKE**
c) Unterstützung . . . . **ICH**

6 Goldhähnchen

a) knusprig gebratener Kapaun . . . . **TDI**
b) ein Singvogel . . . . **NNT**
c) seltene Taube . . . . **DER**

7 Kneifer

a) ein Schustermesser . . . **EBE**
b) ein Insekt . . . . **IST**
c) Brille ohne Bügel . . . . . **DEN**

8 Minestrone

a) ital. Gemüsesuppe . . . **WEG**
b) Herrscheranrede . . . . . **SEN**
c) Kapellmeister . . . . **TAG**

Nur wenn Sie die Fragen richtig beantworten, werden Sie am Ziel mit den richtigen Buchstaben ankommen. Diese ergeben – hintereinandergelesen – einen Lösungsspruch.

START

B Die Maskottchen der WM 1974 hießen Tip und Pit.	**E** Deutschland hat neun Nachbarländer.	**D** Das Jungtier des Bären wird „Äffchen“ genannt.	**A** Im Nordwesten von Tansania liegt eine Stadt namens „Tanga“.
S Spielt man Halma zu viert, so hat jeder Spieler 13 Steine.	**S** Eine Weißweinrebe wurde nach dem Dichter Johannes B. Kerner benannt.	**R** Jogi Löws Diplomarbeit hieß „Dorschangeln vom Boot und an der Küste“.	**P** 1982 kürte das TIME-Magazin den Computer als „Person of the Year“.
E Die größte der drei Pyramiden bei Giseh ist die Ramsespyramide.	**R** Geburtsort von Kolumbus war die Stadt Genua.	**D** Ein Jahr hat 31 536 000 Sekunden.	**I** Die größte Diskothek der Welt fasst 14 000 Menschen und befindet sich auf Mallorca.
W Wissenschaftlich gesehen haben Kakteen keine Stacheln, sondern Dornen.	**S** Im August 1911 wurde die „Mona Lisa“ aus dem Louvre gestohlen.	**P** Das englische „Serve“ steht im Tennissport für „Aufschlag“.	**A** Beim „Thanksgiving Day“ in den USA wird traditionell Ente aufgetischt.
A Ein Merkvers zur Geschichte lautet: „753, Rom schlüpft aus dem Ei“.	**T** Dostojewski schrieb den Roman „Krieg und Frieden“.	**E** Begründer der Genetik war Jean Genet (1910–1986).	**T** Julio Iglesias ist in Spanien ein zugelassener Physiotherapeut.
L Das führende Opernhaus Amerikas ist die Chicagoer Met.	**S** Ein Heilbad in Budapest heißt Lessing.	**N** Schauplatz der Olympischen Spiele der Antike war das griechische Marathon.	**O** Eine Haushaltskerze hat eine Lichtstärke von etwa 4 Candela.
A Das norwegische Wort für Tablet-Computer lautet „Bettbrett“.	**L** Die „Wilde 13“ aus der Geschichte von Jim Knopf besteht aus nur zwölf Männern.	**I** Erstbesteiger des Mount Everest waren Edmund Hillary und Norway Tent Sing.	**E** ZIEL

Pfeile zwischen den Feldern: JA / NEIN

Lösung:

Frei, sehr frei, erzählt der Film aus dem Jahre 1984 die Geschichte des Genies. Eine süffige Story mit giftigem Schluss, rauschende Roben, flackernde Kandelaber und – natürlich – die Musik, versetzten die Welt in einen Mozart-Rausch: 193 Jahre nach seinem Tod gab der Komponist ein fulminantes Comeback! Nicht als entzückendes Wunderkind oder verehrter Klassiker, sondern als Popstar mit Punk-Frisur. Kennen Sie „Amadeus"? Die Buchstaben der richtigen Lösungen ergeben das gesuchte Lösungswort.

1 Wurde Mozart vergiftet? Dieses Gerücht dient der dramatischen Zuspitzung des Films. Der Komponist, dem der vermeintliche Mord in die Schuhe geschoben wurde, hieß Salieri (1750-1825). Der Vorname des Italieners?

H Antonio
O Giuseppe
M Gioacchino
B Vincenzo

2 Salieri war zu Lebzeiten von Mozart Hofkomponist des österreichischen Kaisers. Wer spielt ihn im Film?

U Ben Kingsley
A F. Murray Abraham
E Anthony Hopkins
P John Malkovich

3 Dieser Schauspieler erhielt für seine Leistung den Oscar für die beste Hauptrolle. Für denselben Preis war auch der Darsteller von Mozart nominiert.

S Johnny Depp
E Kenneth Branagh
L Keanu Reeves
R Tom Hulce

4 Überhaupt wurde der Film mit Oscars überhäuft. Wie viele waren es insgesamt?

I Sechs
O Zehn
M Acht
R Elf

5 Unter diesen Oscars war auch der für die beste Regie. Der Name des Regisseurs, der den Preis schon zum zweiten Mal erhielt?

K David Lean
N Mike Nichols
D Michael Curtiz
O Milos Forman

6 Die eigentliche Filmhandlung setzt ein, als Mozart aus seiner Heimatstadt in Wien eintrifft. Der Name der Heimatstadt?

C Augsburg
R Graz
D Bonn
N Salzburg

7 Als ahnungsloser Gernegroß wird im Film Kaiser Joseph (Jeffrey Jones) dargestellt. Wie lautet seine Kritik an Mozarts erster Oper?

L „Ein bisschen zu laut!"
I „Zu viele Noten!"
E „Viel zu laut!"
R „Zu wenig Handlung !"

8 Der enthaltsam lebende Salieri, erbittert darüber, dass nicht er sondern der irre lachende Frauenheld Mozart ein Liebling Gottes zu sein scheint, bestellt inkognito ein Werk bei seinem Konkurrenten. Der Name des Auftragswerkes?

O Die Hochzeit des Figaro
R Eine kleine Nachtmusik
G Die Zauberflöte
S Requiem

9 Wie von Salieri beabsichtigt, glaubt Mozart, der Geist seines verstorbenen Vaters, habe das Werk in Auftrag gegeben. Diese Wahnvorstellung führt zum Zusammenbruch des Komponisten. Der Vorname von Mozarts Vater?

W Franz
C Leopold
I Joseph
S Ludwig

10 In den grandiosen Schlussminuten des Films liegt Mozart auf dem Sterbebett und diktiert Salieri einige Takte des Auftragswerkes. Sein Plan, das Werk für sein eigenes auszugeben, wird von Mozarts Frau (Elizabeth Berridge) durchkreuzt. Ihr Vorname?

N Anna Magdalena
E Cosima
H Constanze
T Nanner

DAS LEICHTE QUIZ

Testen Sie Ihr Allgemeinwissen, und schicken Sie Ihr Gehirn ins Trainingslager! Unser Quiz macht Sie fit für Jauch, Pilawa und Co.

1 **50 Euro**
Gerne verantwortlich gemacht wird der ...
A Sündenbock B Verfehlungswolf C Lasterhund D Frevelkeiler

2 **100 Euro**
Ist die Spannung verpufft, dann ist die Luft ...
A sauber B rein C raus D schlecht

3 **200 Euro**
Lügen haben kurze ...
A Hände B Füße C Arme D Beine

4 **300 Euro**
Wenn man gesund ist, dann ist man wieder auf dem ...
A Deich B Damm C Weg D Acker

5 **500 Euro**
Auf dem Fußballplatz gibt zweimal Gelb ...
A Blau B Grün C Schwarz D Rot

6 **1.000 Euro**
Was ist eine Gulaschkanone?
A Feldküche B Spitzenköchin C Wasserwerfer D Konfettibomber

7 **2.000 Euro**
Eine der Eisheiligen ist die ... Sophie.
A warme B kalte C flotte D raue

8 **4.000 Euro**
Wenn man das Wort Klopse hört, denkt man an ...
A Fichtelberg B Königsberg C Tafelberg D Wittenberg

9 **8.000 Euro**
Sterndeuter sind ...
A Astrografen B Astronomen C Astrologen D Astronauten

10 **16.000 Euro**
Das Steinhuder Meer liegt in ...
A Niedersachsen B Bayern C Hessen D Hamburg

11 **32.000 Euro**
John Steinbeck schrieb den Roman „Jenseits ...".
A von Afrika B der Stille C von Gut und Böse D von Eden

12 **64.000 Euro**
Wie heißt der kalte, trockene Wind in Südfrankreich?
A Föhn B Mistral C Monsun D Schirokko

13 **125.000 Euro**
Das Fagott ist ein ...
A Blasinstrument B Zupfinstrument C Schlaginstrument D Streichinstrument

14 **500.000 Euro**
Wie viele Jahre dauerte der Hundertjährige Krieg?
A 97 B 100 C 106 D 116

15 **1.000.000 Euro**
Was für ein Tier ist ein Pudu?
A Ein Affe B Ein Käfer C Ein Hirsch D Ein Papagei

BILDER-QUIZ

Auch die Hainbuche hat es schon einmal bei der Wahl zum „Baum des Jahres" ganz nach oben geschafft: 1996. Aber Vorsicht! Sie wächst zwar durchaus im „Hain", aber sie ist keine Buche. Denn sie gehört zur Familie der ...

EICHEN – BIRKEN – TANNEN

Das haben Sie bestimmt noch nicht gewusst: Dass es eine „Staude des Jahres" gibt. Damit soll auf die enorme Vielfalt der Pflanzen aufmerksam gemacht werden. 2016 hat die „Blume des Regenbogens" gewonnen. Ihr Name?

IRIS – ANKE – RUTH

Stets im Sommer sprechen wir von dem „Tier des Jahres 2004". Denn: So wie das Wetter am Tag des Siebenschläfers ist, so soll es sieben Wochen bleiben. Auch der „Schläferskopf" wurde nach dem Tier benannt. Wo liegt der Berg?

TAUNUS – VOGLER – RÜGEN

REISE-QUIZ

Schroffe Gipfel und grüne Täler, stille Einsamkeit und touristischer Trubel: Das sind die Alpen. Kennen Sie das höchste Gebirge Europas? Die acht Fragen haben je vier Antwortmöglichkeiten. Die Lösung Ihrer Wahl tragen Sie in die entsprechend nummerierten Felder im Rätseldiagramm ein.

1 **Den mit 4810 Metern höchste Berg der Alpen (und damit Europas) teilen sich Frankreich und Italien. Der Gipfel aber liegt auf französischem Gebiet. Sein Name?**

A Aconcagua *B Marmolada*
C Mont Blanc *D Monte Rosa*

2 **Der höchste Berg der Schweiz wurde nach einem General benannt, der sich um die Landesvermessung verdient machte. In welchem Kanton liegt die 4634 Meter hohe Dufourspitze?**

A Luzern *B Schwyz*
C Tessin *D Wallis*

3 **Im Hauptkamm der Ostalpen, den Hohen Tauern, erhebt sich der mit 3798 Metern höchste Berg Österreichs. Sein Name?**

A Grossglockner *B Kitzsteinhorn*
C Meeraugspitze *D Patscherkofel*

4 **Schade, „nur" 2962 Meter: Was die Höhe der Berge angeht, kann Deutschland mit den anderen Alpenländern nicht mithalten. Wie heißt unser höchster Gipfel?**

A Bungsberg *B Hausstock*
C Zuckerhut *D Zugspitze*

5 **Vor 100 Millionen Jahren begann die afrikanische Platte, nach Norden zu driften und so die Alpen aufzufalten. Dort, wo heute Berge aufragen, wogte also einst das Meer. Der Name des urzeitlichen Gewässers, das nach der Schwester und Gattin des griechischen Meeresgottes Okeanos benannt wurde?**

A Athene *B Eirene*
C Charis *D Tethys*

6 **Geradezu jung dagegen – nämlich rund 5000 Jahre – ist die Gleschtermumie, die im September 1991 nahe dem Hauslabjoch entdeckt wurde. Der Spitzname des populären jungsteinzeitlichen Fundes?**

A Anton *B Bobby*
C Oetzi *D Poldi*

7 **Noch später überquerten 26000 Mann mit 37 Kriegselefanten die verschneiten Alpen und bereiteten damit ihren Gegnern eine böse Überraschung. Wer führte die Truppe an?**

A Antonius *B Hannibal*
C Napoleon *D Pompejus*

8 **Wie nennt man den Widerschein des nach Sonnenuntergang auftretenden Purpurlichtes an den nach Westen gewandten Gipfeln des Gebirges?**

A Alpengluehen *B Bergleuchten*
C Hochflimmern *D Hoehensonnen*

Wer wird Millionär?

1) Welche Taktik benutzt der, der stufenweise vorgeht?
50 €
A Käsetaktik — C Schinkentaktik
B Salamitaktik — D Joghurttaktik

2) Die botanische Bezeichnung für Schwertlilien ist ...
100 €
A Ines — C Erna
B Iris — D Erika

3) Einen Schulleiter nennt man auch ...
200 €
A Vektor — C Rektor
B Lektor — D Sektor

4) Was haben besonders schlanke Frauen?
300 €
A Schlangenlinie — C Tigeraugen
B Wespentaille — D Löwenmähne

5) Wem verhalf „Die schwarze Barbara" zum Erfolg?
500 €
A Karel Gott — C Heino
B Roy Black — D Udo Jürgens

6) Eine Kamelie ist ...
1000 €
A ein Kamelweibchen — C ein Bonbon
B eine Zierpflanze — D eine Gewebeart

7) Was tun Matrosen, wenn sie etwas heraufziehen?
2000 €
A luven — C halsen
B fieren — D hieven

8) Cornflakes werden hauptsächlich hergestellt aus ...
4000 €
A Mais — C Roggen
B Reis — D Weizen

9) Was ist nicht im Grundgesetz geregelt?
8000 €
A Briefgeheimnis — C Berufsfreiheit
B Pressefreiheit — D Bankgeheimnis

10) Erscheint etwas seltsam, dann kommt uns das wie vor?
16 000 €
A chinesisch — C französisch
B spanisch — D böhmisch

11) Welches Gebirge trennt Europa und Asien?
32 000 €
A Alpen — C Karpaten
B Dolomiten — D Ural

12) In welcher Stadt spielt die Oper „Carmen"?
64 000 €
A Madrid — C Granada
B Toledo — D Sevilla

13) Ein Pinguin hat ...
125 000 €
A Haare — C Schuppen
B Federn — D glatte Haut

14) Welcher Baum verliert im Herbst seine Nadeln?
500 000 €
A Tanne — C Lärche
B Eibe — D Zeder

15) Was ist eine Krause Glucke?
1 000 000 €
A eine Hühnerrasse — C ein Speisepilz
B ein Schmetterling — D eine Gewürzpflanze

Auf hoher See

Wie Vater und Großvater sollte auch der Sohn Arzt werden. Doch bald nach Beginn des Studiums verbrachte er seine Zeit lieber am Strand als im Hörsaal. Er sammelte dort Seetiere. „Medizin ist nicht das Richtige", gab selbst der strenge Vater zu. Doch auch das anschließende Studium der Theologie betrieb der Sohn eher lustlos. Seine Leidenschaft galt der Käferkunde und der Botanik. Die Beobachtungen, die er dann während einer fünfjährigen Weltreise an Bord der „Beagle" machte, bildeten die Grundlage für sein bahnbrechendes Buch „Über die Entstehung der Arten". Erschienen 1859, erschütterte es das christliche Weltbild und legte zugleich das Fundament der modernen Biologie. Der Name des Autors (1809–1882)? Wenn Sie wissen, wer an Bord welchen Schiffes unterwegs war, haben Sie die Antwort.

Schiff	Person	Buchstabe
○ Bounty	James Cook	A
○ Endeavour	Fletcher Christian	D
○ Fram	Alexander von Humboldt	I
○ Golden Hind	Christoph Kolumbus	N
○ Pizarro	Roald Amundsen	R
○ Santa Maria	Francis Drake	W

DAS VERZWICKTE QUIZ

QUIZ

Beantworten Sie die Quizfragen. Die Buchstaben hinter den richtigen Antworten ergeben ein Lösungswort.

1 Jan Josef Liefers spielt im „Tatort" den Rechtsmediziner ...

- Karl-Friedrich Boerne .... A
- Joseph Roth .... T
- Robert Kolmaar .... D
- Leo Dalton .... U

2 Eine Heilpflanze aus der Familie der Kreuzblütler heißt ...

- Bauernsäckel .... K
- Schäferbeutel .... O
- Hirtentäschel .... R
- Bischofstasche .... N

3 Die Fastenzeit in der katholischen Kirche dauert immer ... lang.

- 30 Tage .... P
- 35 Tage I
- 40 Tage .... G
- 45 Tage .... E

4 Premierminister Winston Churchill erhielt 1953 den Nobelpreis für ...

- Literatur .... U
- Physiologie oder Medizin .... B
- Frieden L
- Physik I

5 Welche Oper gehört nicht zu Wagners „Der Ring des Nibelungen"?

- Das Rheingold .... K
- Götterdämmerung .... W
- Siegfried .... E
- Parsifal .... M

6 Über welche Länge erstrecken sich die südamerikanischen Anden?

- 5500 km .... T
- 6500 km .... A
- 7500 km .... E
- 8500 km .... W

7 In welchem Land werden Speisen nach Teriyaki-Art zubereitet?

- Nepal .... P
- Indien .... U
- Indonesien .... O
- Japan .... N

8 Welche Krankheit nennt der Arzt auch Konjunktivitis?

- Bindehautentzündung .... T
- Halsentzündung .... A
- Rechtschreibschwäche .... D
- Zahnfleischentzündung .... E

○1 ○2 ○3 ○4 ○5 ○6 ○7 ○8

THEMEN-QUIZ

Nichts für Damische!

Selbst für Bayern und Fans Bayerns ist nicht jede der folgenden Fragen leicht zu beantworten. Oder kennen Sie das Bundesland wie Ihre Westentasche? Testen Sie es mit diesem Quiz!

1 Wie heißt die Region zwischen Lech und Loisach?

A) Priesterwinkel
B) Bischofswinkel
C) Kardinalswinkel
D) Pfaffenwinkel

2 Wie nannte man Bayernkönig Ludwig II. liebevoll?

A) Kindl
B) Wiggerl
C) Kini
D) Lu

3 Welches ist der größte See Bayerns?

A) der Ammersee
B) der Chiemsee
C) der Starnberger See
D) der Tegernsee

4 Wann isst man in Bayern traditionell Weißwurst?

A) nur vormittags
B) nur nachmittags
C) nur abends
D) nur nachts

5 Wann gewann Bayern München zum ersten Mal die deutsche Fußballmeisterschaft?

A) 1920
B) 1932
C) 1951
D) 1968

6 Wie oft finden die Passionsspiele in Oberammergau statt?

A) jedes Jahr
B) alle zwei Jahre
C) alle vier Jahre
D) alle zehn Jahre

7 Was trennt angeblich Bayern vom restlichen Deutschland?

A) der Weißwurstäquator
B) die Röstilinie
C) die Weißbiergrenze
D) der Lederhosengürtel

8 Der Landesteil Altbayern besteht aus drei Regierungsbezirken. Welches ist keiner davon?

A) Oberbayern
B) Niederbayern
C) Unterbayern
D) Oberpfalz

9 Welcher Fluss ist ein rechter Nebenfluss der Donau?

A) die Altmühl
B) die Naab
C) der Regen
D) der Lech

10 Die längste Grenze hat Bayern zu ...

A) Baden-Württemberg
B) Hessen
C) Thüringen
D) Österreich

QUIZ für GENIES

Millionär können Sie bei uns (leider) nicht werden, aber auch hier können Sie Ihr Wissen testen. Viel Spaß!

1. Ein Ziel durch kleine Schritte zu erreichen, nennt man ...taktik.

A Leberwurst | B Salami | C Schmalz | D Käse

2. Wer durchtrieben ist, hat es faustdick hinter den ...

A Augen | B Füßen | C Ohren | D Fingern

3. Viele Skiläufer ...

A knurren | B bellen | C wedeln | D beißen

4. In welcher deutschen Stadt ist das ZDF ansässig?

A Berlin | B München | C Düsseldorf | D Mainz

5. Was gibt es nicht im menschlichen Körper?

A Paukenhöhle | B Trommelfell | C Ohrtrompete | D Violinenknochen

6. Eine Stadt am Rhein heißt ...

A Regalle | B Remagen | C Reherz | D Reniere

7. Erich Kästner schrieb den Roman „Das doppelte ...".

A Lottchen | B Karlchen | C Prinzchen | D Hänschen

8. Welchen Käfer nennt man auch Johanniskäfer?

A Glühwürmchen | B Grille | C Mistkäfer | D Marienkäfer

9. Peter Alexander sang einst: „Sag' beim Abschied leise ..."

A Servus | B Pfiat di | C Arrivederci | D Tschüss

10. Die Ortlergruppe ist ein ...

A Gesangsquartett | B Heimatverein | C Gebirgsmassiv | D Posaunenchor

11. In welcher Stadt steht das berühmte Hundertwasserhaus?

A Berlin | B Wien | C Paris | D Madrid

12. Wie heißt die römische Göttin der Weisheit?

A Diana | B Fortuna | C Minerva | D Vesta

QUIZ

Testen Sie Ihr Allgemeinwissen!

1

Was liegt zwischen Frankreich und Großbritannien?

☐ Kragenkanal ☐ Hosenkanal ☐ Sockenkanal ☐ Ärmelkanal

2

Wer den Wirt nicht bezahlt, prellt ...

☐ die Grube ☐ die Mine ☐ die Fabrik ☐ die Zeche

3

Ein Speisepilz ist die „Krause ...“.

☐ Locke ☐ Ente ☐ Gans ☐ Glucke

4

Ein in Griechenland beliebtes Auflaufgericht ist ...

☐ Bulgur ☐ Zaziki ☐ Moussaka ☐ Cevapcici

5

Wer lebt in einem Kobel?

☐ Wildschwein ☐ Fuchs ☐ Eichhörnchen ☐ Specht

6

Schneewittchen war die ... der Königin.

☐ Schwester ☐ Cousine ☐ Stieftochter ☐ Nichte

7

Ein landwirtschaftliches Fahrzeug ist der ...

☐ Dilljet ☐ Zwiebelballon ☐ Gurkenflieger ☐ Essigjumbo

8

Die Mona Lisa war von 1911 bis 1913 ...

☐ verliehen ☐ gestohlen ☐ übermalt ☐ Kriegsbeute

9

Wie viele Inseln liegen im Bodensee?

☐ keine ☐ drei ☐ acht ☐ vierzehn

10

Wohin reiste Marco Polo 1271–1275?

☐ China ☐ Japan ☐ Indien ☐ Australien

11

Günter Grass schrieb den Roman „Ein weites ...“.

☐ Land ☐ Feld ☐ Tal ☐ Meer

12

Was setzt Backpulver frei und lässt den Teig aufgehen?

☐ Sauerstoff ☐ Kohlendioxid ☐ Stickstoff ☐ Kohlenmonoxid

BILDER-QUIZ

Wie nennt man das weibliche Reh?

STUTE – RICKE – BAMBI

Wer schrieb: „Drum prüfe, wer sich ewig bindet, ob sich das Herz zum Herzen findet.“

SCHILLER – WEDEKIND – SCHLEGEL

Wie heißt der Gebirgszug, der sich vom Lac du Bourget (Frankreich) bis in die Schweiz erstreckt?

HARZ – JURA – FUJI

QUIZ

1

Die essbare Frucht der Edelkastanie heißt ...

A Marone
B Marotte
C Makrone
D Marine

1000 Euro

2

Über eine unangenehme Sache wächst im Laufe der Zeit ...

A Gras
B Klee
C Unkraut
D Rasen

2000 Euro

3

„Vokuhila" ist eine Bezeichnung für ...

A Pkw-Antriebe
B Frisuren
C Shetlandponys
D FKK-Fans

5000 Euro

4

Zur Arzneipflanze des Jahres 2014 wählte man ...

A Den Kürbis
B Die Brunnenkresse
C Die Artischocke
D Den Spitzwegerich

10 000 Euro

5

Die Landeswährung Bolívar fuerte gilt in ...

A Brasilien
B Venezuela
C Argentinien
D Bolivien

50 000 Euro

6

Welcher Staat hat eine Zeder in der Flagge?

A Israel
B Jordanien
C Libanon
D Zypern

100 000 Euro

7

Wer arbeitete als „Regimentsmedicus" in Stuttgart?

A Schiller
B Goethe
C Kleist
D Brecht

250 000 Euro

8

Das Kind von Katie Holmes und Tom Cruise heißt ...

A Kato
B Suri
C Ralih
D Saba

500 000 Euro

9

Zu den Makrelenartigen gehört der ...

A Walhai
B Heilbutt
C Seestichling
D Thunfisch

1 000 000 Euro

10

Die Abkürzung DVD steht für ...

A Digital versatile disc
B Digital veritable disc
C Digital vertical disc
D Digital variable disc

BILDER-QUIZ

2013 verwies der Wildapfel bei der Wahl zum „Baum des Jahres" seine Konkurrenten auf die Plätze. Die leckeren Früchte spielen auch in der Mythologie eine wichtige Rolle. Welche Gottheit bleibt mit Äpfeln ewig jung?

ODIN • IDUN • THOR

2013 stand die Bekassine bei der Wahl zum „Vogel des Jahres" auf dem Podest ganz oben. Dabei wird der braungefiederte Piepmatz wegen seiner Balzrufe oft als „Meckervogel" bezeichnet. Wo hält er sich meistens auf?

MOOR • WALD • BACH

Auch Arzneipflanzen liefern sich jedes Jahr spannende Wettkämpfe. Der Vertreter, der 2014 „die Nase vorne" hatte, stillt Hustenreiz und lindert Hautentzündungen. Welche Pflanze ist gemeint?

STEPHANSKRAUT • SPITZWEGERICH • SCHWARZWURZEL

Wer wird Millionär?

1) Was sucht man redensartlich im Heuhaufen?

50 €

A Stopfnadel | C Stecknadel
B Häkelnadel | D Magnetnadel

2) Den Letzten beißen die ...

100 €

A Hunde | C Füchse
B Wölfe | D Katzen

3) Wenn man eine Sache beenden will, wirft man das ...

200 €

A Geschirrtuch | C Handtuch
B Staubtuch | D Taschentuch

4) Wenn man pleite ist, dann ist man umgangssprachlich ...

300 €

A abgemagert | C ausgehungert
B abgebrannt | D umgekippt

5) Wie heißt der höchste Berg Hessens (950 m ü. M.)?

500 €

A Wasserkuppe | C Schneekoppe
B Fichtelberg | D Aletschhorn

6) Welcher dieser Fernsehsender ist nicht öffentlich-rechtlich?

1000 €

A ARTE | C KiKA
B 3sat | D N24

7) Ein großes Gemälde nennt man scherzhaft ...

2000 €

A Schinken | C Leberwurst
B Salami | D Eisbein

8) Was gehört nicht in einen echten Grog?

4000 €

A Wasser | C Rum
B Zucker | D Wein

9) Laut Schillers „Jüngling am Bache" ist Raum in der kleinsten ...

8000 €

A Kammer | C Höhle
B Kate | D Hütte

10) Welche Halbkugeln wurden für einen Luftdruckversuch verwendet?

16 000 €

A die Dresdner | C die Prager
B die Berliner | D die Magdeburger

11) Wer gehört nicht zu den Erzengeln?

32 000 €

A Michael | C Daniel
B Raphael | D Gabriel

12) Wer dichtete „Das Wandern ist des Müllers Lust"?

64 000 €

A Wilhelm Müller | C Gerd Böttcher
B Hermann Bäcker | D Hugo Ball

13) Der Volleyball in dem Film „Cast Away – Verschollen" heißt ...

125 000 €

A Truman | C Churchill
B Wilson | D Kennedy

14) Für wie viele Jahre wird der deutsche Bundespräsident gewählt?

500 000 €

A drei | C fünf
B vier | D sechs

15) Ein Gebäck aus Nordamerika heißt ...

1 000 000 €

A Blacky | C Greeny
B Brownie | D Whitie

TIER-QUIZ

1 Der Welsh Corgi Pembroke sieht wegen seiner kurzen Beine lustig aus. Welches Körperteil ist bei dieser Rasse oft nicht ausgebildet?

- SCHWANZ
- NÜSTER
- SCHLUND

2 Die Farbratte ist ein intelligentes und geselliges Haustier. Sie ist eine domestizierte Art der ...

- WASSERRATTE
- BEUTELRATTE
- WANDERRATTE

3 „Scheibenknutscher" wird er häufig genannt, weil er das heimische Aquarium von Algen befreit. Doch wie heißt der Fisch tatsächlich?

- WEICHFLOSSER
- ANTENNENWELS
- ZACKENBARSCH

QUIZ

1. Nach einem Streit wird ... begraben.

A der Zankapfel | **B** das Kriegsbeil
C die Rüstung | **D** der Hammer

2. Joachim Witt hat den „Goldenen ..." besungen.

A Bären | **B** Reiter
C Ring | **D** Berg

3. Der römische Dichter Juvenal prägte den Ausdruck „Brot und ...".

A Wein | **B** Siege
C Spaß | **D** Spiele

4. Wer Latifundien hat, der hat ...

A Geld | **B** Briefmarken
C Grundbesitz | **D** Wertpapiere

5. Wer morgens ohne Grund nicht zur Arbeit geht, der macht ...

A schwarz | **B** blau
C grün | **D** rot

6. Astrid Lindgren erfand den Ort ...

A Hullerhü | **B** Gullergü
C Mullermü | **D** Bullerbü

7. Was wollte der Kaspar im „Struwwelpeter" nicht mehr essen?

A Suppe | **B** Kartoffeln
C Fleisch | **D** Spinat

8. Ein scherzhafter Kommentar heißt: „Da geht er hin und ... nicht mehr!"

A lacht | **B** spricht
C singt | **D** weint

9. Die Walpurgisnacht ist die Nacht zum ...

A Ostersonntag | **B** Ostermontag
C 1. Mai | **D** 6. Dezember

10. In welcher Sportart wird der Ryder Cup ausgetragen?

A Segeln | **B** Polo
C Golf | **D** Motorradrennen

11. Was ist eine Huka?

A Tempeltänzerin | **B** Wasserpfeife
C Lanze | **D** Gedichtform

12. Das Wort „Australien" bedeutet aus dem Lateinischen übersetzt ...

A „fremdes Land" | **B** „südliches Land"
C „ödes Land" | **D** „fernes Land"

WORTSPIEL

Wenn Sie die Bedeutungen der 8 Wörter herausgefunden haben, ergeben die Buchstaben hinter den richtigen Antworten – von oben nach unten gelesen – ein Sprichwort.

1 Backgammon

a) Teil des englischen Frühstücks . . **DIE**
b) Hintergrundmusik . . . . **WAS**
c) ein Würfelspiel . . . . **AMG**

2 Bauxit

a) Berliner Stadtteil . . . . **ERS**
b) ein Mineral . . . . **ESA**
c) Gebirgshütte . . . . **DIE**

3 Bobtail

a) Schlittengleitschiene . . . . **TEL**
b) modischer Hut . . . . **EIN**
c) ein Rassehund . . . . **NGK**

4 Dauphin

a) früher: Titel des französischen Thronfolgers . . . . **ENN**
b) ein Zahnwal . . . . **IEB**
c) ein Sternbild . . . . **EIN**

5 Griebe

a) ausgebratener Speckwürfel . . . **TMA**
b) ein Südeuropäer . . . . **IST**
c) norwegischer Komponist . . . . . **ICH**

6 Grappa

a) lateinamerikanischer Tanz. . . . . **DER**
b) italienischer Tresterbranntwein **NDE**
c) Ruinenstadt im Pandschab . . . **TKO**

7 Heupferd

a) Grastrockengestell . . . . **LER**
b) Ackergaul . . . . **ENN**
c) eine Heuschrecke . . . . **NVO**

8 Moderator

a) Kleidervorführer . . . . **NEN**
b) Behälter für Abfallstoffe . . . . . **TEN**
c) Gesprächsleiter . . . . **GEL**

Nur wenn Sie die Fragen richtig beantworten, werden Sie am Ziel mit den richtigen Buchstaben ankommen. Diese ergeben – hintereinandergelesen – einen Spruch.

START

I – Der Nil mündet ins Mittelmeer.

R – Rekordweltmeister im Frauenfußball sind Deutschland und die USA.

G – Die hier bekannte Hollywood-Schaukel nennt sich in den USA „Veranda-Schaukel“.

A – Die Thai-Massage kommt nicht aus Thailand, sondern aus Indien.

C – Justin Bieber steht auf die Musik von Jeanette Biedermann.

R – Die Gitarre hat sieben Saiten.

B – Dinomanie bezeichnete die krankhafte Leidenschaft, Dinosaurier zu sammeln.

E – Chuck Norris und Benjamin Blümchen haben denselben deutschen Synchronsprecher.

F – In Russland zählt Bier zu den nichtalkoholischen Getränken, da sein Alkoholgehalt unter 10% liegt.

E – Die Berliner Mauer fiel vor 24 Jahren, am 3. Oktober 1990.

N – „In vino veritas“ bedeutet: „Im Wein ist Wahrheit.“

I – „Mensch ärgere Dich nicht“ ist ein Spiel aus England.

M – In Belgien herrscht das Haus Sachsen-Coburg-Gotha.

T – Der Haushund stammt vom Wolf ab.

S – 490 v. Chr. siegten die Griechen bei Triathlon über die Perser.

P – Das finnische Wort für Mann lautet „mies“.

E – Caterina Valente sang über den „Itsy Bitsy Teenie Weenie Honolulu Vorführmini“.

S – Tahiti gehört zu den Westindischen Inseln.

C – Der Stilbegriff „Imperialismus“ geht auf ein Gemälde von Monet zurück.

M – Im Roman „La Disparition“ kommt nicht ein einziges „e“ vor.

N – Condoleezza Rice wurde 2005 erste Außenministerin der USA.

L – Hafer ist die in Deutschland am häufigsten angebaute Feldfrucht.

H – Der Wimbledonsieger Björn Borg war auch Weltmeister im Handball.

N – Neon ist das häufigste Element auf der Erde.

O – Ein Chorknabe im Stimmbruch wird als Mutant bezeichnet.

I – Gründungsdirektor der Berliner „Charité“ war Johann Andreas Eisenbarth.

C – Schnellstes Landsäugetier ist mit bis zu 100 km/h der Gepard.

H – ZIEL

Lösung:

Ihre Ehe war gescheitert, sie war alleinerziehende Mutter und lebte von Sozialhilfe. Um Heizkosten zu sparen, saß sie oft im Café ihres Schwagers und schrieb an ihrem ersten Buch: Als „Harry Potter and the Philosopher's Stone" endlich fertig war und im Juni 1997 erschien, wurde alles anders: für Joanne K. Rowling und die vielen Menschen, die sich von ihrem „Harry Potter" bezaubern ließen. Kennen Sie sich aus in der Welt des Zauberlehrlings? Die Buchstaben der richtigen Lösungen ergeben das gesuchte Lösungswort.

1 Joanne K. Rowling kam vor genau 45 Jahren, am 31. Juli, in Yate zur Welt. In welchem Land?

S England
H Schottland
Z Nordirland
U Wales

2 Wofür steht das „K" in ihrem Namen?

A Kate
C Kathleen
E Katharine
N Keira

3 In welcher Stadt befand sich das Café ihres Schwagers, in dem Rowling ihren ersten „Potter"-Roman vollendete?

U Belfast
X London
H Edinburgh
B Swansea

4 Wie heißt die Schule, in der der Waisenjunge Harry in die Kunst der Zauberei eingewiesen wird?

B Hagrid
U Hogwarts
E Hogsmeade
D Horkrux

5 Jeder „Potter"-Roman beschreibt ein Schuljahr. Wie viele sind es also?

E drei
N neun
L sieben
G dreizehn

6 Wie heißt die in der Luft auf Besen ausgetragene Cricketvariante, die an der Schule gespielt wird?

R Lacrosse
M Sekap Takraw
K Quidditch
W Vigoro

7 Harrys beste Freunde auf der Schule werden der Junge Ron und das Mädchen ...

K Hedwig
E Hermine
H Henriette
S Hertha

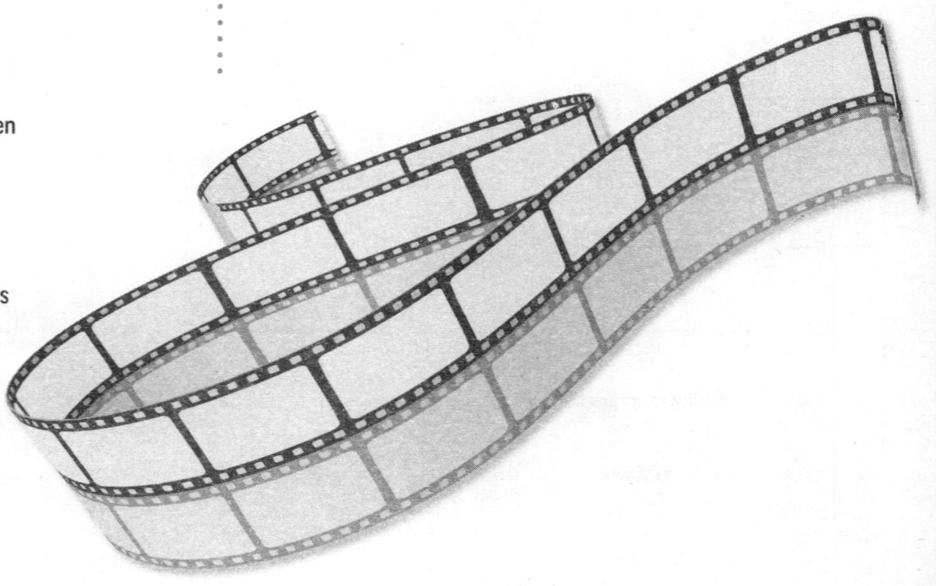

8

Schwierig ist für die drei der Umgang mit Menschen, denen die Zauberei fremd ist. Wie werden sie genannt?

N Muggel
I Troddel
U Strubbel
C Wuschel

9

Wie heißt der Bösewicht, dem Harry seine blitzförmige Narbe an der Stirn verdankt?

E Dumbledore
F Legolas
S Gandalf
N Voldemort

10

Ebenso erfolgreich wie die Bücher sind deren Verfilmungen. Wer spielt den Titelhelden?

T Daniel Radcliffe
L Orlando Bloom
N Elijah Wood
I Robert Pattinson

11

Wer schlüpft in die Rolle des Bösewichts?

S Dustin Hoffman
N Ralph Fiennes
E Nicolas Cage
I Robin Williams

12

In der Rolle des Ron sehen wir ...

T Robbie Coltrane
R Taylor Lautner
I Rupert Grint
C Viggo Mortensen

13

Und die Freundin der beiden wird gespielt von ...

S Emma Watson
H Liv Tyler
L Kristen Stewart
R Miley Cyrus

14

In einem Epilog am Ende des letzten Bandes erfahren wir, was aus Harry geworden ist. Wen hat er geheiratet?

E seine erste Liebe Cho Chang
T die Tochter des Schulleiters
O die Tochter des Bösewichts
S Rons Schwester

15

Dieser letzte Band der Reihe heißt „Harry Potter und ...".

R der Feuerkelch
E die Heiligtümer des Todes
F der Gefangene von Askaban
S die Kammer des Schreckens

REISE-QUIZ

Dorthin, wo der Rhein am romantischsten ist, zwischen Deutschem Eck und Rüdesheim, geht diesmal die Reise. Kommen Sie mit uns? Die acht Fragen haben je vier Antwortmöglichkeiten. Die Lösung Ihrer Wahl tragen Sie in die entsprechend nummerierten Felder im Rätseldiagramm ein.

1 **Das Deutsche Eck mit dem Reiterstandbild von Kaiser Wilhelm I. liegt am Zusammenfluss von Rhein und Mosel. In welcher Stadt?**

A Boppard *B Koblenz*
C Neuwied *D Remagen*

2 **Wer auf einem Ausflugsdampfer in südlicher Richtung schippert, erreicht nach einer guten Stunde das linksrheinische Rhens. Hier kann man eine Rekonstruktion des achteckigen Baus besichtigen, in dem die Kurfürsten im Mittelalter über Reichsangelegenheiten berieten. Der Name des Ortes?**

A Herzogsstuhl *B Kaisersstuhl*
C Koenigsstuhl *D Richterstuhl*

3 **Loreley heißt der Rheinfelsen, auf dem einst eine Frau ihr goldflammendes Haar gekämmt haben soll, um den Schiffern den Kopf zu verdrehen. Berühmt ist er durch diese Zeilen: „Ich weiß nicht, was soll es bedeuten, dass ich so traurig bin; ein Märchen aus alten Zeiten, das kommt mir nicht aus dem Sinn." Wer dichtete sie?**

A Eduard Moerike *B Emanuel Geibel*
C Heinrich Heine *D Nikolaus Lenau*

4 **Bei Kaub überquerte der Feldmarschall Blücher in der Neujahrsnacht 1813/14 den Rhein, um Napoleon zu verfolgen. Wo kam es anderthalb Jahre später zum entscheidenden Treffen der beiden?**

A Borodino *B Hastings*
C Rossbach *D Waterloo*

5 **Zurück zum Rhein: Wie heißt die im 13. Jahrhundert auf einer Insel errichtete Mautstelle, an der die Schiffer eine Gebühr zu entrichten hatten?**

A Hamsterbau *B Loewenhaus*
C Maeuseturm *D Wolfsgrube*

6 **Heute dient das alte Gemäuer als Signalwarte für die Schifffahrt. Wie heißt die gefährliche Stelle, die die Schiffe hier passieren müssen?**

A Binger Loch *B Hagens Riff*
C Rheinrinne *D Teufelseck*

7 **Rüdesheim ist ein Ort, bei dessen Namensklang dem Zecher das Herz lacht. Am Fuße welchen Höhenzuges liegt die Stadt?**

A Erzgebirge *B Hauenstein*
C Niederwald *D Vogelsberg*

8 **Welche, als längste Weintheke der Welt geltende Rüdesheimer Straße wird jährlich von etwa drei Millionen Menschen besucht?**

A Schnapsallee *B Drosselgasse*
C Schluckzeile *D Spechtstiege*

Wer wird Millionär?

1) Ein Krimineller kommt hinter Schloss und ... (50 €)
A Riegel · B Gitter · C Tür · D Mauer

2) Jemandem, der etwas begreift, geht ein Licht ... (100 €)
A auf · B an · C aus · D ab

3) Wer vorsichtig agiert, ist auf der ... (200 €)
A Bahn · B Liege · C Hut · D Walz

4) Nicht zu den Amphibien gehört der ... (300 €)
A Kammmolch · B Teichmolch · C Lustmolch · D Alpenmolch

5) Mandarinen sind ... (500 €)
A Kaktusfrüchte · B Körnerfrüchte · C Hülsenfrüchte · D Zitrusfrüchte

6) Die Südsee gehört zum ... (1000 €)
A Pazifik · B Indischen Ozean · C Atlantik · D Mittelmeer

7) Ein bekannter deutscher Modeschöpfer heißt Karl ... (2000 €)
A Dall · B May · C Lagerfeld · D Moik

8) Wie lange dauerte in Jules Vernes Roman die Reise um die Welt? (4000 €)
A 40 Tage · B 60 Tage · C 80 Tage · D 90 Tage

9) Wie hieß Heinz Rühmann in seiner Rolle als Bruchpilot? (8000 €)
A Flex · B Cus · C Twix · D Quax

10) Bei welchem Kartenspiel gibt es einen Schlemm? (16 000 €)
A Skat · B Doppelkopf · C Pokern · D Bridge

11) In welcher Rockgruppe spielt der Gitarrist Keith Richards? (32 000 €)
A Beatles · B Rolling Stones · C Status Quo · D Genesis

12) In der Krypta des Fuldaer Doms liegt das Grabmal des heiligen ... (64 000 €)
A Bonifatius · B Konfuzius · C Pankratius · D Servatius

13) Welche Steuer wurde 1993 in Deutschland abgeschafft? (125 000 €)
A Biersteuer · B Teesteuer · C Sektsteuer · D Kaffeesteuer

14) Ein Nöck ist ein ... (500 000 €)
A Berggeist · B Nörgler · C Spaßmacher · D Wassergeist

15) Mutter Teresa wurde geboren in Üsküb, dem heutigen ... (1 000 000 €)
A Skopje · B Ljubljana · C Sarajewo · D Belgrad

Kinderstunde!

Tatsächlich ist sie – wie es im Titellied heißt – „eine Biene sehr bekannt“: Maja! Das liegt natürlich vor allem daran, dass sie 1976 zum Star einer Zeichentrickserie wurde. Tatsächlich aber ist sie viel älter: Ihr „Bienenvater“ war der Schriftsteller Waldemar Bonsels (1880–1952), der im Jahr 1912 den Roman „Die Biene Maja und ihre Abenteuer“ veröffentlichte. Schon damals mit von der Partie: Die garstige Spinne, der auch Maja einmal ins Netz geht, und die – im Film – auf so unvergleichliche Weise auf der Geige zu spielen weiß. Ihr Name? Wenn Sie die Sendungen und Figuren nach dem Datum ihrer deutschen Bildschirmpremiere ordnen, haben Sie die Antwort.

◯	1959	Bob der Baumeister	A
◯	1972	Wickie	E
◯	1974	Sesamstraße	H
◯	1979	Hallo Spencer	K
◯	1999	Teletubbies	L
◯	2000	Sandmännchen	T

DAS VERZWICKTE QUIZ

Beantworten Sie die Quizfragen. Die Buchstaben hinter den richtigen Antworten ergeben ein Lösungswort.

1 Was ist ein Kienapfel?

a) Herrschaftszeichen .... T
b) Obstsorte .... G
c) Kiefernzapfen .... A
d) Nachtschattengewächs .... K

2 Kein Längenmaß ist ...

a) Nadel .... R
b) Faden .... Z
c) Elle .... H
d) Fuß .... E

3 Ein Katamaran ist ein ...

a) Krokodil .... A
b) Bootstyp .... T
c) Kampfsportler .... Q
d) Wasserfall .... B

4 Die WHO befasst sich mit ...

a) Wohnungsbau .... U
b) Gesundheit I
c) Walfang L
d) Währungsfragen .... G

5 Keine Pferderasse ist der ...

a) Andalusier .... E
b) Hannoveraner .... J
c) Sevillaner .... S
d) Salerner .... H

6 Palatschinken sind ...

a) Wörterbücher .... E
b) Burgwächter .... D
c) Schweinenacken .... S
d) Pfannkuchen .... T

7 Mit welcher Frucht ist die Reneklode verwandt?

a) Apfel .... R
b) Pflaume I
c) Birne .... G
d) Kirsche .... O

8 Georg Friedrich Händel komponierte die ...

a) „Erdmusik“ .... T
b) „Geistmusik“ .... M
c) „Luftmusik“ .... E
d) „Wassermusik“ .... K

1 2 3 4 5 6 7 8

Nix forr Drahnlammbe!

Selbst für Sachsen und Fans Sachsens ist nicht jede der folgenden Fragen leicht zu beantworten. Oder kennen Sie das Bundesland wie Ihre Westentasche? Testen Sie es mit diesem Quiz!

1 Das Eingangstor zum Dresdner Zwinger ziert ...

A) eine Quadriga
B) eine Weltkugel
C) eine Krone
D) eine Hellebarde

2 Die Schildbürger stammen angeblich aus welcher Stadt in Sachsen?

A) Mochau
B) Ostrau
C) Weischlitz
D) Schildau

3 Nicht durch Sachsen führt welcher Radwanderweg ...

A) Muldetalradwanderweg
B) der Zschopautal-Radweg
C) die Römerroute
D) der Froschradweg

4 Worauf ist die Stadt Hoyerswerda besonders stolz?

A) die Bockwindmühle in Dörgenhausen
B) die Denkmäler in der Krumme Straße
C) auf den Sendeturm am Groß-Ruppig
D) auf den Kindergarten Schwarzer Peter

5 Welches geplante Bauwerk erhitzt seit 2005 die Gemüter in Dresden?

A) Wiesengrundtunnel
B) Waldschlösschenbrücke
C) Weiherschuppenbahn
D) Wandhüttenpfad

6 Auf dem Festplatz von Dresden entstand im 18. Jh. ...

A) das Stadion
B) die Scheune
C) das Hangar
D) der Zwinger

7 Der Schmuckname der Stadt Dresden ist ...

A) Sachsenperle
B) Wunder an der Weißeritz
C) Augustusrose
D) Elb-Florenz

8 Den wilden Westen aus Sachsen beschrieb ...

A) Karl Dall
B) Kurt Krömer
C) Karl Spitzweg
D) Karl May

9 Das sächsische Landeswappen wird durchzogen von ...

A) Wolken
B) einem Säbel
C) einem Rautenkranz
D) einer Efeuranke

10 Chemnitz reizt Motorsportfans wegen ...

A) der häufigen Haarnadelkurven
B) des Sachsenrings
C) des Rings der Nibelungen
D) des Nürburgrings

QUIZ für GENIES

Millionär können Sie bei uns (leider) nicht werden, aber auch hier können Sie Ihr Wissen testen. Viel Spaß!

1. Einen korrupten Staat nennt man scherzhaft ...

A Zitronenmonarchie | B Puddingdiktatur | C Bananenrepublik | D Feigendemokratie

2. Menschen ... Trübsal, wenn sie niedergeschlagen sind.

A tuten | B flöten | C geigen | D blasen

3. Ein PC ist wörtlich übersetzt ein ... Computer.

A schneller | B persönlicher | C professioneller | D preiswerter

4. In einer Operette kommt „Der ... aus Dingsda".

A Onkel | B Vetter | C Schwager | D Bruder

5. Ein Herdzubehör ist der ...

A Backfilm | B Kochdunst | C Grillrost | D Topfschwamm

6. Was ist ein Schmetterling?

A Mantelfalter | B Papierfalter | C Bügelfalter | D Segelfalter

7. Ein Lebensmittel mit dem Zusatzstoff E175 enthält ...

A Chlorophyll | B Gold | C Silber | D Salzsäure

8. Eine „neutrale Ecke" gibt es beim ...

A Boxen | B Eishockey | C Schach | D Ringen

9. Eine bekannte Show-Band wurde geleitet von Hazy ...

A Osterwald | B Westerwald | C Norderwald | D Süderwald

10. Wenn ein Musiker „a prima vista" spielt, dann spielt er ...

A sehr gut | B vom Blatt | C alleine | D die erste Geige

11. Mit Sternrußtau beschäftigen sich ...

A Rosenzüchter | B Astronomen | C Bergsteiger | D Meteorologen

12. Welcher Dichter schrieb „‚Was tun?' spricht Zeus"?

A Goethe | B Homer | C Schiller | D Sophokles

QUIZ

Testen Sie Ihr Allgemeinwissen!

1

Was du heute kannst besorgen, das verschiebe nicht auf ...

- ☐ Ostern
- ☐ morgen
- ☐ nächste Woche
- ☐ Neujahr

2

An was richtet sich die Aufforderung, wachsam zu sein?

- ☐ Stielauge
- ☐ Glasauge
- ☐ Kartoffelauge
- ☐ Holzauge

3

Im Grunde nichts anderes ist dasselbe in ...

- ☐ Braun
- ☐ Ocker
- ☐ Grün
- ☐ Blau

4

Ein Organ der Rechtsprechung ist die ...

- ☐ Diele
- ☐ Kammer
- ☐ Klause
- ☐ Stube

5

Welcher König soll der Sage nach im Kyffhäuserberg schlafen?

- ☐ Barbarossa
- ☐ Wenzel
- ☐ August
- ☐ Friedrich II.

6

Wie heißt ein Song von Peter Maffay?

- ☐ „Ich"
- ☐ „Du"
- ☐ „Er"
- ☐ „Sie"

7

Ein von Gärtnern genutztes Pflanzenmaterial ist ...

- ☐ Mulch
- ☐ Schotter
- ☐ Plunder
- ☐ Trester

8

Was ist auf der griechischen 1-Euro-Münze abgebildet?

- ☐ Akropolis
- ☐ Tanker
- ☐ Mosaik in Sparta
- ☐ Eule

9

Als Rauschgold bezeichnet man eine dünne Folie aus ...

- ☐ Bronze
- ☐ Messing
- ☐ Kupfer
- ☐ Gold

10

Johann Sebastian Bach komponierte die ...

- ☐ „Wassersonate"
- ☐ „Teeserenade"
- ☐ „Kaffeekantate"
- ☐ „Kakaoetüde"

11

Welche Stadt liegt am Nord-Ostsee-Kanal?

- ☐ Lübeck
- ☐ Flensburg
- ☐ Heide
- ☐ Brunsbüttel

12

Der Revolutionär Che Guevara war von Beruf ...

- ☐ Reporter
- ☐ Pastor
- ☐ Arzt
- ☐ Lehrer

BILDER-QUIZ

Wie nennen die Dänen ihre Nationalflagge?

DANEKORS – DANEWERK – DANEBROG

Wie wird der Schwanz des Hasen auch genannt?

BLUME – WEDEL – LUNTE

Wie heißt ein Fels der Kreideküste auf Rügen?

KAISERSSTUHL – KÖNIGSSTUHL – RICHTERSTUHL

QUIZ

50 Euro

1 Wer etwas nicht einsieht, ist …

A verdübelt
B verschraubt
C verdrillt
D verbohrt

100 Euro

2 Ein pedantischer Mensch ist ein …

A Bohnenzähler
B Linsenzähler
C Erbsenzähler
D Gurkenzähler

200 Euro

3 Ein kleines Fettpolster nennt man auch …

A Taillensilber
B Beckenbronze
C Hüftgold
D Bauchkupfer

300 Euro

4 In Asien liegt die Wüste …

A Grobi
B Gobi
C Gorbi
D Gaby

500 Euro

5 Helge Schneider kam in die Charts mit seinem Song …

A „Katzeklo"
B „Katzejammer"
C „Katzefutter"
D „Katzefell"

1.000 Euro

6 In vier Versionen existiert Edvard Munchs „Der …".

A Krach
B Schrei
C Ton
D Laut

2.000 Euro

7 Wer gehört nicht zum sogenannten Kardashian-Clan?

A Kim
B Kourtney
C Khloé
D Katniss

4.000 Euro

8 Wie heißt kein Roman aus der „Millennium-Trilogie"?

A „Verblendung"
B „Verdammnis"
C „Verführung"
D „Vergebung"

8.000 Euro

9 Die Blüten des Kaffeebaumes riechen nach …

A Kaffee
B Jasmin
C Rosen
D Veilchen

16.000 Euro

10 Wie lautet der zweite Vorname von Stefan Raab?

A Richard
B Ludwig
C Michael
D Konrad

SOAP-QUIZ

1 In welcher Serie spielte Til Schweiger eine Rolle?

a Die Schwarzwaldklinik
b Lindenstraße
c Marienhof
d Unter uns

2 Das Titellied von „Gute Zeiten, schlechte Zeiten" heißt …

a Es wird viel passieren
b Forbidden Love
c Mitten ins Herz
d Under One Roof

3 Jennifer Aniston wurde bekannt durch die Sitcom …

a Familienbande
b Friends
c girl friends
d Sex and the City

4 Einen Gastauftritt in der Serie „Dallas" hatte ein sehr junger …

a Adam Sandler
b Brad Pitt
c Leonardo DiCaprio
d Orlando Bloom

Wer wird Millionär?

1) Wenn Durchzug herrscht, dann zieht es wie ...

50 €
- A Hechtsuppe
- B Nudelsuppe
- C Kohlsuppe
- D Spargelsuppe

2) Von Ausbeutern wird man ausgenommen wie eine ...

100 €
- A Martinsgans
- B Wildgans
- C Weihnachtsgans
- D Schneegans

3) Ein Angler aus Leidenschaft ist ein ...

200 €
- A Angelsachse
- B Fliegenfänger
- C Petrijünger
- D Unterwasserjäger

4) Wo mündet der Rhein in die Nordsee?

300 €
- A in Deutschland
- B in Belgien
- C in Frankreich
- D in den Niederlanden

5) Eine Stadt an der Saale heißt ...

500 €
- A Diele
- B Halle
- C Remise
- D Tenne

6) Daniel Brühl wurde bekannt mit dem Film „Good Bye, ...!".

1000 €
- A Stalin
- B Lenin
- C Ulbricht
- D Trabbi

7) Wer sich schweren Herzens überwindet, springt über ...

2000 €
- A seinen Schatten
- B einen Kaktus
- C den Bach
- D eine Grube

8) Wer war Deutschlands Aerobic-Vorturnerin?

4000 €
- A Iris Berben
- B Irene Epple
- C Sydne Rome
- D Heide Rosendahl

9) Was fehlt der Venus von Milo?

8000 €
- A ein Arm
- B beide Arme
- C der Kopf
- D die Nase

10) Unter welchem Namen ist Natriumchlorid auch bekannt?

16 000 €
- A Essig
- B Kochsalz
- C Zucker
- D Senf

11) Der große Börsenkrach von 1929 war der „Schwarze ...".

32 000 €
- A Montag
- B Dienstag
- C Donnerstag
- D Freitag

12) Welcher ist der größte Planet unseres Sonnensystems?

64 000 €
- A Mars
- B Jupiter
- C Pluto
- D Venus

13) Lena gewann den Eurovision Song Contest mit ...

125 000 €
- A „Satellite"
- B „Space Shuttle"
- C „Pershing"
- D „Giotto"

14) Woraus besteht Batist meistens?

500 000 €
- A aus Baumwolle
- B aus Alpakawolle
- C aus Schafwolle
- D aus Angorawolle

15) Ein nordamerikanischer Schneesturm ist ein ...

1 000 000 €
- A Taifun
- B Hurrikan
- C Blizzard
- D Zyklon

TIER-QUIZ

1 Havaneser sind verspielt und kinderlieb. Ihr Name geht auf ihre Herkunft zurück. So wurde die Rasse frühzeitig auf welcher karibischen Insel verbreitet?

- ■ BALI
- ■ KUBA
- ■ JAVA

2 Zwergkaninchen sind sehr gesellig und sollten mindestens paarweise gehalten werden. Ebenfalls wichtig: Die munteren Tiere brauchen viel ...

- ■ AUSLAUF
- ■ FLEISCH
- ■ MEDIZIN

3 Alle Unterarten der Panzerwelse haben eines gemein: Sie können über die Luft Sauerstoff aufnehmen und sind daher ...

- ■ SCHNAPPER
- ■ LUFTLINGE
- ■ DARMATMER

QUIZ

1. Ein Kosename für Frauen ist ...

A Desktop | **B** Maus
C Scanner | **D** Drucker

2. Nicht zur Nachrichtenübermittlung geeignet ist ...

A Feldpost | **B** Briefpost
C Kompost | **D** Paketpost

3. Verzweifelte greifen nach jedem ...

A Strohhalm | **B** Grashalm
C Trinkhalm | **D** Getreidehalm

4. Beim Pilates freut man sich über eine ...

A Trübe | **B** Schlaffe
C Matte | **D** Fertige

5. Kurzwellig und unsichtbar ist ...

A Megarot | **B** Terrablau
C Gigagrün | **D** Ultraviolett

6. Welche Sagengestalt wird mit verbundenen Augen und einer Waage in der Hand dargestellt?

A Aurora | **B** Justitia
C Victoria | **D** Europa

7. Ein Bauwerk in Brüssel ist das ...

A Atomium | **B** Ionium
C Neutronium | **D** Positronium

8. Wohin geht die Reise, wenn das Flughafenkürzel TXL ist?

A Peking | **B** Berlin
C Teheran | **D** Tripolis

9. Was sind Makropoden?

A Riesensterne | **B** Schnecken
C Gliederfüßer | **D** Zierfische

10. Welcher Künstler arbeitet mit einem Quintenzirkel?

A Maler | **B** Komponist
C Bildhauer | **D** Schauspieler

11. Die Operette „Der Vogelhändler" komponierte ...

A Carl Millöcker | **B** Carl Zeller
C Franz Lehár | **D** Emmerich Kálmán

12. Wie viele Menschen fuhren auf der Arche Noah mit?

A zwei | **B** vier
C sechs | **D** acht

WORTSPIEL

Wenn Sie die Bedeutungen der 8 Wörter herausgefunden haben, ergeben die Buchstaben hinter den richtigen Antworten – von oben nach unten gelesen – ein Sprichwort.

1 Rittersporn
a) Wappensymbol . . . . **WAS**
b) Hahnenfußgewächs . . . . **BLI**
c) Rädchen am Reitstiefel . . **WEN**

2 Saterland
a) fruchtbarer Boden . . . . . **DEM**
b) Gartenparzelle . . . . **NDA**
c) oldenburgische Landschaft . . . . **NDE**

3 Sediment
a) Schichtgestein . . . . **RAC**
b) Überbleibsel . . . . **EIN**
c) unwahre Behauptung . . . **ASG**

4 Spake
a) Tapetenbesatz . . . . **ENN**
b) norddeutsch: Hebel . . . . **HES**
c) Fensterladen aus Holz . . . **RAS**

5 Spezies
a) Busenfreunde . . . . **UCH**
b) Figuren im Drama . . . . **HOC**
c) besondere Art einer Gattung . . . . **CHL**

6 Tarlatan
a) feiner Baumwollstoff . . . **IMM**
b) Urwaldheld . . . . **TEN**
c) Schwindler . . . . **HGE**

7 Tuner
a) Bewohner von Tunis . . . . **BIL**
b) Singvogel (englisch) . . . . **NUG**
c) Kanalwähler (Rundfunk) . . **ESA**

8 Zeremonie
a) Gleichgültigkeit . . . . **DER**
b) feierliche Handlung . . . . **CHE**
c) staatliche Vorherrschaft . . **SEN**

Nur wenn Sie die Fragen richtig beantworten, werden Sie am Ziel mit den richtigen Buchstaben ankommen. Diese ergeben – hintereinandergelesen – einen Spruch.

START

K Queen Elizabeth ist Fan des Londoner Vereins FC Chelsea.	**L** Hauptstadt der Bahamas ist Bridgetown.	**M** Die Libelle bei „Biene Maja“ heißt Schnurrchen.	**B** Eine Variante des Skats für zwei Personen nennt sich Offiziersskat.
I 1974 gewann die schwedische Gruppe ACDC den „Grand Prix d’Eurovision“.	**E** George Washington erfand den Blitzableiter.	**V** Das Mauerwerk unter einer Dachschräge nennt sich Rigole.	**A** Die Adresse des Papstes lautet: Seine Heiligkeit Papst, I-00120 Città del Vaticano.
D Ostfränkischer König war von 843 bis 876 Heinrich der Deutsche.	**E** Die Melodie des Deutschlandliedes stammt von Haydn.	**R** Retsina ist ein Weißwein aus dem Harz.	**M** Das Wort „Schach“ stammt aus dem Persischen und bedeutet „Schah“.
E Die erste Stadt, in der über eine Million Menschen lebten, war 1811 London.	**C** Das Finale der Fußballweltmeisterschaft 2014 findet in Rio de Janeiro statt.	**A** Star der Salzburger Festspiele 2002 war Anna Netrebko als „Donna Anna“.	**C** Die Tür zum Sitz des englischen Premierministers kann nur von außen geöffnet werden.
P Die Freiheitsstatue hat nach deutschem Maß Schuhgröße 1300.	**H** August der Starke (1670 – 1733), Kurfürst von Sachsen, ist in Krakau begraben.	**E** Polo, Golf und Motorbootrennen waren noch nie olympische Sportarten.	**N** Zur Männertracht in den Alpen gehört der Stutzen.
T Der VW Golf ist das meistverkaufte Auto der Welt.	**E** Im Sommer ist es tagsüber in Hochdruckgebieten meist wolkenlos.	**L** Ein Pferd mit rötlichbraunem Fell nennt man Fuchs.	**O** Wer an akuter Nasopharyngitis leidet, hat einen Schnupfen.
L Donald Ducks zweiter Name lautet Fauntleroy.	**U** Die Bibel beginnt so: „Am Anfang schuf Gott Himmel und Erde.“	**T** Ein Höhepunkt in Picassos Schaffen ist das Gemälde „Barcelona“.	**E** ZIEL

Lösung:

☐☐☐☐☐☐☐ ☐☐☐☐☐☐ ☐☐☐☐☐

Wanderlust

Kühle, frische Morgenluft, dünne Nebelfelder, durch die die Sonne hindurchschimmert, bunt gefärbte Blätter: Was gibt es Schöneres, als den Herbst in der freien Natur zu genießen? Kommen Sie mit auf Wanderschaft!

1 Zum Mitsingen

„Das Wandern ist des Müllers Lust": Das wusste schon Wilhelm Müller, der die Zeilen dieses bekannten Gedichtes 1821 veröffentlichte. Doch erst nachdem ein gewisser Carl Friedrich dieses Gedicht vertont hatte, wurde es zu einem der bekanntesten Volkslieder.

? Wie lautete sein Nachname?

A Grenzer
B Wächter
C Zöllner

2 Hightech-Wandern

Digital unterwegs: Musste man sich früher an Schildern und Wegbeschreibungen orientieren, wandert man heute GPS-gesteuert.

? Wie nennt man die moderne Schnitzeljagd, die mithilfe von GPS das Wandern zu einem wahren Renner gemacht hat?

A Geocaching B Traveltwitter C WWW-Surfen

3 Für Schlafmützen

Die erste Jugendherberge wurde 1914 von Richard Schirrmann auf Burg Altena im Märkischen Kreis, Nordrhein-Westfalen, gegründet. Seitdem wurden zahlreiche Herbergen gebaut, die nach wie vor sehr gerne von Reisenden genutzt werden.

? Wie wird diese preiswerte Übernachtungsmöglichkeit noch genannt?

A Hostel B Motel C Resort

4 Durch Spanien

„Ich bin dann mal weg": Unter diesem Titel beschrieb ein deutscher Entertainer seine Wanderung auf dem Jakobsweg, der zum Grab des Apostels Jakobus in Santiago de Compostela führt. Mit diesem Buch löste er eine regelrechte Welle der Wanderlust aus.

? Wie heißt der Autor des Buches?

A Günther Jauch B Hape Kerkeling
C Johannes B. Kerner

6 Auf fünf Etappen

Weiter nördlich, in Niedersachsen und Nordrhein-Westfalen, erwartet Sie ein 95 Kilometer langer Wanderweg, der in Osnabrück beginnt und in Porta Westfalica endet. Unterwegs passieren Sie die Dinosaurierfährten von Barkhausen und das Kaiser-Wilhelm-Denkmal.

? Wie heißt der Wanderweg?

A Löwenpfad
B Sachsenring
C Wittekindsweg

5 Auf des Kaisers Spuren

Über 326 Kilometer ist dieser Wanderweg lang, der in Hessen beginnt und im Kyffhäuser in Thüringen endet. Benannt wurde die Route nach dem früheren Kaiser Friedrich I. Barbarossa. Auf der Strecke liegen historische Orte, die der Regent einst aufgesucht haben soll.

? In welcher Stadt beginnt der Weg?

A Korbach B Pinneberg C Kiel

DAS LEICHTE QUIZ

Testen Sie Ihr Allgemeinwissen, und schicken Sie Ihr Gehirn ins Trainingslager! Unser Quiz macht Sie fit für Jauch, Pilawa und Co.

1 **50 Euro**
Wenn man jemanden veralbert, zieht man ihn durch den ...
A Kaffee — B Kakao — C Saft — D Tee

2 **100 Euro**
Was machen viele pflanzenfressende Tiere?
A Eichen — B Linden — C Pappeln — D Weiden

3 **200 Euro**
Mit einer Fähre kann man ...
A verdeutschen — B dolmetschen — C übersetzen — D erklären

4 **300 Euro**
Alles Gute kommt von ...
A unten — B oben — C rechts — D links

5 **500 Euro**
Wer ließ sein Haar herunter?
A Schneewittchen — B Rapunzel — C Dornröschen — D Rotkäppchen

6 **1.000 Euro**
Ein unfähiger Mensch ist eine ...
A Niete — B Schraube — C Klammer — D Lasche

7 **2.000 Euro**
Zahlen, die durch zwei teilbar sind, sind ...
A direkt — B aufrichtig — C ehrlich — D gerade

8 **4.000 Euro**
Im Norden Europas leben die ...
A Samen — B Körner — C Keime — D Ableger

9 **8.000 Euro**
Wie viele Seitenflächen hat ein Würfel?
A Acht — B Sechs — C Vier — D Drei

10 **16.000 Euro**
Welche Edelsteine bestehen aus reinem Kohlenstoff?
A Rubine — B Smaragde — C Opale — D Diamanten

11 **32.000 Euro**
Großbritannien und Frankreich trennt der ...
A Ärmelkanal — B Hosenkanal — C Kragenkanal — D Taschenkanal

12 **64.000 Euro**
Eine Führungsperson spielt umgangssprachlich die erste ...
A Bratsche — B Trompete — C Flöte — D Geige

13 **125.000 Euro**
Ein großer deutschsprachiger Schriftsteller war Gottfried ...
A Boden — B Zimmer — C Keller — D Erker

14 **500.000 Euro**
Ein Spatz in der Hand ist besser als was auf dem Dach?
A Eine Lerche — B Eine Taube — C Ein Kuckuck — D Ein Schmetterling

15 **1.000.000 Euro**
Was kann ein Spion für seine Arbeit gebrauchen?
A Einen Wurm — B Eine Wanze — C Eine Spinne — D Eine Assel

BILDER-QUIZ

2009 war der Berg-Ahorn „Baum des Jahres". Im Gegensatz zu seinem Verwandten, dem Zucker-Ahorn, der für süßen Sirup auf Pfannkuchen sorgt, wird Ersterer unter anderem für den Boden welchen Musikinstruments genutzt?

VIOLINE – KLAVIER – ALPHORN

Der Grünspecht, „Vogel des Jahres 2014", fällt durch sein hellgrünes Gefieder und die leuchtend rote Kappe auf. Charakteristisch ist auch seine schwarze Augenmaske, die ihm den Spitznamen „Fliegender ..." eingebracht hat.

FILOU – ZORRO – GEIST

Als Comicfigur „Lurchi" wurde er berühmt – 2016 war der Feuersalamander „Lurch des Jahres". Obwohl die gelb-schwarz gemusterten Amphibien keine Ohren besitzen, können sie dennoch hören – und zwar mit der ...

BLASE – ZUNGE – LUNGE

REISE-QUIZ

„Schweinemetzger für die Welt" wurde die drittgrößte Stadt der USA einst genannt. Doch die Zeit der großen Schlachthöfe ist vorbei. Heute ist Chicago eine Stadt mit viel Kultur und Grün. Kennen Sie die US-Metropole? Die acht Fragen haben je vier Antwortmöglichkeiten.

1 **Viel von seiner Schönheit verdankt Chicago dem Gewässer, an dem es liegt. Es handelt sich um den südwestlichsten der Großen Seen, den Lake …**

A Illinois *B Kentucky*
C Michigan *D Nebraska*

2 **Am Ufer des Sees erstreckt sich der größte Park Chicagos. Hier steht auch eine Statue des 16. Präsidenten der USA, nach dem die Grünanlage benannt ist. Sein Name?**

A Harding *B Johnson*
C Kennedy *D Lincoln*

3 **Chicago gilt als Wiege der Hochhaus-Architektur, sein Wahrzeichen aber ist keine 50 Meter hoch! Es gehört zu den wenigen Gebäuden, die den großen Brand von 1871 überdauerten. Als was diente der markante Ziegelbau?**

A Bierkneipe *B Hasenstall*
C Sporthalle *D Wasserturm*

4 **Nun aber auf das mit rund 440 Metern zweithöchste Gebäude der USA, bis 2004 sogar der Welt: den Willis Tower. Wie hieß der Koloss aus Aluminium, Glas, Stahl und Beton, bevor er 2009 seinen neuen Namen erhielt?**

A Hearst Home *B Sears Tower*
C Trump Hotel *D Turner Rook*

5 **Zu den bekanntesten Bauten Chicagos gehören die Zwillingstürme Marina City. Wie werden sie wegen ihrer speziellen Form im Volksmund genannt?**

A Maiskolben *B Regenrohre*
C Trinkhalme *D Zaunlatten*

6 **Anlässlich der Weltausstellung 1893 errichtet wurde das „Art Institute". Wer ist in dem Museum mit seinem Gemälde „Nighthawks" vertreten?**

A Edward Hopper *B Henri Matisse*
C Lovis Corinth *D Max Pechstein*

7 **Ein eindrucksvoller Art-déco-Wolkenkratzer aus dem Jahr 1929 ist das Carbide and Carbon Building. Womit ist seine Spitze verziert?**

A Bernstein *B Blattgold*
C Neusilber *D Porzellan*

8 **Apropos 20er-Jahre: Man kann in Chicago eine Rundfahrt auf den Spuren Al Capones buchen, der das organisierte Verbrechen der Stadt kontrollierte, bis er 1931 zu elf Jahren Haft verurteilt wurde. Weswegen?**

A mehrfacher Totschlag *B Steuerhinterziehung*
C Trunkenheit am Steuer *D Zigarettenschmuggel*

Wer wird Millionär?

1) Wo hängt man völlig erschöpft?
50 €
A in den Seilen B an den Stricken
C von den Socken D auf den Tauen

2) Etwas Ausgezeichnetes ist allererste …
100 €
A Butter B Sahne
C Marmelade D Margarine

3) Mit „Sieben auf einen Streich" brüstete sich das tapfere …
200 €
A Schneiderlein B Zwerglein
C Entlein D Männlein

4) Was bringt angeblich Glück?
300 €
A Waffeleisen B Hufeisen
C Schäleisen D Steigeisen

5) Die Pusteblume ist ein abgeblühter …
500 €
A Tigerzahn B Löwenzahn
C Sägezahn D Schneidezahn

6) Ein Polier arbeitet als Vorarbeiter auf dem …
1000 €
A Schiff B Bau
C Rathaus D Gericht

7) Welches Tierkreiszeichen folgt auf den Stier?
2000 €
A Widder B Zwillinge
C Jungfrau D Löwe

8) Die Öresundbrücke verbindet die Städte Kopenhagen und …
4000 €
A Trelleborg B Malmö
C Helsingborg D Lund

9) Am Seitpferd finden Turner Halt durch …
8000 €
A Winkel B Ringe
C Pauschen D Kauschen

10) Bestellt man in Österreich eine Melange, erhält man …
16 000 €
A Milchkaffee B Tee
C Kakao D Schlagsahne

11) Wo finden die Olympischen Winterspiele 2022 statt?
32 000 €
A Kanada B Großbritannien
C Norwegen D China

12) Welches der nachfolgenden Metalle ist der beste Wärmeleiter?
64 000 €
A Kupfer B Silber
C Blei D Stahl

13) Woher stammt der Goldhamster?
125 000 €
A Kanada B Syrien
C Ägypten D China

14) Als grundlegendes Werk der Psychoanalyse gilt Sigmund Freuds Buch …
500 000 €
A „Die Traumwelt" B „Die Traumdeutung"
C „Das Traumbild" D „Das Traumbuch"

15) Honolulu, die Hauptstadt des US-Bundesstaates Hawaii, liegt auf …
1 000 000 €
A Maui B O'ahu
C Big Island D Moloka'i

Heiligenfest

Laterne, Laterne! Jeder kennt die Legende vom heiligen Martin, der jedes Jahr am 11. November mit Umzügen geehrt wird: Als Soldat in römischen Diensten teilte er seinen Mantel mit einem frierenden Bettler. Dieser und zahlreiche andere Wunderberichte machten ihn zum populärsten Heiligen Frankreichs. Heute wird er von den Kindern fast so sehr geliebt wie der Nikolaus. In welcher schönen Stadt an der Loire war Martin im 4. Jahrhundert nach Christus Bischof?

Wenn Sie die Heiligen und ihre Schutzbefohlenen richtig zuordnen, haben Sie die Antwort.

◯	**Feuerwehrleute**	**Josef**	**S**
◯	**Fischer**	**Florian**	**T**
◯	**Reiter**	**Christophorus**	**R**
◯	**Kraftfahrer**	**Petrus**	**O**
◯	**Zimmerleute**	**Georg**	**U**

DAS VERZWICKTE QUIZ

Beantworten Sie die Quizfragen. Die Buchstaben hinter den richtigen Antworten ergeben ein Lösungswort.

1 Wie heißt ein aus Schafmilch hergestellter spanischer Käse?

Ricotta .... E
Manchego .... T
Feta I
Pecorino .... R

2 Die Verbindung zwischen den beiden Großhirnhälften heißt ...

Balken .... R
Leiste .... T
Strebe .... O
Pfosten .... W

3 Wer komponierte die spätromantische Oper „Hänsel und Gretel“?

Eugen d’Albert .... A
Albert Lortzing .... P
Engelbert Humperdinck .... E
Antonín Dvořák .... M

4 Bei welcher Pflanze handelt es sich nicht um eine Weizenart?

Buchweizen .... F
Dinkel .... O
Emmer .... R
Einkorn .... U

5 Wie viele Kinder hatte Schriftsteller Thomas Mann?

zwei .... A
vier .... R
sechs .... F
acht .... J

6 Welcher Stoff gibt dem menschlichen Blut seine rote Farbe?

Adrenalin .... O
Cholesterin .... F
Carotin .... D
Hämoglobin .... E

7 Die Einwohner Neuseelands nennt man scherzhaft ...

Kiwis .... N
Kängurus .... A
Koalas .... D
Avocados .... E

8 Bei einer echten Sachertorte besteht die Füllung aus ...

Orangenmarmelade I
Aprikosenmarmelade .... D
Quittengelee .... E
Marzipan .... A

1	2	3	4	5	6	7	8

Quiz för Kloogschieter!

Selbst für Sylter und Fans von Sylt ist nicht jede der folgenden Fragen leicht zu beantworten. Oder kennen Sie die Insel wie Ihre Westentasche? Testen Sie es mit diesem Quiz!

1 Wie heißt eine Halbinsel ganz im Norden von Sylt?

A) Knie
B) Ellenbogen
C) Knöchel
D) Genick

2 Welche dieser deutschen Inseln ist flächenmäßig kleiner als Sylt?

A) Föhr
B) Rügen
C) Usedom
D) Fehmarn

3 Wie hieß der „Sylter Inselschreiber" 2008?

A) Moritz Rinke
B) Juli Zeh
C) Franzobel
D) Jan Bremer

4 Wie lang ist der Hindenburgdamm?

A) drei Kilometer
B) fünf Kilometer
C) sieben Kilometer
D) elf Kilometer

5 Der Sylter Autor Boy Lornsen wurde bekannt mit dem Buch „Robbi, Tobbi und ...".

A) Nobbi
B) die 40 Räuber
C) das Fliewatüüt
D) Lukas, der Lokomotivführer

6 Als was wurde der Lehrer C. P. Hansen bekannt?

A) als Inselchronist
B) als Schulreformer
C) als Touristenführer
D) als FKK-Vorreiter

7 Was bedeutet der Sylter Wahlspruch „Rüm Hart, klaar Kiming"?

A) „Viel trinken, klaren Kopf bewahren"
B) „Weites Herz, klarer Horizont"
C) „Raues Land, sanftes Meer"
D) „Die Insel ruft, klar komm' ich"

8 Welcher Ort in Australien heißt nach einem Sylter Kapitän?

A) Hahndorf
B) Lobethal
C) Hobart
D) Teunisstadt

9 Wie heißt ein heißer Kakao mit Rum und Sahnehaube?

A) Kranker Onkel
B) Verstorbener Vater
C) Tote Tante
D) Malade Mutter

10 Zu welchem Landkreis gehörte Sylt bis zu dessen Auflösung 1970?

A) Niebüll
B) Südtondern
C) Eiderstedt
D) Husum

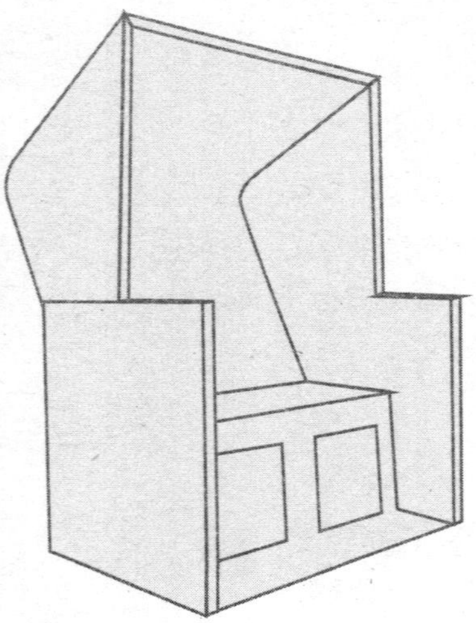

Millionär können Sie bei uns (leider) nicht werden, aber auch hier können Sie Ihr Wissen testen. Viel Spaß!

1. Der Kavalier ... und schweigt.

A hört | B liest
C gibt | D genießt

2. Für wen sind vergebliche Bemühungen?

A für den Hund | B für die Katz
C für die Laus | D für die Maus

3. Wie wird die Viehfliege auch genannt?

A Sumse | B Simse
C Brumse | D Bremse

4. Was meinen Bayern mit dem Wort „Busserl"?

A Verkehrsmittel | B Verwarnung
C Kuss | D Freund

5. Die Maßeinheit des Mostgewichts heißt Grad ...

A Bluemle | B Oechsle
C Kaelble | D Boeckle

6. In welches Gewässer mündet die Donau?

A Rotes Meer | B Schwarzes Meer
C Mittelmeer | D Kaspisches Meer

7. Wer drehte den Film „E.T. – Der Außerirdische"?

A Steven Spielberg | B James Cameron
C Robert Zemeckis | D George Lucas

8. Fundamentale Bausteine der Materie sind ...

A Quilts | B Quads
C Queues | D Quarks

9. In welchem Land wurde die Kiwifrucht zuerst angebaut?

A Neuseeland | B Australien
C China | D Italien

10. Was ist ein Fosburyflop?

A Eiskunstlauffigur | B Börsenkrach
C Hochsprungtechnik | D Segelmanöver

11. Welcher dieser Apostel war nicht Fischer von Beruf?

A Petrus | B Jakobus
C Andreas | D Matthäus

12. Ein fahrbarer Kamerawagen heißt bei Fachleuten ...

A Collie | B Dolly
C Molly | D Rolly

QUIZ

Testen Sie Ihr Allgemeinwissen!

1

Wie nennt man jemanden, der gerne und viel liest?

☐ Bücherwurm ☐ Lesekäfer ☐ Schmökerlöwe ☐ Träumerigel

2

Bei einer unangenehmen Sache sagt man: „Da haben wir die ...!"

☐ Verwandtschaft ☐ Gabe ☐ Bescherung ☐ Geschenke

3

Wie heißt ein Berg im Schwarzwald?

☐ Schauhinunter ☐ Schauinstal ☐ Schauinsland ☐ Schauinsweite

4

Die erste deutsche Eisenbahn fuhr von Nürnberg nach ...

☐ Berlin ☐ Fürth ☐ München ☐ Regensburg

5

Was gibt es nach einem Hit von Katja Ebstein immer wieder?

☐ Tränen ☐ Lachen ☐ Wunder ☐ Zauber

6

Das Wappentier Grönlands ist ein ...

☐ Eisbär ☐ Pinguin ☐ Schwertwal ☐ Seeadler

7

Wo ermittelt der „Tatort"-Hauptkommissar Klaus Borowski?

☐ in Düsseldorf ☐ in Kiel ☐ in Hamburg ☐ in München

8

Wer gilt als Autor der Apostelgeschichte des N. T.?

☐ Johannes ☐ Lukas ☐ Jakobus ☐ Matthäus

9

Was ist die bekannte „Braunschweiger Mumme"?

☐ ein Gebäck ☐ ein Getränk ☐ eine Brücke ☐ ein Denkmal

10

Welche Sprache ist auf Jamaika die Amtssprache?

☐ Portugiesisch ☐ Spanisch ☐ Französisch ☐ Englisch

11

Der Begriff „Pilates" kommt von ...

☐ Jane Fonda ☐ Pontius Pilatus ☐ Joseph H. Pilates ☐ Steve Setalip

12

Welche Figur erfand der Schriftsteller Sir Walter Scott?

☐ Hamlet ☐ Ivanhoe ☐ Robin Hood ☐ Dracula

BILDER-QUIZ

Eine kalte, scharf gewürzte Tomatensoße aus Lateinamerika ist die ...

SALSA – RUMBA – SAMBA

Wie heißt das Standbild vor dem Bremer Rathaus?

ROBERT – ROLAND – RONALD

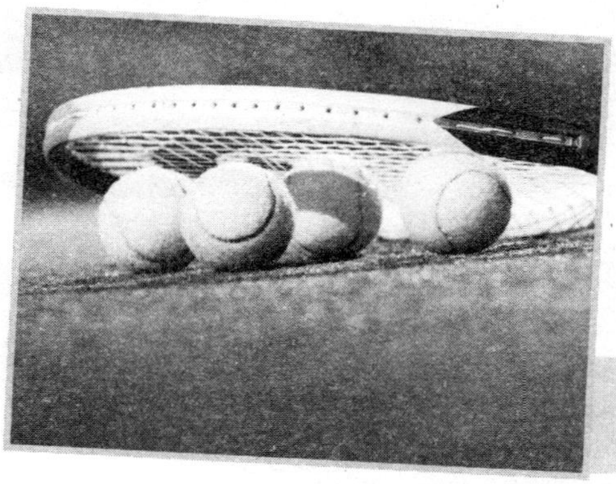

Tennis: Wie nennt man den Gewinn eines Spiels, bei dem der Gegner Aufschlag hatte?

BREAK – CROSS – DEUCE

QUIZ

500 Euro

1 Wenn jemand endlich begreift, hat es bei ihm ...

A gekokelt
B gebrannt
C gedonnert
D gezündet

1000 Euro

2 Jemand, der sein wahres Gesicht zeigt, lässt seine ... fallen.

A Gabel
B Brille
C Maske
D Mütze

2000 Euro

3 Eine chinesische Vorspeise sind die ...

A Frühlingsrollen
B Sommersprossen
C Herbstlinge
D Wintertaschen

5000 Euro

4 Ein Formenspiel heißt ...

A Tamtam
B Tangram
C Tintin
D Tomtom

10 000 Euro

5 Das Sehrohr im U-Boot nennt man ...

A Periskop
B Stethoskop
C Stroboskop
D Teleskop

50 000 Euro

6 Was gehört in das Getränk Cuba Libre?

A Cognac
B Gin
C Rum
D Whisky

100 000 Euro

7 Der Bienenwolf ist eine ...

A Wespe
B Biene
C Fliege
D Spinne

250 000 Euro

8 Verdis Oper „Otello" spielt in einer Hafenstadt auf ...

A Kreta
B Malta
C Sizilien
D Zypern

500 000 Euro

9 Auf den 2-Euro-Münzen welchen Landes ist ein Baum abgebildet?

A Finnland
B Frankreich
C Italien
D Spanien

1 000 000 Euro

10 Johann Sebastian Bach schrieb 1734 eine Kantate über den ...

A Tee
B Kaffee
C Kakao
D Wein

BILDER-QUIZ

Die „Schöne Else" wurde 2011 zum „Baum des Jahres" gekürt. Geschätzt wird an der Elsbeere vor allem ihr edles Holz. Eine Rolle spielt der seltene Baum auch in der Sage „Die Feengrotte". Aus welchem Land stammt die Erzählung?

ITALIEN • SCHWEIZ • ESTLAND

2015 zum Sieger ernannt wurde das Echte Johanniskraut. Als „Arzneipflanze des Jahres" wird es bei Schlafstörungen eingesetzt, weil es die Ausschüttung des Schlafhormons steigert. Wie heißt das Hormon?

ÖSTROGEN • ADRENALIN • MELATONIN

Man sieht ihn nur sehr selten: den Gewinner des Wettbewerbs „Tier des Jahres" 2010. Auf dem Podest ganz oben stand der putzige und pummelige Dachs mit seinem schwarz-weißen Fell. Wie wird er in der Fabel genannt?

MARKWART • GRIMBART • ADELHEID

Wer wird Millionär?

1) Reden ist Silber und Schweigen ist ...

50 €

A Gold | B Zink | C Platin | D Blech

2) Ein verwunderter Ausruf ist: „Ich glaub, mich knutscht ein ..."

100 €

A Affe | B Elch | C Lama | D Pferd

3) Wertvolles Holz sollte möglichst ... sein.

200 €

A porenrein | B stubenrein | C lupenrein | D astrein

4) Ein Anstifter, der selbst im Hintergrund bleibt, ist ein ...

300 €

A Korkenzieher | B Drahtzieher | C Rückzieher | D Überzieher

5) Wo arbeitet ein Studienrat üblicherweise?

500 €

A Bauamt | B Schule | C Rathaus | D Tonstudio

6) Welches Wort steht im Rechtschreibduden?

1000 €

A hesseln | B pommerln | C sächseln | D württeln

7) Erich Kästner schrieb das Kinderbuch „Das doppelte ...".

2000 €

A Karlchen | B Prinzchen | C Lottchen | D Hänschen

8) In einem Schlager zählte Peter Alexander täglich seine ...

4000 €

A Falten | B Haare | C Kinder | D Sorgen

9) Eine Agenda ist eine Liste von ...

8000 €

A Gesprächspunkten | B Sportdisziplinen | C Wahlversprechen | D Kirchenliedern

10) Eine italienische Gemüsesuppe heißt ...

16 000 €

A Zabaione | B Minestrone | C Profiterole | D Bresaola

11) In welchem Staat sitzt Königin Margrethe auf dem Thron?

32 000 €

A England | B Dänemark | C Schweden | D Norwegen

12) Eine Bauerngartenpflanze ist die Jungfer im ...

64 000 €

A Blauen | B Gelben | C Grünen | D Roten

13) Das Fachgebiet des Heraldikers sind ...

125 000 €

A Knochen | B Münzen | C Wappen | D Bäume

14) Wann trat die Bundesrepublik Deutschland der NATO bei?

500 000 €

A 1949 | B 1953 | C 1955 | D 1961

15) In der Kreidezeit lebte der Saurier ...

1 000 000 €

A Baluvore | B Barbiedonte | C Bambiraptor | D Lassiepode

TIER-QUIZ

1 Schildkröten ernähren sich hauptsächlich von Pflanzen und Blättern. Zerkleinert wird die Nahrung mit einem kräftigen ...

- SCHÄDEL
- ELLBOGEN
- SCHNABEL

2 Esel haben den Ruf, besonders stur zu sein. Denn in Stresssituationen tun sie bei Angst was?

- ERSTARREN
- FLÜCHTEN
- HINFALLEN

3 Mit einem lauten Krähen macht der Hahn klar, welches Terrain ihm gehört. Wie wird der Hahn oft auch genannt?

- TAUBER
- GOCKEL
- GANTER

QUIZ

1. Ein wunderbares Essen ist umgangssprachlich ein ...

A Gedicht | **B** Lied
C Roman | **D** Schauspiel

2. In geselligen Runden wird gerne einer ...

A gebellt | **B** gegrunzt
C gebrüllt | **D** gezwitschert

3. Was ist ein Fluss?

A Woher | **B** Ob
C Wie | **D** Welche

4. Verdrückt sich jemand, geht er ...

A stiften | **B** spenden
C opfern | **D** dotieren

5. In China kam es 1900 zum sogenannten ...

A Boxeraufstand | **B** Catcheraufstand
C Ringeraufstand | **D** Werferaufstand

6. Ein Bully-Herbig-Film hat was vom Manitu im Titel?

A Pferd | **B** Bogen
C Schuh | **D** Wigwam

7. Was stellt der Sockel dar, auf dem die „Oscars" stehen?

A Filmkamera | **B** Filmrolle
C Filmleinwand | **D** Filmplakat

8. Der Durchmesser ... einen Kreis.

A viertelt | **B** drittelt
C halbiert | **D** achtelt

9. Wie nennt man den Abstand der Gegner beim Fechten?

A Mensur | **B** Planche
C Riposte | **D** Parade

10. Wo ist der Fennek zu Hause?

A In den Bergen | **B** Auf der See
C In der Tundra | **D** In der Wüste

11. Was wurde auf einer Reeperbahn hergestellt?

A Säcke | **B** Seife
C Segel | **D** Seile

12. Wie heißt die Schutzpatronin der Bergleute?

A Lucia | **B** Barbara
C Ursula | **D** Cäcilia

WORTSPIEL

Wenn Sie die Bedeutungen der 8 Wörter herausgefunden haben, ergeben die Buchstaben hinter den richtigen Antworten – von oben nach unten gelesen – ein Sprichwort.

1 Autogiro
a) Bargeldkonto . . . . **DAS**
b) Drehflügelflugzeug . . . . . **DAH**
c) italienisches Radrennen . . **WIE**

2 Duole
a) Bildröhre . . . . **GUT**
b) Singvogel . . . . **DIE**
c) Folge von zwei Noten . . . **EIM**

3 Diarium
a) Sammlung von Dias . . . . **EWI**
b) veraltet: Tagebuch . . . . . . **IST**
c) Sonnenstudio. . . . . **ALT**

4 Departure
a) französischer Bezirk . . . . **LLD**
b) Abflugstelle, -zeit . . . . . . **DER**
c) Müllabladeplatz . . . . **ENS**

5 Diskant
a) Abrechnung, Abzug . . . . **ASB**
b) kontroverses Gespräch **UNG**
c) höchste Stimmlage . . . . **HIM**

6 Estrade
a) Gewürzpflanze . . . . **OES**
b) Podium . . . . **MEL**
c) Gestell für Speisen . . . . . **ENS**

7 Druide
a) Nachtgeist . . . . **ERT**
b) keltischer Priester . . . . . . **BLA**
c) altdeutsch für Weber . . **OWE**

8 Couplet
a) scherzhaft-satirisches Lied . . . . **UER**
b) Kleidungsstück . . . . . . **MAN**
c) Gutschein, Bon . . . . **SEN**

Nur wenn Sie die Fragen richtig beantworten, werden Sie am Ziel mit den richtigen Buchstaben ankommen. Diese ergeben – hintereinandergelesen – einen Spruch.

START

D „Ulknudel" Ingrid Steeger kam am 1. April 1947 zur Welt.	**P** Die Fußball-Weltmeisterschaft 2014 findet in Italien statt.	**P** Wer die Datumsgrenze von West nach Ost überquert, reist nach gestern.	**B** Rhabarber gilt in Europa als Gemüse, in den USA allerdings als Obst.
O Auf der finnischen 2-Euro-Münze sind Kirschen abgebildet.	**L** Das erste öffentliche Opernhaus in Deutschland wurde 1678 in Hamburg eröffnet.	**E** Die Chinesische Mauer ist das größte Befestigungswerk der Erde.	**H** 2005 trennten sich Barbie und Ken. Ihr neuer Freund heißt Richard.
A Al Pacino lehnte die Rolle des Han Solo in „Star Wars" ab.	**P** Donald Ducks Vater heißt Engelhart Duck.	**T** Im 17. Jahrhundert bestand Deutschland aus rund 300 Einzelstaaten.	**U** Kastrierte Esel werden Macker genannt.
K Der Okawango ist der längste Fluss der Welt, ohne Mündung.	**L** Minus 40 Grad Celsius ist genauso kalt wie minus 40 Grad Fahrenheit.	**H** Schon die Bibel nennt den Wein eine Gabe Gottes.	**A** Das teuerste Objekt auf dem Monopoly-Brett ist die Königsstraße.
T Der Wappenspruch des britischen Thronfolgers lautet: „Ich dien".	**L** Ein Elefant vergisst nie.	**E** Otto der Große wurde im Jahr 800 römischer Kaiser.	**E** Der Philosoph Immanuel Kant finanzierte sein Studium mit der Teilnahme an Skatturnieren.
B Marianne Rosenberg wurde mit „Lili Marleen" weltweit bekannt.	**E** Die weltweit erste Regierungschefin war 1960 Indira Gandhi.	**S** Bekannt für ihre Kreidesteilküste ist die Insel Tadeln.	**E** Ein „Lob" ist im Tennis ein in hohem Bogen geschlagener Ball.
S Pate des Leberwurstbaums im Botanischen Garten in Berlin ist die Fleischerinnung.	**B** Michael Ballack erzielte sein erstes und letztes Tor in der Nationalmannschaft per Kopfball.	**S** Caspar David Friedrich malte „Der Wanderer über dem Nebelmeer".	**R** ZIEL

Lösung:

☐☐☐☐☐☐☐ ☐☐☐☐☐ ☐☐☐☐☐☐

Eine unglückliche Liebe, bedeutende geschichtliche Ereignisse, schmachtende Geigenklänge und großartige Schauspieler: Das alles machte die Literaturverfilmung „Doktor Schiwago" nicht nur zu einem Kassenschlager, sondern zu einem unvergessenen Kinoklassiker. Unvergessen? Was wissen Sie über den vor 45 Jahren, im Dezember 1965, uraufgeführten Schmachtfetzen? Die Buchstaben der richtigen Lösungen ergeben das gesuchte Lösungswort.

1 Der Film spielt in Russland. Zunächst gibt der Erste Weltkrieg den historischen Hintergrund. Und welches anschließende Ereignis danach?

W Maiaufstand
H Novemberunruhen
R Märzrevolte
G Oktoberrevolution

2 Titelheld des Films ist der idealistische Arzt Jurij Schiwago. Wer spielte ihn?

E Omar Sharif
W Rodolph Valentino
I Richard Chamberlain
M Yul Brynner

3 Tonya, die Ehefrau Schiwagos, wurde gespielt von der Tochter eines der ganz großen Künstler des Kinos. Ihr Name?

L Christiane Hörbiger
V Isabella Rossellini
S Geraldine Chaplin
N Jane Fonda

4 Heimlich liebt Schiwago eine andere, die Krankenschwester Lara. Wer spielte sie?

T Grace Kelly
D Julie Andrews
O Ingrid Bergman
C Julie Christie

5 Die Wirren, die die geschichtlichen Ereignisse mit sich bringen, führen Lara und Jurij zusammen, trennen sie aber auch wieder. Zuletzt begegnen sie sich im Grenzgebirge zwischen Europa und Asien. Der Name des Gebirges?

V Baikalgebirge
O Pamir
L Himalaja
H Ural

6 Wer war in der Rolle des Bösewichtes Komarovsky zu sehen, eines skrupellosen Politikers?

E Bela Lugosi
R Peter Lorre
U Klaus Kinski
I Rod Steiger

7 Umrahmt wird die Handlung von der Erzählung des Generals Jewgraf, eines Halbbruders von Schiwago. Auch diese Rolle war prominent besetzt. Von wem?

C Alec Guinness
T Peter Ustinov
R Anthony Quinn
I Richard Burton

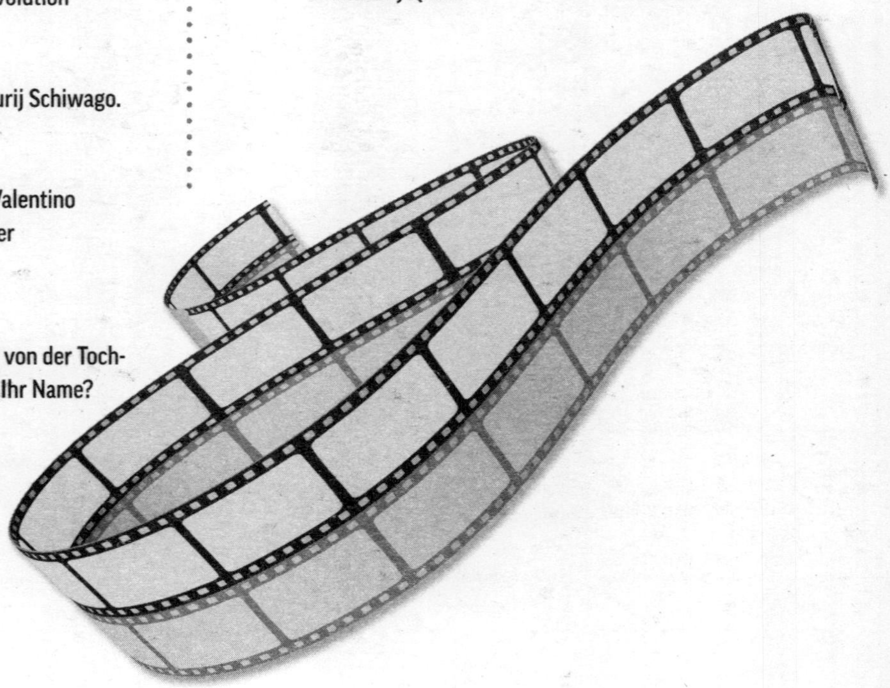

8 Am Ende des Films sind beide Frauen, Tonya wie Lara, vor den kommunistischen Machthabern ins Ausland geflohen. Nur Schiwago ist im Lande geblieben. In einer stickigen Straßenbahn glaubt er Lara wiederzuerkennen. Beim Versuch, der vermeintlichen Geliebten zu folgen, bricht er zusammen und stirbt. Diese Schlussszene spielt in Russlands größter Stadt, in ...

H Moskau — I Sewastopol
B Sankt Petersburg — O Wolgograd

9 Einsam starb 1960 auch der Mann, der den Roman „Doktor Schiwago" geschrieben hatte. Der Name des Schriftstellers, der im eigenen Lande zur Unperson geworden war, weil man ihm den Literaturnobelpreis angetragen hatte?

E Alexander Solschenizyn — O Henryk Sienkiewicz
T Boris Pasternak — G Michail Scholochow

10 Als fünf Jahre später der Film seine Premiere feierte, wurde der Roman des unglücklichen Dichters endgültig zum Weltbestseller. In welcher Stadt am Hudson River fand die Premiere statt?

N Chicago — S New York
R Los Angeles — E San Francisco

11 Mit wie vielen Oscars wurde der Film ausgezeichnet?

S zwei — A neun
D fünf — C elf

12 Unter diesen Oscars war auch der für die beste Filmmusik. Wer hatte sie komponiert?

E Dmitri Schostakowitsch — R Maurice Jarre
H George Gershwin — P Robert Stolz

13 Keinen Oscar, aber immerhin eine Nominierung gab es für Carlo Ponti, den Produzenten des Films. Die Ehefrau des 2007 verstorbenen Italieners?

R Claudia Cardinale — H Ornella Muti
E Eleonora Duse — A Sophia Loren

14 Regisseur des Films war ein 1991 verstorbener Brite, der als Spezialist für Romanverfilmungen und Monumentalfilme galt. Wer führte auch bei „Oliver Twist", „Die Brücke am Kwai" und „Lawrence von Arabien" Regie?

E Alfred Hitchcock — M David Lean
L John Schlesinger — I Laurence Olivier

15 Eine kuriose Folge des Filmerfolgs war das Aufkommen des sogenannten „Schiwago-Looks": Alle Welt trug pelzverbrämte, mindestens wadenlange Mäntel mit doppelreihigem Posamentenverschluss. Wie nannte man diesen Trend auch?

R Jurijmode — A Maximode
D Laramode — E Minimode

REISE-QUIZ

Ein einzigartiger Grundriss verleiht Karlsruhe eine Sonderstellung unter den Städten der Welt: Sie ist angelegt in der Form eines Halbkreises, aus dessen Mittelpunkt die Straßen strahlenförmig auseinanderstreben. Wie gut kennen Sie sich aus? Die acht Fragen haben je vier Antwortmöglichkeiten. Die Lösung Ihrer Wahl tragen Sie in die entsprechend nummerierten Felder im Rätseldiagramm ein.

1 **Karlsruhe liegt idyllisch am Fuße des nördlichen Schwarzwaldes und an welchem Fluss?**

A Donau *B Mosel*
C Rhein *D Weser*

2 **Die Idee, eine Stadt mit fächerförmigem Grundriss anzulegen, hatte vor knapp 300 Jahren ein Markgraf von Baden-Durlach. Sein Name?**

A Karl Hermann *B Karl Richard*
C Karl Rudolph *D Karl Wilhelm*

3 **Mittelpunkt des Fächers, zu dem 32 Straßen führen, ist der Turm des barocken Schlosses. Errichtet 1715, wurde es bereits 50 Jahre später umfassend neugestaltet. Nach wessen Entwürfen?**

A Andreas Schlueter *B Balthasar Neumann*
C Francisco Herrera *D Joseph Munggenast*

4 **Wahrzeichen der Stadt ist aber nicht das Schloss, sondern ein bis 1825 errichteter Bau auf dem Marktplatz, unter dem der Gründer und Namensgeber der Stadt bestattet ist. Der Name des Bauwerkes?**

A Hexaeder *B Oktaeder*
C Pyramide *D Zylinder*

5 **Sehenswert auf dem Markt sind außerdem das Rathaus und die evangelische Stadtkirche. In welchem Baustil, der die Stadt auch insgesamt prägt, wurden sie errichtet?**

A Klassizismus *B Naturalismus*
C Neorealismus *D Relativismus*

6 **Ein wichtiges Zeugnis der in den 20er-Jahren des vorigen Jahrhunderts aufkommenden Kunst des „Neuen Bauens" ist die Siedlung Dammerstock. Nach wessen Plänen wurde sie errichtet?**

A Gustave Eiffel *B Karl Hasenauer*
C Oscar Niemeyer *D Walter Gropius*

7 **Bei bestimmten Gelegenheiten schaut ganz Deutschland nach Karlsruhe. Denn welche Institution hat hier seit 1950 ihren Sitz?**

A Bundesgerichtshof *B Bundeskriminalamt*
C Bundesversammlung *D Finanzplanungsrat*

8 **„Schade, dass du diese Stadt, die wie ein Stern gebaut ist, nicht gesehen hast. Sie ist klar und lichtvoll wie eine Regel, und wenn man hineintritt, so ist es, als ob ein geordneter Verstand uns anspräche." Welcher Tourist schrieb das 1801 an seine Schwester Ulrike?**

A Goethe *B Hebbel*
C Herder *D Kleist*

Wer wird Millionär?

1) Wer resolut ans Werk geht, macht das ohne viel ...
50 €
A Federlesen | B Fellsprechen
C Pelzsagen | D Wollreden

2) Das Zeitungswesen bezeichnet man auch als ...
100 €
A Blesse | B Messe
C Esse | D Presse

3) Vor einem Konzert müssen Musiker ihre Instrumente ...
200 €
A lauten | B tönen
C stimmen | D votieren

4) Ameisenbären fangen ihre Beute mit ...
300 €
A den Tatzen | B dem Schwanz
C der Zunge | D den Krallen

5) Kein Säugetier ist der ...
500 €
A Seeleopard | B Seebär
C Seedrache | D Seehund

6) Was macht ein Mediator?
1000 €
A Reden halten | B vermitteln
C putzen | D TV-Shows präsentieren

7) In der Jägersprache ist das Raubtiermaul der ...
2000 €
A Fang | B Wirf
C Halt | D Gib

8) Wer sang von der „Polonäse Blankenese"?
4000 €
A Gottlieb Wendehals | B Frank Zander
C Roy Black | D Hans Albers

9) Dodekanes heißt übersetzt „... Inseln".
8000 €
A sonnige | B zwölf
C südliche | D griechische

10) Die ältesten Schüler des Gymnasiums waren früher in der ...
16 000 €
A Quarta | B Prima
C Sekunda | D Tertia

11) Der erste Akt der Oper „La Bohème" spielt ...
32 000 €
A im Zoo | B vor Gericht
C auf dem Markt | D an Weihnachten

12) Welches ist das jüngste dieser Erdzeitalter?
64 000 €
A Devon | B Karbon
C Tonium | D Stenium

13) Patrick Süskind schrieb nicht ...
125 000 €
A „Der Kontrabass" | B „Das Parfum"
C „Die Taube" | D „Der Schrat"

14) Nicht zur Ordnung der Schreitvögel gehört der ...
500 000 €
A Kranich | B Löffler
C Storch | D Reiher

15) Was ist ein Wetterstern?
1 000 000 €
A ein Komet | B ein Pilz
C ein Fisch | D eine Korallenart

Gipfeltreffen

Schroffe Gipfel und grüne Täler, stille Einsamkeit und touristischer Trubel: das sind die Alpen. Gerade für Wintersportler ist das Gebirge vor unserer Haustür ein beliebtes Reiseziel. Und für „Gipfelstürmer" ist es eine ideale Kinderstube: Ein berühmter, vielleicht der berühmteste Sohn der Alpen ist Reinhold Messner. 1980 gelang es dem Extrembergsteiger als erstem Menschen, den Mount Everest im Alleingang zu bezwingen – und das ohne Sauerstoffgerät! Wie heißt der Südtiroler Geburtsort des Klettermeisters? Wenn Sie die Berge nach ihrer Höhe ordnen, haben Sie die Antwort.

◯	8848 m	Mount Everest	B
◯	6267 m	Zugspitze	E
◯	5895 m	Kilimandscharo	I
◯	4810 m	Brocken	N
◯	2962 m	Chimborazo	R
◯	1141 m	Montblanc	X

Beantworten Sie die Quizfragen. Die Buchstaben hinter den richtigen Antworten ergeben ein Lösungswort.

1 Welcher Ruf klingt wie ein Kommunikationsmittel?
a) Ach, Salz! .... T
b) Oha, Graupen! .... F
c) I, Mehl! .... O
d) Uff, Zucker! .... S

2 Eine erfolgreiche Band der Neunzigerjahre heißt Crash Test ...
a) Blödies .... R
b) Doofies .... Z
c) Dummies L
d) Stupidies .... E

3 Subjekt, Prädikat und Objekt sind ...
a) auf Wand .... G
b) ein Satz .... E
c) aus Gaben .... Q
d) über Lastung .... B

4 Was ist Seim?
a) klebrige, zähe Flüssigkeit .... A
b) jüdisches Gebet I
c) Fischart .... J
d) Gerichtsform .... K

5 Zu welchem Staat gehört die Insel Sansibar?
a) Kenia .... E
b) Mosambik .... J
c) Südafrika .... S
d) Tansania .... N

6 Italienische Fußballfans nennt man ...
a) Tuttifrutti .... E
b) Tifosi .... D
c) Tivoli .... S
d) Tirili .... T

7 Seit wann gibt es in Deutschland Diäten für Abgeordnete?
a) 1871 .... R
b) 1906 .... E
c) 1920 .... U
d) 1945 .... O

8 Welches Tier heißt mit lateinischem Namen Gulo gulo?
a) Frosch .... A
b) Hamster .... N
c) Specht .... E
d) Vielfraß .... R

1 2 3 4 5 6 7 8

THEMEN-QUIZ

Kein Schnatz von sowat?

Selbst für Ruhris und Fans des Ruhrgebiets ist nicht jede der folgenden Fragen leicht zu beantworten. Oder sind Sie Revier-Kenner? Testen Sie es mit unserem Quiz.

1 Wie heißt der Bergmann in der Bergmannssprache?

A) Kamerad
B) Kollege
C) Komplize
D) Kumpel

2 In einem Lied von Friedel Hensch geht es um Wanne-Eickel und welchen Himmelskörper?

A) Mars
B) Mond
C) Sonne
D) Stern

3 Am Nordrand des Ruhrgebietes liegt die Stadt ...

A) Äpfel
B) Birnen
C) Datteln
D) Pflaumen

4 Wie hieß das Pferd, mit dem die gebürtige Duisburgerin Nicole Uphoff vier olympische Goldmedaillen im Dressurreiten gewann?

A) Kandinsky
B) Picasso
C) Rembrandt
D) Spitzweg

5 Ein Viertel in der Bochumer Innenstadt nennt man auch ...

A) Adria
B) Bermudadreieck
C) Skagerrak
D) Nordostpassage

6 Ein Nebenfluss der Ruhr ist die ...

A) Bache
B) Henne
C) Kuh
D) Stute

7 Wie oft war Schalke 04 deutscher Fußballmeister?

A) viermal
B) fünfmal
C) sechsmal
D) siebenmal

8 Was ist Anthrazit?

A) ein Farbstoff
B) ein Metall
C) ein Salz
D) eine Kohle

9 Wer schuf den Marienaltar der Dortmunder Marienkirche?

A) Conrad von Soest
B) Heinrich von Oelde
C) Walther von Moers
D) Wilhelm von Coesfeld

10 Das nördlichste Steinkohlenbergwerk Deutschlands liegt in ...

A) Bitterfeld
B) Garzweiler
C) Gorleben
D) Ibbenbüren

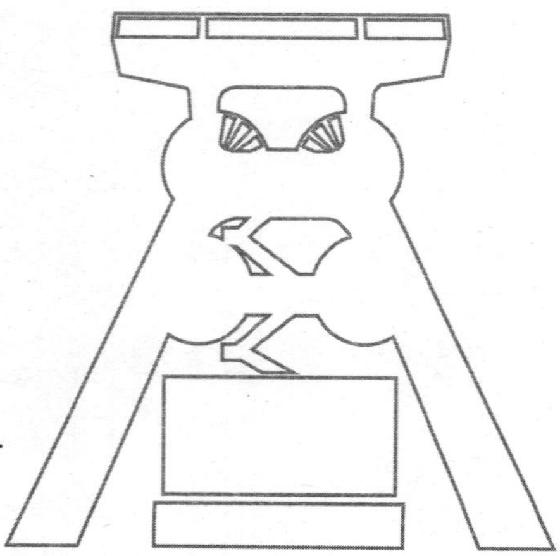

QUIZ für GENIES

Millionär können Sie bei uns (leider) nicht werden, aber auch hier können Sie Ihr Wissen testen. Viel Spaß!

1. Winkelmessinstrumente sind ...

A Sextanten | B Siebenbürgen
C Achttonner | D Neunaugen

2. Bei einer Rüge bekommt man den ...

A Bart gestutzt | B Kopf gewaschen
C Rücken massiert | D Fuß gewickelt

3. Die Ursache für einen Motorschaden ist manchmal ein ...

A Kolbenkracher | B Kolbenrauscher
C Kolbenfresser | D Kolbensäufer

4. Wenn etwas verloren geht, geht es redensartlich in die ...

A Heide | B Ähren
C Weiden | D Binsen

5. Was ist Dominica?

A Tanz | B Kirche
C Inselstaat | D Ordensmitglied

6. Wie heißt ein Cocktail aus Tomatensaft und Wodka?

A Caipirinha | B Red Lady
C Bloody Mary | D Sunrise

7. Wo liegt das Königin-Maud-Land?

A Polynesien | B Antarktis
C Arktis | D Mikronesien

8. Der erste frei im Weltraum schwebende Mensch war ...

A Neil Armstrong | B Alexei Leonow
C Juri Gagarin | D Alan Shepard

9. Wie nennt man einen Drehkran auch?

A Derrick | B Holmes
C Poirot | D Maigret

10. Was ist eine Collage?

A Klebebild | B Privatschule
C Schmuckstück | D Kunstausstellung

11. Was war Berenike, nach deren Haar ein Sternbild heißt?

A Pharaonin | B Göttin
C Priesterin | D Amazone

12. Wer war der Bassist bei den Beatles?

A Paul McCartney | B George Harrison
C John Lennon | D Ringo Starr

QUIZ

Testen Sie Ihr Allgemeinwissen!

1

Wer sich nicht von etwas abbringen lässt, bleibt ...

☐ im Blick ☐ im Bad ☐ am Ball ☐ auf Backe

2

Von einigen Menschen wird das Frühstücksei ...

☐ geworfen ☐ geflankt ☐ geschleudert ☐ geköpft

3

Wenn jemand etwas nicht versteht, dann sind das für ihn ... Dörfer.

☐ friesische ☐ böhmische ☐ potjemkinsche ☐ schlesische

4

Wer seine eigene Ansicht äußert, bekennt redensartlich ...

☐ Mut ☐ Fehler ☐ Butter ☐ Farbe

5

Familie Beimer lebt seit Jahren in der ...

☐ Sesamstraße ☐ Lindenstraße ☐ Schillerstraße ☐ Comedystreet

6

Der Zauberer von König Artus war ...

☐ Miraculix ☐ Imhotep ☐ Dumbledore ☐ Merlin

7

Das obere Ende eines Deiches ist die ...

☐ Deichkappe ☐ Deichkrone ☐ Deichhaube ☐ Deichkuppe

8

Die Brücke welcher Stadt ist aus einem Lied bekannt?

☐ Tours ☐ Paris ☐ Avignon ☐ Marseille

9

Wo finden LoLo- und RoRo-Verfahren Anwendung?

☐ Chormusik ☐ Schifffahrt ☐ Baubranche ☐ Verlag

10

Was versteht man unter Heraldik?

☐ Stilkunde ☐ Münzkunde ☐ Pflanzenkunde ☐ Wappenkunde

11

Was hat Plumps aus „Unser Sandmännchen" zum Freund?

☐ Schwein ☐ Elster ☐ Frosch ☐ Küken

12

Wer war der letzte regierende Monarch Frankreichs?

☐ Ludwig XVIII. ☐ Karl X. ☐ Ludwig-Philipp I. ☐ Napoleon III.

BILDER-QUIZ

Ein seemännischer Warnruf lautet ...

HEHLSINKI – LISSABOHN – WAHRSCHAU

Ein Bierglas mit Stiel nennt man auch ...

LILIE – TULPE – NELKE

Wie viele Kegel (Pins) gilt es, beim Bowling zu treffen?

ACHT – NEUN – ZEHN

QUIZ

500 Euro

1 Zum Make-up gehört ...

A Wimpernlicht
B Lidschatten
C Gesichtsregen
D Hautsonne

1000 Euro

2 „Mensch ärgere Dich nicht“ ist ein ...

A Balkenspiel
B Brettspiel
C Bohlenspiel
D Leistenspiel

2000 Euro

3 Den Geldbestand ermittelt man durch ...

A Kassensturz
B Kontosprung
C Girofall
D Sparsatz

5000 Euro

4 Vogelfreie Menschen sind ...

A atemlos
B rechtlos
C belanglos
D gottlos

10 000 Euro

5 Ein südamerikanischer Viehhirt ist der ...

A Nacho
B Sancho
C Gaucho
D Poncho

50 000 Euro

6 Welchen Sport betrieb Fürstin Charlène von Monaco?

A Reiten
B Kugelstoßen
C Stabhochsprung
D Schwimmen

100 000 Euro

7 Jane Goodall untersucht das Verhalten von ...

A Meeressäugern
B Reptilien
C Beuteltieren
D Primaten

250 000 Euro

8 Woher stammt die Sängerin Björk?

A Norwegen
B Island
C Dänemark
D Estland

500 000 Euro

9 Zu welchem Staat gehört die Insel Sumatra?

A Zu Malaysia
B Zu Indonesien
C Zu Thailand
D Zu den Philippinen

1 000 000 Euro

10 Der Maikäfer ist ein ...

A Deckflügler
B Faltflügler
C Geradflügler
D Schrägflügler

KRIMI-QUIZ

1 Wer schuf die Gestalt des Meisterdetektivs Sherlock Holmes?

a Arthur Conan Doyle
b Francis Durbridge
c Frederick Forsyth
d Patricia Cornwell

2 Agatha Christie erfand die Hobbykriminalistin ...

a Agathe Heiland
b Billie Pinkernell
c Jane Marple
d Jessica Fletcher

3 Wer schrieb den mit Kim Basinger und Russell Crowe verfilmten Kriminalroman „L.A. Confidential“?

a James Ellroy
b John Grisham
c John le Carré
d Ruth Rendell

4 Stieg Larsson schrieb den Kriminalroman ...

a Verachtung
b Verblendung
c Verhaftung
d Versuchung

Wer wird Millionär?

1) In einer Reihe geht man im ... (50 €)
- A Hühnerhaufen
- B Schwanentrip
- C Ententanz
- D Gänsemarsch

2) Ein Gedicht von Schiller beginnt so: „An der Quelle saß ..." (100 €)
- A ein Schmetterling
- B der Knabe
- C die Lerche
- D das Mädchen

3) Wie viele Hühner ziehen Max und Moritz aus Witwe Boltes Kamin? (200 €)
- A eins
- B zwei
- C vier
- D fünf

4) Wencke Myhre empfahl einst „Beiß nicht gleich in jeden ...". (300 €)
- A Apfel
- B Pfirsich
- C Kürbis
- D Rettich

5) Wo ein Wille ist, ist redensartlich auch ein ... (500 €)
- A Pfad
- B Haus
- C Graben
- D Weg

6) Wer andere übervorteilt, kocht am Feuer anderer sein ... (1000 €)
- A Breichen
- B Käffchen
- C Süppchen
- D Teechen

7) Als Petrijünger bezeichnet man ... (2000 €)
- A Jäger
- B Angler
- C Messdiener
- D Segler

8) Was isst der Italiener nicht zum Nachtisch? (4000 €)
- A Zabaione
- B Tiramisu
- C Pannacotta
- D Bresaola

9) Eine beliebte Zierpflanze ist das Fleißige ... (8000 €)
- A Gretchen
- B Lieschen
- C Lottchen
- D Mariechen

10) Einen alkohol- und körperreichen Wein nennt man ... (16 000 €)
- A hitzig
- B feurig
- C brenzlig
- D lodernd

11) Die Galapagosinseln gehören zu ... (32 000 €)
- A Ecuador
- B Kolumbien
- C Chile
- D Argentinien

12) Die deutschen Raumsonden Helios A und B flogen ... (64 000 €)
- A zum Jupiter
- B zum Mars
- C zur Sonne
- D zur Venus

13) Ein Film von Stanley Kubrick heißt „Uhrwerk ...". (125 000 €)
- A Orange
- B Rot
- C Grün
- D Lila

14) Eine Kantate von Mozart heißt ... (500 000 €)
- A Medizinerwonne
- B Bäckerglück
- C Schneiderspaß
- D Maurerfreude

15) Die älteste Republik Europas ist ... (1 000 000 €)
- A Italien
- B Frankreich
- C San Marino
- D die Schweiz

TIER-QUIZ

1 Mit ihrem runden Kopf und den Kulleraugen hat die Britisch Kurzhaar etwas Teddyhaftes. Die bei der Rasse häufig vorkommende graue Fellfärbung heißt ...

- SAMT
- EDEL
- BLAU

2 Neugierig und immer in Bewegung: Frettchen benötigen viel Aufmerksamkeit. Wie bei allen Marderartigen bezeichnet man die weiblichen Tiere als ...

- ZIBBEN
- FÄHEN
- RICKEN

3 Obwohl der natürliche Lebensraum von Gelbscheitelamazonen in Südamerika liegt, lebt eine kleine Population wild in welcher deutschen Großstadt?

- STUTTGART
- FRANKFURT
- NÜRNBERG

QUIZ

1. Wie heißt ein berühmter ehemaliger Formel-1-Fahrer?

A Salute	**B** Prost
C Santé	**D** Cheerio

2. Ein Musikstil der 80er-Jahre war die „Neue Deutsche ...".

A Walze	**B** Woge
C Welle	**D** Wiese

3. Was gehörte während des Biedermeier zur Frisur?

A Korkenzieherlocken	**B** Rastalocken
C Schmalztollen	**D** Dauerwellen

4. Bauxit ist der wichtigste Rohstoff für die Herstellung von ...

A Kupfer	**B** Aluminium
C Zement	**D** Gips

5. Welcher Ball ist der größte?

A Volleyball	**B** Fußball
C Handball	**D** Tennisball

6. Welche Leckerei heißt übersetzt „gut-gut"?

A Bonbon	**B** Kakao
C Praline	**D** Banane

7. Was ist eine Polenta?

A Polizistin	**B** Maisgericht
C Pinguinart	**D** Volkstanz

8. Ein Riesling ist ein ...

A Roséwein	**B** Rotwein
C Obstwein	**D** Weißwein

9. Welches Meer wird auch „Stilier Ozean" genannt?

A Schwarzes Meer	**B** Pazifik
C Indischer Ozean	**D** Atlantik

10. Was gehört nicht zu den vier Grundrechenarten?

A Subtrahieren	**B** Dividieren
C Multiplizieren	**D** Potenzieren

11. Wie heißt der Vulkan in der Nähe Neapels?

A Ätna	**B** Stromboli
C Krakatau	**D** Vesuv

12. Stefan Raab machte eine erfolgreiche Ausbildung als ...

A Bäcker	**B** Tischler
C Metzger	**D** Jurist

WORTSPIEL

Wenn Sie die Bedeutungen der 8 Wörter herausgefunden haben, ergeben die Buchstaben hinter den richtigen Antworten – von oben nach unten gelesen – ein Sprichwort.

1 Agraffe
a) Schmuckspange .... **DER**
b) australisches Klettertier . . **WAS**
c) bauchige Glasflasche . . . **WIE**

2 Schneeballsystem
a) Kunstschneegerät ..... **DAS**
b) Lawinenwarnanlage .... **DIE**
c) rechtswidriges Verkaufsverfahren ...... **IST**

3 Drehpause
a) seitenverkehrte Kopie . . **MUT**
b) Unterbrechung bei Filmaufnahmen .... **REI**
c) beidseitiges Kohlepapier **BER**

4 Evolution
a) feierliche Begrüßung .... **EIN**
b) Fortentwicklung .... **CHD**
c) Aufruhr .... **TER**

5 Franse
a) dt.-franz. Nachkomme . . . **ENI**
b) Wasserdampf, Brodem . . **SOD**
c) herabhängender Faden . . **ERF**

6 Glaskirsche
a) Obstbaumfrucht ...... **REU**
b) Schmuckkugel .... **CHT**
c) Perlenart .... **IET**

7 Kleptomanie
a) Schlankwüchsigkeit .... **KAN**
b) Sammelleidenschaft . . . **OCH**
c) Trieb zum Stehlen ..... **NDE**

8 Periskop
a) ärztliches Gerät .... **SEN**
b) Sehrohr für U-Boote .... **HAT**
c) Feinmechanikerwerkzeug **DER**

Nur wenn Sie die Fragen richtig beantworten, werden Sie am Ziel mit den richtigen Buchstaben ankommen. Diese ergeben – hintereinandergelesen – ein Sprichwort.

START

G – Tut ein Fußballer so, als sei er gefoult worden, so spricht man von einem Albatros. (JA ▶ T; NEIN ▼ U)

T – Astrid Lindgren war Sekretärin bei einem Automobilklub. (NEIN ▶ R; JA ▼ D; NEIN ↙ U)

R – Eine Wasserballmannschaft besteht aus sieben Mitspielern. (JA ▶ E; NEIN ▼ P)

E – In den USA gibt es 1892 Ärzte, die Dr. Doctor heißen. (JA ▼ A; NEIN ↙ P)

U – Der Mount Everest ist 1885 Meter hoch. (JA ▼ S)

D – Geiger spielen gern auf einer sogenannten „Trapattoni“. (◀ JA U; NEIN ▼ I)

P – Die Flagge der Dominikanischen Republik zeigt eine Abbildung der Bibel. (◀ NEIN D; JA ▼ N)

A – Das Mobiltelefon wurde 1979 zum Patent angemeldet. (◀ JA P; NEIN ▼ G)

S – Homer Simpsons Kreditkartennummer lautet: 5784 3653 4341 0709. (JA ▶ I; NEIN ▼ L)

I – Erster Bundespräsident der Bundesrepublik Deutschland war Konrad Adenauer. (NEIN ▶ N; JA ▼ M; NEIN ↙ L)

N – Die Kelter ist ein Gerät zum Auspressen von Weintrauben. (JA ▶ G; NEIN ▼ R)

G – Das Skatspiel wurde in Altenburg (Thüringen) entwickelt. (JA ▼ B; NEIN ↙ R)

L – Bis 1900 gab es keine unterschiedlichen Schuhe für rechts und links. (JA ▼ T)

M – Krokodile sind farbenblind. (◀ JA L; NEIN ▼ W)

R – Kolibris können rückwärts fliegen. (◀ NEIN M; JA ▼ A)

B – Am 14. Juli 1789 erstürmten die Pariser die Bastille. (◀ JA R; NEIN ▼ U)

T – Ein Jahr dauert ganz genau 365 Tage, 8 Stunden und 46 Sekunden. (JA ▶ W; NEIN ▼ T)

W – Der amerikanische Filmproduzent Walt Disney hieß in Wirklichkeit Walter Elias. (NEIN ▶ A; JA ▼ H; NEIN ↙ T)

A – Sofia von Spanien ist eine gebürtige Griechin. (JA ▶ U; NEIN ▼ C)

U – Anno 855 wurde eine Frau namens Johanna ins Amt des Papstes gewählt. (JA ▼ L; NEIN ↙ C)

T – Gustav Klimt war ein Hauptvertreter des Wiener Jugendstils. (JA ▼ W)

H – Der erste europäische Schlager-Grand-Prix fand 1956 in der Schweiz statt. (◀ JA T; NEIN ▼ E; NEIN ↙ W)

C – Großbritannien und Frankreich sind durch den Hosengraben voneinander getrennt. (◀ NEIN H; JA ▼ I; JA ↙ E)

L – Die nordische Kombination besteht aus den Disziplinen Skispringen und Bobfahren. (◀ JA C; NEIN ▼ E; NEIN ↙ I)

W – Das Erntedankfest wird am ersten Sonntag im Oktober gefeiert. (JA ▶ E)

E – Das Alte Land, der „Obstkorb der Nation“, liegt südlich der Oberelbe. (NEIN ▶ I)

I – Der Bakteriologe Robert Koch schrieb den Roman „Der Zauberberg“. (JA ▶ E)

E – ZIEL

Lösung:

☐☐☐ ☐☐☐☐ ☐☐☐☐☐☐☐ ☐☐☐☐☐

Benjamin ist ein junger Mann aus gutem Hause, er ist attraktiv und hat gerade mit großem Erfolg das College abgeschlossen. Die Zukunft gehört ihm – und genau das ist sein Problem: Auf die Frage, was er mit seinem Leben anfangen möchte, weiß er keine Antwort. „Die Reifeprüfung" war 1967 einer der ersten Filme über dieses Teenie-Problem und avancierte damit schnell zum Kultfilm. Kennen Sie ihn? Die Buchstaben der richtigen Lösungen ergeben das gesucht Lösungswort.

1 Wie nennt man Filme, die wie „Die Reifeprüfung" das Erwachsenwerden zum Thema haben?

J Coming-of-Age-Film
K Coming-out-Film
F Slapstick Comedy
T Teen Romance

2 Weltberühmt mit der „Reifeprüfung" wurde Dustin Hoffman, der den jungen Benjamin in perfekter Tollpatsch-Manier verkörperte. Verblüffend: Hoffman war gar nicht mehr im Alter eines College-Boys, sondern bereits ...

U 30
I 35
E 40
A 45

3 „Was also tun?" Bevor Benjamin so recht über diese Sinnfrage nachgrübeln kann, kommt ihm die charmante, aber wesentlich ältere Mrs. Robinson in die Quere. Sie verführt den unerfahrenen Benjamin. Wer spielte sie?

G Anne Bancroft
N Audrey Hepburn
R Doris Day
E Katharine Hepburn

4 Die berühmte, auch für das Filmplakat verwendete Szene, in der Benjamin auf Mrs. Robinsons Beine starrt, war allerdings gedoubelt: Hier sieht man nicht die Beine der Hauptdarstellerin, sondern die einer Schauspielerin, die Jahre später mit der TV-Serie „Dallas" berühmt wurde. Ihr Name?

D Barbara Bel Geddes
G Charlene Tilton
E Linda Gray
I Victoria Principal

5 Zwischen Swimmingpool und Hotelzimmer lebt Benjamin ziellos in den Tag hinein, dann aber lernt er Mrs. Robinsons Tochter kennen und verliebt sich in sie. Ihr Vorname?

E Debby
N Elaine
F Jennifer
B Julia

6 Gespielt wird Mrs. Robinsons Tochter von Katharine Ross, die zwei Jahre später noch einmal in einem Kultfilm auftrat, und zwar als Etta Place in dem Western ...

R Der mit dem Wolf tanzt
I Höllenfahrt nach Santa Fé
D Zwei Banditen
N Zwölf Uhr mittags

7 Mrs. Robinson ist strikt gegen eine Verbindung Benjamins mit ihrer Tochter und verkuppelt sie mit dem Medizinstudenten Carl ...

B Hinz
C Kunz
A Meyer
L Smith

8 Der bislang so antriebslose Benjamin kämpft jetzt um seine Liebe und kreuzt als ungebetener Gast auf der Hochzeit von Mrs. Robinsons Tochter auf. Gemeinsam mit ihr gelingt ihm die Flucht aus der Kirche. Mit welchem Gegenstand verriegeln sie die Tür der Kirche und halten so ihre Verfolger auf?

U Bischofsstab
I Kruzifix
M Sitzbank
L Wagenheber

9 Großen Anteil am Erfolg des Films hatte auch der Soundtrack. Welches Duo gestaltete ihn?

E Al Bano & Romina
U Marianne & Michael
C Simon & Garfunkel
G Sonny & Cher

10 Nominiert für sieben Oscars, gewann der Film schließlich einen. In welcher Kategorie?

R Beste Musik
H Beste Regie
B Bester Hauptdarsteller
E Bestes Drehbuch

DAS LEICHTE QUIZ

Testen Sie Ihr Allgemeinwissen, und schicken Sie Ihr Gehirn ins Trainingslager! Unser Quiz macht Sie fit für Jauch, Pilawa und Co.

❶ **50 Euro**
Wenn etwas zum Verzweifeln ist, dann ist es zum ...
A Ziegenmelken B Eselmelken C Gänsemelken D Mäusemelken

❷ **100 Euro**
In einer schwierigen Situation sitzen alle in einem ...
A Gebüsch B Boot C Zimmer D Wagen

❸ **200 Euro**
Eine gute Idee wird manchmal wie genannt?
A Hingebung B Umgebung C Ergebung D Eingebung

❹ **300 Euro**
Eine Süßspeise aus Schokolade und Keksen heißt ...
A „Kaltes Huhn" B „Kaltes Pferd" C „Kalte Katze" D „Kalter Hund"

❺ **500 Euro**
Einem Spaßvogel sitzt der Schalk im ...
A Magen B Nacken C Ohr D Gesicht

❻ **1.000 Euro**
Nach dem Sport hat man manchmal ...
A Sehnenadler B Gelenklöwe C Muskelkater D Nervenstier

❼ **2.000 Euro**
Der sprichwörtliche gute Rat ist ...
A wohlfeil B kostspielig C billig D teuer

❽ **4.000 Euro**
Wie lautet die chemische Formel für Wasser?
A C_3PO B R_2D_2 C H_2O D S_{04}

❾ **8.000 Euro**
Ein eifriger Leser ist eine Lese...
A maus B ratte C schwalbe D motte

❿ **16.000 Euro**
Klopfgeräusche im Wald kommen vom ...
A Reh B Specht C Eber D Iltis

⓫ **32.000 Euro**
Den Atlantik bezeichnet man scherzhaft als den großen ...
A Tümpel B Weiher C Teich D See

⓬ **64.000 Euro**
Als Erfinder der Jeans gilt ...
A Johann Strauss B Levi Strauss C Richard Strauss D Joseph Strauss

⓭ **125.000 Euro**
Eine kreisfreie Stadt in Rheinland-Pfalz heißt ...
A Einbrücken B Zweibrücken C Dreibrücken D Vierbrücken

⓮ **500.000 Euro**
Was sind Jucker?
A Leichte Wagenpferde B Dressierte Flöhe C Hundewelpen D Junge Störche

⓯ **1.000.000 Euro**
Das Nachspiel im Drama nennt man ...
A Dialog B Epilog C Prolog D Analog

BILDER-QUIZ

Die Dohle, Vogel des Jahres 2012, kümmert sich hervorragend um ihre Kinder und ist ein guter Imitator von Stimmen und Geräuschen. Der Nobelpreisträger (1903–1989), der das herausfand, hieß Konrad ...

NEUNER – LORENZ – SCHMIT

2002 konnte sich der Wacholder über eine Goldmedaille beim Wettbewerb „Baum des Jahres" freuen. Das Nadelgehölz, das ganz unterschiedliche Formen annehmen kann, wird auch „Zypresse des ..." genannt.

WESTENS – NORDENS – SÜDENS

Wussten Sie eigentlich, dass es auch eine „Giftpflanze des Jahres" gibt? 2015 ging der Preis an den Rittersporn, eine beliebte Zierpflanze in Gärten und Parks. Wie wird eine Art mit hellblauen Blütenblättern genannt?

BALLKLEID – NACHTHEMD – LEDERHOSE

REISE-QUIZ

Eigentlich sind die Neuengland-Staaten an der Nordostküste der USA immer eine Reise wert. Am schönsten ist es dort aber wohl im Frühherbst. Die acht Fragen haben je vier Antwortmöglichkeiten. Die Lösung Ihrer Wahl tragen Sie in die entsprechend nummerierten Felder im Rätseldiagramm ein.

1 **Wie nennen die Amerikaner die regelmäßig Ende September, Anfang Oktober auftretende Schönwetterperiode in Neuengland, die durch eine prachtvolle, bunt herbstliche Laubfärbung bezaubert?**

A Grandpa Weeks — *B Granny Period*
C Indian Summer — *D Senior Months*

2 **Die eigentliche Geschichte Neuenglands begann im November 1620 mit der Landung der Pilgerväter bei Cape Cod. Ein Nachbau ihres Schiffes ist heute in Plymouth zu besichtigen. Wie hieß es?**

A „Augustsun" — *B „Aprilrose"*
C „Marchwind" — *D „Mayflower"*

3 **Ein Jahr später veranlasste die reiche Ernte des Herbstes 1621 die Pilgerväter, ein Fest zu feiern. Welches?**

A Annunciation Day — *B Inauguration Day*
C Independence Day — *D Thanksgiving Day*

4 **Dieses Fest feiern die Amerikaner noch heute. Zu essen gibt es dann traditionell Truthahn und eine Zutat, die die Neuengland-Pioniere bei den Indianern kennengelernt hatten. Welche?**

A Klee — *B Mais*
C Raps — *D Reis*

5 **Heute zählen sechs US-Staaten zu Neuengland: New Hampshire, Massachusetts, Rhode Island, Connecticut, Maine und ...**

A Arizona — *B Florida*
C Montana — *D Vermont*

6 **Zurückversetzt ins alte England fühlt man sich an vielen Stellen der 1630 gegründeten Hauptstadt von Massachusetts. Wie heißt sie?**

A Boston — *B Dallas*
C Denver — *D Tucson*

7 **In dieser Stadt kam es im Dezember 1773 zu einer Demonstration gegen die britische Krone, die als Meilenstein auf dem Weg zur Unabhängigkeit der USA gilt. Der Name der legendären Protestaktion?**

A Cake Walk — *B Coffee Do*
C Tea Party — *D Wine Gala*

8 **Welche hier heimische Nutzpflanze zählt zu denen, die für die herbstliche Farbenpracht in Neuengland sorgen?**

A Dattelpalme — *B Erdbeerbaum*
C Hopfenbuche — *D Zuckerahorn*

Wer wird Millionär?

1) Was ist der Überraschte? — 50 €
A baff — B taff
C straff — D schlaff

2) Was ernährt sich sprichwörtlich mühsam ? — 100 €
A Maus — B Eichhörnchen
C Hamster — D Fuchs

3) Wenn etwas gut läuft, läuft es wie am ... — 200 €
A Fädchen — B Schnürchen
C Röllchen — D Bändchen

4) Wovor schützt Alter nicht? — 300 €
A Wahrheit — B Schulzeit
C Hochzeit — D Torheit

5) Was muss laut Mike Krüger durch die Lasche? — 500 €
A Pömpel — B Nippel
C Stöpsel — D Dippel

6) Wer Budapest besichtigen will, fährt nach ... — 1000 €
A Kroatien — B Slowenien
C Ungarn — D Polen

7) Das wichtigste Material für einen Zimmermann ist ... — 2000 €
A Glas — B Holz
C Tapete — D Kohle

8) Grüner Tee ist nicht ... — 4000 €
A frittiert — B fermentiert
C filetiert — D flektiert

9) Mit welchen zwei Worten beginnt die Bibel? — 8000 €
A Am Anfang — B Am ersten
C Es begab — D Und es

10) Wie nennt man einen Drehkran auch? — 16 000 €
A Derrick — B Sherlock
C Hercule — D Maigret

11) Welches dieser Wörter ist eine Präposition? — 32 000 €
A Kenntnis — B ist
C kraft — D genug

12) Womit befasst sich ein Otologe? — 64 000 €
A Ohren — B Altertum
C Fossilien — D Insekten

13) Wie viele Sterne sind auf der Europaflagge? — 125 000 €
A 10 — B 12
C 14 — D 16

14) Der Erde am nächsten ist die ... — 500 000 €
A Mesosphäre — B Stratosphäre
C Thermosphäre — D Troposphäre

15) Was haben die Brüder Grimm studiert? — 1 000 000 €
A Medizin — B Jura
C Mathematik — D Theologie

SORTIER-QUIZ

Für Allwissende

„Dies ist ein kleiner Schritt für einen Menschen, doch ein riesiger Sprung für die Menschheit.“ Das sagte Neil A. Armstrong am 20. Juli 1969, als er als allererster Erdenbürger den Mond betrat. Mare Tranquillitatis – Meer der Ruhe – heißt die Mondgegend, in der der Astronaut mit der Mondfähre „Eagle“ landete. Was bedeutet „Eagle“ auf Deutsch? Wenn Sie die Meilensteine in der Geschichte der Raumfahrt in die richtige Reihenfolge bringen, haben Sie die Antwort.

◯	1957	erste Marslandung (unbemannt)	E
◯	1961	erster „Weltraumspaziergang	L
◯	1965	erster Mensch im All	D
◯	1976	erstes Lebewesen im All (Laika)	A
◯	1981	Erstflug eines Spaceshuttles	R

DAS VERZWICKTE QUIZ

Beantworten Sie die Quizfragen. Die Buchstaben hinter den richtigen Antworten ergeben ein Lösungswort.

1 Im Köchelverzeichnis findet man die Werke von ...

Mozart .... D
Bach .... A
Beethoven I
Brahms .... U

2 Kein typisches Produkt der japanischen Küche ist ...

Sushi .... K
Sashimi .... E
Ishiyaki .... O
Halloumi .... R

3 Welcher der folgenden Flüsse ist kein Nebenfluss des Rheins?

Main L
Maas .... P
Mosel .... S
Moldau .... O

4 Ein berühmter Roman von Jerome David Salinger heißt „Der Fänger im ...“.

Weizen .... O
Roggen .... G
Dinkel .... N
Mais .... U

5 Mit einem Laryngoskop untersucht der Arzt den ...

Magen .... W
Darm .... P
Kehlkopf .... E
Gehörgang L

6 Ihr besonderes Aroma erhält eine traditionelle Maibowle durch ...

Waldmeister .... R
Zitrone .... D
Rosmarin .... P
Basilikum .... E

7 Welches der folgenden Tiere findet man nicht in Australien?

Schnabeltier .... U
Wombat .... E
Koala .... A
Kea I

8 Welcher ist der größte Planet in unserem Sonnensystem?

Mars .... A
Jupiter .... E
Merkur I
Venus .... D

1 2 3 4 5 6 7 8

THEMEN-QUIZ

Nix für Simbel und Dämel!

Selbst für Hessen und Fans Hessens ist nicht jede der folgenden Fragen leicht zu beantworten. Oder kennen Sie die Region wie Ihre Westentasche? Testen Sie es mit diesem Quiz!

1 Äppelwoi wird serviert in einem ...

A) Maßkrug
B) Bembel
C) Äppelwoisch
D) Ballonglas

2 Der Zoo der Stadt Darmstadt ist ...

A) das Vivarium
B) die Wilhelma
C) das Fossilium
D) das ZOOM

3 Heinz Schenk moderierte jahrzehntelang die TV-Sendung ...

A) der Braune Bär
B) der Blaue Bock
C) die Schöne Stute
D) der Schwarze Humor

4 Im Zentrum Deutschlands gelegen, grenzt Hessen an ...

A) drei andere Bundesländer
B) vier andere Bundesländer
C) sechs andere Bundesländer
D) sieben andere Bundesländer

5 Nicht zur Neuen Frankfurter Schule gehörte ...

A) Robert Gernhardt
B) Bernd Eilert
C) F. W. Bernstein
D) Theodor W. Adorno

6 Das Kasseler Wahrzeichen ist der/die ...

A) Poseidon
B) Herkules
C) Aphrodite
D) Zeus

7 Als Barbarossastadt gilt ...

A) Kronberg im Taunus
B) Bad Salzschlirf
C) Gelnhausen
D) Volkmarsen

8 Angriffe auf seine Person wollte der Politiker Holger Börner womit beantworten?

A) mit seinem Feingeist
B) mit einer flammenden Rede
C) mit einer Dachlatte
D) mit Aussitzen

9 „Die Hesse komme!" ist ein Songtitel der Rockband ...

A) Bebra Popicones
B) Wetzlar Epigones
C) Rodgau Monotones
D) Marburg Polyphones

10 Der Name Rothaargebirge leitet sich ab vom ...

A) Rotwild
B) Hexenglauben
C) Herbstlaub
D) Baumroden

QUIZ für GENIES

Millionär können Sie bei uns (leider) nicht werden, aber auch hier können Sie Ihr Wissen testen. Viel Spaß!

1. Vor einem Konzert müssen Musiker ihre Instrumente ...

A lauten | B tönen | C stimmen | D votieren

2. Farben, die nicht zueinanderpassen, ... sich.

A kratzen | B hauen | C beißen | D lieben

3. Was machen Schiffe im Hafen?

A schlafen | B stehen | C liegen | D laufen

4. Wie viele Beine hat eine Spinne?

A 4 | B 6 | C 8 | D 10

5. Wer stattet Geheimagent 007 mit Hilfsmitteln aus?

A „Q" | B „M" | C „C" | D „B"

6. Wo wird ein Diadem getragen?

A am Ohr | B am Finger | C am Handgelenk | D auf dem Kopf

7. Eine echte Schwabenspeise sind ...

A Spätzle | B Elsterle | C Räbele | D Schwälble

8. Ein Militär im antiken Griechenland war der ...

A Diktator | B Stratege | C Taktiker | D Potentat

9. Ein Kuss auf die Schulter führte wo zur Ablehnung?

A „Faust" | B „Effi Briest" | C „La Bohème" | D „Der Bettelstudent"

10. Die Artischocke gehört zur gleichen Pflanzenfamilie wie ...

A die Ananas | B der Löwenzahn | C der Kohlrabi | D die Agave

11. Welches Tier hielt der Maler Salvador Dalí als Haustier?

A Zebra | B Krokodil | C Ozelot | D Schimpanse

12. Der sechste Buchstabe des griechischen Alphabets heißt ...

A Delta | B Lambda | C Jota | D Zeta

QUIZ

Testen Sie Ihr Allgemeinwissen!

1 Eine gesellige Runde beim Kaffee ist das ...

- ☐ Sträußchen ☐ Kränzchen ☐ Blümchen ☐ Bündchen

2 Jemand, bei dem Pflanzen gut gedeihen, hat einen grünen ...

- ☐ Daumen ☐ Finger ☐ Sinn ☐ Fuß

3 Nach wem ist ein historisches Ärztegelöbnis benannt?

- ☐ Hippodrom ☐ Hippokamp ☐ Hippokrates ☐ Hippopotamus

4 Die Kinderbuchserie „Fünf Freunde" wurde geschrieben von ...

- ☐ Cornelia Funke ☐ Joanne K. Rowling ☐ Otfried Preußler ☐ Enid Blyton

5 Ein Souffleur arbeitet normalerweise in ...

- ☐ einer Bar ☐ einem Theater ☐ einer Küche ☐ einem Zirkus

6 Die Amerikaner bekämpften die Weltwirtschaftskrise mit ...

- ☐ New Deal ☐ New York ☐ New Wave ☐ New Age

7 Wer gehört nicht zum Team der „heute-show" des ZDF?

- ☐ Carsten van Ryssen ☐ Jürgen von der Lippe ☐ Claus von Wagner ☐ Lutz van der Horst

8 Yoga stammt ursprünglich aus ...

- ☐ Japan ☐ Indien ☐ China ☐ Ägypten

9 Wie viele DIN-A4-Blätter ergeben einen DIN-A2-Bogen?

- ☐ drei ☐ vier ☐ acht ☐ zehn

10 Die Wissenschaft Onomastik beschäftigt sich mit ...

- ☐ Namen ☐ Haustieren ☐ Lautmalerei ☐ Haaren

11 Nicht zu den finnougrischen Völkern gehören die ...

- ☐ Finnen ☐ Esten ☐ Letten ☐ Ungarn

12 Welcher Fußballverein war noch nie Deutscher Meister bei den Männern?

- ☐ Bayer 04 Leverkusen ☐ Holstein Kiel ☐ Rot-Weiss Essen ☐ Rapid Wien

BILDER-QUIZ

„In vino veritas": Was liegt diesem Ausspruch zufolge im Wein?

HOFFNUNG – VIELFALT – WAHRHEIT

Wo kam Mozart vor 258 Jahren, am 27. Januar 1756, zur Welt?

AUGSBURG – MÜNCHEN – SALZBURG

Wie nennt man den Schwanz des Bibers?

KELLE – RUDER – SÄGE

QUIZ

500 Euro

1 Etwas Ausgezeichnetes ist erste …

A Brause
B Sahne
C Butter
D Soße

1000 Euro

2 Ein ehrenwerter Mensch hat eine weiße …

A Jacke
B Hose
C Weste
D Krawatte

2000 Euro

3 Was hält redensartlich besser?

A Einfach gestrickt
B Doppelt genäht
C Dreifach gesteppt
D Vierfach gehäkelt

5000 Euro

4 Ein Grobian benimmt sich …

A Ungesägt
B Ungespalten
C Ungehobelt
D Ungefeilt

10 000 Euro

5 Was soll man auf den Kopf treffen?

A Hagel
B Hobel
C Nagel
D Hebel

50 000 Euro

6 Irish Stew ist ein …

A Schafstall
B Herrenparfüm
C Eintopfgericht
D Kleidungsstück

100 000 Euro

7 Welches Tier gehört nicht zur Familie der Katzenartigen?

A Meerkatze
B Tüpfelhyäne
C Ginsterkatze
D Puma

250 000 Euro

8 Brent ist eine wichtige …

A Kaffeesorte
B Kakaosorte
C Rohölsorte
D Tabaksorte

500 000 Euro

9 Musiker Peter Fox ist auch Frontmann welcher Band?

A Pur
B Die Prinzen
C Scooter
D Seeed

1 000 000 Euro

10 Kate Bosworth, Mila Kunis und Jane Seymour haben alle …

A Eine Zwillingsschwester
B Zwei verschiedenfarbige Augen
C Einen australischen Pass
D Einen Universitätsabschluss

BILDER-QUIZ

Kinder lieben sie: die kleinen putzigen Hamster. Auch die Jury hatte sich in die niedlichen Nager verliebt, als sie den Feldhamster zum „Tier des Jahres" 1996 wählte. Welche Landschaftsform bevorzugt das Tier in freier Natur?

MORAST • TUNDRA • STEPPE

„Kuckuck, Kuckuck, ruft's aus dem Wald. Lasset uns singen, tanzen und springen …". So wird der Vogel des Jahres 2008 in einem Lied besungen. Geschrieben hat es Heinrich Hoffmann von …

FALLERSLEBEN • RENNERSLEBEN • SITZERSLEBEN

2003 hatte sie bei der Wahl zur „Blume des Jahres" die Nase vorn: die Kornrade. Sie gehört zu den Ackerwildkräutern, weil sie gut auf Feldern wächst, auf denen Wintergetreide angebaut wird. Die Kornrade gehört zur Familie der …

LILIEN • TULPEN • NELKEN

Wer wird Millionär?

1) Wer vom Thema abweicht, kommt vom Hölzchen aufs ...

50 €

A Zweigchen | B Klötzchen | C Tröpfchen | D Stöckchen

2) Hammer und Amboss befinden sich ...

100 €

A im Ohr | B in der Nase | C im Fuß | D in der Hand

3) Pippi Langstrumpf lebt in der Villa ...

200 €

A Buntekuh | B Farbenfroh | C Kunterbunt | D Regenbogen

4) Wer den Kern einer Sache erfasst, trifft den ... auf den Kopf.

300 €

A Balken | B Haken | C Nagel | D Pfahl

5) Als „Tatort"-Kommissar Ehrlicher erfolgreich war ...

500 €

A Paul Sofort | B Philipp Sobald | C Peter Sodann | D Patrick Sowie

6) Ein Sattelschlepper ist ein ...

1000 €

A Pferd | B Esel | C Stallknecht | D Lastkraftwagen

7) Wie viele Ecken hat ein Oktaeder?

2000 €

A fünf | B sechs | C sieben | D acht

8) Welche ist astronomisch gesehen die längste Jahreszeit?

4000 €

A der Frühling | B der Sommer | C der Herbst | D der Winter

9) Ein Rhodeländer ist ein ...

8000 €

A Südafrikaner | B Hund | C Huhn | D Käfer

10) Wie hoch ist der Süßwasseranteil auf der Erde?

16 000 €

A ca. 25 % | B ca. 9 % | C ca. 17 % | D ca. 3 %

11) Welches Land liegt nicht am Pazifischen Ozean?

32 000 €

A Chile | B Uruguay | C Ecuador | D Peru

12) Der Sitz des Bundessozialgerichtes ist in ...

64 000 €

A Nürnberg | B Bonn | C Kassel | D Wiesbaden

13) Was ist auf der Rückseite der irischen Euromünzen zu sehen?

125 000 €

A Dudelsack | B Harfe | C Kreuz | D Trommel

14) Was ist ein Bärenspinner?

500 000 €

A Krebs | B Käfer | C Schmetterling | D Vogel

15) Der schöne Sigismund wird besungen in der Operette ...

1 000 000 €

A „Der Bettelstudent" | B „Blaubart" | C „Im weißen Rößl" | D „Gräfin Mariza"

TIER-QUIZ

1 Den lebhaften Beagle zeichnet vor allem seine Selbstständigkeit aus. Kein Wunder, dass er als Vorbild für welchen Comic-Hund diente?

- CAPPER
- IDEFIX
- SNOOPY

2 Laufenten wirken mit ihrem gestreckten Körperbau recht drollig. Gärtner schätzen sie sehr, denn sie vertilgen welche Schädlinge?

- SCHNECKEN
- MAIKÄFER
- REBLÄUSE

3 Das schillernde Schuppenkleid ist das Markenzeichen des Goldfisches. Da er zur Familie der Karpfen gehört, fehlt ihm welches Organ?

- NIERE
- MAGEN
- LEBER

QUIZ

1. Eine Hutform für Männer ist ...

A die Melone	**B** der Kürbis
C der Apfel	**D** die Kirsche

2. Was hat Fred Raymond in dem von ihm komponierten Schlager in Heidelberg verloren?

A sein Geld	**B** seine Freundin
C sein Herz	**D** sein Portemonnaie

3. Wer wenig isst, lebt sprichwörtlich von Luft und ...

A Wasser	**B** Spenden
C Liebe	**D** Glück

4. Eine Industrie, deren Produkte für andere Industriebereiche äußerst wichtig sind, nennt man ...industrie.

A Schloss	**B** Schlüssel
C Schluss	**D** Schließer

5. Ein wichtiges männliches Geschlechtshormon ist das ...

A Tostestoron	**B** Testosteron
C Trostestoren	**D** Testrosteron

6. Die Leningrad Cowboys sind eine Band aus ...

A Estland	**B** Lettland
C Finnland	**D** Russland

7. Bei einem Schaltjahr ist die Jahreszahl entweder durch 4 (aber nicht durch 100) oder durch ... teilbar.

A 28	**B** 44
C 365	**D** 400

8. In welcher Stadt hat das Bundesarbeitsgericht seinen Sitz?

A in Erfurt	**B** in Kassel
C in Karlsruhe	**D** in Leipzig

9. In welchem Hitchcock-Film gibt es eine berühmte Duschszene?

A „Das Fenster zum Hof“	**B** „Die Vögel“
C „Marnie“	**D** „Psycho“

10. Die Anweisung in der Musik, schnell zu spielen, heißt ...

A presto	**B** scherzando
C forte	**D** lento

11. Wie hießen die Brüder, die 1895 mit einer Filmvorführung Aufsehen erregten?

A Wright	**B** Lumière
C Warner	**D** Siemens

12. Die letzte von Goethe verfasste große Gedichtsammlung heißt „West-östlicher ...“.

A Divan	**B** Gabbeh
C Ottomane	**D** Kelim

WORTSPIEL

Wenn Sie die Bedeutungen der 8 Wörter herausgefunden haben, ergeben die Buchstaben hinter den richtigen Antworten – von oben nach unten gelesen – ein Sprichwort.

1 Almrausch

a) Gebirgsschnaps .... **BEH**
b) Alpenrose .... **DAS**
c) Hochgefühl der Bergsteiger **GRO**

2 Beignet

a) Schmalzgebäck, Krapfen .. **AUG**
b) türkischer Offizierstitel .... **IND**
c) Kompassteil .... **SSE**

3 Dalmatika

a) liturgisches Gewand ...... **EIS**
b) Küstenland an der Adria .. **ERN**
c) spanischer Tanz .... **DIN**

4 Diskont

a) Stimmlage eines Sängers .. **NGE**
b) Mitgliedschaft in einem Schallplattenverleih ...... **SEL**
c) Vorzinsen .... **TEI**

5 Domizil

a) Standort eines Klosters ... **SIN**
b) Partner beim Dominospiel .. **GEG**
c) Wohnsitz, -stätte .... **NTR**

6 Dynast

a) Herrscher, kleiner Fürst ... **EUE**
b) Sprengstoffexperte .... **DNI**
c) Seitentrieb beim Wacholder **HEN**

7 Filtrat

a) gereinigte Flüssigkeit ..... **RZE**
b) Gremium einer Unterweltsvereinigung .... **EBE**
c) Kaffeesatz .... **SCH**

8 Petschaft

a) Stempel zum Siegeln ..... **UGE**
b) Peitschenstiel .... **SSE**
c) Griffstück von Handfeuerwaffen .... **WER**

Nur wenn Sie die Fragen richtig beantworten, werden Sie am Ziel mit den richtigen Buchstaben ankommen. Diese ergeben – hintereinandergelesen – ein Zitat von Martin Heidegger.

START

J
Der Bitterling (Fisch des Jahres 2008) heißt so, weil er bitter schmeckt.

NEIN ▶

D
Der Künstler Otto Dix hieß in Wirklichkeit Otto Zehn.

NEIN ▶

E
Hillary Clinton war Senatorin für den Staat New Jersey.

NEIN ▶

S
Die chemische Formel von Kochsalz lautet NaCl.

JA ▼ NEIN ◀ JA ▼ JA ▼ NEIN ◀ JA ▼

E
Johannes Rau war der erste Bundespräsident, der der SPD angehörte.

◀ JA

A
England ist Rekordweltmeister im Rugby.

◀ NEIN

R
„Playboy"-Chefredakteur Hugh Hefner ist seit 1969 mit derselben Frau verheiratet.

◀ JA

F
Literaturnobelpreisträgerin Doris Lessing ist die Tante von Gregor Gysi.

JA ▼ NEIN ▼ JA ▼ NEIN ▼

W
Schlagersänger Andy Borg spielt halbprofessionell Polo.

JA ▶

G
Die Oper „La Bohème" beruht auf einem Lustspiel von Molière.

NEIN ▶

E
Sirius ist der hellste Fixstern am Himmel.

JA ▶

N
Die Schweiz ist der europäische Staat mit den meisten Amtssprachen.

NEIN ▼ NEIN ◀ JA ▼ NEIN ▼ NEIN ◀ JA ▼

T
Das Gleichgewichtsorgan des Menschen befindet sich im Innenohr.

◀ NEIN

S
Günther Jauch hat die Schule kurz vor dem Abitur abgebrochen.

◀ NEIN

I
Johannes der Täufer ist der Verfasser des Johannesevangeliums.

◀ JA

S
Otto Schilys Bruder ist Bundestagsabgeordneter für die FDP.

JA ▼ JA ▼ JA ▼ NEIN ▼

E
Die Stadt Aachen darf sich eigentlich Bad Aachen nennen.

JA ▶

I
Richard Löwenherz war der Vater von Johann Ohneland.

NEIN ▶

N
Hugh Grant studierte in Oxford.

JA ▶

S
Schiller schrieb die „Ode an die Freude" extra für Beethovens 9. Sinfonie.

NEIN ▼ NEIN ◀ JA ▼ NEIN ▼ NEIN ◀ JA ▼

G
Das Ionische Meer heißt nach einem mythischen König.

◀ NEIN

C
Die meisten ausländischen Campinggäste in Deutschland kommen aus den Niederlanden.

◀ JA

U
Außer Bart heißen alle Familienmitglieder der Simpsons nach der Familie des Erfinders.

◀ JA

Z
Tony Marshall ist Ehrenbürger der Marshallinseln.

JA ▼ NEIN ◀ JA ▼ NEIN ◀ NEIN ▼ JA ◀ NEIN ▼

V
Wenn man „Stairway to Heaven" rückwärts spielt, ist eine Teufelsbotschaft zu hören.

JA ▶

H
Der DFC Prag stand 1903 im ersten Finale um die deutsche Fußballmeisterschaft.

JA ▶

E
Der Flughafen von Liverpool heißt nach Paul McCartney.

NEIN ▶

N
ZIEL

Lösung:

☐☐☐☐☐ ☐☐☐☐☐☐ ☐☐☐ ☐☐☐ ☐☐☐☐☐☐

„Männer und Frauen können nie Freunde sein – der Sex kommt ihnen immer in die Quere." Den Beweis für diese These versuchte 1989 die romantische Komödie „Harry & Sally" anzutreten, ein Feuerwerk der pointierten Wortgefechte, das die beiden Hauptdarsteller in den Hollywood-Olymp hob. Und was ist mit Harrys eingangs zitierter Lieblingsthese? Sie stimmt! Der Liebe aber tut das keinen Abbruch. Die Buchstaben der richtigen Lösungen ergeben das gesuchte Lösungswort.

1 Einen Film, dessen Hauptfiguren sich wie Harry und Sally durch ihr exzentrisches Wesen und ihren Wortwitz auszeichnen, nennt man ...

L Commedia dell'Arte
B Screwballkomödie
W Snowball-System
K Stand-up-Comedy

2 Zu den Titelfiguren: Wer spielte Sally?

I Andie MacDowell
E Meg Ryan
U Melanie Griffith
R Sandra Bullock

3 Und Harry?

Z Billy Crystal
E Tom Hanks
L Hugh Grant
N Adam Sandler

4 Die Geschichte der beiden beginnt mit einer 18-stündigen Autofahrt nach New York. Welche Stadt am Michigansee ist Ausgangspunkt der Reise?

B Atlanta
I Chicago
D Detroit
A Los Angeles

5 Aufmerksame Betrachter ahnen im Grunde jetzt schon: Harry und Sally sind füreinander bestimmt. Doch das merken die beiden natürlich als Letzte. Sie trennen sich in New York und treffen sich erst fünf Jahre später rein zufällig im ...

A Bahnhof
O Finanzamt
E Flugzeug
I Schwimmbad

6 Wieder trennen sich ihre Wege, denn Sally ist in festen Händen und Harry will gerade heiraten. Der Vorname seiner von Harley Jane Kozak gespielten Braut?

S Alice
B Amanda
H Helen
R Marie

7 Ende der 80er-Jahre treffen sich die beiden erneut. Diesmal in einer ...

U Buchhandlung
B Kunstausstellung
T Telefonzelle
M Umkleidekabine

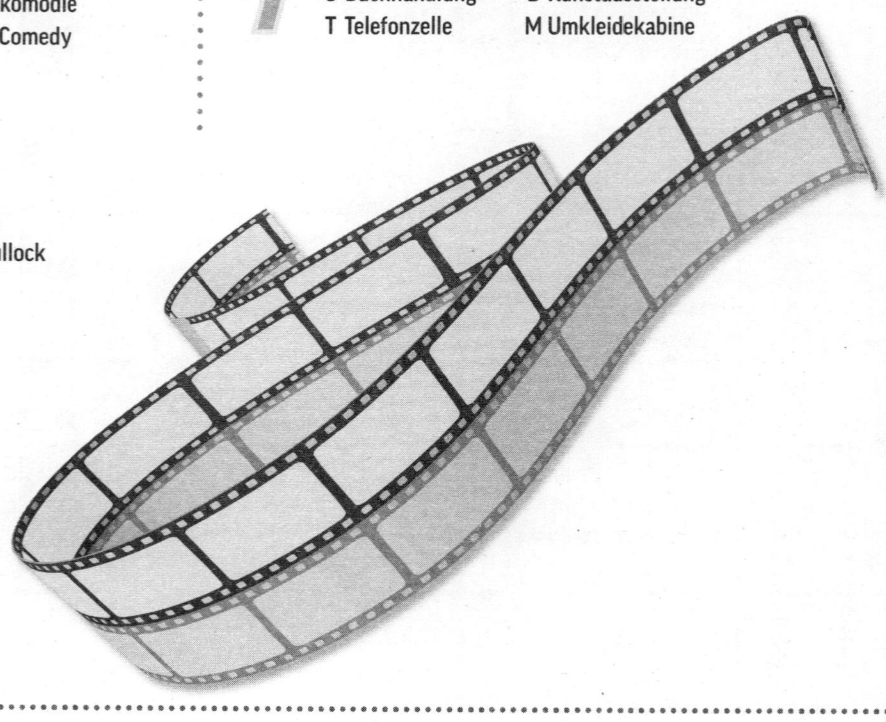

8 Harry hat sich scheiden lassen und Sally hat sich von ihrem Freund getrennt. Der Vorname des von Steven Ford gespielten Mannes?

E Gary | H Jess
N Joe | A Julian

9 Klappt es diesmal mit der „Freundschaft"? Nein, denn tatsächlich kommt den beiden der Sex in die Quere. Aber: Nach einer kurzen Phase der erneuten Entfremdung klappt es endlich mit der Liebe. An welchem Feiertag kommt es zum „Happy End"?

Z Ostern | G Silvester
E Thanksgiving | R Weihnachten

10 Die berühmteste Szene des Films spielt im Restaurant: Harry behauptet, keine Frau könne ihm im Bett etwas vorspielen. Nachdem Sally ihm – vor allen Gästen – das Gegenteil bewiesen hat, bestellt eine Dame am Nebentisch „genau das, was sie hatte". Gespielt wurde diese Nebenfigur von der Mutter des Regisseurs. Ihr Vorname?

I Beatrice | E Betty
S Estelle | L Rue

11 Und wie lautet der Name ihres Sohnes?

W James Cameron | L Martin Scorsese
K Rob Reiner | E Woody Allen

12 Das New Yorker Restaurant, in dem die legendäre Szene gedreht wurde, gibt es wirklich. Wie heißt es?

E Bodo's Bagels | H Joe's Shanghai
I Katz's Delicatessen | S Tom's Restaurant

13 Wie viele Oscars erhielt „Harry & Sally"?

S keinen | I zwei
H vier | U sechs

14 Eine Oscar-Nominierung gab es für die Autorin des Drehbuchs. Ihr Name?

S Madeleine Albright | T Nora Ephron
R Oprah Winfrey | N Susan Sontag

15 Später, als die „Sally"-Darstellerin in „Schlaflos in Seattle" auftrat, führte die gesuchte Autorin selbst Regie. In welchem Film arbeiteten die beiden außerdem zusammen?

E e-m@il für Dich | G Hannah und ihre Schwestern
H Kate & Leopold | T Thelma & Louise

REISE-QUIZ

Mehr als ein Dutzend Seen, ein wunderschönes Schloss und eine idyllische Altstadt: Wie gut kennen Sie Plön in der Holsteinischen Schweiz? Die acht Fragen haben je vier Antwortmöglichkeiten. Die Lösung Ihrer Wahl tragen Sie in die entsprechend nummerierten Felder im Rätseldiagramm ein.

1 **Erstmals erwähnt wurde Plön vor mehr als 1000 Jahren als Residenz eines slawischen Herrschers. Was bedeutet der Name seiner Burg „Plune"?**

A Auf dem Lande — *B Die Eisfreie*
C Fester Hafen — *D Ueber Wasser*

2 **Schon von Weitem sichtbar thront das Plöner Schloss über der Stadt. Ein Herzog namens Joachim Ernst ließ es in den Jahren 1633 bis 1636 errichten. Welcher Stilrichtung wird es zugerechnet?**

A Historismus — *B Hochklassik*
C Hochromanik — *D Renaissance*

3 **Seinen weißen Anstrich erhielt das Schloss im 18. Jahrhundert, als es nach dem Aussterben der herzoglichen Linie Schleswig-Holstein-Sonderburg-Plön zur Sommerresidenz der Herrscher welchen Landes wurde?**

A Bulgarien — *B Daenemark*
C Luxemburg — *D Rumaenien*

4 **Später diente das Schloss dann als preußische Kadettenanstalt. Außerdem wurden hier die Söhne des letzten deutschen Kaisers erzogen. Dessen Name?**

A Gerhard — *B Richard*
C Theodor — *D Wilhelm*

5 **60 Meter hoch ist der Turm der 1868 vollendeten Nikolaikirche am Marktplatz. Wie auch das Schloss wurde das Gotteshaus aus welchem Material errichtet?**

A Alabaster — *B Backstein*
C Erlenholz — *D Fasergips*

6 **Bis zu 60 Meter tief ist der Große Plöner See. Er wird von der Schwentine durchflossen. Sie entspringt an der mit 168 Metern höchsten Erhebung der Holsteinischen Schweiz. Ihr Name?**

A Bockshorn — *B Horneberg*
C Bungsberg — *D Hahnheide*

7 **Im See liegen zahlreiche kleine, unbewohnte Inseln. Sie stehen unter Naturschutz und bieten vielen Vogelarten störungsfreie Plätze zur Brut und zum jahreszeitlichen Federwechsel. Wie nennt man den?**

A Hahner — *B Hunder*
C Katzer — *D Mauser*

8 **Passend zur Umgebung wirkte August Friedrich Thienemann, einer der Begründer der Limnologie, bis zu seinem Tode 1960 in Plön. Gegenstand der Limnologie sind ...**

A Binnengewaesser — *B Gebirgspflanzen*
C Rapsglanzkaefer — *D Sperlingsvoegel*

Wer wird Millionär?

1) Eine Redewendung besagt: „Wer zuerst kommt, ... zuerst." — 50 €
A zahlt — B mahlt
C prahlt — D malt

2) Eine gute Verhandlungsposition hat man am runden ... — 100 €
A Datum — B Ohr
C Teller — D Tisch

3) Eine Pflanze aus der Familie der Lippenblütler ist die ... — 200 €
A Mäuseminze — B Katzenminze
C Hundsminze — D Hamsterminze

4) Was ist kein Reptil? — 300 €
A Kreuzotter — B Puffotter
C Fischotter — D Wiesenotter

5) Wer gerne Milcheis mit Schokoladestückchen isst, mag ... — 500 €
A Straciatella — B Stracciatella
C Stracciatela — D Stracchiatella

6) Woraus wird der Likör Curaçao gemacht? — 1000 €
A Kartoffeln — B Bitterorangen
C Limetten — D Gurken

7) Welche Streikform ist im Rahmen von Arbeitskämpfen nicht üblich? — 2000 €
A Warnstreik — B Generalstreik
C Hungerstreik — D Bummelstreik

8) Was tragen Seeleute auf dem Kopf? — 4000 €
A Südwester — B Südoster
C Nordoster — D Nordwester

9) Aus welcher Milch wird Roquefortkäse gewonnen? — 8000 €
A Kuhmilch — B Ziegenmilch
C Schafsmilch — D Stutenmilch

10) Den Postkutscher bezeichnete man früher als ... — 16 000 €
A Bruder — B Schwager
C Onkel — D Neffe

11) Wie heißt die Hauptstadt von Liechtenstein? — 32 000 €
A Schaan — B Vaduz
C Triesen — D Mauren

12) Welches Bundesland grenzt nicht an Hessen? — 64 000 €
A Thüringen — B Bayern
C Niedersachsen — D Sachsen-Anhalt

13) Was bedeutet der Titel „Pharao" übersetzt? — 125 000 €
A großes Haus — B der Erleuchtete
C starker Löwe — D Ozean der Weisheit

14) Welches Werk stammt nicht aus der Feder von Fjodor Dostojewski? — 500 000 €
A „Schuld und Sühne" — B „Der Idiot"
C „Anna Karenina" — D „Der Spieler"

15) Wagners Oper „Lohengrin" spielt in ... — 1 000 000 €
A Rotterdam — B Amsterdam
C Antwerpen — D Brügge

Kinderreich

In den USA sorgte die Frauenrechtlerin Anna Jarvis dafür, dass der Muttertag dort seit 1914 Staatsfeiertag ist. In Deutschland setzte sich dann in den 20er-Jahren – nicht ganz uneigennützig – ein Mann für die Idee ein: Rudolf Knauer. Womit handelten die Mitglieder des Verbandes, den er vertrat? Wenn Sie die Mütter nach der Zahl der Kinder ordnen, die sie zur Welt brachten, haben Sie die Antwort.

○	9	Charlotte von Stein	U
○	8	Clara Schumann	L
○	7	Cosima Wagner	E
○	6	Gracia Patricia	N
○	5	Katia Mann	M
○	3	Queen Victoria	B

DAS VERZWICKTE QUIZ

Beantworten Sie die Quizfragen. Die Buchstaben hinter den richtigen Antworten ergeben ein Lösungswort.

1 Hat der Däne keine Mark, zahlt er mit ...
a) dem Thron .... T
b) der Krone .... Z
c) dem Zepter .... H
d) dem Reichsapfel .... G

2 Shakespeare dichtete ...
a) Echtgute .... R
b) Ganztolle .... K
c) Totalsüße L
d) Sonette .... U

3 Eine Petri-Schale benötigt man ...
a) im Labor .... G
b) beim Angeln .... S
c) in der Küche .... Q
d) in der Kirche X

4 Welches ist kein Sternbild?
a) Antilope .... R
b) Eidechse I
c) Kranich .... E
d) Fuchs .... H

5 Welcher Fernsehmoderator studierte Medizin?
a) Günther Jauch .... O
b) Guido Cantz .... T
c) Alfred Biolek .... S
d) Jörg Pilawa .... E

6 Die Reeperbahn in Hamburg wurde benannt nach den ...
a) Hafenlokalen .... Y
b) Seeleuten .... Q
c) Seilern I
d) Segelmachern .... T

7 Ein Pony ist nicht höher als ...
a) 125 cm .... R
b) 148 cm .... S
c) 137 cm .... U
d) 156 cm V

8 Kein typisch japanisches Gericht ist ...
a) Sushi .... A
b) Sashimi .... N
c) Ishiyaki .... R
d) Halloumi .... E

1 2 3 4 5 6 7 8

Quiz für Wirtschaftswunderkinder

Selbst wer die 50er-Jahre erlebt hat, wird nicht jede der folgenden Fragen leicht beantworten können. Oder erinnern Sie sich noch perfekt an dieses Jahrzehnt? Testen Sie es mit diesem Quiz!

1 Hertha Heuwer aus Berlin gilt als die Erfinderin ...

A) des Hawaii-Toasts
B) des Zollstocks
C) der Currywurst
D) des Petticoats

2 Die Fußballweltmeisterschaft 1954 endete mit ...

A) der Taufe eines Neugeborenen im Stadion
B) dem Nasenbruch des italienischen Torwarts
C) dem Abbruch des Finales
D) dem Wunder von Bern

3 Der erste große Country-Hit von Johnny Cash war ...

A) 1952 „Folsom Prison Blues"
B) 1956 „I Walk the Line"
C) 1957 „Ring of Fire"
D) 1959 „You'll Never Walk Alone"

4 Als „Knutschkugel" oder „Asphaltblase" kannte man ...

A) kugelförmige Müllautos
B) Sessel in halb geöffneter Kugelform
C) die BMW-Isetta
D) leicht gewölbte Gullydeckel

5 Bei „Hör mal 'n beten to" im Radio wurden ...

A) Nachrichten gesprochen
B) Bücher vorgestellt
C) Kochrezepte weitergegeben
D) Partner gesucht

6 Was „schockte" die Weltöffentlichkeit im Oktober 1957?

A) der erste Minirock
B) Pilzbefall an Adenauers Rosenstöcken
C) Nacktfotos Johannes Heesters'
D) der erste künstliche Erdsatellit Sputnik 1

7 Besonders beliebt waren Kioske in Form ...

A) eines Fliegenpilzes
B) eines Sektglases
C) eines Baumkuchens
D) eines Joghurtbechers

8 Rolf Kauka zeichnete welche Figuren ...

A) Pat und Patachon
B) Asterix und Obelix
C) Fix und Foxi
D) Donald und Daisy

9 Emil Zátopek errang seine sportlichen Erfolge ...

A) als Speerwerfer
B) als Langstreckenläufer
C) als Ringer
D) als Fußballer

10 Die Band The Quarrymen hieß bald ...

A) Die Beatles
B) Die Diamonds
C) Les Humphries Singers
D) The Doors

Millionär können Sie bei uns (leider) nicht werden, aber auch hier können Sie Ihr Wissen testen. Viel Spaß!

1. Ein großer Gewinn kommt immer höchst ...

A gelaufen	B gerannt
C gesprungen	D gelegen

2. Auf der Speisekarte findet man ein ...

A Ochsenviertel	B Entendreieck
C Lammkarree	D Fischviereck

3. Wie man sich bettet, so ... man.

A schläft	B ruht
C liegt	D träumt

4. Jemand, der Erfahrung hat, ist ein alter ...

A Esel	B Igel
C Hase	D Schwan

5. Nikolai Rimski-Korsakow komponierte den ...

A „Ententanz"	B „Funkenreigen"
C „Hummelflug"	D „Wespenstich"

6. Wildschweine lagern in ...

A einem Kessel	B einer Pfanne
C einem Topf	D einer Schüssel

7. Sebastian Kneipp begründete die ...

A Brillenkunde	B Werkzeugkunde
C Hydrotherapie	D Kneipenvereine

8. Der in Locarno vergebene Filmpreis heißt „...".

A Goldene Palme	B Goldener Löwe
C Goldene Kamera	D Goldener Leopard

9. Was ist kein Gehörknöchelchen?

A Amboss	B Hammer
C Steigbügel	D Sichel

10. Welche Gewürzpflanze nennt man auch Quendel?

A Majoran	B Minze
C Salbei	D Thymian

11. Die erste deutsche Universität gab es in ...

A München	B Prag
C Kaliningrad	D Krakau

12. Welches Buch schrieb Sigmund Freud?

A „Das Ich und das Es"	B „Ich und Du"
C „Sie und Er"	D „Es"

QUIZ

Testen Sie Ihr Allgemeinwissen!

1

Wie nennt man ein altes, abgemagertes Pferd?

☐ Herzensbrecher ☐ Schabracke ☐ Seelenverkäufer ☐ Schindmähre

2

Was ist ein Pentagon?

☐ ein Fünfeck ☐ ein Sechseck ☐ ein Siebeneck ☐ ein Achteck

3

Wie heißt das Pferd von Don Quichotte?

☐ Dulcinea ☐ Rosinante ☐ Xanthippe ☐ Sancho

4

Das Bartmännchen ist ein ...

☐ Hamster ☐ Fisch ☐ Schmetterling ☐ Marzipangebäck

5

Ein Gemälde von Franz Marc heißt „Katze hinter einem ...".

☐ Baum ☐ Sofa ☐ Ofen ☐ Strauch

6

Der Prinz im Märchen „Schneeweißchen und Rosenrot" war ein ...

☐ Hirsch ☐ Wolf ☐ Bär ☐ Frosch

7

Wie heißt die Landspitze am Zusammenfluss von Rhein und Mosel?

☐ Deutsches Eck ☐ Dreiländereck ☐ Koblenzer Dreieck ☐ Europa-Eck

8

Was sind Türkische Erbsen?

☐ Erbsen ☐ Linsen ☐ Bohnen ☐ Mais

9

Eine Flüssigkeit, die auch Gold löst, ist das ...

☐ Bitterwasser ☐ Goldwasser ☐ Kaiserwasser ☐ Königswasser

10

Wie hieß eine Fernsehspielshow von Frank Elstner?

☐ „Augen zu" ☐ „Nase vorn" ☐ „Ohren auf" ☐ „Kopf hoch"

11

Kourou, der Startplatz für europäische Raketen, liegt in ...

☐ Afrika ☐ Nordamerika ☐ Südamerika ☐ Australien

12

In R. Llewellyns Roman „So grün war mein Tal" geht es um ...

☐ Bergleute ☐ Schafzüchter ☐ Rinderzüchter ☐ Bauern

BILDER-QUIZ

Ein männlicher Hund ist ein ...

HÜNE – RÜDE – ROWDY

Was war Edmund Hillary, der erste Mensch auf dem Mount Everest, von Beruf?

MALER – IMKER – PILOT

Das Usambaraveilchen stammt aus Usambara, einem Bergland in ...

TANSANIA – SIMBABWE – BOTSWANA

QUIZ

500 Euro

1 Feine Falten an den äußeren Augenwinkeln nennt man ...

A Spatzenfedern
B Pfauenaugen
C Krähenfüße
D Gänsefüßchen

1000 Euro

2 Eine Stadt am Rhein heißt ...

A Regalle
B Remagen
C Reherz
D Reniere

2000 Euro

3 Ein Seidenspinner ist ...

A ein Werkzeug
B eine Rochenart
C ein Pilz
D ein Schmetterling

5000 Euro

4 Welches Land hat einen Olivenzweig in der Nationalflagge?

A Marokko
B Jemen
C Eritrea
D Oman

10 000 Euro

5 „Die Botschaft hör ich wohl" steht ...

A im „Faust"
B im „Zauberlehrling"
C in „Was ihr wollt"
D in „Mutter Courage"

50 000 Euro

6 Der Sänger Bryan Adams ist ...

A Kanadier
B Australier
C Schotte
D Amerikaner

100 000 Euro

7 Kaliningrad hieß früher ...

A Allenstein
B Stalingrad
C St. Petersburg
D Königsberg

250 000 Euro

8 Wer entwickelte einen Impfstoff gegen Tollwut?

A Robert Koch
B Louis Pasteur
C Rudolf Virchow
D Ignaz Semmelweis

500 000 Euro

9 Das Symbol Irlands ist ...

A die Kuh
B die Harfe
C die Flöte
D das Schaf

1 000 000 Euro

10 Das älteste Evangelium ist das des ...

A Markus
B Matthäus
C Lukas
D Johannes

MODE-QUIZ

1 „Prêt-à-porter" bedeutet wörtlich ...

a fertig zum Tragen
b hohe Schneiderkunst
c maßgeschneidert
d vornehmste Gesellschaft

2 Wen nannte Karl Lagerfeld das „Gesicht der 90er-Jahre"?

a Claudia Schiffer
b Heidi Klum
c Nadja Auermann
d Tatjana Patitz

3 Welche Modeschöpferin entwarf den Minirock?

a Coco Chanel
b Jil Sander
c Mary Quant
d Nina Ricci

4 Was präsentierte der italienische Designer Emilio Pucci erstmals in seiner 1949 eröffneten Boutique?

a Bermudashorts
b Bikini
c Borkumhut
d Caprihose

Wer wird Millionär?

1) Was heiligt die Mittel? — 50 €
- A der Dreck
- B der Schreck
- C der Zweck
- D der Fleck

2) Bei einem Fehler hat man einen … geschossen. — 100 €
- A Fuchs
- B Igel
- C Bock
- D Hasen

3) Eine Pflanze aus der Familie der Orchideen ist der … — 200 €
- A Kinderschuh
- B Halbschuh
- C Frauenschuh
- D Männerschuh

4) Beleidigte Menschen werden verglichen mit einer … — 300 €
- A Mettwurst
- B Fleischwurst
- C Leberwurst
- D Brühwurst

5) Ein alter Brauch zu Silvester ist das … — 500 €
- A Warmduschen
- B Bleigießen
- C Goldsuchen
- D Wassertreten

6) In welchem Land leben die Inuit? — 1000 €
- A Japan
- B Korea
- C Mexiko
- D Grönland

7) Ein bekanntes Musikstück von Friedrich Smetana ist … — 2000 €
- A „Die Donau"
- B „Die Moldau"
- C „Der Rhein"
- D „Die Wolga"

8) Wie heißt die kindliche Hauptfigur in „Der Zauberer von Oz"? — 4000 €
- A Abigail
- B Emily
- C Dorothy
- D Alice

9) Wie ist das Länderkennzeichen von Ungarn? — 8000 €
- A U
- B HU
- C H
- D HR

10) Welche Tageszeitung heißt nach einem Friseur? — 16 000 €
- A „Prawda"
- B „La Stampa"
- C „Haaretz"
- D „Le Figaro"

11) Die Tochter der Mutter meines Vaters ist meine … — 32 000 €
- A Tante
- B Oma
- C Cousine
- D Schwester

12) Wie nennt man ein Ein- und Ausfuhrverbot? — 64 000 €
- A Emission
- B Sanktion
- C Inkasso
- D Embargo

13) Eine Schot ist … — 125 000 €
- A ein Segeltau
- B eine Stahlwand
- C eine Frucht
- D ein junger Schotte

14) Womit beschäftigt sich die Ampelografie? — 500 000 €
- A Kakteen
- B Rebsorten
- C Tiefseefischen
- D Verkehrsregeln

15) Rudolf Caracciola war ein berühmter … — 1 000 000 €
- A Autorennfahrer
- B Radrennfahrer
- C Bobfahrer
- D Sportpilot

TIER-QUIZ

1

Mindestens acht über den Körper verteilte Haarwirbel lassen diese Meerschweinchen besonders kuschelig aussehen. Wie heißt der Wirbel?

- ROSETTE
- SPIRALE
- STRUDEL

2

Leguane sehen grimmig aus, sind aber sensibel und neugierig. Zahme Tiere fressen sogar aus der Hand. Sie fressen gern eine Auswahl an …

- WÜRSTEN
- PFLANZEN
- MUSCHELN

3

Ausdauernd wie sein Eselvater und robust wie die Pferdemutter: In der Landwirtschaft schätzt man das Maultier als Lasttier. Welchen Kurznamen trägt es?

- MILI
- MALI
- MULI

QUIZ

1. Ein Sportler kann wegen eines groben Fouls vom Platz ...

A schwimmen	**B** fliegen
C tauchen	**D** rennen

2. Was bringt den Jägern Vorteile?

A Gänsefüßchen	**B** Adleraugen
C Spatzenhirne	**D** Hasenherzen

3. Das Arbeiten mit Ton lernt man beim ...

A Schmieden	**B** Töpfern
C Bechern	**D** Kübeln

4. Die US-Zeichentrickfamilie Flintstone ist bei uns bekannt als Familie ...

A Nierenstein	**B** Pflasterstein
C Feuerstein	**D** Edelstein

5. Der Vater von Donald Duck heißt mit Vornamen ...

A Dagobert	**B** Gustav
C Daniel	**D** Degenhard

6. Ein Filmpreis, den keiner haben will, ist die Goldene ...

A Ananas	**B** Himbeere
C Pampelmuse	**D** Zitrone

7. Die Ureinwohner Australiens sind die ...

A Tuareg	**B** Aborigines
C Maori	**D** Massai

8. Das Vorzeichen eines drohenden Unheils ist ein ...

A Menetekel	**B** Menestrel
C Mäander	**D** Monokel

9. Auf wie vielen Hügeln wurde das alte Rom erbaut?

A fünf	**B** sechs
C sieben	**D** acht

10. Eine Weißwein-Rebsorte heißt ...

A Jauch	**B** Gottschalk
C Kerner	**D** Lanz

11. Wie bezeichnet man die Abnahme des Preisniveaus?

A Inflation	**B** Deflation
C Depression	**D** Hausse

12. Mit wem war die ägyptische Königin Nofretete verheiratet?

A Cheops	**B** Echnaton
C Menes	**D** Tutanchamun

WORTSPIEL

Wenn Sie die Bedeutungen der 8 Wörter herausgefunden haben, ergeben die Buchstaben hinter den richtigen Antworten – von oben nach unten gelesen – ein Sprichwort.

1 Berserker
a) sich wild gebärdender Mann .... **ANW**
b) überdachter Hausvorbau **WER**
c) Felsvorsprung .... **DIE**

2 Brache
a) schneller Jagdhund ..... **DEN**
b) Karpfenfisch .... **GRO**
c) unbestelltes Ackerland ... **EIS**

3 Bratspill
a) Gewürz .... **SCH**
b) Ankerwinde .... **UNG**
c) Grillgerät .... **SSE**

4 Brunelle
a) Malerwerkzeug .... **ADE**
b) ein Lippenblütler .... **IST**
c) altes Längenmaß .... **NDI**

5 Buschenschenke
a) Gewächshaus .... **NHA**
b) Kantine im Urwaldcamp **GEH**
c) Heurigenlokal .... **KEI**

6 Chaconne
a) französisches Grußwort .. **TIS**
b) genarbtes Leder .... **ABE**
c) ein Tanz .... **NEZ**

7 Damaskus
a) seidener Türvorhang .... **DAS**
b) Hauptstadt von Syrien .. **AHL**
c) arabisches Krummschwert **NKE**

8 Gallium
a) Metall, chemisches Element .... **UNG**
b) französische Landschaft **ENT**
c) Baumkrankheit .... **NFT**

Nur wenn Sie die Fragen richtig beantworten, werden Sie am Ziel mit den richtigen Buchstaben ankommen. Diese ergeben – hintereinandergelesen – ein Sprichwort.

START

D Australien ist eine parlamentarische Monarchie.	NEIN ▶	**S** Angela Merkel war bis 1990 SED-Mitglied.	NEIN ▶	**G** Der Donnerstag heißt nach dem germanischen Gott Donar.	NEIN ▶	**E** Hansi Hinterseers Vater gewann bei der Winterolympiade 1960 Gold im Slalom.
JA ▼	NEIN ▼	JA ▼		JA ▼	▲ NEIN	JA ▼
A Eine Mondfinsternis dauert höchstens eine Stunde.	◀ NEIN	**T** Angelina Jolie ist die Patentochter von Maximilian Schell.	◀ NEIN	**U** Jürgen Klinsmann war der erste Deutsche, der Englands „Fußballer des Jahres“ wurde.	◀ NEIN	**P** Die ärztliche Diagnose Nephrolithiasis bedeutet, dass der Patient Nierensteine hat.
JA ▼		NEIN ▲	JA ▶	JA ▼		JA ▼
N Fidel Castro ist das dienstälteste Staatsoberhaupt der Welt.	NEIN ▶	**W** Zahnschmelz ist die härteste Substanz des menschlichen Körpers.	◀ NEIN	**E** Heinrich Heine hat dieses Jahr den 250. Todestag.	◀ NEIN	**F** Majestix ist der Druide im gallischen Dorf der „Asterix“-Comics.
JA ▼		JA ▼		JA ▼		JA ▼
D „Audi“ ist die lateinische Übersetzung des Nachnamens des Firmengründers.	NEIN ▶	**I** Franz Kafka verdiente sein Geld als Versicherungsjurist.	JA ▶	**R** Es gibt kein chemisches Element namens Stuttgardium.	JA ▶	**K** Messing ist eine Legierung aus Kupfer und Eisen.
JA ▼	JA ▲	NEIN ▼		NEIN ▼	▲ JA	NEIN ▼
S Die Oper „Aida“ wurde zur Eröffnung des Sueskanals uraufgeführt.	◀ NEIN	**M** „Der Rest ist Schweigen“ ist der letzte Satz in Shakespeares „Macbeth“.	◀ JA	**I** „Fünf Wochen im Ballon“ ist ein Roman von Jules Verne.	◀ NEIN	**T** Der HSV war schon einmal Champions-League-Sieger.
NEIN ▼		JA ▼	▼ JA	NEIN ▼		JA ▼
T Der schottische König James VI. wurde 1603 auch König von England.	NEIN ▶	**L** Die Olympischen Winterspiele 2010 fanden in Vancouver statt.	NEIN ▶	**R** George W. Bush war der 41. Präsident der USA.	◀ NEIN	**E** Richard Wagner war Franz Liszts Schwiegersohn.
JA ▼	NEIN ▼	JA ▲	JA ▶	NEIN ▼	NEIN ▼	JA ▼
I Jack Nicholson spielte im Film „Batman“ den Riddler.	JA ▶	**B** Joschka Fischer ist neuer Chefredakteur des Satiremagazins „Titanic“.	NEIN ▶	**L** Eine Bessemerbirne ist eine besonders saftige Fruchtsorte.	JA ▶	**N** ZIEL

Lösung:

☐☐☐ ☐☐☐☐ ☐☐☐☐☐ ☐☐ ☐☐☐☐☐☐☐

Darf ich bitten?

Tanzen macht Spaß, ist etwas für sie und ihn und schult das Taktgefühl. Schnappen Sie sich also Ihre Tanzschuhe und rauf aufs Parkett! Doch Tanz ist nicht gleich Tanz. Worauf es ankommt, erfahren Sie in diesem Rätsel.

1 Funkenflug

Ein Flirt auf dem Parkett ist nicht nur nett, sondern bei diesem Tanz ausdrücklich erwünscht. Gut getanzt, wird der Zuschauer hier Zeuge einer Liaison der Tänzer: intensives Werben umeinander, spielerische Zurückweisung mit anschließender Rückkehr.

? Was wird hier getanzt?

A Foxtrott
B Polka
C Rumba

2 Im Dreivierteltakt

Einmal im Jahr wird die Wiener Staatsoper zum berühmtesten Ballsaal der Welt – beim Wiener Opernball. „Alles Walzer!" Mit diesem Kommando wird die Tanzfläche für alle freigegeben.

? Wie aber werden die jungen Herrschaften genannt, deren Einzug den Auftakt des Balls markiert?

A Debütanten B Eleven C Novizen

3 In der Prärie

Auch wenn der Wilde Westen nicht unbedingt für Harmonie steht, so herrschte sogar hier zuweilen traute Einigkeit. Streng nach der Ansage des sogenannten Callers drehten sich die vier Tanzpaare zum Klang von Fidel, Pfeife, Banjo und Trommel.

? Bei welchem Tanz?

A Menuett
B Rock 'n' Roll
C Square Dance

4 Edler Tropfen

Perlend in seinen lang gestreckten Bewegungen und spritzig in seinen Hüpfschritten: Der Quickstepp, entstanden aus Onestepp und Foxtrott, soll übersprudelnde Lebensfreude zum Ausdruck bringen.

? Mit welchem Getränk wird er deshalb gern verglichen?

A Champagner B Salbeitee C Zitronensprudel

5 Friedensangebot

Äußerst friedlich geht es bei dieser tänzerischen Interpretation eines Stierkampfes zu. Hier wird der Tänzer zum Torero, die Dame mimt das rote Tuch, eine Flamencotänzerin oder den Schatten des Herrn. Den Stier muss man sich dazudenken.

? Der Name des Tanzes?

A Langsamer Walzer B Paso Doble C Samba

6 Tanz zum Film

Was wäre ein Abend beim Griechen ohne Ouzo, Gyros und Sirtaki? Dabei ist Letzterer gar nicht mal so urgriechisch. Denn die Schrittfolge des Sirtaki wurde erstmals 1964 für den Film „Alexis Sorbas" entworfen.

? Wer spielte in diesem Film die Hauptrolle? Anthony ...

A Hopkins
B Quinn
C Yeboah

DAS LEICHTE QUIZ

Testen Sie Ihr Allgemeinwissen, und schicken Sie Ihr Gehirn ins Trainingslager! Unser Quiz macht Sie fit für Jauch, Pilawa und Co.

❶ **50 Euro**
Jemand, der etwas stiehlt, ist ein ...
A Pikbube B Herzbube C Spitzbube D Kreuzbube

❷ **100 Euro**
Ein beliebtes Kartenspiel heißt ...
A Blauer Paul B Schwarzer Peter C Grüner Heinrich D Gelber Otto

❸ **200 Euro**
Was ist sprichwörtlich aller Laster Anfang?
A Vorwärtsgang B Rückwärtsgang C Niedergang D Müßiggang

❹ **300 Euro**
Was sollte man sich nicht vom Brot nehmen lassen?
A Das Ei B Die Butter C Die Wurst D Den Käse

❺ **500 Euro**
Manchmal sollte man lieber abwarten und was trinken?
A Tee B Kaffee C Kakao D Milch

❻ **1.000 Euro**
Ein guter Redner kommt schnell auf ...
A das Komma B das Fragezeichen C das Semikolon D den Punkt

❼ **2.000 Euro**
Eine Gazette lässt sich ...
A essen B fangen C lesen D prägen

❽ **4.000 Euro**
Was ist kein See?
A Chiemsee B Bodensee C Titisee D Hiddensee

❾ **8.000 Euro**
Wie oft ist ein Zwieback gebacken?
A Einmal B Zweimal C Dreimal D Viermal

❿ **16.000 Euro**
Eine Stadt in den Niederlanden heißt ...
A Schmerzen B Leiden C Husten D Niesen

⓫ **32.000 Euro**
Die Abkürzung „z. B." steht für ...
A zur Bahn B zu Befehl C zum Bus D zum Beispiel

⓬ **64.000 Euro**
Umgangssprachlich ... einige Torhüter zu sehr an der Linie.
A löten B schweißen C kleben D schrauben

⓭ **125.000 Euro**
Handwerker tragen oft einen ...
A Rotfuchs B Schwarzkittel C Gelbfilter D Blaumann

⓮ **500.000 Euro**
Eine deutsche Tragikomödie mit Dieter Hallervorden heißt ...
A „Honigmond" B „Honig im Kopf" C „Im Honigmond" D „Honigsüß"

⓯ **1.000.000 Euro**
Wo findet man manchmal einen Schimmelbogen?
A In einem Buch B In einem Gestüt C In einem Heuhaufen D An einem Gebäude

BILDER-QUIZ

Schon zweimal holte der Eisvogel den Titel „Vogel des Jahres": 1973 und 2009! Einer französischen Sage zufolge kam er zu seinem prächtigen Gefieder auf einem Erkundungsflug. Im Auftrag welcher biblischen Figur?

ADAM – NOAH – RUTH

Ebenfalls zweimal, 2008 und 2014, war der Wisent „Tier des Jahres". In welchem waldreichen Höhenzug des Sauerlandes lebt seit 2013 eine erfolgreich ausgewilderte Herde der gutmütigen Giganten?

BLONDLOCKKETTE – GRAUKOPFMASSIV – ROTHAARGEBIRGE

Die blaue Blume wächst an Parkplätzen, alten Gleisanlagen, Schuttplätzen, Lehmgruben … Welcher genügsame Korbblütler hätte sicher nicht erwartet, zur „Blume des Jahres" 2009 gewählt zu werden?

BLAUES ZINNKRAUT – FLEISSIGE FUNKIE – GEMEINE WEGWARTE

REISE-QUIZ

Die Nordseeküste Schleswig-Holsteins erstreckt sich von der Elbmündung bis zur dänischen Grenze. Kennen Sie den Landstrich, der so einladend und lieblich, aber auch so wild und gefährlich sein kann? Die acht Fragen haben je vier Antwortmöglichkeiten. Die Lösung Ihrer Wahl tragen Sie in die entsprechend nummerierten Felder im Rätseldiagramm ein.

1 **Wer in Wischhafen an Bord der Elbefähre geht, landet nach etwa 25-minütiger Überfahrt in Schleswig-Holstein. In welcher Stadt?**

A Freudenberg *B Freudenthal*
C Gluecksburg *D Glueckstadt*

2 **Dieser Ort, dessen Name so vielversprechend klingt, ist der Ausgangspunkt unserer Reise. Rund 30 Kilometer flussabwärts gelangen wir nach Brunsbüttel. Welche Wasserstraße mündet hier in die Elbe?**

A Elbeseitenkanal *B Mittellandkanal*
C Nord-Ostsee-Kanal *D Wilhelminakanal*

3 **Vorbei an Windkraftanlagen geht es nun durch saftige, dem Meer abgerungene Wiesen nach Hemmingstedt, wo noch immer die Bauern gerühmt werden, die hier anno 1500 ein dänisches Königsheer schlugen. In welcher historischen Landschaft befinden wir uns?**

A Dithmarschen *B Nordholstein*
C Ostschleswig *D Suedjuetland*

4 **Ein Dichter, der im nur 15 Kilometer entfernten Wesselburen zur Welt kam, besang die Schlacht von Hemmingstedt in einer „Väterländlichen Romanze". Weitaus bekannter ist der Verfasser für sein Trauerspiel „Maria Magdalena". Sein Name?**

A Geibel *B Goethe*
C Hebbel *D Herder*

5 **Weiter im Norden liegt das mächtige, 1973 fertiggestellte Sperrwerk, das welchen Fluss vom blauen, bei „Schietwetter" aber grauen Meer trennt?**

A Bille *B Eider*
C Godel *D Trave*

6 **Grau? Wir erreichen nun Husum, die „graue Stadt am Meer". Welcher Dichter kam hier zur Welt?**

A Busch *B Hauff*
C Storm *D Tieck*

7 **Sticht man hier in See, kann es passieren, dass man dabei – wie einst Detlev von Liliencron – über das sagenhafte „Atlantis des Nordens" fährt. Der Name des anno 1362 untergegangenen Ortes?**

A Grotluhn *B Horglunt*
C Rungholt *D Truglohn*

8 **Wir verlassen nun aber die salzig schmeckende Einsamkeit: In Niebüll steigen wir in den Zug, der uns über einen Damm zu den „Schönen und Reichen" bringt. Endstation ist also?**

A Klanxbuell *B Norderholm*
C Suederende *D Westerland*

Wer wird Millionär?

1) Salz und Brot macht was rot? – 50 €
A Ohren | C Augen
B Wangen | D Haare

2) Der sprichwörtliche gute Rat ist ... – 100 €
A wohlfeil | C billig
B kostspielig | D teuer

3) In brenzligen Situationen muss man aufpassen wie ein ... – 200 €
A Wolf | C Elch
B Luchs | D Iltis

4) Ein französisches Kultauto war die ... – 300 €
A Möwe | C Ente
B Schwalbe | D Lerche

5) Nach einem schweren Treffer sieht ein Boxer ... – 500 €
A Monde | C Sterne
B Planeten | D Sonnen

6) Eine Pflanze aus der Familie der Orchideen ist der ... – 1000 €
A Kinderschuh | C Frauenschuh
B Halbschuh | D Männerschuh

7) Den Schlagersänger Wolfgang Petry nennen seine Fans ... – 2000 €
A Fell | C Seide
B Samt | D Wolle

8) Jemand, der sorgfältig gekleidet ist, sieht aus wie aus dem ... – 4000 €
A Apfel geschält | C Ei gepellt
B Ei geschlüpft | D Wasser gezogen

9) Welches Musikstück komponierte Franz Schubert? – 8000 €
A Forellenquintett | C Haifischsonate
B Hummerballade | D Seepferdchenduett

10) Der kleine Muck in Hauffs Märchen fliegt mit ... – 16 000 €
A einem Teppich | C den Gänsen
B seinen Pantoffeln | D seinem Bettchen

11) Wer gehörte nie zur Band „No Angels"? – 32 000 €
A Cindy | C Lucy
B Vanessa | D Jessica

12) Wie heißt der Gatte der schönen Helena in der griechischen Sage? – 64 000 €
A Achilles | C Menelaos
B Adonis | D Odysseus

13) Ein von Eichendorff getextetes Volkslied beginnt mit: „In einem kühlen ...". – 125 000 €
A Bache | C Walde
B Grunde | D Wasser

14) Was ist Kalziumsulfat? – 500 000 €
A Gips | C Salz
B Zement | D Zucker

15) Wie oft muss man beim 3000-m-Hindernislauf über den Wassergraben? – 1 000 000 €
A sechsmal | C achtmal
B siebenmal | D neunmal

Leinen los!

Es begann im Sommer 1882 mit einer Wettfahrt von Kaufleuten und Marineoffizieren. Heute gilt die Woche auf und an der Förde als eine der größten Segelveranstaltungen unseres Erdballs. Für Weltmeister und Olympiasieger ist sie ein Pflichttermin. Jedes Jahr im Juni heißt es dann „Leinen los!" für Tausende von Seglern aus aller Welt. In welcher Hafenstadt? Wenn Sie die Hafenstädte und ihre Wahrzeichen einander richtig zuordnen, haben Sie die Antwort.

◯	**Bremen**	**Michel**	**E**
◯	**Cuxhaven**	**Kugelbake**	**I**
◯	**Hamburg**	**Roland**	**K**
◯	**Lübeck**	**Holstentor**	**L**

DAS VERZWICKTE QUIZ

Beantworten Sie die Quizfragen. Die Buchstaben hinter den richtigen Antworten ergeben ein Lösungswort.

1 Friedrich Dürrenmatt schrieb die Tragikomödie „Der Besuch der ...".

- lieben Verwandten .... D
- alten Dame .... R
- unmöglichen Tante .... A
- verheirateten Frau .... U

2 Die erste erfolgreiche Herztransplantation am Menschen gelang ...

- 1957 .... U
- 1963 .... P
- 1967 .... E
- 1973 .... A

3 Welche Insel ist nach Grönland die zweitgrößte Insel der Welt?

- Sumatra .... R
- Madagaskar .... N
- Neuguinea .... G
- Neuseeland .... W

4 Zu welcher Pflanzenfamilie gehört die Haselnuss?

- Birkengewächse I
- Eibengewächse .... O
- Buchengewächse .... P
- Malvengewächse .... E

5 Mit wem war die griechische Göttin Aphrodite verheiratet?

- Apollo .... N
- Hermes .... P
- Hephaistos .... S
- Zeus .... K

6 Welches Fachgebiet beschäftigt sich mit Insekten?

- Entomologie .... T
- Archäologie C
- Ichthyologie .... P
- Geologie .... E

7 Wo findet man die 1947 gegründete Deutsche Sporthochschule?

- Berlin .... M
- Kassel .... A
- Köln .... E
- München .... U

8 Wer führte Regie in der sechsteiligen ARD-Fernsehserie „Charité"?

- Til Schweiger .... D
- Oliver Berben .... A
- Simon Verhoeven .... E
- Sönke Wortmann .... R

1	2	3	4	5	6	7	8

Quiz für „Ostalgiker"!

Selbst wer in der DDR gelebt hat, wird nicht jede der folgenden Fragen leicht beantworten können. Oder erinnern Sie sich noch perfekt an den Arbeiter- und Bauernstaat? Testen Sie es mit diesem Quiz!

1 Wann wurde der Fernsehturm am Alexanderplatz in Ostberlin fertiggestellt?

A) 1961
B) 1969
C) 1976
D) 1989

2 Die meisten Einsätze in der DDR-Oberliga hatte ...

A) Henning Frenze
B) Eberhard Vogel
C) Jürgen Croy
D) Reinhard Häfner

3 Heinz Quermann hat eine Menge gemacht – was stimmt aber nicht?

A) Er war Theaterintendant in Köthen.
B) Er landete per Fallschirm im Studio.
C) Er spielte im Stacheltier-Film.
D) Er moderierte die Schlagerrevue.

4 Die 19-jährige Nina Hagen sang 1974 ...

A) „Komm unter meinen Sonnenschirm"
B) „Kerzen im Sand"
C) „Grillen in den Dünen"
D) „Du hast den Farbfilm vergessen"

5 Das Gewandhaus war in der DDR-Zeit lange die Heimstatt von ...

A) einer Wäscherei
B) Ludwig Güttler
C) Kurt Masur
D) Tomaso Albinoni

6 Wofür stand das Kürzel SED?

A) Spezieller Ermittlungsdienst
B) Span-Elemente Dresden
C) Suhler Erkennungsdienst
D) Sozialistische Einheitspartei Deutschlands

7 Keine Musiksendung im DDR-Rundfunk war ...

A) Franks Beatkiste
B) Tip-Parade
C) DT Metronom
D) Eine Rolle Schlager

8 „Ein Kessel Buntes" war im DDR-Fernsehen ...

A) eine Fußballsendung
B) eine Ratgebersendung
C) eine Werbesendung
D) die Samstagabendshow

9 Mit Günter Guillaume ist welche Tätigkeit verbunden?

A) Musizieren
B) Spionage
C) Kampffliegerei
D) Chirurgie

10 Ein Stückchen Blech, ein Stückchen Draht und fertig ist ...

A) das Mifa-Rad
B) der Wolgaschrat
C) der Doktorgrad
D) der Alkomat

QUIZ für GENIES

Millionär können Sie bei uns (leider) nicht werden, aber auch hier können Sie Ihr Wissen testen. Viel Spaß!

1. Bei einem hoffnungslosen Fall ist Hopfen und ... verloren.

A Schmalz	B Malz
C Gerste	D Weizen

2. Dänemarks Festland heißt ...

A Fünen	B Jütland
C Lolland	D Seeland

3. Wie hieß das Mondprogramm der Amerikaner?

A Gemini	B Apollo
C Mercury	D Skylab

4. Der Apennin ist ein Gebirge in ...

A Spanien	B Italien
C Griechenland	D Portugal

5. Adlige Menschen nennt man ...

A weißhaarig	B warmherzig
C blaublütig	D grünfarbig

6. Eine ungewisse Sache steht Spitz auf ...

A Garn	B Nadel
C Knopf	D Fingerhut

7. Oberflächen bearbeitet man durch ...

A Felswaschen	B Kiesputzen
C Sandstrahlen	D Steinwienern

8. Was ist ein Cordon bleu?

A Kalbsschnitzel	B Musikstück
C blaue Kordhose	D Cocktail

9. Wer gehört nicht zu den Mainzelmännchen?

A Det	B Fritzchen
C Homer	D Anton

10. Wie viele Menschen wohnen in der Villa Kunterbunt?

A einer	B zwei
C drei	D vier

11. Der Neandertaler starb vor etwa ... Jahren aus.

A 10 000	B 60 000
C 30 000	D 100 000

12. Die Osterinsel heißt auch wie?

A Rapa Nui	B Koh Lanta
C Bird Island	D Deer Island

QUIZ

Testen Sie Ihr Allgemeinwissen!

1

Wenn man Klarheit schafft, macht man „Tabula ...".

- ☐ riesa ☐ rasa ☐ rosa ☐ resa

2

Seltene Ereignisse passieren nach einer Redewendung alle ...

- ☐ Jubeltage ☐ Jahrestage ☐ Jubeljahre ☐ Freudentage

3

Uneinsichtige Menschen bezeichnet man oft als ...

- ☐ Betonkopf ☐ Ziegelschädel ☐ Steinhaupt ☐ Mörtelrübe

4

Landschaftlich bedeutsam ist ...

- ☐ die Lausitz ☐ der Warmsessel ☐ das Mildsofa ☐ der Sachtstuhl

5

Was ist ein Kosmopolit?

- ☐ Astronaut ☐ Weltbürger ☐ Sternforscher ☐ Raumfahrer

6

Das griechische Lokal in der „Lindenstraße" heißt ...

- ☐ „Dionysos" ☐ „Hellas" ☐ „Akropolis" ☐ „Delphi"

7

Baccara ist ein Glücksspiel mit ...

- ☐ Würfeln ☐ Karten ☐ Kugeln ☐ Hütchen

8

Was ist keines der Grundideale der Freimaurerei?

- ☐ Freiheit ☐ Toleranz ☐ Gleichheit ☐ Reichtum

9

Bulle, Kuh und Kalb gibt es bei Rindern und ...

- ☐ Affen ☐ Rehen ☐ Walen ☐ Pferden

10

Wann wurde Deutschland erstmals Fußball-Europameister?

- ☐ 1968 ☐ 1960 ☐ 1972 ☐ 1976

11

Doris Day sang in „Der Mann, der zu viel wusste" das Lied ...

- ☐ „Je t'aime" ☐ „Que Sera, Sera" ☐ „Azzurro" ☐ „Bella Ciao"

12

Welches ist das seltenste natürliche Element?

- ☐ Astat ☐ Tellur ☐ Platin ☐ Gold

BILDER-QUIZ

An welchem Fluss liegt die Loreley?

RHEIN – DONAU – WESER

Was bedeutet die malaiische Bezeichnung Orang-Utan?

MUSKELMANN – WALDMENSCH – AFFENWESEN

Was sollte Rotkäppchen im grimmschen Märchen außer Kuchen zur Großmutter bringen?

SEKT – SAFT – WEIN

QUIZ

500 Euro

1 Aktienkurse sind manchmal im ...

A Ofen
B Boden
C Keller
D Garten

1000 Euro

2 Eine Hutform für Männer ist ...

A Die Melone
B Der Kürbis
C Der Apfel
D Die Kirsche

2000 Euro

3 Die Freimaurer nennen ihre Vereinigungen ...

A Parkett
B Logen
C Ränge
D Balkone

5000 Euro

4 In welcher deutschen Stadt ist das ZDF ansässig?

A Berlin
B München
C Düsseldorf
D Mainz

10 000 Euro

5 Ein altes Bilderbuch von Albert Sixtus heißt „Die ...“.

A Hundeschule
B Häschenschule
C Kätzchenschule
D Schäfchenschule

50 000 Euro

6 Keine amerikanische Universität ist ...

A Yale
B Oxford
C Harvard
D Stanford

100 000 Euro

7 Das Tongeschlecht Dur leitet sich ab vom lateinischen Wort für ...

A Weich
B Hart
C Dunkel
D Hell

250 000 Euro

8 In welchem Land ist Queen Elizabeth nicht Staatsoberhaupt?

A Jamaika
B Papua-Neuguinea
C Fidschi
D Bahamas

500 000 Euro

9 Welches Element tritt im Weltraum am häufigsten auf?

A Helium
B Sauerstoff
C Stickstoff
D Wasserstoff

1 000 000 Euro

10 Ein Roman von Adalbert Stifter heißt „Der ...“.

A Frühsommer
B Spätsommer
C Mittsommer
D Nachsommer

BILDER-QUIZ

Bei der Wahl zum „Baum des Jahres“ gab es 2010 keine Diskussion: Die Vogelkirsche hat als „schneeweiße Blütenkönigin“ die Goldmedaille gewonnen. In welchem Land wird das Kirschblütenfest „Hanami“ gefeiert?

JAPAN • CHINA • NEPAL

Sie ist nicht nur zum Heulen: Die Zwiebel wurde just zur „Heilpflanze des Jahres 2015“ gewählt. Denn: Etwa sieben Kilo des Gemüses verspeist der Deutsche pro Jahr. Botanisch gesehen ist die Zwiebel ein ...gewächs.

APFEL • ROSEN • LAUCH

2015 gab es auch bei den Wildtieren einen Gewinner: den Feldhasen. Und das bereits zum zweiten Mal. Denn 2001 hatte Meister Lampe schon die Nase vorn. Wie wird in der Jägersprache das Lager der Hasen genannt?

SASSE • PAPPE • LAPPE

Wer wird Millionär?

1) Wie nennt man einen männlichen Hund? (50 €)
- A Ungehobelt
- B Rabiat
- C Grob
- D Rüde

2) Aufmerksame Menschen hören redensartlich das … (100 €)
- A Gras wachsen
- B Papier rascheln
- C Telefon klingeln
- D Feuer knistern

3) Als Petrijünger bezeichnet man … (200 €)
- A Jäger
- B Sportangler
- C Messdiener
- D Segler

4) Was komponierte Nikolai Rimski-Korsakow? (300 €)
- A Ententanz
- B Funkenflug
- C Hummelflug
- D Wespentanz

5) Ein Märchen von H. C. Andersen heißt: „Das kleine Mädchen mit den …". (500 €)
- A roten Schuhen
- B Scherenhänden
- C grünen Augen
- D Schwefelhölzern

6) Die Hepatitis ist eine … (1000 €)
- A Magenreizung
- B Leberentzündung
- C Stimmbandlähmung
- D Blinddarmentzündung

7) Wie groß ist die offizielle Streckenlänge für Marathonläufe? (2000 €)
- A 38,765 km
- B 40,275 km
- C 42,195 km
- D 44,255 km

8) Die Romane von Rosamunde Pilcher spielen oft in … (4000 €)
- A Cornwall
- B Jütland
- C Connacht
- D Götaland

9) Ein Gefährte von Robin Hood ist Bruder … (8000 €)
- A Tick
- B Tuck
- C Tack
- D Track

10) Wie nennt man eine Wasserrinne im Watt? (16 000 €)
- A Priem
- B Priel
- C Siel
- D Kiel

11) Wie oft darf der deutsche Bundespräsident wiedergewählt werden? (32 000 €)
- A einmal
- B zweimal
- C dreimal
- D viermal

12) Welche Stadt verbirgt sich hinter dem Namen Noris? (64 000 €)
- A Mainz
- B Köln
- C Nürnberg
- D München

13) In welchem Land kommen gebratene Meerschweinchen auf den Tisch? (125 000 €)
- A Kanada
- B Peru
- C Grönland
- D Somalia

14) Was ist der Blaue Schwede? (500 000 €)
- A Kartoffel
- B Malmös Oper
- C Briefmarke
- D Kaninchenrasse

15) Welchen Beinamen trug der Musiker Johnny Cash? (1 000 000 €)
- A Sound Machine
- B His Majesty
- C Man in Black
- D Cowboy

TIER-QUIZ

1 Der Hund wurde schon zu Ur zeiten domestiziert. Von welchem T stammt er ab?

- HYÄNE
- WOLF
- SCHAKAL

2 Die Falbkatze, der Vorfahre d Hauskatze, lebt in …

- ASIEN
- AUSTRALIEN
- AFRIKA

3 Das Meerschweinchen ist ein b liebtes Haustier. Die Seefahrer welche Landes brachten die Nager nach Eur

- FRANKREICH
- NIEDERLANDE
- SPANIEN

QUIZ

1. Viehplagegeister sind ...

A Bremsen	**B** Hupen
C Blinken	**D** Abbiegen

2. Wer provoziert, bricht einen Streit vom ...

A Acker	**B** Berg
C See	**D** Zaun

3. Auf welchem Schiffstyp segelten die Kaufleute der Hanse?

A Brügge	**B** Kogge
C Brigg	**D** Schoner

4. Wer wurde als „Kommissar Schimanski" bekannt?

A Curd Jürgens	**B** Götz George
C Heinrich George	**D** Curt Goetz

5. Was entdeckte man in der Gletschermumie „Ötzi"?

A Restalkohol	**B** Pfeilspitze
C Pistolenkugel	**D** Goldzahn

6. Welchen Beinamen hat Dresden?

A Domstadt	**B** Elbdorado
C Elbflorenz	**D** Sachsenstadt

7. Wer war der „Lügenbaron"?

A Don Quijote	**B** Eulenspiegel
C Münchhausen	**D** Rasputin

8. Das Plusquamperfekt braucht man beim ...

A Waschen	**B** Rechnen
C Sehen	**D** Sprechen

9. Isabel Allende schrieb den Bestseller „Das ...".

A Hexenhaus	**B** Geisterhaus
C Unterhaus	**D** Gasthaus

10. Wer erfand den Minirock?

A Wolfgang Joop	**B** Karl Lagerfeld
C Mary Quant	**D** Vivienne Westwood

11. Wer begründete das Rote Kreuz?

A Ferdinand Sauerbruch	**B** Henri Dunant
C Robert Koch	**D** Albert Schweitzer

12. Eine Künstlergruppe nannte sich „Der Blaue ...".

A Fuchs	**B** Reiter
C Schnee	**D** Wald

WORTSPIEL

Wenn Sie die Bedeutungen der 8 Wörter herausgefunden haben, ergeben die Buchstaben hinter den richtigen Antworten – von oben nach unten gelesen – ein Sprichwort.

1 Beinbrech

a) scherzhaft: hoher Stöckelschuh . . . . **DER**
b) Liliengewächs . . . . **AUS**
c) rabiater Fußballspieler . . . . **WER**

2 Bücke

a) Geräteturnübung . . . . **EIN**
b) unterwürfiges Verhalten . . **GRO**
c) geräucherter Hering . . . . . . **VIE**

3 Bussole

a) Stierkampfwaffe . . . . **SSE**
b) ein Greifvogel . . . . **LHA**
c) Magnetkompass . . . . **EMW**

4 Gallien

a) Provinz Spaniens . . . . **REG**
b) römischer Name Frankreichs . . . . **OLF**
c) Hohlmaß (Mehrzahl) . . . . . . **TDE**

5 Kodex

a) Liste verbotener Bücher . . **ENK**
b) Gesetzessammlung . . . . . . **WIR**
c) Gebäudeblock . . . . **RBE**

6 Kollekte

a) Wohngemeinschaft . . . . . . **OMN**
b) Sammlung von Geldspenden . . . . **DKE**
c) Warenmustersammlung . . . **KOM**

7 Salier

a) Salinenarbeiter . . . . **NAC**
b) Schiffsmast . . . . **MTD**
c) fränkisches Adelsgeschlecht **INL**

8 Seedrache

a) Knorpelfisch . . . . **AMM**
b) Fabeltier . . . . **TEN**
c) Segelfluggerät . . . . **CHT**

Nur wenn Sie die Fragen richtig beantworten, werden Sie am Ziel mit den richtigen Buchstaben ankommen. Diese ergeben – hintereinandergelesen – einen Spruch.

START

W Bruce Willis wurde in Idar-Oberstein geboren.	NEIN ▶	**E** Hält man eine Muschel an sein Ohr, so hört man das Rauschen seines eigenen Blutes.	JA ▶	**U** Ein nach Westen fliegendes Flugzeug ist schneller als ein nach Osten fliegendes.	JA ▶	**K** In Alaska feiert man den 1. April als „Saint Icy Ground", also als „Glatteisheiligen".
JA ▼	◀ NEIN	▲ JA	NEIN ▼	NEIN ▼	◀ NEIN	JA ▼
O Der Gruß „Moin" ist nach einer Theorie vom niederdt. Wort für „schön" abgeleitet.	NEIN ▶	**E** Die Chinesische Mauer ist vom Mond aus mit bloßem Auge zu erkennen.	◀ NEIN	**D** Hamburg ist die Stadt mit den meisten Brücken Europas.	◀ JA	**A** Mit der Zeichenfolge :-) drückt ein Internet-Chatter Freude aus.
JA ▼		▲ JA		JA ▼		NEIN ▼
F Die Meerkatze gehört zur Klasse der Knochenfische.	NEIN ▶	**R** Gähnen kann ansteckend sein.	NEIN ▶	**E** Wenn Schwalben tief fliegen, ist schlechtes Wetter zu erwarten.	JA ▶	**I** Eine fast knielange Freizeithose nennt man auch Bahamashorts.
JA ▼	JA ▼	▲ NEIN		NEIN ▼	◀ NEIN	JA ▼
D Kamele speichern Wasser in ihrem Höcker.	◀ JA	**T** Auch im Schatten wird man braun.	◀ NEIN	**S** Beethovens 7. Sinfonie nennt man auch „Unvollendete".	◀ JA	**R** Das „Lied der Seeräuber-Jenny" stammt aus der „Dreipfennigoper".
NEIN ▼		▲ JA		JA ▼		NEIN ▼
A Marie Curie erhielt sowohl den Nobelpreis für Physik als auch den für Chemie.	NEIN ▶	**U** Winston Churchill gewann 1920 eine olympische Silbermedaille im 1500-Meter-Lauf.	◀ NEIN	**E** Königin Sofia von Spanien war 1960 Reservefrau im griechischen Olympia-Segelteam.	JA ▶	**B** Eine Peitsche knallt, weil ihre Spitze die Schallmauer durchbricht.
JA ▼	◀ NEIN	▲ JA		▲ JA	◀ NEIN	JA ▼
I Zwei ehemals deutsche Orte im heutigen Polen hießen Groß und Klein Posemuckel.	NEIN ▶	**T** Haiti ist die größte der Gesellschaftsinseln.	NEIN ▶	**L** Der Spruch „Ich kenne meine Pappenheimer" ist aus Schillers „Wallenstein" abgeleitet.	◀ JA	**E** Louis Armstrong betrat am 20. Juli 1969 als erster Mensch den Mond.
JA ▼	NEIN ▼	▲ JA		NEIN ▼	NEIN ▼	NEIN ▼
S Zu Beginn einer Schachpartie hat jeder Spieler acht Figuren.	JA ▶	**M** Prinz Ernst August von Hannover ist ein Nachfahre des englischen Königs Georg III.	NEIN ▶	**I** Auf der kanadischen Flagge ist ein Eichenblatt zu sehen.	JA ▶	**N** ZIEL

Lösung:

☐☐ ☐☐☐☐☐☐ ☐☐☐, ☐☐ ☐☐☐ ☐☐☐☐☐.

„Moonlight and love songs, never out of date", heißt es in dem Song „As Time Goes By". Das gilt auch für den Film „Casablanca", der niemals aus der Mode kommen wird. Was als Routineproduktion während des Krieges begonnen hatte, wurde 1944 bei der Oscar-Verleihung als bester Film ausgezeichnet. Noch heute gilt er vielen als größter Liebesfilm aller Zeiten. Kennen Sie ihn? Die Buchstaben der richtigen Lösungen ergeben das gesuchte Lösungswort.

1 Ort der Handlung ist – natürlich – Casablanca. In welchem Land liegt diese Stadt?

S Algerien
E Libyen
L Marokko
A Mauretanien

2 Im Casablanca des Jahres 1942 herrscht die Regierung des unbesetzten Teiles von Frankreich, die mit Nazi-Deutschland zusammenarbeitet. Wie nannte man diese Regierung?

E Marseille-Diktatur
T Nizza-Tyrannei
B Perpignan-Oligarchie
I Vichy-Regime

3 Zahllose Flüchtlinge buhlen in Casablanca auf dem Schwarzmarkt oder bei den korrupten Behörden um ein Ausreisevisum. Einer, der mit diesen Papieren handelt, ist der zwielichtige Ugarte. Er wurde gespielt von ...

L Emil Jannings
N Klaus Kinski
E Peter Lorre
R Wolfgang Kieling

4 Unter den Flüchtlingen ist auch Ilsa. Wer spielte diese weibliche Hauptrolle?

T Greta Garbo
B Ingrid Bergman
N Marlene Dietrich
I Zarah Leander

5 Ilsa begegnet in Casablanca dem Barbesitzer Rick wieder. Der wurde gespielt von ...

E Humphrey Bogart
S James Cagney
R James Stewart
T Spencer Tracy

6 Ursprünglich war jemand anderes für diese Rolle vorgesehen. Wer?

T Gerald Ford
I Harry S. Truman
E Richard Nixon
S Ronald Reagan

7 Aus einer Rückblende erfahren wir, dass Ilsa und Rick einst ein Liebespaar waren. Auf den Ort dieser Affäre spielt einer der Filmsätze an, die längst zum geflügelten Wort geworden sind: „Uns bleibt immer noch ..."

L Berlin
T London
U Madrid
B Paris

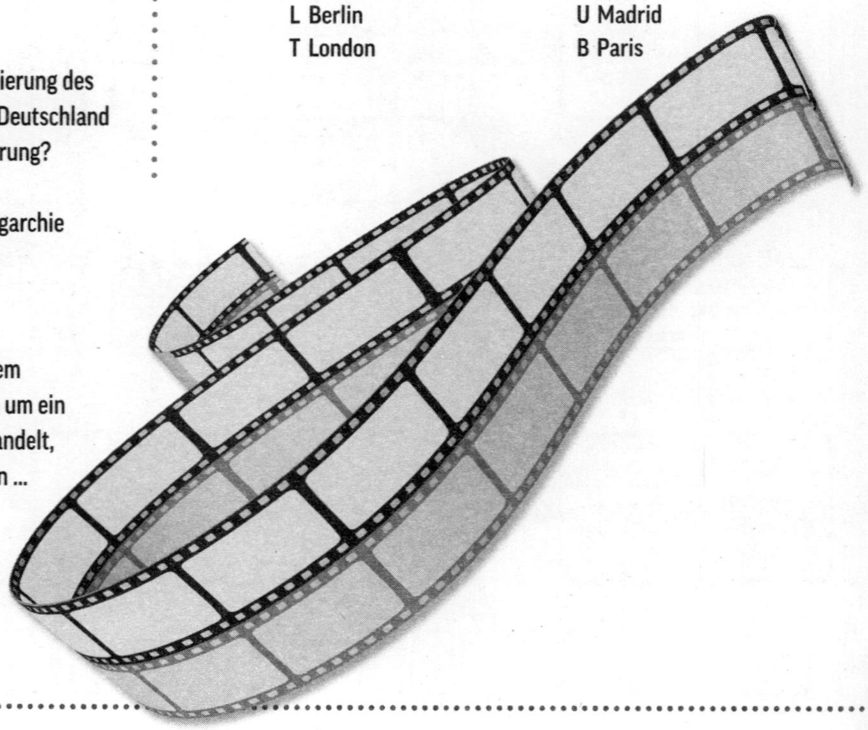

8

Sentimentale Erinnerungen an die glücklichen Tage in der europäischen Hauptstadt ruft immer wieder auch das Lied „As Time Goes By" hervor. Gespielt wird es von Ricks charismatischem Barpianisten (Dooley Wilson). Dessen Name?

O Bob
E Sam
T Tim
S Tom

9

Wer komponierte den Klassiker „As Time Goes By"?

S Bill Evans
E Duke Ellington
Z Herman Hupfeld
R Richard Rodgers

10

Ilsa braucht die Hilfe ihres einstigen Geliebten Rick. Denn sie wird begleitet von ihrem Ehemann, dem verfolgten Widerstandshelden Victor. Wer spielte ihn?

K Hans Moser
L Max Reinhardt
I Paul Henreid
D Will Quadflieg

11

Gejagt wird Victor von dem Gestapo-Major Strasser, den Rick am Ende über den Haufen schießt. Strasser wurde gespielt von ...

E Conrad Veidt
G Curt Bois
A Curt Goetz
U Gustaf Gründgens

12

Wird Rick für immer auf Ilsa verzichten, um seinem Konkurrenten Victor zu helfen? Das bleibt lange offen. Dann entpuppt sich der vermeintliche Zyniker als selbstloser Retter und ermöglicht dem Ehepaar die Flucht mit dem Flugzeug. Flugziel ist Portugals Hauptstadt ...

K Coimbra
R Faro
H Lissabon
S Porto

13

Zurück in Casablanca bleiben Rick und der Polizeichef Louis Renault (Claude Rains). Zu ihm sagt Rick den berühmtesten Schlusssatz der Filmgeschichte: „Ich glaube, das ist der Beginn einer wunderbaren ..."

U Freundschaft
E Geschichte
T Reise
A Untersuchung

14

Nicht nur viele Schauspieler in „Casablanca" waren Emigranten aus Europa, auch Regisseur Michael Curtiz war einer. Sein Geburtsort?

I Athen
N Budapest
E Rom
R Wien

15

Politische Brisanz, großartige Schauspieler und eine unsterbliche Liebesgeschichte machten „Casablanca" zu einem Gewinner der Oscar-Verleihung 1944. Wie viele der begehrten Trophäen erhielt der Film?

T zwei
G drei
N vier
M fünf

REISE-QUIZ

Stolze Städte säumen ihre Küsten, wie kostbare Perlen schimmern ihre Inseln in der graublauen Unendlichkeit … Kennen Sie die Ostsee? Die acht Fragen haben je vier Antwortmöglichkeiten.

1 Die Ostsee ist ein Meer der landschaftlichen und kulturellen Vielfalt. Wie viele Länder grenzen an das Meer?

A vier — *B acht*
C neun — *D zehn*

2 „Königin der Hanse" war Lübeck einst. Ihr Wahrzeichen ist welcher Befestigungsbau, der bis 1991 auf dem 50-Mark-Schein zu sehen war?

A Hafenmauer — *B Hansewacht*
C Heidenwall — *D Holstentor*

3 Durch die „Bäderarchitektur" fühlt man sich auf Deutschlands größter Insel schon mal in die Zeit um die vorletzte Jahrhundertwende zurückversetzt. Welche Insel ist gemeint?

A Keifen — *B Mahnen*
C Ruegen — *D Tadeln*

4 Eine Kostbarkeit, die die Ostsee noch immer freigiebig verschenkt, ist das bis zu 60 Millionen Jahre alte Harz einer Zedernart, in dem urzeitliche Insekten und Kleinstlebewesen eingeschlossen sind – eine Schatztruhe auch für Forscher! Wie heißt das „Gold", von dem hier die Rede ist?

A Porzellan — *B Bernstein*
C Flintglas — *D Rubinglas*

5 Anno 1703 ließ Peter der Große auf einer Insel die Peter-und-Pauls Festung anlegen. In ihrem Schutz entwickelte sich Sankt Petersburg. An welchem Fluss liegt die Zarenstadt?

A Newa — *B Lena*
C Oder — *D Elbe*

6 „Land der tausend Seen" nennt man es auch. Das ist untertrieben: Die Bewohner haben nachgezählt und sind auf etwa 190 000 Seen gekommen. Welches Land ist gemeint?

A Lettland — *B Schweden*
C Norwegen — *D Finnland*

7 Bornholm ist Dänemarks östlichste Insel. Eine Sehenswürdigkeit ist die im Mittelalter erbaute Festung, die heute als eine der größten Burgruinen Nordeuropas gilt. Ihr Name?

A Amboltborg — *B Hammershus*
C Oekspalads — *D Tangenslot*

8 Kein Ostseeurlaub ohne Strandkorb! Denn das erste dieser windgeschützten Sitzmöbel wurde am 15. Juni 1882 an der Ostsee aufgestellt. In welchem Ostseebad?

A Warnemuende — *B Bremerhaven*
C Travemuende — *D Heringsdorf*

Wer wird Millionär?

1) Wo ist es bei Hempels angeblich unordentlich? (50 €)
A im Bad — B unterm Sofa
C in der Spüle — D im Bett

2) Setzt man sich für jemanden ein, bricht man für ihn eine … (100 €)
A Wanze — B Grenze
C Lanze — D Schanze

3) Der letzte Schliff beim Kochen ist das … (200 €)
A Anbraten — B Aufkochen
C Anschwitzen — D Abschmecken

4) Womit kann man nicht heizen? (300 €)
A Torf — B Kohle
C Lehm — D Dung

5) Drei kurze Signaltöne bedeuten im Morsealphabet … (500 €)
A 3 — B S
C SOS — D 0

6) Was bekommt man, wenn man in Italien „caffè" bestellt? (1000 €)
A Espresso — B Filterkaffee
C Cappuccino — D Instantkaffee

7) Kein Tier ist das … (2000 €)
A Weidenkätzchen — B Eichkätzchen
C Kaninchen — D Seepferdchen

8) Wissenschaftlich heißt der Eisbär Ursus … (4000 €)
A arctos — B maritimus
C glacialus — D albus

9) Die „Bonanza"-Ranch Ponderosa wurde benannt nach … (8000 €)
A einem Pferd — B der Gelb-Kiefer
C einer Echse — D einer Goldmine

10) Der James-Bond-Gegenspieler in „Diamantenfieber" war … (16 000 €)
A Blofeld — B Scaramanga
C Zorin — D Stromberg

11) Die Werke Haydns sind im …-Verzeichnis aufgelistet. (32 000 €)
A Köchel — B Hoboken
C Raabe — D Deutsch

12) Wie hieß Myanmar früher? (64 000 €)
A Abessinien — B Siam
C Ceylon — D Birma

13) Der Dudelsack gehört zu den … (125 000 €)
A Selbstklingern — B Luftklingern
C Fellklingern — D Saitenklingern

14) „Oben am jungen Rhein" ist die Nationalhymne von … (500 000 €)
A Österreich — B der Schweiz
C Liechtenstein — D Luxemburg

15) Was kann kirchlichem Weihwasser zugefügt werden? (1 000 000 €)
A Zimt — B Essig
C Salz — D Wein

Stimmbildung

◯	1893	Frankreich	A
◯	1906	Finnland	E
◯	1918	Deutschland	I
◯	1928	Großbritannien	M
◯	1944	Schweiz	R
◯	1971	Neuseeland	W

Marie Juchacz stammte aus einfachen Verhältnissen. Geboren 1879, hatte die Zimmermannstochter als Dienstmädchen gearbeitet, als Fabrikarbeiterin und als Krankenpflegerin. Später wurde sie Schneiderin. Das Besondere an ihr für damalige Zeiten: Sie engagierte sich in der Politik. Und so durfte sie Geschichte schreiben. Vor bald 100 Jahren, am 19. Februar 1919, stand die Sozialdemokratin als erste Frau am Rednerpult eines deutschen Parlamentes und sprach „als Freie und Gleiche zum Volke". Fortan waren die Männer nicht mehr unter sich. In welcher Stadt geschah das? Wenn Sie die Länder danach ordnen, wann sie das volle Wahlrecht für Frauen einführten, haben Sie die Antwort.

DAS VERZWICKTE QUIZ

Beantworten Sie die Quizfragen. Die Buchstaben hinter den richtigen Antworten ergeben ein Lösungswort.

1 Ein Wahrzeichen von London ist ...

a) Big Bang .... E
b) Big Ben .... T
c) Big Band .... H
d) Big Apple .... F

2 Not macht redensartlich ...

a) erfinderisch .... R
b) hungrig .... K
c) nachdenklich .... J
d) traurig .... H

3 In Asien weitverbreitete Last- und Nutztiere sind die ...

a) Stolpertiere .... N
b) Stapftiere .... S
c) Trampeltiere .... A
d) Tretertiere X

4 Eine Pizza, die nur mit Tomaten, Käse und Basilikum belegt ist, ist die Pizza ...

a) Margherita I
b) Mariella .... B
c) Maria .... E
d) Madonna .... J

5 Frank Sinatra sang von „Strangers in the ...".

a) Bus .... H
b) Night .... N
c) Town .... K
d) Street .... E

6 Welches Hasentier gibt es tatsächlich?

a) Pfeifhase I
b) Lachhase .... E
c) Trommelhase .... O
d) Singhase .... P

7 Wie hieß der erste römische Kaiser?

a) Augustus .... N
b) Cäsar .... S
c) Nero .... Z
d) Titus V

8 Das „Goldene Horn" von Istanbul ist ...

a) ein Aussichtsturm .... N
b) ein Gebirgszug .... A
c) eine Meeresbucht .... G
d) eine Landzunge .... U

1 2 3 4 5 6 7 8

THEMEN-QUIZ

Klar wie Kloßbrühe?

Selbst für Berliner und Fans von Berlin ist nicht jede der folgenden Fragen leicht zu beantworten. Oder kennen Sie die Stadt wie Ihre Westentasche? Testen Sie es mit diesem Quiz.

1 Wie heißt der kleine Eisbär, der im Dezember 2006 im Berliner Zoo zur Welt kam?

A) Arne
B) Knut
C) Lars
D) Nils

2 Wie wird Berlin auch genannt?

A) Bad Wannsee
B) Havel-Venedig
C) Sandbüchse
D) Spree-Athen

3 Welcher Filmpreis wird bei der Berlinale vergeben?

A) Goldene Palme
B) Goldener Bär
C) Goldener Löwe
D) Oscar

4 Wie viele Einwohner hat Berlin?

A) 1.200.000
B) 1.700.000
C) 3.400.000
D) 5.100.000

5 Wie nannte man die Menschen, die Stücke aus der Berliner Mauer herausbrachen?

A) Klinkernager
B) Mauerspechte
C) Steinbeißer
D) Ziegelhacker

6 Welcher Fluss fließt nicht durch Berlin?

A) Dahme
B) Havel
C) Mulde
D) Spree

7 Ein mit den Israeliten verwandtes, im Ostjordanland siedelndes biblischesVolk, waren die ...

A) Moabiter
B) Kreuzberger
C) Tegeler
D) Pankower

8 Nach wessen Plänen wurde das Berliner Reichstagsgebäude 1995 bis 1999 umgebaut?

A) Axel Schultes
B) Egon Eiermann
C) Hans Scharoun
D) Norman Foster

9 „Als ich anfing, war es ein großes Risiko, arme Leute zu malen. Damals koofte keen Hammel so was." Wer sagte das?

A) Adolph von Menzel
B) Anton von Werner
C) Heinrich Zille
D) Max Liebermann

10 Im November 2007 wurde ein Berliner erster Weltmeister im ...

A) Halmaturnen
B) Mensch-ärgere-dich-nicht-Ski
C) Schachboxen
D) Skathockey

QUIZ für GENIES

Millionär können Sie bei uns (leider) nicht werden, aber auch hier können Sie Ihr Wissen testen. Viel Spaß!

1. Die Tagetes nennt man auch ...

A Primanerprimel | B Studentenblume
C Doktorendistel | D Professorenhut

2. Ein Fluss in Nordrhein-Westfalen heißt ...

A Ohr | B Lippe
C Nase | D Mund

3. Welches Tier gehört zu den Bremer Stadtmusikanten?

A Igel | B Bär
C Reh | D Katze

4. Ein Gewürz ist die ...

A Tulpe | B Nelke
C Lilie | D Aster

5. Wo liegt das frühere Myra, wo der heilige Nikolaus Bischof war?

A Italien | B Griechenland
C Türkei | D Ägypten

6. Ein Film von Monty Python ist „Das Leben des ...".

A Jesus | B Brian
C Joseph | D Bruno

7. Welcher Tanz wurde durch den Film „Alexis Sorbas" bekannt?

A La Bamba | B Habanera
C Mazurka | D Sirtaki

8. Den Gemeinen Lein kennt man auch als ...

A Joke | B Posse
C Jux | D Flachs

9. „La Bayamesa" ist die Nationalhymne von ...

A Peru | B Argentinien
C Mexiko | D Kuba

10. Die größte Fläche hat der ... Ozean.

A Atlantische | B Pazifische
C Indische | D Arktische

11. Im Damespiel auf einem 8x8-Brett hat jeder Spieler ...

A 12 Figuren | B 16 Figuren
C 14 Figuren | D 10 Figuren

12. Ein Liliengewächs mit duftenden Blüten heißt ...

A Polenkraut | B Franzosenstrauch
C Türkenbund | D Araberstolz

QUIZ

Testen Sie Ihr Allgemeinwissen!

1

11, 22, 33 und 44 sind ...

☐ Schnapszahlen ☐ Fuselziffern ☐ Kornchiffren ☐ Likörnummern

2

Was sorgt bei Kindergeburtstagen für Beschäftigung?

☐ Steakverfolgung ☐ Würstchensuche ☐ Schnitzeljagd ☐ Frikadellenhatz

3

Beim Roulette heißt es „Rien ne va ...".

☐ plus ☐ minus ☐ mal ☐ geteilt

4

Ein Sportgerät ist ...

☐ das Rhönrad ☐ der Albkreis ☐ der Taunusbogen ☐ die Harzfelge

5

Wenn ein Computer streikt, ist er manchmal ...

☐ ertrunken ☐ abgestürzt ☐ eingegangen ☐ gestolpert

6

Im Märchen „Vom Fischer und seiner Frau" ist der Prinz ein ...

☐ Butt ☐ Aal ☐ Barsch ☐ Hering

7

Welche Blütenfarbe hat Echter Lavendel?

☐ Blau ☐ Weiß ☐ Violett ☐ Zartrosa

8

Welcher Vorname der Tochter von Prinz William gehört nicht dazu?

☐ Charlotte ☐ Anne ☐ Diana ☐ Elizabeth

9

Wie heißt Mr. Beans Stofftier in der Comedyserie?

☐ Teddy ☐ Freddy ☐ Maddy ☐ Paddy

10

Was existiert nachweislich zumindest im Tierreich?

☐ Vampir ☐ Kobold ☐ Wolpertinger ☐ Nixe

11

In der Bucht welcher US-Stadt liegt Alcatraz?

☐ San Diego ☐ San Francisco ☐ Sacramento ☐ Santa Cruz

12

Wie hieß der erste Nr.-1-Hit von H. Grönemeyer in Deutschland?

☐ Bochum ☐ Zeit, dass sich was dreht ☐ Mensch ☐ Männer

BILDER-QUIZ

Das Radieschen hat seinen Namen vom lateinischen „radix". Was bedeutet das?

BLÜTE – KNOLLE – WURZEL

Baukunst: Wie nennt man die Seitenwand einer Treppe oder eines Chorgestühls?

LIPPE – STIRN – WANGE

In welcher Stadt wurde die „Titanic" gebaut?

BELFAST – GLASGOW – SWANSEA

QUIZ

500 Euro

1 Welche Dörfer sind manchem gänzlich unbekannt?

A Tschechische **B** Böhmische
C Mährische **D** Slowakische

1000 Euro

2 Jemand, der sehr erfahren ist, ist ein alter ...

A Esel **B** Luchs
C Hase **D** Eber

2000 Euro

3 Welches Lied war 1982 ein Hit?

A „Babba babba" **B** „Da da da"
C „Wo wo wo" **D** „Du du du"

5000 Euro

4 Wie nennt man einen Fehlwurf beim Kegeln?

A Boxer **B** Dogge
C Pudel **D** Spitz

10 000 Euro

5 Ein frittiertes Bällchen aus Kichererbsenmehl heißt ...

A Couscous **B** Falafel
C Kebab **D** Köfte

50 000 Euro

6 Zu welcher Pflanzenfamilie gehören die Erdbeeren?

A Rautengewächse **B** Rosengewächse
C Liliengewächse **D** Kreuzblütler

100 000 Euro

7 Wie oft war US-Schauspieler Jack Nicholson verheiratet?

A Einmal **B** Zweimal
C Dreimal **D** Viermal

250 000 Euro

8 Das Refektorium in einem Kloster ist der ...

A Schlafsaal **B** Innenhof
C Speisesaal **D** Sanitärtrakt

500 000 Euro

9 Wer schrieb „Kleiner Mann – was nun?"

A Hans Fallada **B** Klaus Mann
C Franz Kafka **D** Heinrich Böll

1 000 000 Euro

10 Wo wurde Reinhold Messner geboren?

A Brixen **B** Innsbruck
C Wien **D** Bern

BILDER-QUIZ

Mit einer Größe von ca. 35 Zentimetern ist der Turmfalke eher klein, doch dafür besitzt der „Vogel des Jahres 2007" ein großes Talent: Er kann seine Flügel so schnell bewegen, dass er in der Luft zu stehen scheint. Das nennt man auch ...

FLIMMERN • SCHWEBEN • RÜTTELN

Walnüsse sind wahre Kraftpakete und reich an Omega-3-Fettsäuren. Weniger gesund, aber dafür umso schmackhafter ist „Nocino", das aus den Früchten des „Baumes des Jahres 2008" hergestellt wird. Was ist Nocino?

LIKÖR • GLASUR • BONBON

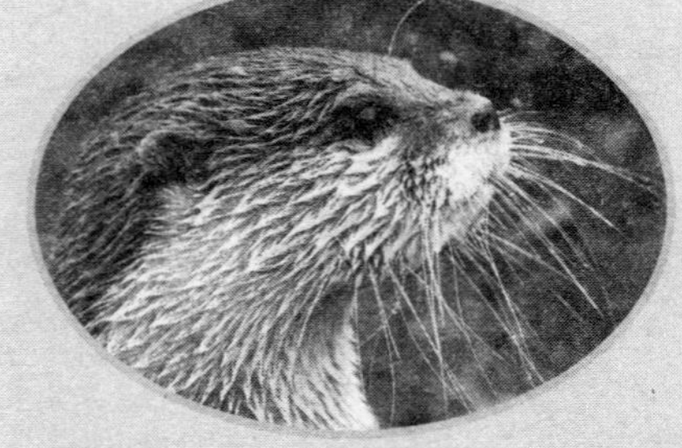

1999 wurde der Fischotter zum „Tier des Jahres" gekürt. Die possierlichen Tierchen aus der Familie der Marder sind prima an das Leben im Wasser angepasst, denn sie besitzen Schwimmhäute und 400-mal mehr ... als wir Menschen.

FETTE • HAARE • ADERN

Wer wird Millionär?

1) Jemand, der relaxt, liegt auf der faulen ... (50 €)
- A Haut
- B Seite
- C Hüfte
- D Backe

2) Wen man ärgert, den bringt man umgangssprachlich auf ... (100 €)
- A zwanzig
- B vierzig
- C sechzig
- D achtzig

3) Dinge von geringer Bedeutung bezeichnet man auch als kleine ... (200 €)
- A Krebse
- B Füchse
- C Fische
- D Mäuse

4) Stricknadeln findet man in einem Kaufhaus bei den ... (300 €)
- A Langwaren
- B Kurzwaren
- C Querwaren
- D Hochwaren

5) Soll sich jemand nicht so zieren, dann sagt man: „Sei kein ...!" (500 €)
- A Schaf
- B Frosch
- C Huhn
- D Esel

6) Ein sportlicher Mensch ist fit wie ein ... (1000 €)
- A Gleitschuh
- B Golfschuh
- C Halbschuh
- D Turnschuh

7) Ein Hochsprungstil ist der Fosbury... (2000 €)
- A Hop
- B Hupf
- C Flip
- D Flop

8) Wie heißt das Einsatzboot in der Fernsehserie „Küstenwache"? (4000 €)
- A Albatros
- B Sturmvogel
- C Möwe
- D Pelikan

9) Wie nennen Jäger einen Hasenschwanz? (8000 €)
- A Blume
- B Pflanze
- C Rose
- D Löffel

10) Der Literaturnobelpreisträger Gabriel García Márquez war ... (16 000 €)
- A Argentinier
- B Kolumbianer
- C Mexikaner
- D Peruaner

11) Welches ist die leichteste Klasse beim Amateurboxen? (32 000 €)
- A Weltergewicht
- B Leichtgewicht
- C Papiergewicht
- D Federgewicht

12) Wer verwandelte sich in einen Stier, um Europa zu entführen? (64 000 €)
- A Eros
- B Mars
- C Thor
- D Zeus

13) Die Spieler welches Fußballvereins nennt man die „Zebras"? (125 000 €)
- A FC St. Pauli
- B Inter Mailand
- C Hertha BSC
- D MSV Duisburg

14) Wie viele Pferde ziehen den Wagen auf dem Brandenburger Tor? (500 000 €)
- A drei
- B vier
- C fünf
- D sechs

15) Welche Organismen haben keinen eigenen Stoffwechsel? (1 000 000 €)
- A Viren
- B Bakterien
- C Milben
- D Kokken

TIER-QUIZ

1 Degus sehen aus wie eine Mischung aus Maus und Meerschwein. Aus welchem Staat stammen die niedlichen Nager?

- GHANA
- BENIN
- CHILE

2 Der Clownfisch gilt als einer der beliebtesten Zierfische der Welt. Grund dafür ist sein berühmter Animationsfilm-Vertreter namens ...

- NILS
- NEMO
- NOAH

3 Neben ihren strahlend blauen Augen sind die dunklen Abzeichen an Kopf, Schwanz und Beinen der Birma-Katze charakteristisch. Wie werden diese genannt?

- POINTS
- FLECKE
- TUPFEN

QUIZ

1. Was muss der Tee?

- **A** ziehen
- **B** drücken
- **C** fliegen
- **D** schweben

2. Eine bekannte volkstümliche Melodie ist der ...

- **A** Regenwalzer
- **B** Hagelwalzer
- **C** Schneewalzer
- **D** Graupelwalzer

3. Wenn etwas zu weit geht, dann ist das nicht mehr ...

- **A** ärgerlich
- **B** feierlich
- **C** lächerlich
- **D** trügerisch

4. Was besitzt jeder im Gaumen?

- **A** einen Speer
- **B** ein Segel
- **C** ein Paddel
- **D** einen Sattel

5. Wie nennt man knielange Shorts auch?

- **A** Balearen
- **B** Bermudas
- **C** Antillen
- **D** Menorcas

6. Der Straßenverkehr läuft besser mit der ...

- **A** gelben Woge
- **B** roten Flut
- **C** blauen Ebbe
- **D** grünen Welle

7. Wie viele Räuber belauscht Ali Baba in einem Märchen?

- **A** 20
- **B** 40
- **C** 60
- **D** 80

8. Die Rückenflosse des Hais und Wals heißt ...

- **A** Däne
- **B** Finne
- **C** Lette
- **D** Russe

9. Wie heißt die Hauptstadt von Australien?

- **A** Sydney
- **B** Melbourne
- **C** Darwin
- **D** Canberra

10. Eine berühmte Figur in Hameln ist der ...

- **A** Rattenfänger
- **B** Mäusefänger
- **C** Vogelfänger
- **D** Fliegenfänger

11. Im Rugby ist das Ziel, den Ball im gegnerischen ... abzulegen.

- **A** Wurzelfeld
- **B** Plusfeld
- **C** Minusfeld
- **D** Malfeld

12. Ein Androloge beschäftigt sich beruflich mit ...

- **A** Nierenleiden
- **B** Männerheilkunde
- **C** Briefmarken
- **D** Pflanzen

WORTSPIEL

Wenn Sie die Bedeutungen der 8 Wörter herausgefunden haben, ergeben die Buchstaben hinter den richtigen Antworten – von oben nach unten gelesen – ein Sprichwort.

1 drapieren

a) kunstvoll in Falten legen . . . **NIE**
b) in Erstaunen versetzen . . . **DER**
c) quälen, drangsalieren . . . . **WEN**

2 Drude

a) Keltenpriester . . . . **KRU**
b) weiblicher Nachtgeist . . . . **MAN**
c) Pferdekrankheit . . . . **NDE**

3 Düker

a) altdeutsche Goldmünze . . . **GGE**
b) Antilopenart . . . . **RMA**
c) Unterführung für einen Wasserlauf . . . . **DHO**

4 Dynamik

a) Sprengstoff . . . . **NNS**
b) Anlage zur Stromerzeugung **HTS**
c) Schwung, Triebkraft. . . . . . **LTS**

5 Exklusivität

a) gesellschaftliche Abgeschlossenheit . . . . **EIN**
b) Verbannung . . . . **UCH**
c) überspanntes Benehmen . . **OLA**

6 Exposé

a) veraltete Darstellungsweise **TWI**
b) abschlägiger Bescheid . . . **NGE**
c) Bericht; Entwurf . . . . **EWO**

7 Fiktion

a) Ausdrucksweise . . . . **NIC**
b) Entfernung aus einem Amt **RDE**
c) Erdachtes . . . . **RTE**

8 Futurologe

a) Zukunftsforscher . . . . **EIN**
b) Sprachwissenschaftler . . . . **RFI**
c) zeitgenössischer Schriftsteller . . . . **HTS**

Nur wenn Sie die Fragen richtig beantworten, werden Sie am Ziel mit den richtigen Buchstaben ankommen. Diese ergeben – hintereinandergelesen – den Lösungsspruch.

START

E Artemis gehörte zu den drei Musketieren.	**R** Thailands Währung ist der Taksin.	**D** Es gibt den Comicband „Asterix in Germanien“.	**I** Abakus kam der Sonne zu nah und stürzte ab.
L Die Abkürzung ABS bezeichnet ein Bremssystem.	**B** Der Unternehmer Josef Neckermann war auch Olympiasieger.	**T** Der Oderbruch ist eine komplizierte Rechenaufgabe.	**S** Die Inselgruppe Andamanen findet man in Südamerika.
A Ein Bauer hat ein Feld urbar gemacht. Hat er es dadurch verkauft?	**U** „Der Ball ist rund“ stammt von Günter Netzer.	**T** Die Göttin Freya tritt im „Fliegenden Holländer“ auf.	**S** Dirk Nowitzki ist 2,13 Meter groß.
S Der Edelmann Belmonte kommt in „Die Entführung aus dem Serail“ vor.	**A** Timbuktu ist die Hauptstadt Malis.	**W** Mikado ist kein Brettspiel.	**A** Elefanten gehören zu den Huftieren.
G Man kann trockenen Fußes von Dänemark nach Schweden gehen.	**V** Ein Portikus ist eine Säulenhalle.	**F** Andorra liegt zwischen Frankreich und Spanien.	**E** Das Schild „Fußgängerzone“ zeigt auch ein Fahrrad.
S Im Vatikan wacht die Tirolergarde.	**E** Ein schlechter Vergleich stinkt.	**L** Quidditch ist ein Spiel mit Würfeln.	**L** Die Alhambra steht in Granada.
Y Das Manneken Pis ist ein Brüsseler Wahrzeichen.	**G** Das London Eye ist ein Riesenrad an der Themse.	**O** Der erste Ölbohrturm stand in der Lüneburger Heide.	**T** ZIEL

Lösungsspruch:

☐☐☐☐☐☐☐ ☐☐☐ ☐☐☐ ☐☐☐☐☐☐☐☐

Schokoladenzeiten

Wenn die Fastenzeit sich ihrem Ende zuneigt und das Osterfest naht, ist auch die Schokolade wieder in aller Munde. Jeder hat ja von der üppigen Süßigkeit schon einmal genascht. Aber: Nur wenige wissen über sie Bescheid. Oder?

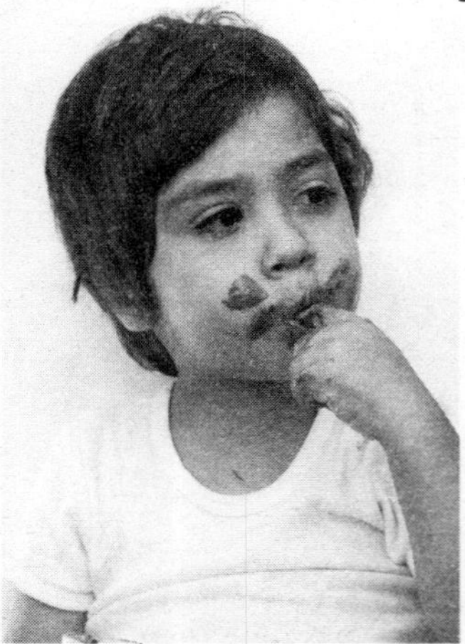

1 Wirklich süß?

Wie so viele gute Sachen kennen wir auch die Schokolade – zuerst nur als Getränk – erst seit der Entdeckung Amerikas durch Kolumbus. Auch ihr Name kommt aus der Neuen Welt. Er geht auf ein Wort in der Sprache der Azteken, dem Nahuatl, zurück: „Xocólatl".

? Was bedeutet es?

A Bitteres Wasser
B Herbe Bohne
C Scharfes Stück

2 Speise der Götter ...

„Theobroma" lautet der Gattungsname des Kakaobaums – Speise der Götter. Tatsächlich spielte er bei den Indianern eine wichtige Rolle als Opfergabe. Als Kulturpflanze ist er zuerst um etwa 1000 vor Christus nachweisbar.

? Auf dem Gebiet welchen Landes wird er seit über zwei Jahrtausenden angebaut?

A Chile B Argentinien C Costa Rica

3 ... und der Könige

Lange war Schokolade ein Luxus, den sich nur wenige leisten konnten. Unter ihnen: ein pfiffiger Minister, der Anfang des 16. Jahrhunderts das erste Schokoladenei herstellen ließ. Er schenkte es seinem König Franz I., allerdings nicht zu Ostern, sondern zum Geburtstag – so heißt es jedenfalls.

? In welchem Land geschah das?

A Frankreich
B Österreich
C Russland

4 Italienische Spezialität

„Neu erfunden" wurde das Osterei aus Schokolade 1725 von der Witwe eines italienischen Kuchenbäckers, die für ihre Osterdekoration Hühnereier mit Schokolade ausgoss. Noch heute sind die Italiener „Weltmeister" im Verzehr von Schokoladeneiern.

? In welcher Stadt lebte die Bäckerwitwe?

A Neapel B Turin C Venedig

5 Weiß zu Schwarz!

Schokolade für alle! Das wurde erst mit der industriellen Herstellung von Schokolade möglich. Großen Anteil daran hatten August Friedrich Christian Timaeus und Gottfried Heinrich Christoph Jordan. Ihnen gelang es zudem 1839, die erste Milchschokolade der Welt herzustellen.

? In welcher Stadt?

A Aachen B Dresden C Zürich

6 Gesunder Genuss?

Schokolade enthält viele Kalorien, Zucker und Fett, sie enthält – in geringer Dosierung – aber auch viele gesundheitsfördernde Stoffe. Zum Beispiel sogenannte Flavanole, die die Gefäße erweitern und die geistige Leistung verbessern.

? Welcher Wert senkt sich, wenn die Gefäße erweitert werden?

A Blutdruck
B Körpergewicht
C Stresshormone

DAS LEICHTE QUIZ

Testen Sie Ihr Allgemeinwissen, und schicken Sie Ihr Gehirn ins Trainingslager! Unser Quiz macht Sie fit für Jauch, Pilawa und Co.

1 — 50 Euro
Was ist ein Tier?
A Streithahn B Zapfhahn C Knurrhahn D Wetterhahn

2 — 100 Euro
Herrscht plötzlich größere Strenge, weht ein anderer ...
A Duft B Geist C Orkan D Wind

3 — 200 Euro
Bei Menschen mit viel Besuch geht es zu wie in einem ...
A Taubenschlag B Gänsestall C Hühnerhof D Aquarium

4 — 300 Euro
Wer zornig ist, möchte gern sein ... kühlen.
A Bierchen B Blütchen C Mütchen D Fäustchen

5 — 500 Euro
Nicht nur Gourmets haben ein ...
A Kammergericht B Strafgericht C Zivilgericht D Leibgericht

6 — 1.000 Euro
Welcher Zettel ist bei Klassenarbeiten verboten?
A Spickzettel B Packzettel C Denkzettel D Kassenzettel

7 — 2.000 Euro
Ein beliebtes Hobby ist ...
A Knieschuften B Fußmalochen C Wadenwerken D Handarbeiten

8 — 4.000 Euro
Ein bedeutender italienischer Komponist war Giacomo ...
A Cantuccini B Cappuccini C Puccini D Zucchini

9 — 8.000 Euro
Kurzwelliges, unsichtbares Licht ist ...
A gigarot B ultraviolett C milligrün D terrablau

10 — 16.000 Euro
Welchen dieser Fische gibt es nicht?
A Sägehai B Nagelhai C Schraubenhai D Hammerhai

11 — 32.000 Euro
Eine „Cucaracha“ ist eine ...
A Küchenschabe B Hausfliege C Vogelspinne D Heuschrecke

12 — 64.000 Euro
Die Oper „Der fliegende Holländer“ spielt vor der Küste ...
A Schwedens B der Niederlande C Norwegens D Dänemarks

13 — 125.000 Euro
Für Jäger ist ein Hirsch ohne Geweih ein ...
A Pastor B Pater C Hirte D Mönch

14 — 500.000 Euro
„Covent Garden“ nennt man ein Opernhaus in ...
A Kapstadt B London C New York D Sidney

15 — 1.000.000 Euro
Eine weitverbreitete Schmetterlingsfamilie heißt ...
A Lämmchen B Schäfchen C Böckchen D Widderchen

BILDER-QUIZ

Was muss man beim Volleyball können?

ABHEBEN – BAGGERN – BUDDELN

Wie heißt der Fluss, der in Wetzlar in die Lahn mündet?

DILL – SENF – ZIMT

Nützlich beim Laden und Löschen von Schiffen ist ein ...

JAN – KAI – MAX

REISE-QUIZ

Lange galt Madeira als Winterdomizil betuchter Engländer, in letzter Zeit haben aber auch andere Touristengruppen die Insel für sich entdeckt. Kennen Sie die „Blume im Atlantik"? Die acht Fragen haben je vier Antwortmöglichkeiten.

1 Madeira, das schon den Phöniziern bekannt war, wurde im 15. Jahrhundert von den Portugiesen in Besitz genommen. Sie gaben der Insel auch den Namen. Was bedeutet er?

A Fels · *B Gold*
C Holz · *D Rose*

2 Um Ackerland zu gewinnen, fackelten die ersten Siedler den Urwald in großem Stil ab. Rund ein Fünftel der fruchtbaren Vulkaninsel ist aber immer noch von ihm bedeckt. Welche Pflanze herrscht in ihm vor?

A Laerche · *B Lorbeer*
C Platane · *D Rotdorn*

3 Außerdem begannen die ersten Siedler mit der Anlage eines weitverzweigten Bewässerungssystems, das heute rund 3000 Kilometer lang ist. Schöne Wanderwege führen an den Kanälen entlang. Ihr Name?

A Graben · *B Gracht*
C Levada · *D Traufe*

4 Wie heißt die Hauptstadt Madeiras?

A Ajaccio · *B Coimbra*
C Funchal · *D Rosario*

5 Sehenswert in der Hauptstadt ist die 1514 vollendete Kathedrale. Der landestypische Stil, in dem sie erbaut wurde, ist nach einem portugiesischen König benannt. Dessen Name?

A Emanuel · *B Joachim*
C Richard · *D Wilhelm*

6 Ein Denkmal erinnert auf Madeira an den Entdecker, der auf der Insel zeitweilig als Zuckerhändler arbeitete. Sein Name?

A Kolumbus · *B Kotzebue*
C Magellan · *D Vespucci*

7 Für Geschichtsinteressierte bietet sich auch ein Ausflug zum Grab des letzten österreichischen Kaisers an, der hier 1922 in der Verbannung starb. Sein Name?

A Karl · *B Knut*
C Olaf · *D Otto*

8 Berühmtester Sohn der Insel ist wohl ein Fußballspieler. Sein Name?

A Alfredo Di Stéfano · *B Cristiano Ronaldo*
C Franz Beckenbauer · *D Juergen Klinsmann*

Wer wird Millionär?

1) Wenn man etwas merkt, dann riecht man den ... (50 €)
A Käse · B Braten · C Wein · D Fisch

2) Wenn es kalt ist, friert man wie ein ... (100 €)
A Bäcker · B Förster · C Schneider · D Maurer

3) Passiert etwas völlig Unerwartetes, ist man ... (200 €)
A baff · B taff · C straff · D schlaff

4) Kleine Hunde sind ... (300 €)
A Kälber · B Welpen · C Frischlinge · D Fohlen

5) Einem enttäuschten Menschen ist die Ernte ... (500 €)
A verregnet · B vertrocknet · C verwässert · D verhagelt

6) Welches Pferd gibt es nicht? (1000 €)
A Vollblut · B Halbblut · C Kaltblut · D Heißblut

7) Farbgebende Substanzen sind ... (2000 €)
A Pygmäen · B Pimente · C Pergamente · D Pigmente

8) Welcher Fluss fließt durch Budapest? (4000 €)
A Donau · B Moldau · C Wolga · D Neiße

9) Welcher Superheld trägt kein Kostüm? (8000 €)
A Superman · B Spider-Man · C Hulk · D Batman

10) Eine italienische Weinschaumcreme ist ... (16 000 €)
A Zabaione · B Cassata · C Panettone · D Cantuccini

11) Welcher ehemalige Sportler feierte 2015 seinen 70. Geburtstag? (32 000 €)
A Niki Lauda · B Heiner Brand · C Hans-Jürgen Bäumler · D Franz Beckenbauer

12) Wo ist der Sitz der Weltbank? (64 000 €)
A Brüssel · B Genf · C Paris · D Washington, D. C.

13) Wer ist Staatsoberhaupt der Färöer-Inseln? (125 000 €)
A Elizabeth II. · B Margrethe II. · C Willem-Alexander · D Harald V.

14) Oft in Kosmetik zu finden sind ... (500 000 €)
A Parasole · B Paradoxe · C Parabene · D Paragramme

15) Kants kategorischer Imperativ fängt wie an? (1 000 000 €)
A Werde · B Handle · C Niemals · D Immer

SORTIER-QUIZ

Erfindergeist

Mit seinem gedankenverlorenen Blick und den zerzausten Haaren wurde er zum Inbegriff des „zerstreuten Professors“. 1879 kam er in Ulm zur Welt, 1955 starb er in Princeton in den USA: Albert Einstein, der „Chefingenieur des Universums“. Was er erkannte und erdachte, das stimmt zwar (wie Experten glaubhaft versichern), ist aber noch heute den meisten Menschen unbegreiflich. Trotzdem wurde er verehrt wie ein Popstar. Vielleicht, weil er zeigte, dass es vor allem auf eines ankommt: selbst denken! „Autoritätsdusel“, sagte er einmal, „ist der größte Feind der ...“ Wie endet das Zitat? Wenn Sie die Erfindungen – beginnend mit der frühesten – in die richtige zeitliche Reihenfolge bringen, haben Sie die Antwort.

○	um 1285	Mikroskop	A
○	1590	Dampflokomotive	E
○	1679	Dampfkochtopf	H
○	1752	elektrische Batterie	H
○	1800	Ottomotor	I
○	1803/04	Blitzableiter	R
○	1876	Motorflugzeug	T
○	1901/03	Brille	W

DAS VERZWICKTE QUIZ

Beantworten Sie die Quizfragen. Die Buchstaben hinter den richtigen Antworten ergeben ein Lösungswort.

1 Der Januar ist benannt nach dem römischen Gott Janus, dem Gott ...

- des Lichts I
- des Krieges .... N
- der Wälder und Weiden .... O
- des Anfangs und des Endes .... Z

2 Vor wie vielen Jahren begann die Reformation der christlichen Kirche?

- 550 .... K
- 500 .... W
- 450 .... A
- 400 .... D

3 Welches der folgenden Länder ist der Hauptproduzent von Mangos?

- Indien I
- Thailand .... P
- Bangladesch .... A
- Indonesien .... N

4 Spricht der Mediziner von einer Hypothyreose, dann leidet man unter einer ...

- Magenschleimhautreizung .... O
- Bauchspeicheldrüsenentzündung .... D
- Schilddrüsenunterfunktion .... E
- Herzinsuffizienz .... S

5 Ein zu feinstem Pulver vermahlener Grüntee ist der ...

- Genmaicha .... P
- Sencha I
- Kombucha .... A
- Matcha .... B

6 Welcher amerikanische Präsident war am längsten im Amt?

- Franklin D. Roosevelt .... A
- Dwight D. Eisenhower .... K
- Ronald Reagan .... U
- Gerald Ford .... T

7 Nicht zur karibischen Inselgruppe der Großen Antillen gehört ...

- Kuba .... W
- Jamaika .... A
- Grenada C
- Haiti .... E

8 Der 1883 in Prag geborene Schriftsteller Franz Kafka hatte eine Ausbildung zum ...

- Arzt .... A
- Juristen .... K
- Lehrer .... D
- Architekten .... E

1 2 3 4 5 6 7 8

THEMEN-QUIZ

Nix för Quittjes!

Selbst für Hamburger und Fans von Hamburg ist nicht jede der folgenden Fragen leicht zu beantworten. Oder kennen Sie die Stadt wie Ihre Westentasche? Testen Sie es mit diesem Quiz.

1 Eine Straße in Hamburg heißt ...

A) Hasenfußweg
B) Langohrallee
C) Meister-Lampe-Ring
D) Mümmelmannsberg

2 Wie viele Einwohner hat Hamburg?

A) 1.300.000
B) 1.700.000
C) 2.300.000
D) 2.700.000

3 Der Name eines Hamburger Originals lautet ...

A) Hans Hummel
B) Igor Igel
C) Paula Pünktchen
D) Theo Tausendfuß

4 In welchem Hamburger Lokal traten die jungen Beatles auf?

A) Baronbar
B) Grafgarten
C) Kaiserkeller
D) Königskneipe

5 Wie hieß das Ohnsorg-Theater bei seiner Gründung anno 1902?

A) Dramatische Gesellschaft Hamburg
B) Hamburgische Dramaturgie
C) Niederdeutsche Bühne
D) Spielbude

6 Welcher Fußballweltmeister kam in Hamburg zur Welt?

A) Andreas Brehme
B) Bernd Hölzenbein
C) Georg Schwarzenbeck
D) Jupp Posipal

7 In welcher Stadt kann man die „Semperoper", das Hauptwerk des gebürtigen Hamburgers Gottfried Semper, besuchen?

A) Bautzen
B) Dresden
C) Leipzig
D) Zwickau

8 Welche Tageszeitung gab Matthias Claudius („Der Mond ist aufgegangen") von 1771 bis 1776 heraus?

A) Blohmscher Curier
B) Eilbeckische Post
C) Vossische Zeitung
D) Wandsbecker Bothe

9 Wie hoch ist der Turm des „Michels"?

A) 27 Meter
B) 102 Meter
C) 132 Meter
D) 157 Meter

10 Welches Land verfügt über ein eigenes, 30.000 Quadratmeter großes Stück des Hamburger Hafengeländes?

A) Kolumbien
B) Niederlande
C) Tschechien
D) USA

QUIZ für GENIES

Millionär können Sie bei uns (leider) nicht werden, aber auch hier können Sie Ihr Wissen testen. Viel Spaß!

1. Der Dreisatz ist ein ...

A Sportwettkampf | B Versmaß
C Rechenverfahren | D Theaterstück

2. Boney M. sangen von den „Rivers of ...".

A Babylon | B Alexandria
C Ephesos | D Karthago

3. Das englische Wort für Frühling ist ...

A spring | B hops
C renn | D lauf

4. Auf der Netzhaut des Auges gibt es einen ... Fleck.

A scharfen | B hellen
C dunklen | D blinden

5. Wie heißt der Hund bei den „Peanuts"?

A Goofy | B Snoopy
C Spike | D Pluto

6. Eine Leuchtdiode bei Elektrogeräten heißt ...

A LED | B LCD
C LRS | D EDV

7. Ein Anfänger zieht beim Skilaufen häufig die ...

A Trommelbremse | B Backenbremse
C Keilbremse | D Scheibenbremse

8. Für welche Tanzmusik ist das Bandoneon typisch?

A Bolero | B Tango
C Polka | D Walzer

9. Gnocchi sind ...

A Früchte | B Krapfen
C Nudeln | D Klöße

10. In einem Kobel wohnen ...

A Biber | B Eichhörnchen
C Kolibris | D Dachse

11. Kreuzkümmel heißt auch ...

A Estragon | B Cumin
C Gagel | D Kren

12. Was für ein Tier ist ein Basilisk?

A eine Kröte | B ein Leguan
C eine Heuschrecke | D ein Schmetterling

QUIZ

Testen Sie Ihr Allgemeinwissen!

1 Ein verwunderter Ausruf ist: „Ach, du ... Neune!".

☐ gelbe ☐ rote ☐ braune ☐ grüne

2 Die italienische Bezeichnung für Teigwaren ist ...

☐ Basta ☐ Pasta ☐ Pizza ☐ Piazza

3 Wenn etwas in Ordnung ist, dann ist alles in ...

☐ Margarine ☐ Butter ☐ Schmalz ☐ Öl

4 Ein falscher Geldschein ist eine ...

☐ Knospe ☐ Blüte ☐ Traube ☐ Dolde

5 Eine Zelle vermehrt sich durch ...

☐ Kupplung ☐ Bindung ☐ Teilung ☐ Spannung

6 Was streut man sich auf das Frühstücksei?

☐ Bikarbonat ☐ Natriumchlorid ☐ Schwefelsulfat ☐ Sultanat

7 Welches Volk benutzte Knotenschnüre, um Zahlen zu erfassen?

☐ die Ägypter ☐ die Inka ☐ die Chinesen ☐ die Perser

8 Was wird aus dem Saft von Süßholzwurzeln hergestellt?

☐ Lakritze ☐ Karamell ☐ Nugat ☐ Honig

9 In der deutschen Grammatik ist der dritte Fall der ...

☐ Genitiv ☐ Akkusativ ☐ Nominativ ☐ Dativ

10 Ein altes Sprichwort lautet: „Langes Fädchen, ... Mädchen".

☐ reiches ☐ lustiges ☐ flinkes ☐ faules

11 Ein Berg in Sachsen heißt ...

☐ Lausche ☐ Horche ☐ Rieche ☐ Schmecke

12 Wo wurde das Papier erfunden?

☐ Ägypten ☐ China ☐ Japan ☐ Griechenland

BILDER-QUIZ

Wie nennt man den flachen und verbreiteten Teil des Elchgeweihs?

SCHAUFEL – LEUCHTER – SCHINDER

Golf: Das Erreichen eines Lochs mit drei Schlägen weniger als nötig nennt man ...

ALBATROS – SCHWALBE – SEEADLER

In welcher Stadt spielt Shakespeares „Romeo und Julia"?

NEAPEL – VERONA – ASCONA

QUIZ

500 Euro

1 Ein schwungvoller Tänzer legt eine flotte ... aufs Parkett.

A Platte
B Sohle
C Hacke
D Spitze

1000 Euro

2 Dänemarks Festland heißt ...

A Fünen
B Jütland
C Seeland
D Lolland

2000 Euro

3 Woher stammt der grüne Tee?

A China
B Indien
C Mexiko
D Japan

5000 Euro

4 Was ist ein Paradiesapfel?

A Eine Tomate
B Eine Artischocke
C Eine Birne
D Eine Kiwi

10 000 Euro

5 Was ist eine Shisha?

A Eine Tempeltänzerin
B Eine Wasserpfeife
C Eine Lanze
D Eine Gedichtform

50 000 Euro

6 In Erich Kästners Buch „Emil und die Detektive" heißt ein Mädchen Pony ...

A Mützchen
B Hütchen
C Käppchen
D Krönchen

100 000 Euro

7 Ein norwegisches Poptrio heißt ...

A A-ha
B Aa-da
C O-ho
D He-ho

250 000 Euro

8 In welcher Serie der Erdneuzeit leben wir heute?

A Miozän
B Pliozän
C Holozän
P Pleistozän

500 000 Euro

9 Wie viele Nobelpreise werden jährlich verliehen?

A Fünf
B Sechs
C Sieben
D Acht

1 000 000 Euro

10 Wer erbaute das Brandenburger Tor?

A Schinkel
B Langhans
C Knobelsdorff
D Gropius

BILDER-QUIZ

2010 war der Kormoran „Vogel des Jahres". Die etwa 90 Zentimeter großen schwarzen Tiere zählen zur Familie der Ruderfüßer. Ihr Name stammt aus dem Lateinischen: „corvus marinus". Was heißt das auf Deutsch?

SEEVOGEL • MEERRABE • ASTDOHLE

Die Lärche, 2012 zum „Baum des Jahres" gekürt, ist äußerst vielseitig: Das sehr harte Holz wird gerne im Hausbau verwendet. Das Harz, auch „Lärchenterpentin" genannt, kann die Beschwerden welcher Krankheit lindern?

RHEUMA • ASTHMA • GRIPPE

Wie ihr Name schon verrät, besitzt die Gelbbauchunke eine leuchtend gefärbte Unterseite. Doch der „Lurch des Jahres 2014" hat noch ein weiteres auffälliges Merkmal: Seine Pupillen sehen aus wie ein ...

RING • NETZ • HERZ

Wer wird Millionär?

1) Wenn jemand schnell das Weite sucht, kratzt er die ... (50 €)
- A Kurve
- B Gerade
- C Linie
- D Senkrechte

2) Eine alte Sache ist ... von gestern. (100 €)
- A Hagel
- B Regen
- C Nebel
- D Schnee

3) Alles neu macht der ... (200 €)
- A Januar
- B Mai
- C April
- D Oktober

4) Jemand, der ein Geheimnis preisgibt, plaudert aus dem ... (300 €)
- A Schmuckkästchen
- B Nähkästchen
- C Nachtkästchen
- D Holzkästchen

5) Für welches Spiel braucht man ein Pferd? (500 €)
- A Krocket
- B Polo
- C Golf
- D Kricket

6) Wer genau rechnet, rechnet auf ... und Pfennig. (1000 €)
- A Dunkler
- B Nebliger
- C Klarer
- D Heller

7) Bei Fahrbahnverengungen benutzt man das ...verfahren. (2000 €)
- A Reißverschluss
- B Knopfloch
- C Druckknopf
- D Schnürsenkel

8) Eine portugiesische Weinstadt heißt ... (4000 €)
- A Maut
- B Porto
- C Taxe
- D Tribut

9) Wie heißt ein Block aus massivem Gold? (8000 €)
- A Barren
- B Hantel
- C Matte
- D Reck

10) Guildo Horn nennt man auch die singende ... (16 000 €)
- A Streuselschnecke
- B Nussecke
- C Sahnetorte
- D Mandelschnitte

11) Nicht zu den Balearen gehört ... (32 000 €)
- A Ibiza
- B Formentera
- C Fuerteventura
- D Mallorca

12) Welche Tiere bezeichnen Biologen als Sirenen? (64 000 €)
- A Delfine
- B Robben
- C Seekühe
- D Walrosse

13) Eine Agenda ist eine Liste von ... (125 000 €)
- A Gesprächspunkten
- B Sportdisziplinen
- C Wahlversprechen
- D Kirchenliedern

14) Welche Gewürzpflanze wird auch Kuttelkraut genannt? (500 000 €)
- A Majoran
- B Salbei
- C Rosmarin
- D Thymian

15) Auf welchem Schiff gab es 1789 eine berühmte Meuterei? (1 000 000 €)
- A „Santa Maria“
- B „Titanic“
- C „Bounty“
- D „Mayflower“

TIER-QUIZ

1 Der Goldhamster galt als ausgestorben. In welchem Land wurde er wiederentdeckt?

- IRLAND
- KANADA
- SYRIEN

2 Das Frettchen ist die domestizierte Form des Iltis. Zu welcher Tierfamilie gehört das flinke Geschöpf?

- BÄREN
- MARDER
- KATZEN

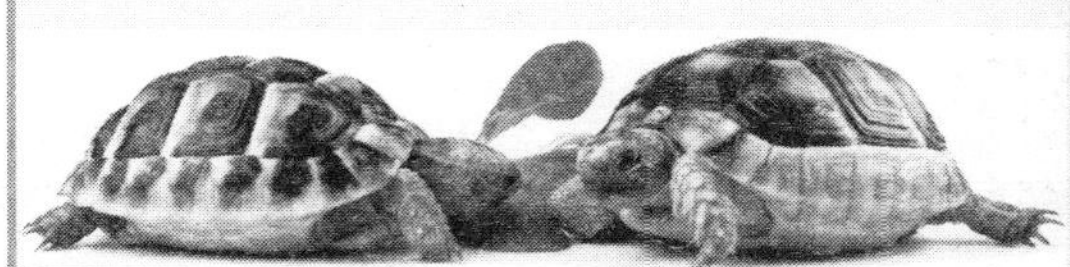

3 Schildkröten sind bei Jung und Alt beliebt. Welche Unterordnung der gepanzerten Tiere gibt es nicht?

- HALSWENDER
- HALSBERGER
- HALSWIEGER

QUIZ

1. Seltene Ereignisse passieren alle ...

A Jubeltage	**B** Jahrestage
C Jubeljahre	**D** Freudentage

2. Ein arbeitsamer Mensch ist fleißig wie eine ...

A Wespe	**B** Biene
C Fliege	**D** Mücke

3. Welches Tier gibt es nicht?

A Brillensalamander	**B** Brillenschlange
C Brillenbär	**D** Brillenfalter

4. Ein Radiologe beschäftigt sich mit ...

A Kreiselkompassen	**B** Röntgengeräten
C Rundfunkgeräten	**D** Gartenrettichen

5. Grillen zirpen mit ihren ...

A Sprungbeinen	**B** Flügeln
C Fühlern	**D** Vorderbeinen

6. In welchem Land wurde das Eis am Stiel erfunden?

A Schweden	**B** Italien
C USA	**D** Dänemark

7. Wer gemeinsame Sache macht, steckt unter einer ...

A Fuchtel	**B** Decke
C Schwelle	**D** Mütze

8. Das Wort „Obers" bedeutet in Österreich und Bayern ...

A Kellner	**B** Offiziere
C Senner	**D** süße Sahne

9. Welcher Fluss gab einer Nordseebucht ihren Namen?

A Opal	**B** Jade
C Topas	**D** Saphir

10. Welches Buch schrieb Heinrich Hoffmann?

A „Max und Moritz"	**B** „Maler Klecksel"
C „Der Struwwelpeter"	**D** „Die fromme Helene"

11. Wer ist die griechische Göttin der Liebe?

A Aphrodite	**B** Venus
C Eos	**D** Athene

12. Was ist ein Palomino?

A ein Pferd	**B** ein Schwein
C ein Clown	**D** ein Sportgerät

WORTSPIEL

Wenn Sie die Bedeutungen der 8 Wörter herausgefunden haben, ergeben die Buchstaben hinter den richtigen Antworten – von oben nach unten gelesen – ein Sprichwort.

1 Agilität
a) Zinserhöhung . . . . **NEU**
b) Zerbrechlichkeit . . . . **WER**
c) Gewandtheit, Flinkheit . . . **ALT**

2 Biberschwanz
a) flacher Dachziegel . . . . . . **ESK**
b) Stola . . . . **ERB**
c) Gewebeart . . . . **IND**

3 Büchse
a) Jagdgewehr . . . . **LAP**
b) Steckdose . . . . **BES**
c) lange Hose . . . . **ERT**

4 Diseur
a) Schallplattenansager . . . **ENW**
b) Diskuswerfer . . . . **INT**
c) Vortragskünstler . . . . **PER**

5 Dreifuß
a) Faultier . . . . **IRD**
b) dreibeiniger Schemel . . . **TNE**
c) Gewürzpflanze . . . . **TES**

6 Freifrau
a) Orchideenart . . . . **NIC**
b) weiblicher Adelstitel . . . **UES**
c) Junggesellin . . . . **ITZ**

7 Glosse
a) schräge Dachstuhlstütze **HTA**
b) spöttische Bemerkung . . . **KLI**
c) Fischorgan. . . . . **IST**

8 Juror
a) lateinisch: Sohn . . . . **TER**
b) Jurastudent . . . . **LEN**
c) Preisrichter . . . . **NGT**

Nur wenn Sie die Fragen richtig beantworten, werden Sie am Ziel mit den richtigen Buchstaben ankommen. Diese ergeben – hintereinandergelesen – den Lösungsspruch.

START

L Der Autor von Struwwelpeter nannte sich Reimerich Kinderlieb.	NEIN ▶	**G** Es gibt vier Großbuchstaben ohne Geraden.	NEIN ▶	**E** Das südamerikanische Land Ecuador heißt nach dem Äquator.	NEIN ▶	**J** Zur EU gehören 28 Staaten.
JA ▲	JA ▲	JA ▼	NEIN ▼	JA ▼	JA ▲	NEIN ▼
X Einer von Pippi Langstrumpfs Vornamen ist Rollgardina.		**I** Lübeck liegt am Nord-Ostsee-Kanal.		**B** Tibet ist Bestandteil des Staates Indien.	◀ NEIN	**Y** Willy Brandt erhielt den Friedensnobelpreis.
NEIN ▼	◀ NEIN	JA ▼		JA ▼	NEIN ▶	JA ▼
K Der Adamsapfel wächst an Bäumen.	NEIN ▶	**L** Paris liegt südlicher als München.	◀ JA	**M** Kein Säugetier kann fliegen.	◀ JA	**E** Die Erdbeere ist keine Beere.
JA ▼	JA ▼	JA ▼	◀ NEIN			NEIN ▼
C Licht von der Sonne ist nach einer Stunde auf der Erde sichtbar.	◀ NEIN	**A** Das Frankfurter Rathaus wird „Kelte“ genannt.	◀ JA	**A** Eisbären haben Schwimmhäute.	◀ JA	**B** Opak ist die Benennung einer seltenen Farbe.
NEIN ▼		JA ▼		NEIN ▼		NEIN ▼
H Muffins sind europäische Wildschafe.	NEIN ▶	**T** Georgien grenzt an das Schwarze Meer.	NEIN ▶	**H** Clavigo singt in der Zauberflöte.	◀ NEIN	**W** Knickerbocker ist ein englisches Ballspiel.
JA ▼	◀ JA	NEIN ▲	JA ▼	JA ▼	NEIN ▶	JA ▼
S Carl Orff war ein berühmter Schriftsteller.	NEIN ▶	**C** Die Quersumme von 4711 ist 13.	◀ JA	**U** Eine Kokotte ist eine heitere Tanzart.	NEIN ▶	**O** Gregor Gysi ist Facharbeiter für Rinderzucht.
JA ▼	NEIN ▼	NEIN ▲		JA ▲	JA ▲	NEIN ▼
P Folketing ist der norwegische Skilanglauf.	JA ▶	**G** Zu Beginn seiner Karriere spielte Franz Beckenbauer bei Schalke 04.	JA ▶	**E** Der Rhein entspringt in Frankreich.	NEIN ▶	**N** ZIEL

Lösungsspruch:

☐☐☐☐☐ ☐☐☐☐☐ ☐☐☐☐☐☐

Vom Tellerwäscher zum Millionär: Das ist der oft zitierte Grundgedanke des amerikanischen Traums. Eine sehr, sehr gefühlvolle Variante dieses Schlagwortes aus dem Land der unbegrenzten Möglichkeiten bietet die wahrlich traumhafte Romanze „Pretty Woman" aus dem Jahr 1990: von der Prostituierten zur Millionärsgeliebten. Kennen Sie den Film, der Julia Roberts zum Star gemacht hat? Die Buchstaben der richtigen Lösungen ergeben das gesuchte Lösungswort.

1 Wer spielte den Millionär Edward?

R Anthony Hopkins
A Michael Douglas
T Hugh Grant
D Richard Gere

2 Island, in meinem Ex-Haus, mit meinem ..."

O Ex-Auto
A Ex-Geschäftsführer
B Ex-Freund
R Ex-Hund

3 Ort der Handlung ist die größte Stadt Kaliforniens. Deren Name?

E Los Angeles
A San Diego
M Sacramento
R San Francisco

4 Hier trifft Edward die von Julia Roberts gespielte Prostituierte Vivian ...

A Child
N Keeper
U Guard
I Ward

5 Edward engagiert Vivian für eine Woche als Vorzeigedame. Die beiden logieren in einem Luxushotel in einem Ort, der vollständig vom Gebiet der größten Stadt Kaliforniens umgeben ist. Der Name des Ortes?

V Beverly Hills
M Santa Barbara
N Pacific Palisades
T Santa Monica

6 Die Woche vergeht mit Geschäftsessen, Einkäufen in Edelboutiquen, einem Opernbesuch ... Hier wird dem amerikanischen Traum gewissermaßen ein europäischer Spiegel vorgehalten. Es wird „La Traviata" gegeben. Wer komponierte die Oper um die Kurtisane Violetta und den hochgestellten Alfredo?

V Georges Bizet
E Gioachino Rossini
H Giacomo Puccini
I Giuseppe Verdi

7 Eine Woche genügt, um aus dem „Aschenputtel" Vivian eine Traumfrau zu machen und aus dem eiskalten Edward einen Mann mit Gefühlen. Es kommt zum glücklichen Ausgang des Geschehens, dem ...

A Chill-out
E Happy End
U Goodwill
L Lucky Punch

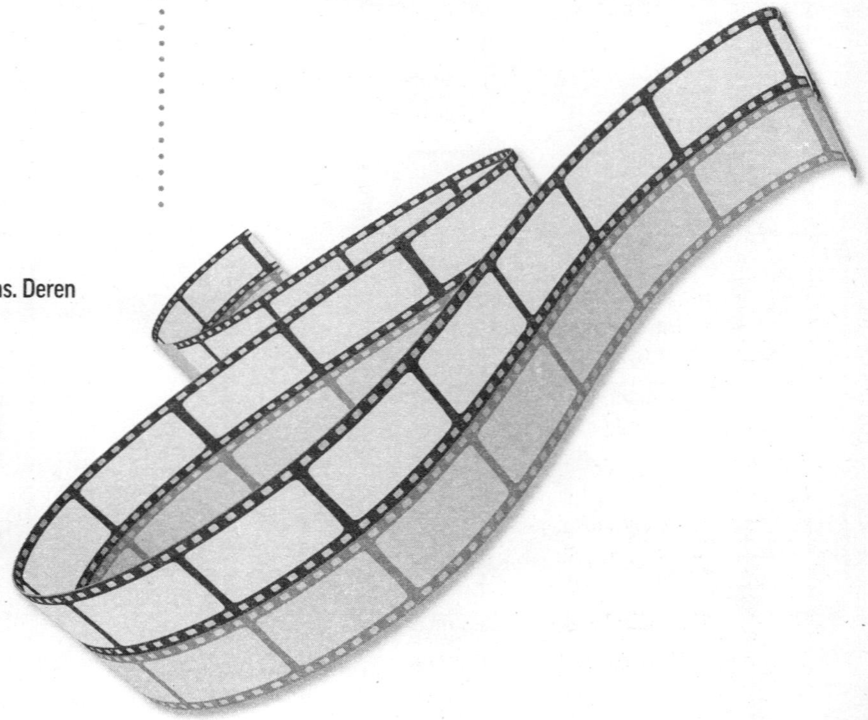

8

Kommentiert wird der Ausgang mit dem Schlusssatz: „Das ist ..., das Land der Träume. Manche Träume erfüllen sich, andere nicht. Aber hört nicht auf zu träumen."

F Amerika
E Disneyland
R Hollywood
I Kalifornien

9

Im Abspann folgt dann noch einmal das Titellied „Pretty Woman" von ...

S Cliff Richard
Z Keith Richards
E Ray Dorset
T Roy Orbison

10

Zum Erfolg des Films trug wesentlich der Charme der Hauptdarstellerin bei. Sie wurde für ihre Leistung mit einer Oscar-Nominierung belohnt. Die wievielte Nominierung war das für Julia Roberts?

I die erste
E die zweite
S die dritte
L die vierte

11

Tatsächlich mit dem Oscar ausgezeichnet wurde Julia Roberts erst zehn Jahre später für die Titelrolle in ...

C Camille Claudel
L Erin Brockovich
U Marie Antoinette
E Sylvia

12

Reizvoll besetzt war „Pretty Woman" auch in den Nebenrollen. Als Hotelmanager glänzte zum Beispiel ...

M Hank Azaria
T Hector Elizondo
H Jason Alexander
S Ralph Bellamy

13

Wie viele Oscars erhielt „Pretty Woman"?

A keinen
U zwei
O vier
T sechs

14

Wer führte bei „Pretty Woman" Regie?

N Billy Wilder
K Garry Marshall
E John Huston
I Rob Reiner

15

Neun Jahre nach „Pretty Woman" holte der Regisseur seine beiden Hauptdarsteller noch einmal vor die Kamera. Welcher Film stand diesmal auf dem Programm?

T Die Braut, die sich nicht traut
G Muriels Hochzeit
N Notting Hill
R Vier Hochzeiten und ein Todesfall

REISE-QUIZ

Großartige Berggipfel und kristallklare Seen, schmucke Dörfer und prachtvolle Städte unter weiß-blauem Himmel: So präsentiert sich Bayern. Wie gut kennen Sie Deutschlands Reiseland Nr. 1? Die acht Fragen haben je vier Antwortmöglichkeiten.

1 **Die Reise beginnt in Würzburg mit einer Besichtigung der Residenz. Mit seiner einzigartigen Ausstattung gilt der ehemalige Sitz der Fürstbischöfe als Hauptwerk des deutschen Barock. Nach wessen Plänen wurde sie errichtet?**

A Alfieri — *B Gropius*
C Guarini — *D Neumann*

2 **Ein Denkmal musikalischer Art ist in dem ungefähr 150 Kilometer östlich gelegenen Bayreuth zu bewundern. Seit 1876 finden hier Festspiele zu Ehren welches Komponisten statt?**

A Brahms — *B Mahler*
C Wagner — *D Webern*

3 **Wir fahren weiter in südwestlicher Richtung und erreichen Nürnberg und Fürth. Anno 1835 verkehrte die erste deutsche Eisenbahn zwischen den beiden Städten. Der Name der Lok?**

A Adler — *B Blitz*
C Loewe — *D Pferd*

4 **Nach über 100 Kilometern Fahrt in südöstlicher Richtung erreichen wir eine Stadt, in der die Spatzen nicht von den Dächern pfeifen, sondern im Dom singen. Der Name des Ortes an der Donau?**

A Deggendorf — *B Ingolstadt*
C Neukirchen — *D Regensburg*

5 **150 Kilometer weiter südwestlich erreichen wir einen Ort, der nicht für Domspatzen bekannt ist, dafür aber für Puppen aus der Kiste. Wie heißt die Heimatstadt der Fugger und Bertold Brechts?**

A Augsburg — *B Freising*
C Kulmbach — *D Landshut*

6 **Wir erreichen nun München. Welcher Fluss fließt durch die 1158 von Heinrich dem Löwen gegründete „Weltstadt mit Herz"?**

A Enns — *B Isar*
C Lech — *D Naab*

7 **Keine Bayernreise ohne eine Besichtigung des 130 Kilometer südwestlich gelegenen Schlosses, das sich König Ludwig II. ab 1868 „im echten Styl der alten deutschen Ritterburgen" erbauen ließ. Wie heißt es?**

A Charlottenburg — *B Herrenchiemsee*
C Hohenschwangau — *D Neuschwanstein*

8 **Ganz im Süden des Landes, an der Grenze zu Österreich, liegt der mit 2962 Metern höchste Berg Deutschlands. Der Name des Alpengipfels?**

A Bungsberg — *B Hausstock*
C Zuckerhut — *D Zugspitze*

Wer wird Millionär?

1) Wenn die Meinungen auseinandergehen, dann scheiden sich die ... (50 €)
- A Feen — C Gespenster
- B Geister — D Hexen

2) Ein Spaßmacher ist ein dummer ... (100 €)
- A April — C August
- B Juni — D Mai

3) Pinocchio bekommt eine lange Nase, wenn er ... (200 €)
- A lacht — C singt
- B lügt — D redet

4) Seeleute orientieren sich auf dem Meer mit ... (300 €)
- A Zweinichten — C Fünfneffen
- B Dreionkeln — D Sextanten

5) Nach einer alten Lebensweisheit sollte man nicht nach den ... greifen. (500 €)
- A Blitzen — C Sternen
- B Planeten — D Wolken

6) Die Versorgungsflugzeuge während der Berliner Luftbrücke hießen ... (1000 €)
- A Zuckerbomber — C Schokoladenbomber
- B Zitronenbomber — D Rosinenbomber

7) Eine Selbstverständlichkeit bezeichnet man auch als ... (2000 €)
- A Schilfweisheit — C Rapsweisheit
- B Binsenweisheit — D Grasweisheit

8) Umgangssprachlich ist etwas Unverschämtes ein dicker ... (4000 €)
- A Bär — C Tiger
- B Hund — D Kater

9) Die Gasblase in einer Wasserwaage nennt man ... (8000 €)
- A Mücke — C Libelle
- B Fliege — D Brummer

10) Ein Cocktail mit Tomatensaft und Wodka heißt ... (16 000 €)
- A Bloody Mary — C Red Lady
- B Caipirinha — D Mojito

11) Das schnellste Passagierschiff auf der Transatlantikroute bekam das ... (32 000 €)
- A Blaue Band — C Grüne Band
- B Gelbe Band — D Rote Band

12) Aus wie vielen gleichseitigen Dreiecken besteht ein Tetraeder? (64 000 €)
- A drei — C fünf
- B vier — D sechs

13) Wie heißt die Standardkleidung einer Ballerina? (125 000 €)
- A Tata — C Toto
- B Tutu — D Tete

14) Was steht zur Warnung vor Bahnübergängen? (500 000 €)
- A Thomaskreuz — C Malteserkreuz
- B Johanniterkreuz — D Andreaskreuz

15) In welcher Stadt regnet es im Jahresmittel am meisten? (1 000 000 €)
- A Berlin — C Paris
- B London — D Rom

Für Adelsexperten

Eigentlich hat Queen Elizabeth im April Geburtstag – 2018 wurde sie 92. Ihre offizielle Geburtstagsparade bekommt sie aber immer erst im Juni: Dann darf man auch in London etwas Sonnenschein erwarten. „Trooping the Colour" heißt das Spektakel mit viel Musik, edlen Pferden und unzähligen Soldaten in Gardeuniform. Welches Mitglied des Königshauses nahm im Jahr 2011 – natürlich unter einer riesigen Bärenfellmütze – erstmals an der Parade teil? Wenn sie die Adelsdynastien den Ländern zuordnen, in denen sie das Staatsoberhaupt stellen, haben Sie die Antwort.

○	Belgien	Grimaldi	A
○	Dänemark	Glücksburg	I
○	Luxemburg	Glücksburg	I
○	Niederlande	Nassau	L
○	Norwegen	Nassau	L
○	Monaco	Bernadotte	M
○	Schweden	Sachsen-Coburg-Gotha	W

Beantworten Sie die Quizfragen. Die Buchstaben hinter den richtigen Antworten ergeben ein Lösungswort.

1 Ein ursprünglich aus Indien stammendes Joghurtgetränk ist ...

Ayran .... A
Dugh .... K
Kefir .... U
Lassi .... R

2 Zur Familie der Hahnenfußgewächse gehört das Gewöhnliche ...

Herzblümchen .... Z
Leberblümchen .... E
Nierenblümchen .... B
Gallenblümchen .... W

3 Die Bezeichnung Aschermittwoch leitet sich ab von einem ...

Karnevalsbrauch .... P
mittelalterlichen Lied .... A
heidnischen Kultobjekt L
christlichen Brauch .... F

4 Roman Polański verfilmte 2011 das Theaterstück „Der Gott des ...".

Gemetzels .... O
Gezeters .... P
Gezänks .... A
Gemeckers .... N

5 Welche Wintersportart ist keine olympische Disziplin?

Biathlon L
Curling .... E
Eisstockschießen .... R
Skeleton .... M

6 Welcher der folgenden Fernsehmoderatoren studierte Medizin?

Günther Jauch .... A
Guido Cantz .... J
Alfred Biolek I
Jörg Pilawa .... M

7 Friedrich Dürrenmatt schrieb die Komödie „Die ...".

Biologen .... K
Chemiker .... A
Mediziner .... N
Physiker .... E

8 Die Amtssprachen von Malta sind Maltesisch und ...

Griechisch .... O
Englisch .... R
Italienisch .... E
Französisch L

1 2 3 4 5 6 7 8

Nix för Dröömdöppe!

Selbst für Düsseldorfer und Fans von Düsseldorf ist nicht jede der folgenden Fragen leicht zu beantworten. Oder kennen Sie die Stadt wie Ihre Westentasche? Testen Sie es mit diesem Quiz.

1 Ein Stadtteil von Düsseldorf heißt ...

A) Niederbilk
B) Oberkassel
C) Überbebra
D) Unterfulda

2 Wer in Düsseldorf einen „Halven Hahn" bestellt, bekommt ein Roggenbrötchen mit ...

A) Eiersalat
B) Geflügelwurst
C) Käse
D) Putenbrust

3 Wie viele Einwohner hat Düsseldorf?

A) ca. 280.000
B) ca. 580.000
C) ca. 980.000
D) ca. 1.080.000

4 Wie hieß das Pferd, mit dem Ann Kathrin Linsenhoff 1988 eine olympische Goldmedaille gewann?

A) Courage
B) Mumm
C) Schneid
D) Traute

5 Wann wurde der Neandertaler im Neandertal entdeckt?

A) 1556
B) 1656
C) 1756
D) 1856

6 Was wird anhand der „Düsseldorfer Tabelle" deutschlandweit berechnet?

A) gesetzliche Unterhaltsansprüche
B) Kilometerpauschale
C) Kinderfreibetrag
D) relative Fahruntüchtigkeit

7 Wie lautet eine frühere Bezeichnung Düsseldorfs?

A) Aktentasche von Köln
B) Büroklammer von Krefeld
C) Schreibtisch des Ruhrgebiets
D) Zollhäuschen des Rheins

8 Welches Werk Thomas Manns spielt in Düsseldorf?

A) „Buddenbrooks"
B) „Der Erwählte"
C) „Der Zauberberg"
D) „Die Betrogene"

9 Um wie viele Meter überragt der Düsseldorfer Rheinturm den Kölner Dom (157,38 m)?

A) 3,12 Meter
B) 33,12 Meter
C) 53,12 Meter
D) 83,12 Meter

10 Wen wählten die Düsseldorfer in einer Umfrage zum „Düsseldorfer des 20. Jahrhunderts"?

A) Heino
B) Joseph Beuys
C) Konrad Henkel
D) Toni Turek

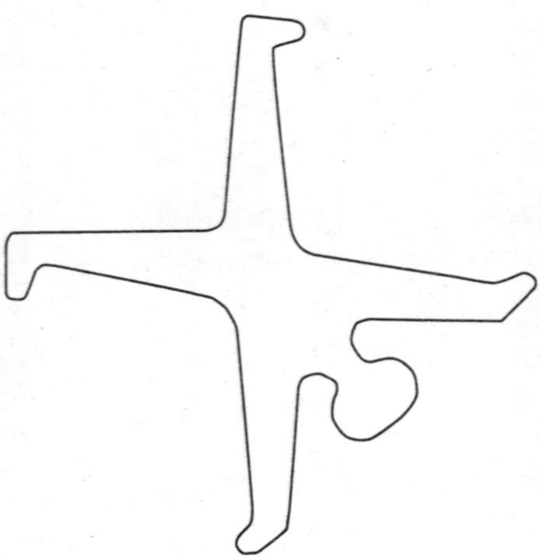

QUIZ für GENIES

Millionär können Sie bei uns (leider) nicht werden, aber auch hier können Sie Ihr Wissen testen. Viel Spaß!

1. Sensible Menschen sind ...

A kurzhaarig | B langmütig
C dünnhäutig | D hellhörig

2. Im britischen Parlament gibt es ein House of ...

A Dukes | B Ladys
C Peers | D Lords

3. Wie heißt der Wurmfortsatz des Blinddarms in der Medizin?

A Asterix | B Idefix
C Obelix | D Appendix

4. Wer morgens ohne Grund nicht zur Arbeit geht, der macht ...

A schwarz | B blau
C grün | D rot

5. Beamte bekommen im Ruhestand eine ...

A Herberge | B Gaststätte
C Ferienwohnung | D Pension

6. Was gibt es in den Größen 1 x 4 oder 102?

A Fahrradreifen | B Kaffeefiltertüten
C Schneeketten | D Handtücher

7. Was versteht man in der Kunstgeschichte unter einer Fibel?

A einen Hut | B eine Spange
C einen Gürtel | D eine Tasche

8. Unter Metamorphose versteht man im Allgemeinen eine ...

A Beinkleidung | B Krankheit
C Verwandlung | D Lichterscheinung

9. Was ist Koh-i-Noor?

A thailändische Insel | B indische Provinz
C berühmter Diamant | D persische Prinzessin

10. Ein Trotteur ist ein ...

A Schuh | B Fußweg
C Laufbursche | D Balletttänzer

11. Wer gehörte nicht zu den zwölf Aposteln?

A Andreas | B Philippus
C Simon | D Markus

12. Die von Pflanzenwurzeln durchsetzte Bodenschicht ist die ...

A Biosphäre | B Lithosphäre
C Rhizosphäre | D Troposphäre

QUIZ

Testen Sie Ihr Allgemeinwissen!

1

Im Wetterbericht heißt es manchmal: „Überwiegend ...“

☐ traurig ☐ lustig ☐ freundlich ☐ höflich

2

Was ist eine Babyzelle?

☐ Laufstall ☐ Gitterbett ☐ Batterie ☐ Kinderzimmer

3

Die Straße von Messina trennt Sizilien von ...

☐ Italien ☐ Tunesien ☐ Griechenland ☐ Frankreich

4

Wer sagte: „Was bin ich wieder für ein Schelm“?

☐ T. Eulenspiegel ☐ O. Waalkes ☐ P. Frankenfeld ☐ H. Erhardt

5

Ginger Rogers bildete ein Traumpaar mit ...

☐ Cary Grant ☐ James Stewart ☐ Fred Astaire ☐ Rock Hudson

6

Computer und Drucker kommunizieren über eine ...

☐ Druckstelle ☐ Kerbstelle ☐ Schnittstelle ☐ Trennstelle

7

Eine Süßspeise aus Kakaocreme und Keksen heißt „Kalter ...“.

☐ Ochse ☐ Kater ☐ Esel ☐ Hund

8

Wer spielte die Hauptrolle in den „Alien“-Filmen?

☐ Halle Berry ☐ Jane Fonda ☐ Sigourney Weaver ☐ Linda Harrison

9

Astana ist die Hauptstadt von ...

☐ Eritrea ☐ Laos ☐ Togo ☐ Kasachstan

10

Niedrigen Blutdruck bezeichnen Ärzte als ...

☐ Hypertonie ☐ Myatonie ☐ Hypotonie ☐ Myotonie

11

Wer zerbrach den Krug in dem Lustspiel von Kleist?

☐ Adam ☐ Abel ☐ Eva ☐ Kain

12

Der Schwarze Apollo ist ein ...

☐ Reptil ☐ Schmetterling ☐ Pilz ☐ Vogel

BILDER-QUIZ

Welches der Gewächse ist eine Zwiebelpflanze?

MALVE - LILIE – WICKE

In welcher Stadt kann man die „Semperoper“ besuchen?

BAUTZEN – DRESDEN – ZWICKAU

Welche Hunderasse wird als Schlittenhund eingesetzt?

DOGGE – SPITZ – HUSKY

QUIZ

500 Euro

1 Was ist ein Kaiman?

S Salamander
B Krokodil
C Gazelle
D Biber

1000 Euro

2 Ein berühmter Neffe von Francis Ford Coppola ist …

A Nicolas Cage
B George Clooney
C Brad Pitt
D Leonardo DiCaprio

2000 Euro

3 Die Schlümpfe zum Singen brachte Vader …

A Abraham
B Goliath
C Methusalem
D Salomon

5000 Euro

4 Welchen Knochen gibt es nicht im menschlichen Körper?

A Erbsenbein
B Federbein
C Pflugscharbein
D Siebbein

10 000 Euro

5 Was ist ein Radlader?

A Fahrradanhänger
B Verladefahrzeug
C Schiff
D Hebebühne

50 000 Euro

6 Wer schrieb das Buch „Illustrirtes Thierleben"?

A Alfred Brehm
B Heiner Bremer
C Andreas Brehme
D Fredrika Bremer

100 000 Euro

7 Welcher Feldherr zog mit Elefanten über die Alpen?

A Alexander der Große
B Cäsar
C Hannibal
D Spartakus

250 000 Euro

8 Seit wann gibt es in Deutschland Farbfernsehen?

A 1930
B 1954
C 1967
D 1972

500 000 Euro

9 Die deutschen Länderparlamente sind …

A Einkammersysteme
B Zweikammersysteme
C Dreikammersysteme
D Vierkammersysteme

1 000 000 Euro

10 Was kann man in einer Glyptothek besichtigen?

A Briefmarken
B Kirchenbücher
C antike Skulpturen
D Aquarelle

BILDER-QUIZ

Der Hirschkäfer wurde 2012 zum „Insekt des Jahres" gewählt und ist mit seinem imposanten Geweih ein echter Blickfang. Mit diesem am Oberkiefer befindlichen Werkzeug gelangt er an seine Leibspeise. Welche ist das?

BLÄTTER • INSEKTEN • BAUMSAFT

Der Baum des Jahres 2005 war früher oft in den Gärten von Brauereien zu finden. Der Grund: Seine große Krone spendete viel Schatten, womit der Bierkeller gekühlt werden konnte. Um welchen Baum handelt es sich?

TRAUBENEICHE • ROSSKASTANIE • VOGELKIRSCHE

Flink springt sie über Stock und Stein: Die Gämse, 2012 zum „Tier des Jahres" ernannt, ist ein wahrer Kletterkünstler. Grund dafür sind die geteilten Hufe und ein spezieller Fortsatz dahinter. Wie wird dieser genannt?

KRALLENHUF • AFTERKLAUE • RÜCKHAKEN

Wer wird Millionär?

1) Ein spendabler Mensch lässt gerne etwas ...

50 €

- A fliegen
- B gehen
- C schleifen
- D springen

2) Wer heimlich zusammenarbeitet, steckt unter einer ...

100 €

- A Decke
- B Tasche
- C Jacke
- D Gardine

3) Wenn man etwas versteht, kommt man auf den ...

200 €

- A Ofen
- B Stuhl
- C Trichter
- D Deckel

4) Ist etwas authentisch, so ist es ...

300 €

- A ungewöhnlich
- B echt
- C atemlos
- D unabhängig

5) Wo sitzt dem Spaßvogel der Schalk?

500 €

- A gegenüber
- B im Nacken
- C auf dem Kopf
- D unter der Schulter

6) Worin wird Regenwasser gesammelt?

1000 €

- A Zitadelle
- B Zisterne
- C Taverne
- D Takelage

7) Aus welchem Fleisch besteht Kasseler?

2000 €

- A Schwein
- B Rind
- C Geflügel
- D Lamm

8) Wie heißt ein Berg im Schwarzwald?

4000 €

- A Schaurauf
- B Schaurunter
- C Schauinsland
- D Schauübernsee

9) Wer ist nicht im Bilderbuch „Der Struwwelpeter" zu finden?

8000 €

- A Zappel-Philipp
- B Suppen-Kaspar
- C Hanns Guck-in-die-Luft
- D Alfons Zitterbacke

10) Wer verpackte 1995 den Berliner Reichstag?

16 000 €

- A Picasso
- B Christo
- C Tiziano
- D Raffael

11) Über welchen Fußballer gab es 2015 eine Kinodokumentation?

32 000 €

- A Cristiano Ronaldo
- B Kaká
- C Ronaldinho
- D Lionel Messi

12) Wie viele Schläge darf ein Minigolfer pro Bahn maximal ausführen?

64 000 €

- A 4
- B 5
- C 6
- D 7

13) Wofür steht das P bei der Tierschutzorganisation PETA?

125 000 €

- A People
- B Power
- C Political
- D Private

14) Was entwickelte Jacqueline Urbach 1966?

500 000 €

- A Gel-Schuheinlagen
- B Blasenpflaster
- C farbige Kontaktlinsen
- D Duttkissen

15) Die erste Figur aus Barbies Familie war Skipper, Barbies ...

1 000 000 €

- A Hund
- B Pony
- C erster Freund
- D kleine Schwester

TIER-QUIZ

1 Als Stammmutter des Jack Russell Terriers gilt die Hündin eines britischen Pfarrers, der die Rasse im 19. Jahrhundert züchtete. Welchen Namen hatte sie?

- TRUMP
- OLYMP
- CHAMP

2 Geckos können kopfüber spiegelglatte Flächen entlanglaufen – speziellen Haftläppchen an den Füßen sei Dank. Wie werden diese genannt?

- LAMELLAE
- HAFTINAE
- SPATULAE

3 Minischweine lassen sich prima im Garten halten. Bei Hitze sollte man sie aber nicht draußen lassen, denn wie alle Schweine können sie nicht ...

- ABDAMPFEN
- SCHWITZEN
- WEGLAUFEN

QUIZ

1. Ein Nebenfluss des Neckars heißt ...

A Kamin	**B** Kocher
C Herd	**D** Ofen

2. In der Eisenbahn reiste man früher am günstigsten in der ...

A Arbeiterklasse	**B** Bretterklasse
C Holzklasse	**D** Unterklasse

3. Viele Menschen ... nach Komplimenten.

A mausen	**B** fischen
C hühnern	**D** tigern

4. Ein Zitat lautet: „Da geht er hin und ... nicht mehr!"

A tanzt	**B** singt
C lacht	**D** weint

5. Ingrid Bergman und Humphrey Bogart glänzten in ...

A „Casablanca"	**B** „Troja"
C „Casanova"	**D** „Karthago"

6. Wie heißt ein berühmtes Gemälde von Pieter Bruegel dem Älteren?

A „Der Bauernaufstand"	**B** „Das Bauernmädchen"
C „Die Bauernhochzeit"	**D** „Das Bauerntheater"

7. Wie viele Sekunden hat ein Tag?

A 8640	**B** 24 000
C 36 600	**D** 86 400

8. Wo wurde 1882 der erste Strandkorb aufgestellt?

A Travemünde	**B** Warnemünde
C Peenemünde	**D** Swinemünde

9. Wie viele Sterne sind auf den Euromünzen zu sehen?

A 10	**B** 12
C 14	**D** 16

10. In der Psychoanalyse thematisiert Sigmund Freud das ...

A Neben-Ich	**B** Unter-Ich
C Über-Ich	**D** Zwischen-Ich

11. Was heißt „da capo" übersetzt?

A da ist er	**B** zum Gruße
C aus vollem Herzen	**D** von Anfang an

12. Das „Land des Lächelns" in der gleichnamigen Operette ist ...

A Thailand	**B** China
C Korea	**D** Japan

WORTSPIEL

Wenn Sie die Bedeutungen der 8 Wörter herausgefunden haben, ergeben die Buchstaben hinter den richtigen Antworten – von oben nach unten gelesen – ein Sprichwort.

1 Bembel
a) Quaste . . . . **WER**
b) Apfelweinkrug . . . . **EIG**
c) ugs.: Angst . . . . **EIN**

2 Brosame
a) kleiner Krümel . . . . **NER**
b) Saatgut . . . . **DEN**
c) Anstecknadel . . . . **ERF**

3 Dotierung
a) Kurznotiz . . . . **ABE**
b) höheres Gehalt, Entgelt **RUH**
c) Börsenkurs . . . . **AHR**

4 Eselsbrücke
a) ugs.: Gedächtnisstütze . . **MIS**
b) schmaler Laufsteg . . . . **NDW**
c) Schiffsbordwandtreppe . . **ENT**

5 Flöz
a) Boot zum Übersetzen . . . **SOL**
b) flegelhafter Mensch, Lümmel . . . . **IND**
c) Bergbau: Schicht nutzbarer Gesteine . . . . . **TNE**

6 Horror
a) Vorspeise . . . . **NIC**
b) Schauder, Abscheu . . . . **IDE**
c) Jagdruf . . . . **DEN**

7 Pamphlet
a) schwerer Ringer . . . . **HTE**
b) Streit-, Schmähschrift . . . **SSO**
c) Absichtserklärung . . . . . . **ABE**

8 Salamis
a) griechische Insel . . . . **NNE**
b) karpfenartiger Fisch . . . . **GEN**
c) Dauerwurst . . . . **DER**

Nur wenn Sie die Fragen richtig beantworten, werden Sie am Ziel mit den richtigen Buchstaben ankommen. Diese ergeben – hintereinandergelesen – ein Sprichwort.

START

F – An Wahltagen darf in Norwegen kein Alkohol verkauft werden.

G – Haie können den Geschmack ihrer Beute testen, indem sie sich an ihr reiben.

E – Al Shepard, der erste Golfspieler auf dem Mond, hinterließ dort zwei Golfbälle.

N – Der Prototyp von Bugs Bunny hieß zunächst Happy Rabbit.

R – Eine alte deutsche Bezeichnung für den April lautet „Aprikosenmond“.

A – Die Angst vor der Hölle nennt man Stygiophobie.

I – In Texas ist es verboten, Graffiti auf fremde Kühe zu sprühen.

K – Auf der Flagge Kanadas ist ein Eichenblatt zu sehen.

P – In New Yorks Abwassersystem leben Alligatoren.

V – Die Bulgaren schütteln den Kopf, wenn sie Ja meinen.

E – Zu Beginn des Postwesens musste der Empfänger das Porto zahlen.

O – Matetee wird aus den Blättern der Königspalme hergestellt.

E – Whiskey-Erfinder Jacob Beam war eigentlich Deutscher und hieß Jakob Böhm.

T – Die Hauptstadt von Australien ist Melbourne.

S – Erster Fußball-Weltmeister war 1930 Brasilien.

E – Die NASA entwickelte den „Space Pen“, einen Stift, der auch im Weltall schreibt.

T – Albert Einstein entwickelte die Realitätstheorie.

N – Goethe war gelernter Apotheker.

K – 30 Prozent der Iren haben rote Haare.

L – Auf jedem Kontinent gibt es mindestens eine Stadt namens Rom.

I – Clara Schumann erfand die Klarinette.

C – Die französische Nationalhymne nennt man auch „Versaillaise“.

H – Auch Pflanzen können einen Sonnenbrand bekommen.

U – Eintagsfliegen essen ihr ganzes Leben lang nichts.

E – Die Ostsee hat einen höheren Salzgehalt als der Atlantik.

G – Eine Wasserballmannschaft besteht aus sieben Mitspielern.

T – Freddie Mercury wurde auf Sansibar geboren.

S – ZIEL

Lösung:

Verschwitzte Körper, die sich aneinander reiben, ein mitreißender Soundtrack und eine zu Tränen rührende Liebesgeschichte machten „Dirty Dancing" zum Kassenschlager des Jahres 1987: Allein in Deutschland lockte die Geschichte von Johnny und seinem Baby rund neun Millionen Zuschauer in die Kinos. Und noch heute kennen viele Menschen den romantischen Tanzfilm in- und auswendig. Gehören Sie dazu? Die Buchstaben der richtigen Lösungen ergeben das gesuchte Lösungswort.

1 „Es war im Sommer 63, alle nannten mich Baby, und irgendwie hat mir das gefallen." Mit diesem Zitat beginnt der Film. Wie lautet Babys richtiger Vorname?

T Catherine
M Lisa
A Frances
L Marjorie

2 Baby ist 17, naiv, unerfahren und idealistisch, eine Tochter aus gutem Hause. Wie heißt das Ferienresort, in dem sie im Sommer '63 mit ihren Eltern und ihrer Schwester urlaubt?

O Bates' Beautyfarm
U Kellerman's
A Houseman's
I Lake Lure Lodge

3 Mit Jungs und Mode hat Baby nicht viel am Hut. Welcher – von John F. Kennedy ins Leben gerufenen – Freiwilligenorganisation würde sie gerne beitreten?

F Friedenscorps
S Kinderhilfswerk
N Jugendfeuerwehr
I Stiftung Naturschutz

4 Dann aber läuft Baby ein junger Tanzlehrer über den Weg. Sie verliebt sich Hals über Kopf in Johnny ...

R Carson
F Castle
Z Cash
K Craig

5 Johnny wurde von Patrick Swayze gespielt, der im September vergangenen Jahres im Alter von nur 57 Jahren verstarb. Wer war an seiner Seite als Baby zu sehen?

E Cynthia Rhodes
S Kelly Bishop
O Jennifer Grey
T Miranda Garrison

6 Johnny hat einen wichtigen Auftritt vor sich, aber seine Tanzpartnerin ist verhindert. Aus welchem Grund?

R Sie ist schwanger und plant eine Abtreibung.
I Sie muss für ihre Schulabschlussprüfung lernen.
C Sie nimmt an einem Casting am Broadway teil.
N Sie will zum Geburtstag ihrer kranken Mutter fahren.

7 Baby springt schließlich für Johnnys Partnerin ein. Deren Vorname?

Z Dolly
D Penny
H Kelly
B Sally

8 Während ihrer Tanzproben schauen sich Baby und Johnny immer tiefer in die Augen, schließlich gehen sie eine verbotene Beziehung ein. Zeit für das – von Patrick Swayze selbst geschriebene und gesungene – Liebeslied „She's Like ...".

F A Feather
O My Life
I A Rainbow
E The Wind

9 Als die heimliche Liebe entdeckt wird, verliert Johnny seinen Job. Doch noch ist der Sommer nicht zu Ende: In einem hinreißenden Finale darf Johnny schließlich den wichtigsten Satz des Filmes sagen. Wie lautet er?

N „Darf ich bitten?"
R „Mein Baby gehört zu mir."
L „Ich schau dir in die Augen, Kleines!"
H „Was ist dein richtiger Name, Baby?"

10 Eine unübersehbare Folge des Filmes war ein Tanzboom in Deutschland, die Tanzschulen boten sogar „Dirty Dancing"-Kurse an. Was wurde dort eifrig geübt?

D Limbo
E Polka
N Mambo
L Walzer

DAS LEICHTE QUIZ

Testen Sie Ihr Allgemeinwissen, und schicken Sie Ihr Gehirn ins Trainingslager! Unser Quiz macht Sie fit für Jauch, Pilawa und Co.

1 **50 Euro**
Hat man Schnupfen, ... die Nase.
A rennt | B geht | C hüpft | D läuft

2 **100 Euro**
Will man jemanden aushorchen, klopft man auf den ...
A Ast | B Strauch | C Apfelbaum | D Busch

3 **200 Euro**
Einer Gefahr entrinnt man mit einem blauen ...
A Finger | B Mund | C Auge | D Fuß

4 **300 Euro**
Ärgerlich bei einer Mathearbeit ist ein ...
A Fahrfehler | B Rechenfehler | C Kunstfehler | D Sprachfehler

5 **500 Euro**
Scheitert ein Vorhaben, hat man womit gehandelt?
A Mit Äpfeln | B Mit Erbsen | C Mit Gurken | D Mit Zitronen

6 **1.000 Euro**
Welches Land ist kein Alpenland?
A Frankreich | B Spanien | C Italien | D Österreich

7 **2.000 Euro**
Das Geweih von Elchen bezeichnet man als ...
A Harke | B Spaten | C Schaufel | D Rechen

8 **4.000 Euro**
Welche Teesorte gibt es nicht?
A Schwarzer Tee | B Weißer Tee | C Grüner Tee | D Blauer Tee

9 **8.000 Euro**
Wer nicht hören will, hat was in den Ohren?
A Haare | B Wasser | C Watte | D Wolle

10 **16.000 Euro**
Wo befindet sich im menschlichen Körper das Jochbein?
A Im Arm | B In der Brust | C Im Bein | D Im Kopf

11 **32.000 Euro**
Was ist Beriberi?
A Ein Reisgericht | B Ein Volksstamm | C Eine Krankheit | D Ein Gewürz

12 **64.000 Euro**
Aus Kastelruth kommen die berühmten ...
A Eber | B Spatzen | C Sperlinge | D Weiber

13 **125.000 Euro**
Was ist der 3. Buchstabe des griechischen Alphabets?
A Zeta | B Gamma | C Delta | D Omega

14 **500.000 Euro**
Was steht im Feuilleton einer Zeitung?
A Wirtschaft | B Kultur | C Politik | D Wetter

15 **1.000.000 Euro**
Das Saffianleder stammt von ...
A Lämmern | B Kälbern | C Schafen | D Ziegen

BILDER-QUIZ

Was bedeutet das indianische Wort „kanata“, von dem der Name „Kanada“ abgeleitet ist?

DORF – FELD – WALD

Schach: Den Doppelzug von Turm und König nennt man ...

RETORTE – ROCHADE – ROSETTE

Welcher Vogel ist auf der griechischen 1-Euro-Münze abgebildet?

EULE – FINK – RABE

REISE-QUIZ

Wer die Autobahn benutzt, will schnell und sicher von A nach B kommen. Aber diesen Wunsch haben viele. Und so ist die Fahrt oft langsam und gefahrvoll. Trotzdem: Wo kämen wir hin ohne Autobahn? Die acht Fragen haben je vier Antwortmöglichkeiten.

1 **Am 6. August 1932 wurde die erste Teilstrecke eröffnet, auf der man von Köln aus in welche Stadt gelangte?**

A Bern — *B Bonn*
C Marl — *D Werl*

2 **Schnell fahren: Das konnte man in Deutschland vor 1932 auf der 1921 fertig gestellten „Automobil-Verkehrs- und Übungs-Straße" (AVUS). In welcher Stadt ist die ehemalige Rennstrecke seit 1971 Teil der Stadtautobahn?**

A Berlin — *B Bremen*
C Erfurt — *D Passau*

3 **Heute ist das deutsche Autobahnnetz mit einer Gesamtlänge von mehr als 12 000 km das dichteste Europas. Man kommt darauf von überallher nach überallhin: Wenn man zum Beispiel von der Ostsee aus auf der A1 nach Süden fährt, landet man schließlich in ...**

A Ruesselsheim — *B Saarbruecken*
C Schaffhausen — *D Zweibruecken*

4 **Wie heißt die Verkehrsverbindung zwischen Hamburg und Kopenhagen, zu der die A1 in ihren nördlichen Abschnitten gehört?**

A Katzenspringer — *B Schlangenroute*
C Schweinsgalopp — *D Vogelfluglinie*

5 **Die mit ca. 950 km längste deutsche Autobahn ist die A7: Sie führt uns von der österreichischen Grenze bei Füssen bis in unser nördliches Nachbarland Dänemark. Welchen Fluss unterqueren wir dabei?**

A Elbe — *B Isar*
C Lech — *D Main*

6 **Beim Kirchheimer Dreieck kreuzt sich die A7 mit einer wichtigen Ost-West-Achse: der A4. Diese Autobahn beginnt in der östlichsten Stadt Deutschlands. Ihr Name?**

A Chemnitz — *B Eichwege*
C Goerlitz — *D Pomellen*

7 **Durch wie viele Bundesländer führt die A4 in ihrem Verlauf von Ost nach West?**

A zwei — *B drei*
C vier — *D acht*

8 **Und in welcher alten Kaiserstadt im Westen Deutschlands endet die A4?**

A Aachen — *B Bochum*
C Kassel — *D Speyer*

Wer wird Millionär?

1) Scheidet jemand aus einem Amt, dann nimmt er seinen ... (50 €)

A Hut — C Rock
B Mantel — D Schirm

2) Ein Teil der Unterhaltungsliteratur sind die ... (100 €)

A Schauerromane — C Nebelnovellen
B Regenbogenbücher — D Schneegedichte

3) Wer im Internet nach Informationen sucht, der ... (200 €)

A segelt — C schwimmt
B surft — D taucht

4) Ein robustes Kaltblutpferd ist der ... (300 €)

A Belgier — C Holsteiner
B Isländer — D Baschkire

5) Wie heißt ein im Baikalgebirge entspringender sibirischer Fluss? (500 €)

A Mona — C Lisa
B Lena — D Nina

6) Die Gebrüder Blattschuss besangen die „Kreuzberger ...". (1000 €)

A Tage — C Abende
B Nachmittage — D Nächte

7) Das Wort „Bakterium" kommt aus dem Griechischen und heißt ... (2000 €)

A Kügelchen — C Stäbchen
B Klümpchen — D Wölkchen

8) Was in Statistiken nicht genau erfasst werden kann, nennt man ... (4000 €)

A Dunkelziffer — C Rotlicht
B Grünfläche — D Weißbuch

9) Zu welchem Bundesland gehört die Insel Helgoland? (8000 €)

A zu Bremen — C zu Niedersachsen
B zu Hamburg — D zu Schleswig-Holstein

10) Wie viele Ecken hat ein Würfel? (16 000 €)

A vier — C acht
B sechs — D zehn

11) Ein Markenzeichen der 50er-Jahre war der ... (32 000 €)

A Herzsessel — C Rockerstuhl
B Nierentisch — D Tütenhocker

12) Welcher Sänger war früher ein Weltklasse-Skiläufer? (64 000 €)

A Hansi Hinterseer — C Howard Carpendale
B Karel Gott — D Heino

13) Im Film „Goldrausch" verspeist Charlie Chaplin einen ... (125 000 €)

A Gürtel — C Hut
B Schuh — D Besen

14) Drei deutsche Chemienobelpreisträger trugen den Nachnamen ... (500 000 €)

A Schröder — C Köhler
B Fischer — D Brandt

15) Was ist Twirling? (1 000 000 €)

A Eisschießen — C eine Skisportart
B eine Dauerwelle — D eine Tanzsportart

SORTIER-QUIZ

Musikhausaufgabe

	Musikhaus	Stadt	
◯	Carnegie Hall	Leipzig	A
◯	Gewandhaus	Bayreuth	B
◯	Koninklijk Concertgebouw	Dresden	G
◯	Richard-Wagner-Festpielhaus	New York	H
◯	Royal Albert Hall	Amsterdam	M
◯	Scala	Mailand	R
◯	Semperoper	London	U

Was lange währt, wird endlich gut! Als im April 2007 der Grundstein für das neue Konzerthaus gelegt wurde, war die Fertigstellung für den Herbst 2010 geplant. Daraus wurde nichts, doch sieben Jahre später, im Januar 2017, war es so weit: Mit einem Festkonzert öffnete die monumentale, mit atemberaubender Akustik gesegnete Elbphilharmonie zum allerersten Mal ihre Pforten. In welcher für ihren kulturellen Pioniergeist bekannten Hansestadt? Wenn Sie wissen, welches Musikhaus in welcher Stadt steht, haben Sie die Antwort.

DAS VERZWICKTE QUIZ

Beantworten Sie die Quizfragen. Die Buchstaben hinter den richtigen Antworten ergeben ein Lösungswort.

1 Wer leichtsinnig ist, der spielt mit dem ...
- a) Feuer I
- b) Ofen .... H
- c) Streichholz V
- d) Wasser .... F

2 Eine bekannte deutsche Band sind „Die Fantastischen ...“.
- a) Zwei .... W
- b) Drei .... G
- c) Vier .... N
- d) Fünf .... H

3 Ein besonders vernarrter weiblicher Fan ist ein ...
- a) Genie .... N
- b) Hippie .... Z
- c) Groupie .... T
- d) Oldie .... E

4 Dem Grantigen ist was über die Leber gelaufen?
- a) Spinne .... O
- b) Ameise .... K
- c) Laus .... E
- d) Fliege .... J

5 Ein Meeresvogel ist der ...
- a) Basstölpel .... R
- b) Tenortrottel .... H
- c) Soprangimpel .... N
- d) Altpinsel .... E

6 Was ist ein Zestenreißer?
- a) Küchengerät .... N
- b) Sportler .... E
- c) Teppichmesser .... A
- d) Gartengerät .... P

7 Aus welchen Früchten wird Calvados hergestellt?
- a) Äpfeln .... E
- b) Kirschen .... S
- c) Pflaumen .... B
- d) Birnen .... Y

8 Die griechische Göttin der Gesundheit ist ...
- a) Hygieia .... T
- b) Bacteriodite .... K
- c) Pharmacia X
- d) Infektia .... U

◯1 ◯2 ◯3 ◯4 ◯5 ◯6 ◯7 ◯8

THEMEN-QUIZ

Da ist dein Wissen bläck, oder?

Selbst für Kölner und Fans von Köln ist nicht jede der folgenden Fragen leicht zu beantworten. Oder sind Sie in jedem Winkel der Stadt fit? Testen Sie es mit unserem kölschen Quiz.

1 Wie viele Menschen haben im Kölner Dom Platz?

A) ca. 1000
B) ca. 2000
C) ca. 3000
D) ca. 4000

2 Wer in Köln einen „Halven Hahn bestellt, bekommt ein Roggenbrötchen mit ...

A) Eiersalat
B) Geflügelwurst
C) Käse
D) Putenbrust

3 Ein Kölner Stadtbezirk heißt ...

A) Kitsch
B) Nippes
C) Ramsch
D) Tinnef

4 Wie viele Einwohner hat Köln?

A) ca. 500.000
B) ca. 1.000.000
C) ca. 1.500.000
D) ca. 2.000.000

5 In der Römerzeit lautete der vollständige Name von Köln: „Colonia ... Ara Agrippinensium“

A) Claudia
B) Erika
C) Julia
D) Petra

6 Welches Werk stammt aus der Feder des Kölners Karl Berbuer?

A) Das ist die Liebe der Matrosen
B) Die Capri-Fischer
C) Heidewitzka, Herr Kapitän
D) La Paloma

7 Welchen verfolgten Kollegen nahm Heinrich Böll 1974 bei sich auf?

A) Alexander Solschenizyn
B) Boris Pasternak
C) Lew Kopelew
D) Vladimir Nabokov

8 Welchen Orden gründete Bruno von Köln anno 1084?

A) Benediktiner
B) Dominikaner
C) Franziskaner
D) Kartäuser

9 Welcher Komponist war Professor an der Kölner Musikhochschule?

A) Buxtehude
B) Offenbach
C) Schönberg
D) Stockhausen

10 Was bedeutet eigentlich das kölsche Wort „bläck“?

A) fahl, bleich
B) glänzend, leuchtend
C) nackt, bloß
D) schwarz, schmutzig

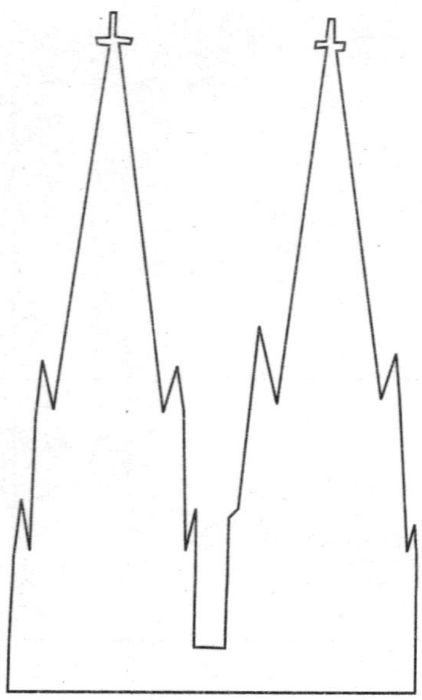

QUIZ für GENIES

Millionär können Sie bei uns (leider) nicht werden, aber auch hier können Sie Ihr Wissen testen. Viel Spaß!

1. Am Magenausgang befindet sich der ...

A Pförtner | B Schließer | C Wächter | D Kontrolleur

2. Was sich häufig wiederholt, geschieht alle ...

A haarelang | B knochenlang | C naselang | D ohrenlang

3. Auf welchem Metall kann Grünspan entstehen?

A auf Aluminium | B auf Eisen | C auf Kupfer | D auf Platin

4. Eine Bruchlandung heißt in der Fliegersprache ...

A Brennholz | B Kleinholz | C Hartholz | D Sperrholz

5. Die berühmte Grotte bei Capri ist ...

A blau | B grün | C braun | D gelb

6. Das Damoklesschwert hing der Legende nach an einem ...

A seidenen Faden | B Menschenhaar | C Pferdehaar | D Strohhalm

7. Ein Fuchsschwanzgewächs ist der ...

A Gute Heinrich | B Blasse Herbert | C Eiserne Gustav | D Grüne Rudolf

8. Der Quotient ist das Ergebnis der ...

A Addition | B Subtraktion | C Multiplikation | D Division

9. In welcher Stadt wird der Filmpreis „Goldener Löwe“ verliehen?

A Berlin | B Cannes | C New York | D Venedig

10. Wie hoch ist die Temperatur auf der Tagseite des Mondes?

A plus 130 Grad | B plus 50 Grad | C minus 50 Grad | D minus 150 Grad

11. Wo wurde André Rieu geboren?

A Maastricht | B Brüssel | C Luxemburg | D Antwerpen

12. Wetter, Schwerte und Menden liegen am Fluss ...

A Isar | B Kinzig | C Lippe | D Ruhr

QUIZ

Testen Sie Ihr Allgemeinwissen!

1

In einer schwierigen Situation sitzen alle in einem ...

☐ Keller ☐ Garten ☐ Gebüsch ☐ Boot

2

Wer klug ist, hat etwas auf dem ...

☐ Kasten ☐ Kopf ☐ Koffer ☐ Rücken

3

Eine Insektenfamilie sind die ...

☐ Bremsen ☐ Brachsen ☐ Brausen ☐ Brassen

4

Zu einer Feuerzangenbowle gehört ein ...

☐ Fingerhut ☐ Strohhut ☐ Doktorhut ☐ Zuckerhut

5

Will man den Kurs eines Segelschiffes ändern, kann man ...

☐ herzen ☐ lächeln ☐ halsen ☐ gurgeln

6

Welche Wüste liegt in Afrika?

☐ Namib ☐ Negev ☐ Karakum ☐ Gobi

7

Wobei handelt es sich um einen Tennisschlag?

☐ Lob ☐ Job ☐ Bob ☐ Hob

8

Was dem einen sin Uhl, ist dem andern sin ...

☐ Taube ☐ Nachtigall ☐ Zeisig ☐ Steckenpferd

9

Eine Komödie von und mit Til Schweiger heißt „Keinohr ...".

☐ ...hamster ☐ ...welpen ☐ ...hasen ☐ ...fohlen

10

Der beste Freund von Snoopy ist der Vogel ...

☐ Woodpecker ☐ Tweety ☐ Woodstock ☐ Speedy

11

In welcher Stadt kämpft Batman gegen das Verbrechen?

☐ Metropolis ☐ Gotham City ☐ Atlantis ☐ Spoonerville

12

Durch Leipzig fließt die ...

☐ Weiße Elster ☐ Schwarze Drossel ☐ Gelbe Meise ☐ Graue Lerche

BILDER-QUIZ

Wie heißt der Landsitz in Gloucestershire, auf dem Prinz Charles sich als Biogärtner betätigt?

HIGHGROVE – DARTMOUTH – WHITEHALL

Was muss man beim Volleyball können?

BAGGERN – WACHSEN – BUDDELN

Wie wird der Schwanz des Fuchses in der Jägersprache bezeichnet?

FEUER – LUNTE – FLINT

QUIZ

500 Euro

1 Hape Kerkeling sang: „Das ganze Leben ist ein ...“.

A Rätsel
B Quiz
C Sudoku
D Fragespiel

1000 Euro

2 Ein Problem vieler Wahlen in Deutschland ist der hohe Anteil an ...

A Falschwählern
B Jungwählern
C Nichtwählern
D Wechselwählern

2000 Euro

3 Eine würzige Knoblauchsoße ist ...

A Ajvar
B Aioli
C Dijon
D Ayran

5000 Euro

4 Was gehört zu einer Schnalle?

A Maul
B Zinken
C Klette
D Dorn

10 000 Euro

5 Wie nennt man die Straßenbahn, die in San Francisco fährt?

A Wooden Tram
B Hill Shuttle
C Cable Car
D Duck Train

50 000 Euro

6 Wie heißt der zweitlängste europäische Fluss?

A Wolga
B Rhein
C Donau
D Loire

100 000 Euro

7 Was ist der Blaue Peter?

A Ein Trunkenbold
B Eine Brücke in Dresden
C Ein Aussichtsturm in Lübeck
D Eine Signalflagge

250 000 Euro

8 Welche Filmschauspielerin nannte man „die Göttliche“?

A Elizabeth Taylor
B Greta Garbo
C Marilyn Monroe
D Zarah Leander

500 000 Euro

9 Wer oder was heißt bei Pippi Langstrumpf „Hoppetosse“?

A Ihr Pferd
B Ihr Affe
C Das Schiff ihres Vaters
D Der Dorfpolizist

1 000 000 Euro

10 Wer war die erste Frau im Weltall?

A Swetlana Sawizkaja
B Kathy Sullivan
C Walentina Tereschkowa
D Sally Ride

TENNIS-QUIZ

1 Wie lautet die internationale Bezeichnung für „null“ beziehungsweise „zu null“?

a like
b live
c loaf
d love

2 Die wichtigste Trophäe für Nationalmannschaften im Tennis wird seit 1900 vergeben. Ihr Name?

a America's Trophy
b Bette-Medal
c Coupe „Roland Garros“
d Daviscup

3 Was bedeutet das Wort „Deuce“ im Tennis?

a Einstand
b Getränk
c Netzball
d Vorteil

4 Spencer Gore, der 1877 das erste Tennisturnier in Wimbledon gewann, war ein ...

a Australier
b Engländer
c Neuseeländer
d US-Amerikaner

Wer wird Millionär?

1) Ein vergesslicher Mensch hat ein Gedächtnis wie ein ...

50 €

A Netz | C Loch
B Sieb | D Filter

2) Wird man nicht mehr beachtet, ist man umgangssprachlich ...

100 €

A ausgezogen | C abgemeldet
B weggereist | D stillgelegt

3) Was schwimmt jemandem bei einem Misserfolg weg?

200 €

A die Felle | C die Haut
B die Pelze | D die Gesichtszüge

4) Welches ist das größte Weltmeer?

300 €

A Atlantischer Ozean | C Indischer Ozean
B Pazifischer Ozean | D Nordpolarmeer

5) Bei einer künstlerischen Eingebung hat uns die Muse ...

500 €

A gestreichelt | C verführt
B geküsst | D geliebt

6) Einen Transportwagen der Polizei nennt man auch ...

1000 €

A rote Heidi | C schwarzer Peter
B grüne Minna | D blonder Hans

7) Wie nennt man eine Gruppe von Meerestieren auch?

2000 €

A Flotte | C Schule
B Klasse | D Krippe

8) Welche Einheit wurde nicht nach einem Wissenschaftler benannt?

4000 €

A Kelvin | C Lux
B Volt | D Ohm

9) Ein Backgammonspieler hat zu Beginn des Spiels ...

8000 €

A 12 Steine | C 18 Steine
B 15 Steine | D 21 Steine

10) Wie hieß der Seeräuber Störtebeker mit Vornamen?

16 000 €

A Fritz | C Klaus
B Hans | D Godeke

11) Welche Frucht heißt lateinisch „Fragaria ananassa"?

32 000 €

A Gartenerdbeere | C Honigmelone
B Ananas | D Pflaume

12) Entomologie ist der Fachausdruck für ...

64 000 €

A Algenkunde | C Gletscherkunde
B Insektenkunde | D Schlangenkunde

13) Welches Tempolimit galt 1940 in deutschen Ortschaften?

125 000 €

A 10 km/h | C 40 km/h
B 25 km/h | D 55 km/h

14) Was wurde nach dem italienischen Wort für Blümchen benannt?

500 000 €

A das Florett | C das Reck
B der Barren | D der Bumerang

15) Wie viele Menschen fuhren auf der Arche Noah mit?

1 000 000 €

A zwei | C sechs
B vier | D acht

TIER-QUIZ

1 Ein geselliger Gefährte ist der Wellensittich. Woher stammt er ursprünglich?

- ANDALUSIEN
- AUSTRALIEN
- SÜDAFRIKA

2 Pferde sind seit Jahrtausenden Freunde des Menschen. Wie nennt man den weißen Stirnfleck, den sie manchmal haben?

- BLESSE
- KLECKS
- KRUPPE

3 Seinen Namen hat der Golden Retriever vom englischen „retrieve". Was kann er also besonders gut?

- APPORTIEREN
- SCHNÜFFELN
- WACHE HALTEN

QUIZ

1. Cirrocumuluswolken nennt man umgangssprachlich ...wolken.

- **A** Schweinchen
- **B** Kälbchen
- **C** Schäfchen
- **D** Kätzchen

2. Wo sind die berühmten Domspatzen zu Hause?

- **A** Wien
- **B** Leipzig
- **C** Köln
- **D** Regensburg

3. Wie nennt man die Gattung der Heidekräuter?

- **A** Monica
- **B** Veronica
- **C** Erica
- **D** Angelica

4. Was speichern Kamele in ihren Höckern?

- **A** Wasser
- **B** Fett
- **C** Milch
- **D** Heu

5. Auf der Insel Sylt gibt es ein ... Kliff.

- **A** Grünes
- **B** Graues
- **C** Rotes
- **D** Weißes

6. Welches dieser Wirbeltiere hat die meisten Wirbel?

- **A** Python
- **B** Gorilla
- **C** Schwan
- **D** Aal

7. Das Kap der Guten Hoffnung liegt in ...

- **A** Südamerika
- **B** Südafrika
- **C** Alaska
- **D** Australien

8. Welcher Zugvogel legt die längste Strecke zurück?

- **A** Graugans
- **B** Küstenseeschwalbe
- **C** Storch
- **D** Kranich

9. Welches ist das größte deutsche Bundesland?

- **A** Bayern
- **B** Brandenburg
- **C** Niedersachsen
- **D** Hessen

10. Wie heißt das römische Zahlzeichen für 500?

- **A** C
- **B** D
- **C** M
- **D** X

11. Die Adelsfamilie Grimaldi kommt ursprünglich aus ...

- **A** Marseille
- **B** Lissabon
- **C** Genua
- **D** Venedig

12. Wer komponierte 1987 eine „Sportschau"-Titelmelodie?

- **A** Ralph Siegel
- **B** Ernst Huberty
- **C** Dieter Bohlen
- **D** Klaus Doldinger

WORTSPIEL

Wenn Sie die Bedeutungen der 8 Wörter herausgefunden haben, ergeben die Buchstaben hinter den richtigen Antworten – von oben nach unten gelesen – ein Sprichwort.

1 Gose

a) obergäriges Bier . . . . **DAH**
b) Ostgermane . . . . **DER**
c) choralähnlicher Gesang . . **WAS**

2 Gradation

a) Erlangung der Doktorwürde . . . . **SER**
b) Schwerkraft . . . . **IST**
c) Abstufung, Steigerung . . . . **EIM**

3 Griffon

a) altes Schreibgerät . . . . **HAT**
b) kleinwüchsiger Affe . . . . **EIN**
c) ein Jagdhund . . . . **IST**

4 Grips

a) grobkörniger Sandstein . . . **VEM**
b) umgangssprachlich für Verstand . . . . **DER**
c) Apfelkern . . . . **KEI**

5 Heckmeck

a) umgangssprachlich für unnötige Umstände . . . . . . **HIM**
b) Schiffsteil . . . . **BRA**
c) Ziege in der Kindersprache **NEB**

6 Hederich

a) Ackerrettich . . . . **MEL**
b) dänische Stickerei . . . . **VER**
c) Jagdbezirk . . . . **ALK**

7 Hegemeister

a) Kindergartenleiter . . . . **MAN**
b) Forstbeamter . . . . **BLA**
c) Krankenpfleger . . . . **ESE**

8 Marschboden

a) Exerzierplatz. . . . . **DEN**
b) trittfester Untergrund. . . . . . **ITE**
c) fruchtbares Land hinter Deichen . . . . **UER**

Nur wenn Sie die Fragen richtig beantworten, werden Sie am Ziel mit den richtigen Buchstaben ankommen. Diese ergeben – hintereinandergelesen – eine Redensart.

START

O Weiße Flecken auf den Fingernägeln deuten auf Eiweißmangel hin.	NEIN ▶	**H** Das Ulmer Münster hat mit 161,5 m den höchsten Kirchturm der Welt.	JA ▶	**N** Louis Réard, der Erfinder des Bikinis, war gelernter Automechaniker.	NEIN ▶	**K** 1983 war Lagos in Nigeria die teuerste Stadt der Welt.
JA ▼	↙ JA	NEIN ▼		JA ▼	↙ JA	NEIN ▼
O Kolibris können nicht zu Fuß gehen.	◀ NEIN	**F** Lucky Luke hat im Laufe seiner TV-Karriere das Rauchen aufgegeben.	◀ JA	**E** Die „Black Box“, der Flugschreiber im Flugzeug, ist nicht schwarz, sondern orange.	◀ NEIN	**A** Der meistbesuchte Ort der Welt ist die Freiheitsstatue in New York.
NEIN ▼		JA ▼		NEIN ▼		JA ▼
F Im Amazonas leben rosa Flussdelfine.	NEIN ▶	**L** Schmutziger Schnee schmilzt schneller als sauberer.	JA ▶	**E** Letzter Kaiser des „Römischen Reiches Deutscher Nation“ war Wilhelm II.	NEIN ▶	**I** Die ersten US-Cents wurden aus Martha Washingtons Goldarmband geprägt.
JA ▼	↙ JA	NEIN ▼		JA ▼	↙ NEIN	NEIN ▼
K Rochade nennt man beim Schach den Doppelzug von König und Läufer.	◀ NEIN	**S** Ein schwerer, alkoholreicher Wein ist der Bernhardiner.	◀ JA	**S** In Hagebutten ist zwanzigmal mehr Vitamin C enthalten als in Zitronen.	◀ NEIN	**R** Blaue Augen werden im Alter immer heller.
NEIN ▼		JA ▼		NEIN ▼		JA ▼
E Das Wort des Jahres 1989 war „Wende“.	NEIN ▶	**I** Kaiserin Sissi hatte sich einen Anker auf die Schulter tätowieren lassen.	JA ▶	**N** Die Vertiefungen auf Golfbällen heißen Dimples.	NEIN ▶	**B** 1725 schaffte das englische Parlament Ostern ab.
JA ▼	↙ JA	NEIN ▼		JA ▼	↙ JA	NEIN ▼
I In einem siebenstündigen Schlaf wechselt man etwa zehnmal die Position.	◀ NEIN	**R** Schweizer tragen den Ehering an der linken Hand, da sie dem Herzen näher ist.	◀ JA	**P** Tintenfische können sich farblich der Umgebung anpassen, sind aber farbenblind.	◀ NEIN	**E** 315 gab es in Rom 1044 öffentliche Toiletten.
NEIN ▼	↙ JA	JA ▼	↙ NEIN	NEIN ▼	↙ JA	JA ▼
S 1740 wurde in Frankreich eine Kuh der Zauberei für schuldig befunden.	NEIN ▶	**E** Das Metall Gallium schmilzt, wenn man es in die Hand nimmt.	JA ▶	**I** Der Grundsatz „Ich weiß, dass ich nichts weiß“ geht auf Perikles zurück.	NEIN ▶	**S** **ZIEL**

Lösung:

☐☐☐☐ ☐☐☐☐☐☐☐ ☐☐☐☐☐ ☐☐☐☐☐☐!

Es war vor bald 35 Jahren: Am 1. September 1985 entdeckte ein Tiefseeforscher vor Neufundland in knapp 4000 Metern Tiefe den legendären Ozeanriesen „Titanic". Die Folge: ein ungeheurer Wirbel um das Wrack, der 1997 in einer grandiosen Verfilmung des Untergangs gipfelte. Kennen Sie das Meisterwerk, das Millionen Zuschauer zu Tränen rührte? Die Buchstaben der richtigen Lösungen ergeben das gesuchte Lösungswort.

1 Rund um die wahre Geschichte der „Titanic" zeigt der Film die fiktive Liebesgeschichte von Rose und Jack. Der Name des Regisseurs und Drehbuchautors, der diesen Einfall hatte?

L George Lucas
W James Cameron
K Martin Scorsese
T Steven Spielberg

2 Je mehr der Zuschauer das frisch verliebte Paar in sein Herz schließt, desto mulmiger wird ihm. Er kennt das Ende, Jack und Rose nicht. Wie nennt man eine derartig erzeugte Spannung?

A Emotion
R Kick
I Suspense
O Thrill

3 Dafür, dass kaum ein Auge trocken blieb, sorgte auch das Filmlied „My Heart Will Go On". Wer sang es?

E Céline Dion
S Jennifer Lopez
T Mariah Carey
U Sarah Brightman

4 Natürlich gab es einen Oscar für das Lied. Wie viele Oscars erhielt der Film insgesamt?

B zwei
S sechs
A neun
D elf

5 Zu den Hauptfiguren: Wer spielte die reiche, verwöhnte Rose?

S Cate Blanchett
N Gwyneth Paltrow
E Kate Winslet
R Keira Knightley

6 In der Rolle des mittellosen Jack glänzte ...

S Ben Affleck
T Johnny Depp
R Leonardo DiCaprio
O Matt Damon

7 Dramatischer Höhepunkt der Liebesgeschichte ist die Szene, in der Rose ihre Arme ausbreitet und „fliegt", während Jack sie festhält. An welchem Ort des Schiffes?

G Brücke
E Bug
S Heck
R Mastkorb

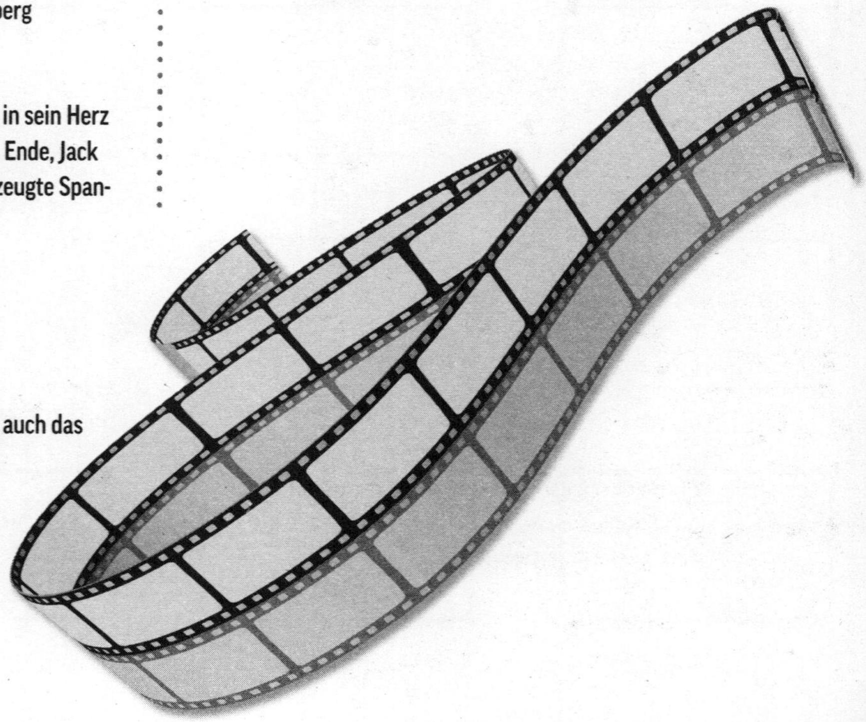

8 Und wo schlafen die beiden miteinander?

E im Maschinenraum
P in der Kapitänskajüte
O in der Kombüse
N in einem Auto im Laderaum

9 Je glücklicher das Paar, desto näher das Ende: Die „Titanic" stößt mit einem Eisberg zusammen und sinkt. Überfordert war in dieser Situation der von Bernard Hill gespielte Kapitän des Schiffes. Sein Name?

S Andrews
I Ismay
P Murdock
T Smith

10 In welchem Jahr geschah das furchtbare Unglück?

C 1911
D 1912
E 1913
H 1914

11 In welcher Stadt war die „Titanic" gebaut worden?

E Belfast
H Edinburgh
L London
I Swansea

12 Die für unsinkbar gehaltene „Titanic" ging auf ihrer Jungfernreise unter. Die begann in Southampton. Das Ziel, das sie nie erreichte?

I Buenos Aires
F New Orleans
C New York
N Rio de Janeiro

13 Und wie erging es unserem Liebespaar beim Untergang? Jack stirbt. Rose überlebt. Worauf?

T Eisscholle
H Floß
I Rettungsboot
K Treibholz

14 Der Film hat eine Rahmenhandlung, die an die Entdeckung des Wracks angelehnt ist. Wem glückte der Fund 1985 in Wirklichkeit?

T Alfred Wegener
L Jacques Piccard
A Jacques-Yves Cousteau
E Robert Ballard

15 Dank der Rahmenhandlung wissen wir auch, dass Liebe stärker ist als der Tod: Rose hat sich ihre Liebe zu Jack ein Leben lang bewahrt. Als 100-Jährige sieht sie einen Fernsehbericht über die Entdeckung des Wracks. Auf welchem von den Forschern geborgenen Kunstwerk, das Jack von ihr auf der „Titanic" anfertigte, erkennt sie sich wieder?

N Aktzeichnung
E Gipsbüste
M Fotografie
G Scherenschnitt

REISE-QUIZ

Ost und West, Tradition und Moderne bilden in Hongkong einen eigentümlichen Kontrast. Kennen Sie die pulsierende Metropolregion an der Südküste Chinas? Die acht Fragen haben je vier Antwortmöglichkeiten.

1 **Hongkong war noch zu Anfang des 19. Jahrhunderts ein Fischerdorf und Piratenunterschlupf. Was bedeutet sein Name?**

A Duftender Hafen *B Liebliche Bucht*
C Lockende Kueste *D Schuetzende Bai*

2 **Hongkong ist vorwiegend gebirgig und hat stark gebuchtete, felsige Küsten. Welcher Fluss mündet westlich des Gebietes ins Südchinesische Meer?**

A Geldfluss *B Goldfluss*
C Jadefluss *D Perlfluss*

3 **Hongkong besteht aus der gleichnamigen Insel und einer ans Festland grenzenden Halbinsel. Deren Name?**

A Arabien *B Florida*
C Iberien *D Kowloon*

4 **Der Meeresarm zwischen Festland und Insel ist einer der besten Naturhäfen der Welt, der seit 1821 von britischen Schiffen angelaufen wurde. Welches Handelsgut hatten sie an Bord?**

A Opium *B Seide*
C Seife *D Stahl*

5 **Ein Krieg, der nach dem gesuchten Handelsgut benannt ist, brachte Hongkong 1841 in britischen Besitz. Wie nannten die Briten die Hauptstadt ihrer neuen Kolonie?**

A Beatrice *B Hortense*
C Mathilda *D Victoria*

6 **Eines der ältesten Gebäude Hongkongs ist die 1849 errichtete Kathedrale Saint ...**

A Anne *B Bill*
C John *D Mary*

7 **Die Bauten aus der Kolonialzeit werden heute von modernen Wolkenkratzern überragt, unter ihnen der „Drachenturm" der Bank of China. Nach wessen Plänen wurde er von 1985 bis 1990 errichtet?**

A George Baehr *B Hans Holbein*
C Ieoh Ming Pei *D Le Corbusier*

8 **Unter dem Motto „Ein Land, zwei Systeme" kam Hongkong vor knapp 20 Jahren, am 1. Juli 1997, zurück an China. Welches Mitglied des englischen Königshauses war bei der Übergabe zugegen?**

A Camilla *B Charles*
C Eugenie *D William*

Wer wird Millionär?

1) Manche Menschen haben eine musikalische ...

50 €
A Ader | B Vene
C Arterie | D Blutbahn

2) Wenn jemand deprimiert ist, ist ihm die Ernte ...

100 €
A vertrocknet | B verregnet
C verschneit | D verhagelt

3) Bei einem guten Einfall hat es ...

200 €
A gezündet | B gekokelt
C gebrannt | D geschwelt

4) Redensartlich sagt man auch: „Immer langsam mit den jungen ...!"

300 €
A Elefanten | B Fischen
C Pferden | D Hühnern

5) Regelmäßig auffällig ist der ...

500 €
A Radaubruder | B Rabatzopa
C Krawallcousin | D Krachschwager

6) Wie heißt der neueste Film der James-Bond-Filmreihe?

1000 €
A Spectre | B Spectacle
C Spectrum | D Spectator

7) Was macht eine Tomatensoße „all'arrabbiata" aus?

2000 €
A Schärfe | B Süße
C grüne Farbe | D hoher Fleischgehalt

8) Keine Komödie von William Shakespeare ist ...

4000 €
A „Ein Sommernachtstraum" | B „Viel Lärm um nichts"
C „Was ihr wollt" | D „Don Juan"

9) Eine Stadt in Deutschland heißt ...

8000 €
A Winterthur | B Winterstadt
C Winterberg | D Winterhafen

10) Was ist die offizielle Amtssprache in Vatikanstadt?

16 000 €
A Latein | B Italienisch
C Deutsch | D Rätoromanisch

11) Vom Schach kennt man den Ausdruck ...

32 000 €
A en gros | B en détail
C en face | D en passant

12) Wie wird die Missweisung einer Kompassnadel genannt?

64 000 €
A Adaption | B Destination
C Deklination | D Konjugation

13) Welche Farbe hat der linke obere Ring der olympischen Ringe?

125 000 €
A Rot | B Blau
C Gelb | D Grün

14) Alle drei Deutschen Kaiser entstammten dem Geschlecht der ...

500 000 €
A Hohenzollern | B Habsburger
C Staufer | D Wittelsbacher

15) Wie heißt der Hausmeister von Hogwarts?

1 000 000 €
A Argus Filch | B Poppy Pomfrey
C Rubeus Hagrid | D Horace Slughorn

Bärenstark!

Einmal im Jahr, wenn sich Berlin Schauspieler und Regisseure aus aller Welt treffen, geht es bei der Berlinale um Goldene und Silberne Bären. 1951 fanden die mittlerweile so bedeutenden Filmfestspiele zum allerersten Mal statt. Als ihr Vater gilt ein gewisser Herr Martay. Als Film Officer der amerikanischen Militärregierung sicherte er die Finanzierung der Veranstaltung, die mit der Aufführung von Alfred Hitchcocks „Rebecca“ eröffnet wurde. Welchen passenden Vornamen hatte Film Officer Martay? Wenn Sie wissen, wer in welchem Jahr mit welchem Film den Silbernen Bären als bester Darsteller oder beste Darstellerin gewann, ergibt sich die Antwort.

◯	1956 („Trapez“)	Halle Berry	R
◯	1962 („Mr. Hobbs macht Ferien“)	Isabelle Adjani	A
◯	1979 („Die Ehe der Maria Braun“)	Burt Lancaster	O
◯	1989 („Camille Claudel“)	James Stewart	S
◯	2002 („Monster's Ball“)	Hanna Schygulla	C

DAS VERZWICKTE QUIZ

Beantworten Sie die Quizfragen. Die Buchstaben hinter den richtigen Antworten ergeben ein Lösungswort.

1 Was zieht sich beim Schluckauf reflexartig zusammen?

die Lunge .... D
die Luftröhre I
das Zwerchfell .... G
die Speiseröhre .... A

2 Welches der folgenden Lebewesen ist kein Fisch?

der Hammerhai .... O
das Seepferdchen I
der Sägefisch .... A
der Tintenfisch .... E

3 Woraus werden die antibiotisch wirksamen Penizilline gewonnen?

Algen .... B
Baumrinde .... O
Ginseng .... E
Schimmelpilze L

4 Wer komponierte die Musik zu Bertolt Brechts „Dreigroschenoper“?

Kurt Weill .... A
Paul Dessau .... W
Hanns Eisler .... N
Ernst Busch .... R

5 Was bedeutet das Wort Philosoph in der wörtlichen Übersetzung?

Freund des Buches .... O
Freund der Wahrheit .... E
Freund des Weines .... A
Freund der Weisheit .... S

6 Welche Sprache gehört nicht zu den romanischen Sprachen?

Spanisch .... U
Französisch I
Serbisch .... S
Rumänisch .... O

7 Welche Frucht wird im Volksmund auch Liebesapfel genannt?

Orange .... A
Apfel .... D
Tomate .... E
Melone .... U

8 John Osborne schrieb das Drama „Blick zurück im ...“.

Groll .... A
Zorn .... N
Unmut .... D
Streit .... U

1	2	3	4	5	6	7	8

THEMEN-QUIZ

Nix für Dommschwätzer!

Selbst für Saarländer und Fans des Saarlands ist nicht jede der folgenden Fragen leicht zu beantworten. Oder kennen Sie das Bundesland wie Ihre Westentasche? Testen Sie es mit diesem Quiz!

1 Wer war von 1952 bis 1956 Trainer der Fußballnationalmannschaft des Saarlands?

A) Jupp Derwall
B) Helmut Schön
C) Max Merkel
D) Sepp Herberger

2 Was gründete Heinz Rox-Schulz in Saarbrücken?

A) ein Zirkusmuseum
B) ein Bergbaumuseum
C) ein Völkerkundemuseum
D) ein Abenteuermuseum

3 Was wurde in der seit 1994 zum UNESCO-Weltkulturerbe zählenden Völklinger Hütte gewonnen und bearbeitet?

A) Eisen
B) Kupfer
C) Glas
D) Silber

4 Im heutigen Neunkircher Stadtteil Wiebelskirchen begann Erich Honecker 1928 eine Lehre. Als was?

A) als Maurer
B) als Dachdecker
C) als Schuhmacher
D) als Metzger

5 Ein Teil des Hunsrücks im nördlichen Saarland heißt: ... Hochwald.

A) Harzer
B) Taunuser
C) Schwarzwälder
D) Erzgebirger

6 Was ist die Grundzutat der saarländischen Spezialitäten Dibbelabbes und Hoorische?

A) Kartoffeln
B) Karotten
C) Rote Beete
D) Sauerkraut

7 Überregional bekannt ist ein Kleinkunstpreis, den die Stadt St. Ingbert jährlich verleiht. Wie heißt er?

A) Topf
B) Teller
C) Kasserolle
D) Pfanne

8 Wie heißt die einzige Universität des Saarlandes?

A) Ludwigs-Universität
B) Saaruniversität
C) Universität des Saarlandes
D) Lafontaine-Universität

9 Wie viele Brücken über die Saar standen auf dem Stadtgebiet, als Saarbrücken das erste Mal urkundlich erwähnt wurde?

A) keine
B) eine
C) zwei
D) drei

10 Was sieht man vom Aussichtspunkt Cloef ganz hervorragend?

A) das Saarbrücker Schloss
B) die Saarschleife
C) den Brennenden Berg
D) den Ringwall von Otzenhausen

QUIZ für GENIES

Millionär können Sie bei uns (leider) nicht werden, aber auch hier können Sie Ihr Wissen testen. Viel Spaß!

1. Auch heute noch spielen Kinder gerne mit ...

A Hauchen	B Raunen
C Wispern	D Murmeln

2. Bei der Musik der Beach Boys denkt man ans ...

A Rudern	B Surfen
C Schwimmen	D Tauchen

3. Bei starken Schmerzen hört man scherzhaft die Engel ...

A lachen	B singen
C zwitschern	D flöten

4. Cordhosen nennt man auch ...

A Arsenalhosen	B Chelseahosen
C Liverpoolhosen	D Manchesterhosen

5. Das „D" beim D-Zug stand für ...

A Durchzug	B Durchgang
C Diesel	D Dampf

6. Die „Ewige Stadt" Rom wurde gegründet auf sieben ...

A Kontinenten	B Säulen
C Inseln	D Hügeln

7. Ein englischer Adelstitel ist ...

A Account	B Discount
C Miscount	D Viscount

8. Der Artikel 1 unseres Grundgesetzes befasst sich mit der ...

A Würde	B Freiheit
C Gleichheit	D Freizügigkeit

9. In der Botanik wird die Knospe auch wie genannt?

A Elle	B Knie
C Ferse	D Auge

10. Ein Teil der Kleinen Antillen sind die Inseln ... dem Winde.

A neben	B über
C hinter	D vor

11. Die erste deutsche Briefmarke war der Schwarze ...

A Einser	B Zweier
C Dreier	D Vierer

12. Superman wurde geboren auf dem Planeten ...

A Radon	B Xenon
C Krypton	D Argon

QUIZ

Testen Sie Ihr Allgemeinwissen!

1

Lügen haben kurze ...

☐ Beine ☐ Finger ☐ Zehen ☐ Arme

2

Bei vielen Möglichkeiten hat man mehrere ... im Feuer.

☐ Scheite ☐ Steaks ☐ Hähnchen ☐ Eisen

3

Wer ließ sein Haar herunter?

☐ Schneewittchen ☐ Rapunzel ☐ Dornröschen ☐ Rotkäppchen

4

Auf welcher Insel liegen die „Kaiserbäder" Ahlbeck, Bansin und Heringsdorf?

☐ Fehmarn ☐ Rügen ☐ Usedom ☐ Sylt

5

Redensartlich geschieht etwas „Besser spät als ...".

☐ selten ☐ oft ☐ nie ☐ früh

6

Eine Gazette lässt sich ...

☐ essen ☐ fangen ☐ lesen ☐ prägen

7

Welche Zahlen mögen selbst Mathematiker nicht?

☐ Dezimalzahlen ☐ rote Zahlen ☐ ungerade Zahlen ☐ Kardinalzahlen

8

Wie lauten die weiteren Vornamen von Queen Elizabeth II.?

☐ Alexandra Mary ☐ Victoria Anne ☐ Marie Andrea ☐ Anna Diana

9

Welcher Ausdruck ist kein Skatbegriff?

☐ Vorhand ☐ Mittelhand ☐ Hinterhand ☐ Oberhand

10

Ein Wettkampfboot im Kanusport ist ein ...

☐ Amerikaner ☐ Australier ☐ Holländer ☐ Kanadier

11

Den Beinamen hollandaise trägt ...

☐ eine Suppe ☐ ein Käse ☐ eine Soße ☐ eine Nationalhymne

12

Vogel des Jahres 2015 in Deutschland ist der ...

☐ Uhu ☐ Turmfalke ☐ Steinadler ☐ Habicht

BILDER-QUIZ

Welcher Fluss mündet in die Nordsee?

ELBE – ISAR – ODER

Die Hagebutte ist eine Frucht welcher Pflanze?

EFEU – ROSE – ALOE

An wie viele Bundesländer grenzt Bremen?

EINS – ZWEI – DREI

QUIZ

1 — 500 Euro

Was raspeln Schmeichler?

A Kerbholz
B Hartholz
C Süßholz
D Kleinholz

2 — 1000 Euro

Wenn jemand unempfindlich ist, hat er ein dickes ...

A Fell
B Herz
C Auge
D Ohr

3 — 2000 Euro

Wer untertreibt, ist ein ...

A Holzstapler
B Gabelstapler
C Hochstapler
D Tiefstapler

4 — 5000 Euro

Weist man jemanden zurück, lässt man ihn ...

A Abblitzen
B Abdonnern
C Abrauchen
D Abkrachen

5 — 10 000 Euro

Ein Hahnenfußgewächs ist ...

A Der Bronzedeckel
B Die Kupfermütze
C Der Eisenhut
D Die Goldkappe

6 — 50 000 Euro

Eine in Australien lebende giftige Schlangenart ist der ...

A Taipeh
B Taifun
C Taiwan
D Taipan

7 — 100 000 Euro

Eine Statuette ist eine ...

A Opernsängerin
B Frauenrechtlerin
C Kleine Statue
D Gruppe von Kurieren

8 — 250 000 Euro

Die Tragzeit einer Elefantenkuh dauert durchschnittlich ...

A 12 Monate
B 16 Monate
C 18 Monate
D 22 Monate

9 — 500 000 Euro

Wofür benötigte man früher eine Bessemerbirne?

A Gebäudeabriss
B Glaserzeugung
C Kohlegewinnung
D Stahlherstellung

10 — 1 000 000 Euro

Claudio Abbado war ein berühmter italienischer ...

A Sänger
B Dirigent
C Maler
D Schriftsteller

BILDER-QUIZ

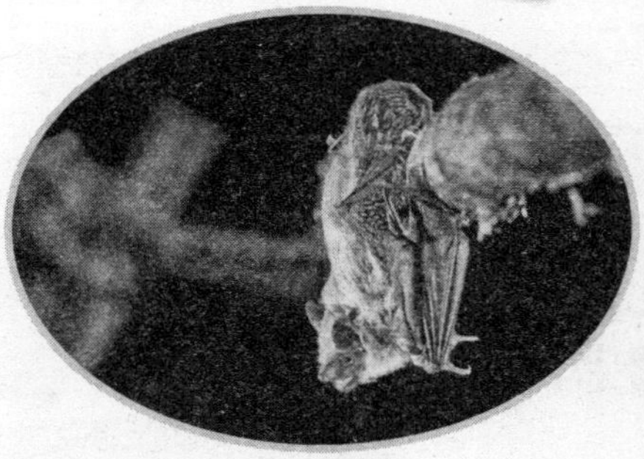

Die nachtaktive Fledermaus wurde zu Recht 1992 zum „Tier des Jahres" ernannt. Bei der Jagd in völliger Dunkelheit macht ihr so schnell niemand etwas vor. Womit ortet die Meisterakrobatin ihre Beute?

GERUCHSSINN • ULTRASCHALL • FUNKANTENNE

Weder blind noch eine Schlange – die Blindschleiche schlängelt sich zwar beinlos vorwärts, gehört aber zu den Echsen. Der Name des nützlichen „Reptils 2017" leitet sich vom althochdeutschen „plint" ab und bedeutet ...

BLINZELN • BLENDEND • ZÜNGELN

Die Trollblume wächst hoch hinaus! Das 1995 zur „Blume des Jahres" gekürte Hahnenfußgewächs besiedelt Höhenlagen bis 3000 Meter, wächst aber auch gerne in Gärten. Sie gilt als Zeigerpflanze für ...

GOLD • DUNG • LEHM

Wer wird Millionär?

1) Wer der Realität ausweicht, steckt den Kopf in den ...

50 €

- A Dreck
- B Kies
- C Sand
- D Schotter

2) Liegt etwas im Argen, herrschen Zustände wie im alten ...

100 €

- A Athen
- B Rom
- C Karthago
- D Kairo

3) Was findet man auf jedem Flughafen?

200 €

- A Big Ben
- B Hyde Park
- C Piccadilly Circus
- D Tower

4) Eine flache geräucherte Wurst ist der ...

300 €

- A Landjäger
- B Feldjäger
- C Kammerjäger
- D Schürzenjäger

5) Welcher der folgenden Namen bezeichnet eine Vogelfamilie?

500 €

- A Despoten
- B Diktatoren
- C Tyrannen
- D Kalifen

6) Die neueste Mode ist der letzte ...

1000 €

- A Song
- B Hammer
- C Schrei
- D Ruf

7) Wencke Myhre sang 1970 von einem knallroten ...

2000 €

- A Tretboot
- B Segelboot
- C Motorboot
- D Gummiboot

8) Wer verfasste eines der ersten deutschen Rechenbücher?

4000 €

- A Adam Ries
- B Eva Zwer
- C Hans Gro
- D Isaak Klei

9) Eine Gesellschaftsform ist die ... Gesellschaft.

8000 €

- A geheime
- B stille
- C ruhige
- D laute

10) Um wie viele Tage ist der Sommer länger als der Frühling?

16 000 €

- A um etwa einen Tag
- B um etwa fünf Tage
- C um etwa acht Tage
- D um etwa zehn Tage

11) Eine Messinglegierung heißt ...

32 000 €

- A Alphametall
- B Betametall
- C Gammametall
- D Deltametall

12) Wie viele Beine hat eine ausgewachsene Zecke?

64 000 €

- A vier
- B sechs
- C acht
- D zehn

13) Ein hessisches Comedy-Duo hat den Namen ...

125 000 €

- A Badeseife
- B Badeschaum
- C Badesalz
- D Badewanne

14) Zu den sieben Weltwundern gehört der Leuchtturm von ...

500 000 €

- A Ephesus
- B Olympia
- C Pharos
- D Rhodos

15) Wenn man Pyrexie hat, dann hat man ...

1 000 000 €

- A Fieber
- B Husten
- C Schnupfen
- D Halsschmerzen

TIER-QUIZ

1 Die Wolle der Hausschafe ist sehr begehrt, und auch als natürlicher „Rasenmäher" eignen sich die Pflanzenfresser gut. Von welcher Wildform stammen sie ab?

- ■ BÜFFEL
- ■ MUFFLON
- ■ VIKUNJA

2 Der niedliche Shiba Inu wurde ursprünglich für die Jagd gezüchtet. Aus welchem Land stammt der Vierbeiner, dessen Name übersetzt „kleiner Hund" lautet?

- ■ JAPAN
- ■ CHINA
- ■ KENIA

3 Seepferdchen sind im heimischen Meerwasseraquarium echte Exoten. Sie sind zwar schlechte Schwimmer, zählen aber zu den Knochenfischen. Zu welcher Klasse?

- ■ STRAHLENFLOSSER
- ■ SCHUPPENKARPFEN
- ■ LABYRINTHFISCHE

QUIZ

1. Mit einer unbedachten Äußerung tritt man leicht ins ...

A Eingemachte | **B** Leimtöpfchen
C Fettnäpfchen | **D** Käsebrötchen

2. Wer nicht genug bekommt, kriegt den ... nicht voll.

A Boden | **B** Keller
C Bauch | **D** Hals

3. Die heißesten Tage im Hochsommer nennt man auch ...

A Chaostage | **B** Hundstage
C Kurtage | **D** Plantage

4. Ein bedeutender Barock-Komponist hieß Dieterich ...

A Buxtehude | **B** Winterhude
C Steinhude | **D** Stadthude

5. Ein Kurfürst von Sachsen war August der ...

A Schwache | **B** Kluge
C Starke | **D** Heilige

6. Ein Nebenraum in der Kirche heißt auch ...

A Sakrileg | **B** Sakrament
C Sakristan | **D** Sakristei

7. Wo bekommt man eine Minipli?

A im Modehaus | **B** beim Antiquar
C beim Modellbauer | **D** beim Friseur

8. Was hat Kain getragen?

A eine Kiepe | **B** eine Kappe
C ein Gebiss | **D** ein Mal

9. Was durfte Lots Frau auf der Flucht nicht tun?

A reden | **B** ihren Mann küssen
C zurückblicken | **D** barfuß gehen

10. Wo leben die Sherpas?

A Anden | **B** Himalaja
C Kilimandscharo | **D** Pyrenäen

11. Die Azteken gründeten ein Reich im heutigen ...

A Mexiko | **B** Peru
C Chile | **D** Brasilien

12. In der „Dreigroschenoper" singt man von ...

A Dorschaugen | **B** Haifischzähnen
C Seesternen | **D** Teufelsrochen

WORTSPIEL

Wenn Sie die Bedeutungen der 8 Wörter herausgefunden haben, ergeben die Buchstaben hinter den richtigen Antworten – von oben nach unten gelesen – ein Sprichwort.

1 Attribut
a) Schaupackung . . . . **WER**
b) Pflichtzahlung . . . . **DIE**
c) charakteristische Eigenschaft **VER**

2 Check
a) scheckige Stute oder Kuh . . **DEN**
b) Behinderung beim Eishockey **BOT**
c) amerikanischer Tanz . . . . . . **ERS**

3 Enklave
a) Ansaugstutzen . . . . **TAG**
b) Osteuropäer . . . . **TEL**
c) ein fremdstaatliches Gebiet im eigenen Staatsgebiet . . . **ENE**

4 Glanznummer
a) bester Teil einer Darbietung **AEP**
b) Juwel; Kleinod . . . . **NIC**
c) dekorat. Hausnummernschild **IEB**

5 Hektometer
a) Landvermesser . . . . **HTL**
b) Temperaturmessgerät . . . . . **EIS**
c) Längenmaß . . . . **FEL**

6 Justitiar
a) Hochschullehrer . . . . **OBE**
b) Rechtsbeistand . . . . **SIN**
c) Jurymitglied . . . . **TDI**

7 Minigolf
a) Geschicklichkeitsspiel . . . . **DSU**
b) kurzer Uferstreifen . . . . **KAN**
c) kleine Meeresbucht . . . . **EBE**

8 Tonsur
a) kurzes Musikstück . . . . . . **TEN**
b) kahlgeschorene Stelle auf dem Kopf . . . . **ESS**
c) Zweikampf in Studentenverbindungen . . . . **RES**

Nur wenn Sie die Fragen richtig beantworten, werden Sie am Ziel mit den richtigen Buchstaben ankommen. Diese ergeben – hintereinandergelesen – einen Spruch.

START

Z Bei Schwierigkeiten spricht man vom neuralgischen Punkt.	**U** Der Durchmesser viertelt einen Kreis.	**M** Fred Feuerstein freute sich mit: Yabba Dabba Doo!	**N** Die Buchstaben der Kriminalserie CSI bedeuten: Crime Scene Innovation.
H Daniel Küblböck will immer noch Superstar werden.	**A** Eine CD für die alten Römer war 400.	**T** Aix-la-Chapelle ist französisch für Aachen.	**A** Die meisten Bundesligatore in einer Saison schoss Uwe Seeler.
U Felicity Huffman gehört zu den „Desperate Housewives".	**Z** Stefan Raabs TV-Sendung ist „TV Brutal".	**N** Den Leipziger Tatort-Kommissar spielt Martin Wuttke.	**K** „Wetten, dass ..?" hat Peter Frankenfeld erfunden.
E Kommissar Rex ist ein Golden Retriever.	**G** Angeblich ist der Spaziergang aller Laster Anfang.	**I** Das ZDF hat seinen Sitz in Mannheim.	**S** Hippo Campus ist die zoologische Bezeichnung für Bürokratenhengst.
H Den rosaroten Panther jagt Kommissar Maigret.	**E** Der „Scheibenwischer" im Ersten ist ein Automagazin.	**T** Die Brasilianer sprechen offiziell spanisch.	**D** Eine Zwickmühle braucht sieben Spielsteine.
Ö Homer Simpson arbeitet in einer Bibliothek.	**N** Briefmarken in Deutschland gibt der Außenminister heraus.	**Z** Der Filmstar Lassie war ein Hund.	**E** Eine Milliarde hat neun Nullen.
R Apulien bildet die Hacke des italienischen Stiefels.	**E** Bevor die Bastille erstürmt wurde, war sie ein Getreidespeicher.	**W** Naomi Watts spielte bei King Kong mit.	**I** ZIEL

Lösung:

☐☐☐ ☐☐☐☐ ☐☐☐☐☐☐☐ ☐☐☐☐

Das ist ja ein Kinderspiel!

„Endlich Frühling!" Die Straßen und Spielplätze sind wieder von fröhlichem Kindergeschrei erfüllt. Und was spielen sie?

1 Ganz einfach!

Oft muss man bloß einen Ball auf die Wiese werfen und ausreichend Getränke an den Rand stellen, und schon sind die kleinen Jungs und Mädchen für den Rest des Nachmittags beschäftigt.

? Wie nennt man diese planlose, aber herzerfrischende Variante des Weltsports?

A Bolzen
B Nieten
C Muttern

2 Auf der Suche

Gar kein Material braucht man beim Versteckspiel: Einer hält sich die Augen zu und zählt bis zu einer vorher vereinbarten Zahl, alle anderen suchen sich mehr oder minder listige Verstecke.

? Ein oft benutzter Abzählvers lautet: „Eins, zwei, drei, vier ..., alles muss versteckt sein!"

A Eckstein B Glücksschwein C Holzbein

3 Hoch hinaus!

Immer häufiger sieht man in Gärten größere, auf Pfählen stehende und mit Netzen gesicherte Trampoline: ein Vergnügen für Alt und Jung! Der Name des Hüpfgerätes stammt vermutlich vom italienischen „trampolo" ab.

? Was bedeutet das Wort „trampolo" auf Deutsch?

A Brunnen
B Stelze
C Wolke

4 Spielplatzmeister

Plätze mit Rutsche, Klettergerüst und Schaukel gehen auf das 19. Jahrhundert zurück. Lehrer und Ärzte warben damals für die Bewegung im Freien.

? Einer der Väter des Spielplatzes war ein Mediziner, der heute vor allem mit dem Kleingarten in Verbindung gebracht wird: Daniel Gottlob Moritz ...

A Dach B Kräuter C Schreber

5 Nur ein Kinderspiel?

Das war „Blinde Kuh" nicht immer: Schon im Mittelalter vertrieben sich Ritter und Burgfräulein die Zeit mit diesem Spiel. Den Flirtfaktor daran schätzte auch Goethe.

? In seinem Gedicht „Blinde Kuh" schwärmte er von einer „lieblichen" Therese: „Die Augen zugebunden, hast du mich schnell ..."

A empfunden B gefunden
C verwunden

6 Für junge Hüpfer

Weltweit verbreitet auf Straßen und Hinterhöfen ist „Hickelkasten", das viele auch als „Himmel und Hölle" kennen. Das Hüpfspiel ist offenbar sehr, sehr alt.

? Archäologen fanden ein Hickelkasten-Diagramm zum Beispiel auf dem Boden eines antiken Forums. In welcher ehemaligen Hauptstadt eines Weltreichs?

A Athen
B Istanbul
C Rom

DAS LEICHTE QUIZ

Testen Sie Ihr Allgemeinwissen, und schicken Sie Ihr Gehirn ins Trainingslager! Unser Quiz macht Sie fit für Jauch, Pilawa und Co.

1 **50 Euro**
Eine Sache kann man unter verschiedenen ... betrachten.
A Leberflecken B Sommersprossen C Gesichtspunkten D Haarspitzen

2 **100 Euro**
Ein Weißweinglas aus farbigem Glas ist der ...
A Wiener B Prager C Mainzer D Römer

3 **200 Euro**
Welcher Doktor kann mit Tieren sprechen?
A Dr. Schiwago B Dr. Frankenstein C Dr. Mabuse D Dr. Dolittle

4 **300 Euro**
Karl der Große war König der ...
A Gulden B Franken C Taler D Peseten

5 **500 Euro**
Die für Gefangenentransporte genutzte Minna ist ...
A schwarz B braun C blau D grün

6 **1.000 Euro**
Wie heißt die Hauptstadt von Belgien?
A Den Haag B Antwerpen C Brüssel D Rotterdam

7 **2.000 Euro**
Wenn man aufgibt, wirft man das ...
A Geschirrtuch B Staubtuch C Handtuch D Taschentuch

8 **4.000 Euro**
Eine Gedächtnishilfe nennt man auch ...
A Eselsbrücke B Fallbrücke C Luftbrücke D Zugbrücke

9 **8.000 Euro**
Was ist keine Verwandtschaftsbezeichnung?
A Basen B Erbtanten C Großtanten D Mutanten

10 **16.000 Euro**
An vielen Schulen gibt es einen ...
A Hofmeister B Jägermeister C Hausmeister D Kellermeister

11 **32.000 Euro**
Was ist eine Handarbeitstechnik mit Garn?
A Flegeln B Lümmeln C Murmeln D Klöppeln

12 **64.000 Euro**
Wie nennt man eine Stadionwelle noch?
A La Strada B La Ola C La Gomera D La Traviata

13 **125.000 Euro**
Wie lautet das chemische Zeichen für Eisen?
A Ag B Ge C In D Fe

14 **500.000 Euro**
Seit wann gibt es die Krimi-Reihe „Tatort"?
A 1960 B 1970 C 1980 D 1990

15 **1.000.000 Euro**
Was gehört nicht zu den sieben Weltwundern der Antike?
A Chinesische Mauer B Tempel der Artemis C Koloss von Rhodos D Statue des Zeus

BILDER-QUIZ

Welcher Spottname hat sich für das Kanzleramt in Berlin eingebürgert?

FERNSEHGERÄT – RASIERAPPARAT – WASCHMASCHINE

Welches Land führt eine Harfe im Wappen?

INDIEN – IRLAND – UNGARN

Wer entführte Helena und löste so den Trojanischen Krieg aus?

ATHEN – PARIS – SOFIA

REISE-QUIZ

Wer gern wandert und sich dazu auch noch für Geschichte interessiert, sollte irgendwann einmal seine Schritte dorthin lenken, wo anno 1914 die erste dauerhafte Jugendherberge der Welt eingerichtet wurde. Auf geht's! Die acht Fragen haben je vier Antwortmöglichkeiten.

1 Wie heißt der Ort, auf dessen Burg noch heute die älteste Jugendherberge der Welt auf Wanderer wartet?

A Altena — *B Altona*
C Apolda — *D Arkona*

2 Erster Herbergsvater der Welt war der Lehrer Richard Schirrmann. Der hatte auch einige Jahre in einer Stadt an der Emscher unterrichtet und dort das „Kinderelend im Industriegebiet" kennengelernt. Der Name der Stadt?

A Aschaffenburg — *B Gelsenkirchen*
C Sondershausen — *D Wilhelmshaven*

3 Schirrmanns Rezept gegen „Kinderelend": wandern, wandern, wandern! Wandern wir also: Von der ältesten Jugendherberge der Welt geht es an der Lenne entlang bis nach Lennestadt. In welcher Gegend befinden wir uns?

A Havelland — *B Rheinland*
C Sauerland — *D Spreewald*

4 Spätestens in Lennestadt sollten wir ein Quartier für die Nacht suchen; zum Beispiel – schon wieder Ritterromantik – in der örtlichen Jugendherberge Burg ...

A Bilstein — *B Dietfurt*
C Ramsberg — *D Wiesneck*

5 Am nächsten Tag geht es bis zur Quelle der Lenne. Sie entspringt am mit 841 Metern dritthöchsten Berg des Rothaargebirges. Der Name des Gipfels?

A Arme Wurzeln — *B Kahler Asten*
C Karger Zweig — *D Muedes Blatt*

6 Oben angekommen sind wir ganz schön erschöpft. Zum Glück gibt es ganz in der Nähe eine Jugendherberge. In welchem Kurort?

A Kaltenberg — *B Schneeberg*
C Schollberg — *D Winterberg*

7 Nach drei oder vielleicht auch vier Tagen in der Natur sehnt man sich zurück in die Zivilisation, oder? Aber gemach: Wir befinden uns hier auf der Wasserscheide von Rhein und ...

A Donau — *B Mosel*
C Saale — *D Weser*

8 Und nur drei Kilometer nordöstlich von unserem Quartier haben wir Gelegenheit, an ein Industriegebiet zu denken. Welcher Fluss entspringt hier?

A Lahn — *B Main*
C Ruhr — *D Sieg*

Wer wird Millionär?

1) Ein schlechter Vergleich ... (50 €)
A sinkt — B blinkt
C hinkt — D zinkt

2) Wenn man etwas nicht begreift, ist man wie ... (100 €)
A verleimt — B verklebt
C vernagelt — D verschraubt

3) Eine Spielkartenfarbe ist ... (200 €)
A Treff — B Meeting
C Konferenz — D Begegnung

4) Kein Vogel ist die ... (300 €)
A Polente — B Knäkente
C Krickente — D Löffelente

5) Sehr langwierig ist ewig und ... (500 €)
A vier Lagen — B drei Tage
C zwei Male — D eine Waage

6) Wo spielt das Shakespeare-Drama „Romeo und Julia"? (1000 €)
A Valencia — B Verona
C Venedig — D Valletta

7) Ein Ragout aus Wildgeflügel nennt man ... (2000 €)
A Lolli — B Lutscher
C Müsli — D Salmi

8) Wie viele Liter sind ein Hektoliter? (4000 €)
A 10 — B 100
C 500 — D 1000

9) Das Wort „deuce" bedeutet beim Tennis ... (8000 €)
A Aus — B Einstand
C Pause — D Vorteil

10) Wann wurde „Wer wird Millionär?" erstmals ausgestrahlt? (16 000 €)
A 1995 — B 1999
C 2001 — D 2003

11) Wer hat kein Titellied für „James Bond"-Filme gesungen? (32 000 €)
A Tom Jones — B ABBA
C Duran Duran — D Madonna

12) Was befand sich nicht im Staatswappen der DDR? (64 000 €)
A Hammer — B Ährenkranz
C Zirkel — D Sichel

13) Eine andere Bezeichnung für die Zehn Gebote ist ... (125 000 €)
A Monolog — B Katalog
C Dekalog — D Dialog

14) Was ist unter Normalbedingungen flüssig? (500 000 €)
A Bor — B Jod
C Brom — D Fluor

15) Was ist die Amtssprache in Uruguay? (1 000 000 €)
A Englisch — B Spanisch
C Portugiesisch — D Französisch

Wahrzeichensprache

Sie ist das Wahrzeichen New Yorks. Und ein weltweit gültiges Symbol für Freiheit und Demokratie. Im Juni 1885 traf sie per Schiff aus Frankreich in der Neuen Welt ein. Ein Jahr später wurde sie eingeweiht: die Freiheitsstatue! Geschaffen hatte sie Frédéric-Auguste Bartholdi. Wie heißt der Geburtsort des Bildhauers? Wenn Sie wissen, welches Wahrzeichen für welche Stadt spricht, haben Sie die Antwort.

◯	**Kopenhagen**	**Opernhaus**	**M**
◯	**London**	**Golden Gate Bridge**	**R**
◯	**Moskau**	**Kreml**	**L**
◯	**Sydney**	**Meerjungfrau**	**C**
◯	**Rio de Janeiro**	**Tower**	**O**
◯	**San Francisco**	**Zuckerhut**	**A**

DAS VERZWICKTE QUIZ

QUIZ

Beantworten Sie die Quizfragen. Die Buchstaben hinter den richtigen Antworten ergeben ein Lösungswort.

1 Was findet man bei vielen Bäumen?

a) Blattwerk .... A
b) Backwerk .... M
c) Prachtwerk .... T
d) Machwerk .... G

2 Die Flagge von Kanada ziert ein ...

a) Eichenblatt I
b) Ahornblatt .... N
c) Palmenblatt .... O
d) Kastanienblatt .... F

3 Wo findet man die Fraunhofer'schen Linien?

a) auf der Handfläche .... T
b) auf einem Notenblatt .... S
c) im Sonnenspektrum .... R
d) auf einer Wetterkarte .... N

4 Wie heißt das Gebirge auf Kreta?

a) Ida .... E
b) Ina .... H
c) Ira .... B
d) Isa .... U

5 Welches Sternbild gibt es?

a) Tasse .... E
b) Becher I
c) Weinglas .... D
d) Humpen .... R

6 Ein fischähnliches Wirbeltier ist das ...

a) Sechsauge .... K
b) Siebenauge .... G
c) Achtauge .... H
d) Neunauge .... S

7 Wer entwickelte 1825 die Blindenschrift?

a) Louis Braille .... E
b) Samuel Morse .... P
c) Isaac Newton .... Q
d) Ferdinand Schrey I

8 Der Erfinder der Büroklammer, Johan Vaaler, war ein ...

a) Schweizer .... Z
b) Norweger .... N
c) Südafrikaner .... R
d) Isländer .... E

1	2	3	4	5	6	7	8

THEMEN-QUIZ

Quiz für Käpsele!

Selbst für Schwaben und Fans Schwabens ist nicht jede der folgenden Fragen leicht zu beantworten. Oder kennen Sie die Gegend wie Ihre Westentasche? Testen Sie es mit diesem Quiz!

1 Wie verlor Robert Schlienz, die Nachkriegslegende des VfB Stuttgart, seinen Arm?

A) als Soldat im 2. Weltkrieg
B) bei einem Flugzeugabsturz
C) bei einem Autounfall
D) durch Kinderlähmung

2 Wer war der erste Nachkriegsoberbürgermeister von Ulm?

A) der Bruder von Stauffenberg
B) der Vater der Geschwister Scholl
C) der Sohn von Erwin Rommel
D) der Vetter von Georg Elser

3 Wer hatte die künstlerische Leitung, als 1927 die Stuttgarter Weißenhofsiedlung gebaut wurde?

A) Ludwig Mies van der Rohe
B) Le Corbusier
C) Paul Bonatz
D) Walter Gropius

4 In Esslingen feiert man jedes Jahr das ...

A) Zwiebelfest
B) Knoblauchfest
C) Bärlauchfest
D) Porreefest

5 An welchem Theater hatte Fernsehentertainer Harald Schmidt sein erstes festes Engagement?

A) an der Augsburger Puppenkiste
B) an den Städtischen Bühnen Augsburg
C) am Stuttgarter Staatstheater
D) am Städtischen Theater Ulm

6 In welcher Sportart ist der VfB Friedrichshafen deutscher Rekordmeister bei den Herren?

A) im Basketball
B) im Hockey
C) im Volleyball
D) im Handball

7 In welchem damals noch selbstständigen Stadtteil von Stuttgart wurde Joachim Fuchsberger geboren?

A) in Zuffenhausen
B) in Feuerbach
C) in Untertürkheim
D) in Cannstatt

8 Wie heißt eine Süßigkeit aus Aalen?

A) Agentle
B) Spionle
C) Detektivle
D) Gendarmle

9 Laut einer Legende sollte ein Bäcker ein Brot backen, „durch das dreimal die Sonne scheint". So erfand er die Brezel. In welcher Stadt?

A) in Geislingen
B) in Göppingen
C) in Heidenheim
D) in Bad Urach

10 Wie spät ist es, wenn ein Schwabe sagt, es sei fünf vor dreiviertel fünf?

A) 4.10 Uhr
B) 4.40 Uhr
C) 5.10 Uhr
D) 5.40 Uhr

QUIZ für GENIES

Millionär können Sie bei uns (leider) nicht werden, aber auch hier können Sie Ihr Wissen testen. Viel Spaß!

1. Wenn man pleite ist, ist in der Kasse ...

A Ebbe | B Flut
C Watt | D Düne

2. Wanderer gehen gern durch Wald und ...

A Keller | B Kammer
C Flur | D Diele

3. Wenn man etwas nicht sehen will, steckt man den Kopf in den ...

A Kies | B Sand
C Schrank | D Busch

4. Ein sportlicher Mensch ist fit wie ein ...

A Rollschuh | B Turnschuh
C Schlittschuh | D Bergschuh

5. Reflektoren am Fahrrad nennt man auch ...

A Hühneraugen | B Katzenaugen
C Kulleraugen | D Pfauenaugen

6. Will man den Kurs eines Segelschiffes ändern, kann man ...

A herzen | B lächeln
C halsen | D gurgeln

7. Welche Stadt war nie offizielle Hansestadt?

A Bremen | B Flensburg
C Köln | D Hildesheim

8. Das Schmuckstück im Film „Titanic" hat die Form eines ...

A Tropfens | B Ankers
C Mondes | D Herzens

9. Der 1840 geborene Franzose Claude Monet war ein ...

A Komponist | B Mathematiker
C Maler | D Schriftsteller

10. Die Zeile „Alle Menschen werden Brüder" stammt aus Schillers Gedicht ...

A „An die Freude" | B „Die Bürgschaft"
C „Hoffnung" | D „Die Künstler"

11. Welche Frucht nennen die Franzosen „cerise"?

A die Kirsche | B den Apfel
C die Weintraube | D den Pfirsich

12. Wie viele Zacken hat ein klassischer Kronenkorken?

A 15 | B 19
C 21 | D 26

QUIZ

Testen Sie Ihr Allgemeinwissen!

1 **Wenn etwas kaputt ist, ist es im ...**

- ☐ Sack ☐ Kasten ☐ Eimer ☐ Körbchen

2 **Seeleute orientieren sich auf dem Meer mit ...**

- ☐ Brillanten ☐ Dominanten ☐ Konstanten ☐ Sextanten

3 **Ein Volkslied heißt: „Horch, was kommt ... rein".**

- ☐ vom Walde ☐ vom Garten ☐ von draußen ☐ von oben

4 **Ein beliebtes Kartenspiel heißt ...**

- ☐ Blauer Paul ☐ Schwarzer Peter ☐ Grüner Heinrich ☐ Gelber Otto

5 **Möglichst von allen Seiten anzubraten sind ...**

- ☐ Entenkeilchen ☐ Hundestöckchen ☐ Pferdestiftchen ☐ Fischstäbchen

6 **Beim Schachspiel werden Bauern ...**

- ☐ verhauen ☐ vertrieben ☐ geschlagen ☐ gemobbt

7 **Von großer Bedeutung in der lateinischen Bibel ist der ...**

- ☐ Spiritus Rector ☐ Spiritus familiaris ☐ Spiritus asper ☐ Spiritus Sanctus

8 **Welches Hobby pflegte Bundespräsident Karl Carstens?**

- ☐ Boccia ☐ Skat ☐ Singen ☐ Wandern

9 **Eine unfaire Attacke beim Fußball ist ...**

- ☐ der Eselstritt ☐ der Froschbiss ☐ der Pferdekuss ☐ die Ochsentour

10 **Wie heißt die ehemalige Ranch von Michael Jackson?**

- ☐ Graceland ☐ Neverland ☐ Everland ☐ Wonderland

11 **Eine Gesellschaftsform ist die ... Gesellschaft.**

- ☐ geheime ☐ stille ☐ ruhige ☐ verborgene

12 **Für Ärzte ist die Kurzsichtigkeit eine ...**

- ☐ Myopie ☐ Myokardie ☐ Myatonie ☐ Myalgie

BILDER-QUIZ

Anspruchslos, pflegeleicht und robust: Eine zu den Heidekrautgewächsen gehörende Pflanze heißt ...

LILIE – LOTUS – ERIKA

Welche Insel wird scherzhaft als 17. Bundesland Deutschlands bezeichnet?

PELLWORM – MALLORCA – BORNHOLM

1781 veröffentlichte Friedrich Schiller sein erstes Drama. Wie lautet der Titel?

DIE RÄUBER – DER TAUCHER – DANTONS TOD

QUIZ

500 Euro

1 Wer findet auch mal ein Korn?

A ein schwarzes Schaf
B ein schwarzer Peter
C ein blinder Passagier
D ein blindes Huhn

1000 Euro

2 Wer ist ein Feinschmecker?

A Gourmet
B Lulatsch
C Essayist
D Gourmand

2000 Euro

3 Ein minimales Kleidungsstück ist der ...

A Tonga
B Tanga
C Tavla
D Manga

5000 Euro

4 Aus Ostfriesland kommt ...

A Hape Kerkeling
B Otto Waalkes
C Anke Engelke
D Oliver Welke

10 000 Euro

5 Bei einem Madrigal handelt es sich um ...

A ein Muttertier
B einen Hut
C ein Gesangsstück
D einen Drink

50 000 Euro

6 Welcher Fluss speist Deutschlands größte Talsperre?

A Eder
B Isar
C Möhne
D Saale

100 000 Euro

7 Wie heißt das Wahrzeichen von Lübeck?

A Holstentor
B Michel
C Stadtmusikanten
D Porta Nigra

250 000 Euro

8 Der kleinste Vogel der Welt ist die ...

A Fliegenelfe
B Mückenelfe
C Bienenelfe
D Wespenelfe

500 000 Euro

9 Den größten prozentualen Wassergehalt haben ...

A Melonen
B Tomaten
C Orangen
D Pflaumen

1 000 000 Euro

10 Nicht zu den obergärigen Biersorten gehört ...

A Weizenbier
B Pilsener
C Altbier
D Berliner Weiße

BILDER-QUIZ

Die possierliche Haselmaus wurde 2017 zum „Tier des Jahres" gewählt. Anders als ihr Name es vermuten lässt, gehört sie nicht zur Familie der Mäuse, sondern zu der der ...

SILCHE • BILCHE • WILCHE

1990 wurde die Buche zum „Baum des Jahres" gekürt. In der Naturheilkunde kommt dem Sud ihrer Rinde eine besondere Bedeutung zu. Wogegen soll er helfen?

MENINGITIS • SODBRENNEN • ERKÄLTUNG

2009 hat das Tagpfauenauge das Rennen für sich entschieden, als es um den „Schmetterling des Jahres" ging. Vom Nektar welcher Pflanze ernährt sich der hübsche Edelfalter am liebsten?

BRENNNESSEL • WALNUSSBAUM • BOHNENKRAUT

Wer wird Millionär?

1) Wenn man sich ans Werk macht, spuckt man in die ...

50 €

- A Suppe
- B Hände
- C Luft
- D Tüte

2) In vielen Wildwestfilmen hagelt es blaue ...

100 €

- A Bohnen
- B Erbsen
- C Linsen
- D Schoten

3) Was füllt oft den Kleinkindermund?

200 €

- A Schnuller
- B Füller
- C Knüller
- D Skuller

4) Der erste Präsident der USA hieß ...

300 €

- A Houston
- B Washington
- C Arlington
- D Boston

5) Die neueste Mode ist der letzte ...

500 €

- A Song
- B Hammer
- C Schrei
- D Ruf

6) Die Blütenstände mancher Pflanzen heißen ...

1000 €

- A Kaninchen
- B Kätzchen
- C Pferdchen
- D Hähnchen

7) Wie heißt ein bekanntes Muster bei Textilien?

2000 €

- A Ziegenbart
- B Katzenstreu
- C Hundebiss
- D Hahnentritt

8) Enid Blyton verfasste die Kinderbuchreihe ...

4000 €

- A „Die drei ???"
- B „TKKG"
- C „Hanni und Nanni"
- D „Die Knickerbocker-Bande"

9) Welcher Staat schenkte der USA 1886 die Freiheitsstatue?

8000 €

- A Großbritannien
- B Frankreich
- C Kanada
- D Italien

10) Was ist keine Pflanze?

16 000 €

- A Kartoffelbaum
- B Stammbaum
- C Kakaobaum
- D Leberwurstbaum

11) Der Farbstoff Indigo ist ...

32 000 €

- A braun
- B blau
- C gelb
- D orange

12) Das Damoklesschwert hing der Sage nach an einem ...

64 000 €

- A seidenen Faden
- B Rosshaar
- C Menschenhaar
- D Strohhalm

13) Grenadinesirup wird hergestellt aus ...

125 000 €

- A Grapefruits
- B Cranberrys
- C Granatäpfeln
- D Orangen

14) Der Spitzbogen bei Bauten ist ein typisches Merkmal ...

500 000 €

- A der Romanik
- B der Renaissance
- C der Gotik
- D des Klassizismus

15) Auf welchem Gebiet erlangte Lise Meitner Weltruhm?

1 000 000 €

- A Physik
- B Musik
- C Literatur
- D Medizin

TIER-QUIZ

1 Der Inbegriff des treuen Gefährten ist für viele Menschen der Collie. Millionen Kinderherzen eroberte er als Filmhund. Unter welchem Namen?

- BOOMER
- CHARLY
- LASSIE

2 Ganz verschmuste Freunde sind die Kaninchen, die als Haustiere heute weltweit verbreitet sind. Woher stammen sie ursprünglich?

- INDIEN
- BORNEO
- EUROPA

3 Ein sangesfreudiger Piepmatz ist der von den Kanarischen Inseln stammende Kanarienvogel. Eine deutsche Züchtung heißt ...

- EIFELER WAGEN
- HARZER ROLLER
- RHÖNER RADEL

QUIZ

1. Wie lautete der Beiname eines englischen Königs?

A Löwenmaul	**B** Löwenschwanz
C Löwenherz	**D** Löwenzahn

2. Wie nennt man eine Regenjacke auch?

A Biberpelz	**B** Friesennerz
C Südwester	**D** Elefantenhaut

3. Wer erfand die Figur des Winnetou?

A Karl May	**B** James F. Cooper
C Friedrich Gerstäcker	**D** Pierre Brice

4. Wofür steht die Abkürzung „UKW"?

A Ultrakurzwolle	**B** Ultrakurzwelle
C Ultrakurzwege	**D** Ultrakurzwagen

5. Wer hatte Augen am ganzen Körper?

A Argus	**B** Artus
C Argon	**D** Adonis

6. Worunter leiden viele Schauspieler?

A Lampenfieber	**B** Kostümsausen
C Lichtscheu	**D** Theatralik

7. Wie grüßt man einander auf Hawaii?

A Allons	**B** Allotria
C Aloha	**D** Alaaf

8. Ein Journalist in der Ausbildung ist ein ...

A Voltaire	**B** Volontär
C Voltigeur	**D** Volant

9. Wer benutzt ein Metronom?

A Musiker	**B** Wetterkundler
C Straßenbaubeamte	**D** Piloten

10. Raffinade ist die Bezeichnung für ...

A feinen Zucker	**B** besondere Schlauheit
C extreme Gier	**D** süße Limonade

11. Eine anstrengende Woche beim Fußball ist die ...

A belgische	**B** spanische
C italienische	**D** englische

12. Wofür steht das B. im Namen von Johannes B. Kerner?

A Benedikt	**B** Baptist
C Balthasar	**D** Benjamin

WORTSPIEL

Wenn Sie die Bedeutungen der 8 Wörter herausgefunden haben, ergeben die Buchstaben hinter den richtigen Antworten – von oben nach unten gelesen – ein Sprichwort.

1 Brünne

a) Bräunungsprozess . . . . **PSY**
b) Teil der Ritterrüstung . . . . . . **RUE**
c) Pumpenwerk . . . . **WIT**

2 Draisine

a) Grabensystem . . . . **ZES**
b) Entwässerungsgraben . . . . **CHO**
c) ein Schienenfahrzeug . . . . . **CKS**

3 Ethnologie

a) allgemeine Völkerkunde . . . . **ICH**
b) Moralkodex . . . . **LOG**
c) Sittenlehre . . . . **IND**

4 Francium

a) französischer Kontertanz . . . . **IEI**
b) französisches Departement . . **DIE**
c) ein Alkalimetall . . . . **TIS**

5 Glaswolle

a) Dämmmaterial . . . . **TVO**
b) Grundstoff der Kunststickerei **FLO**
c) Feinstrickwolle . . . . **NFA**

6 Jägerschnitzel

a) Weidmannsmesser . . . . **STN**
b) eine Fleischspeise . . . . **RAU**
c) Grenzmarkierungen bei Treibjagden . . . . **EHE**

7 Kobaltglanz

a) Färbung des Abendhimmels **ICH**
b) Effekt auf Gemälden . . . . . . **DES**
c) ein Mineral . . . . **SSI**

8 Priamel

a) Gymnasiast . . . . **TSO**
b) Spruchgedicht . . . . **CHT**
c) Schlüsselblume . . . . **GEH**

Nur wenn Sie die Fragen richtig beantworten, werden Sie am Ziel mit den richtigen Buchstaben ankommen. Diese ergeben – hintereinandergelesen – einen Spruch.

START

A Eine Kreuzung aus Bison und Hausrind heißt Beefalo.	NEIN ▶	**L** Alfred Hitchcock gewann nie einen Oscar als bester Regisseur	JA ▶	**Z** Der australische Umweltminister war früher Sänger der Band „Real Life“.	NEIN ▶	**U** Eine Kompassnadel zeigt immer genau Richtung Norden.
JA ▼	JA	NEIN ▼		JA ▼	NEIN	JA ▼
L Latein ist noch in mindestens einem Staat offizielle Amtssprache.	◀ JA	**U** Tenor Plácido Domingos Eltern waren professionelle Flamencotänzer.	◀ JA	**G** Gletschermumie Ötzi hatte einen Vorläufer des Feuerzeugs im Gepäck.	◀ NEIN	**S** Die Expo 2008 fand in Saragossa statt.
NEIN ▼		NEIN ▼		NEIN ▼		JA ▼
B Konrad Adenauer wollte eigentlich Bundespräsident werden.	NEIN ▶	**T** Albert Camus hat als Nationaltorwart an der Fußball-WM 1930 teilgenommen.	NEIN ▶	**T** Mozart komponierte mit vier Jahren „Alle meine Entchen“.	NEIN ▶	**A** Das Sternbild Kassiopeia wird auch Himmels-W genannt.
JA ▼	JA	JA ▼		JA ▼	JA	NEIN ▼
H Der Film „Die Unbestechlichen“ ist ein Remake eines Zeichentrickfilms.	◀ NEIN	**G** Islands Althing ist das älteste noch aktive Parlament der Welt.	◀ JA	**U** In Südamerika gibt es nur zwei Binnenstaaten.	◀ NEIN	**J** Kilimandscharo bedeutet wörtlich übersetzt „hoher Berg“.
NEIN ▼		JA ▼		NEIN ▼		JA ▼
V Franz Kafka war gebürtiger Österreicher.	NEIN ▶	**T** Richterin Barbara Salesch hat gar nicht Jura studiert, sondern Schauspiel.	NEIN ▶	**A** Der Orca oder Killerwal ist das größte Raubtier der Erde.	NEIN ▶	**U** Glasgow ist die zweitgrößte Stadt Großbritanniens.
JA ▼	NEIN	JA ▼		JA ▼	NEIN	JA ▼
N Bertolt Brecht gründete das Berliner Ensemble.	◀ NEIN	**H** Martin Luther nagelte 95 Prothesen an die Tür der Schlosskirche Wittenberg.	◀ JA	**C** Jennifer Aniston ist das Patenkind von Telly Savalas.	◀ NEIN	**T** Im New Yorker Central Park gibt es ein Denkmal für John Lennon.
JA ▼	NEIN	JA ▼	JA	NEIN ▼	NEIN	JA ▼
I Bestsellerautor Michael Crichton war Doktor der Medizin.	JA ▶	**C** Ursula von der Leyen ist die Tochter eines ehemaligen hessischen Ministerpräsidenten.	NEIN ▶	**H** Die Teamzugehörigkeit von Wasserballern erkennt man an der Farbe ihrer Badehosen.	JA ▶	**S** ZIEL

Lösung:

☐☐☐☐☐ ☐☐☐ ☐☐☐☐☐ ☐☐☐☐ ☐☐☐☐☐☐

PROMI-QUIZ

1 **Wie heißt Schlagerstar Michael Holm („Mendocino“, „Tränen lügen nicht“) mit bürgerlichem Namen?**

■ Arthur Schirm ■ Lothar Walter
■ Franz Müller

2 **Was studierte Moderator Jörg Pilawa sechs Semester ohne Abschluss vor seiner TV-Karriere?**

■ Tiefbau ■ Malerei
■ Medizin

3 **In welcher Sportart wurde der Vater von Heike Makatsch dreimal Deutscher Meister?**

■ Motorflug ■ Badminton
■ Eishockey

4 **Der Vater von Julia Roberts verdiente sein Geld noch als Vertreter. Was bot er zum Kauf an?**

■ Lesebrillen ■ Medikamente
■ Staubsauger

5 **Der Titel von Sarah Connors aktuellem Album lautet …**

■ Deutschstunde
■ Heimatmelodie
■ Muttersprache

6 **Welche Gruppe widmete Silvia von Schweden zum Polterabend 1976 das Lied „Dancing Queen“?**

■ ABBA ■ ACDC
■ INXS

7 **Mit der Schauspielerei begann Bruce Willis als Therapie. Wogegen?**

■ Allergie ■ Faulheit
■ Stottern

8 **Was für ein „Ersatzteil“ trägt Frank Elstner schon seit seinem 20. Lebensjahr?**

■ Glasauge ■ Holzzahn
■ Perücke

9 **Geboren ist die deutsche Komikerin Anke Engelke in …**

■ Irland
■ Kanada
■ Mexiko

DAS LEICHTE QUIZ

Testen Sie Ihr Allgemeinwissen, und schicken Sie Ihr Gehirn ins Trainingslager! Unser Quiz macht Sie fit für Jauch, Pilawa und Co.

1 **50 Euro**
Wer sich aus einer Zwangslage befreit, ist aus dem ...
A Schuster B Maler C Schneider D Maurer

2 **100 Euro**
Große Windkraftanlagen haben eine ...
A Kogge B Gondel C Karavelle D Jacht

3 **200 Euro**
Wie heißt eine Blume?
A Ichliebedich B Denkanmich C Verlassmichnicht D Vergissmeinnicht

4 **300 Euro**
Wer A sagt, muss auch ... sagen.
A X B E C B D Z

5 **500 Euro**
Jemand, den alle kennen, ist bekannt wie ein bunter ...
A Papagei B Pfau C Hahn D Hund

6 **1.000 Euro**
Eine Sat.1-Krimiserie heißt „Der letzte ...".
A Mohikaner B Kommissar C Bulle D Täter

7 **2.000 Euro**
Was ist Makramee?
A Sportart B Handarbeit C Teesorte D Fischart

8 **4.000 Euro**
In den Anden finden sich Spuren der Hochkultur der ...
A Aborigines B Ainu C Inka D Tuareg

9 **8.000 Euro**
Was kann man bei „Madame Tussauds" bestaunen?
A Diamanten B Gemälde C Wachsfiguren D Bleisoldaten

10 **16.000 Euro**
Der Markenname „4711" ist entstanden aus einer Kölner ...
A Postleitzahl B Telefonnummer C Hausnummer D Jahreszahl

11 **32.000 Euro**
Wo steht der berühmte Stephansdom?
A Prag B München C Wien D Warschau

12 **64.000 Euro**
Ein australischer Wildhund ist der ...
A Bingo B Dingo C Ringo D Pingo

13 **125.000 Euro**
An welchem Fluss erhebt sich der Drachenfels?
A Elbe B Mosel C Neckar D Rhein

14 **500.000 Euro**
Welchen Heiligen sollen Gläubige bei Halsleiden anrufen?
A Blasius B Christophorus C Rochus D Vitus

15 **1.000.000 Euro**
Ein Akkord ist der Zusammenklang von mindestens ...
A drei Tönen B fünf Tönen C acht Tönen D zwölf Tönen

BILDER-QUIZ

Hauptpreis bei den Filmfestspielen in Venedig ist der „Goldene ...".

ADLER – LÖWE – TIGER

Wo verstaut die Honigbiene die Pollen beim Sammeln?

GLÄSCHEN – KÖRBCHEN – TÖPFCHEN

Welche Aufschrift findet sich auf einer Taste der Computertastatur?

ALT – GUT – NEU

REISE-QUIZ

Der Altmühltal-Panoramaweg führt auf 200 Kilometern Länge durch eine einzigartige Natur- und Kulturlandschaft. Lassen Sie sich mit auf die Reise nehmen? Die folgenden acht Fragen haben je vier Antwortmöglichkeiten.

1 **Die Altmühlquelle entspringt an der Frankenhöhe – einem Bergrücken, den sich zwei Bundesländer teilen. Ein kleiner Teil liegt in Baden-Württemberg. Und der größere?**

A Bremen *B Hessen*
C Bayern *D Berlin*

2 **Die Altmühl selbst fließt nur durch ein Bundesland und durchquert die Region Franken, ein altehrwürdiges Weinbaugebiet. Abends trinkt man hier Frankenwein. In welche Flaschen ist er abgefüllt?**

A Bocksbeutel *B Hammelkiepe*
C Lammsackerl *D Schafstuete*

3 **Der Fluss windet sich in südöstliche Richtung durch Treuchtlingen. Wie heißt der wohl berühmteste Sohn und General der Stadt, der im Dreißigjährigen Krieg unter Wallenstein diente?**

A Holzhausen *B Kartonfurt*
C Papierdorf *D Pappenheim*

4 **Der Naturpark Altmühltal birgt viele sehenswerte Naturschätze. Neben bizarren Felsformationen ist es die Heide, die die Landschaft prägt. Welcher Baum wächst hier besonders häufig?**

A Wacholder *B Blutbuche*
C Gummibaum *D Bergahorn*

5 **Apropos Felsen: Zwischen Solnhofen und Eßlingen ragt am Talhang eine imposante Felsgruppe auf, die einst den Rand eines Jurameeres bildete. Man nennt sie die Zwölf ...**

A Brueder *B Stuehle*
C Moenche *D Apostel*

6 **Oberhalb von Beilngries befindet sich eine der größten Burganlagen des Altmühltals: Schloss Hirschberg. Nach einem Großbrand wurde sie im 18. Jahrhundert wieder aufgebaut. In welchem Stil?**

A Empire *B Rokoko*
C Barock *D Antike*

7 **Weiter geht es durch das idyllische Essing. Hier verbindet seit 1986 eine Spannbandbrücke die beiden Talseiten. Aus welchem Material ist die 193 Meter lange Konstruktion gefertigt?**

A Glas *B Zink*
C Holz *D Blei*

8 **Nach fast 230 Kilometern endet die Reise bei Kelheim am Kloster Weltenburg. In welchen Fluss mündet die Altmühl dort?**

A Mosel *B Donau*
C Rhein *D Saale*

Wer wird Millionär?

1) Eine unscheinbare Person bezeichnet man als graue ...
50 €
A Maus · C Katze
B Gans · D Laus

2) Zehrt etwas an den Kräften, geht's ans ...
100 €
A Eingekochte · C Eingedickte
B Eingeweckte · D Eingemachte

3) Etwas Ausgezeichnetes ist allererste ...
200 €
A Butter · C Marmelade
B Sahne · D Margarine

4) Wie viele Figuren bevölkern das Schachbrett zu Beginn?
300 €
A 32 · C 28
B 24 · D 16

5) Jäger zielen über Kimme und ...
500 €
A Likör · C Wodka
B Korn · D Wein

6) Ein einfaches Zeichengerät ist der ...
1000 €
A Reiherschnabel · C Schwalbenschnabel
B Grünschnabel · D Storchschnabel

7) Bestellt man in Österreich eine Melange, erhält man ...
2000 €
A Milchkaffee · C Kakao
B Tee · D Schlagsahne

8) Einen Weberknecht nennt man auch ...
4000 €
A Bäcker · C Schornsteinfeger
B Metzger · D Schneider

9) Ein hochbeiniger Greifvogel ist der ...
8000 €
A Buchhalter · C Schreiber
B Assistent · D Sekretär

10) Im Feuilletonteil einer Zeitung geht es hauptsächlich um ...
16 000 €
A die Wirtschaft · C Lokales
B Kultur · D das Wetter

11) Als Tafelspitz bezeichnet man ein Stück Fleisch vom ...
32 000 €
A Huhn · C Rind
B Schwein · D Lamm

12) Wie viele Sterne sind auf der Flagge der VR China zu sehen?
64 000 €
A einer · C vier
B drei · D fünf

13) Von Mitteleuropa aus nicht zu sehen ist das Sternbild ...
125 000 €
A Löwe · C Stier
B Phoenix · D Waage

14) Wer dichtete: „Sah ein Knab ein Röslein stehn"?
500 000 €
A Hebbel · C Herder
B Geibel · D Goethe

15) Der Kaiserstuhl in Südbaden besteht überwiegend aus ...
1 000 000 €
A Sandstein · C Kalkstein
B Marmor · D Vulkangestein

Blechlawinengefahr!

Rund 13.000 km lang sind alle deutschen Autobahnen zusammengerechnet. 13.000 km! Angesichts dieser Zahl ist es kaum mehr vorstellbar, dass die allererste Teilstrecke der Autobahn nach 20 km schon wieder zu Ende war. Ein gewisser Herr Konrad Adenauer übergab sie am 6. August 1932 dem Verkehr. Sie begann in Bonn und führte von dort aus nach Norden. In welcher Stadt, in der Herr Adenauer Bürgermeister war, endete sie also?

Wenn Sie wissen, auf welcher Autobahn man von wo nach wo kommt, haben Sie die Antwort.

Aachen–Görlitz	**A7**	**E**
Berlin–München	**A4**	**K**
Flensburg–Füssen	**A2**	**L**
Oberhausen–Berlin	**A1**	**N**
Oldenburg (Holstein)–Saarbrücken	**A9**	**O**

DAS VERZWICKTE QUIZ

QUIZ

Beantworten Sie die Quizfragen. Die Buchstaben hinter den richtigen Antworten ergeben ein Lösungswort.

1 Welcher Vogel wurde zum „Vogel des Jahres 2017" gekürt?

Habicht .... F
Grünspecht .... A
Waldkauz .... E
Stieglitz .... U

2 Die birnenförmige Frucht der Avocado ist botanisch gesehen eine ...

Beere .... R
Nuss .... U
Sammelnussfrucht .... D
Steinfrucht .... E

3 Ein Spitzname der US-amerikanischen Metropole Los Angeles ist ...

Ga Ga Land .... T
La La Land I
Giga Land .... P
Mega Land .... E

4 Welche Eigenschaft ist kennzeichnend für einen Narzissten?

Selbstlosigkeit .... O
Selbstaufgabe .... W
Selbstverleugnung L
Selbstverliebtheit .... N

5 In welchem Jahr wurde Hongkong an die Volksrepublik China übergeben?

1977 .... W
1987 .... P
1997 .... N
2007 .... A

6 Ein Ophthalmologe ist ein Facharzt auf dem Gebiet der ...

Tierheilkunde .... G
Augenheilkunde .... E
Nervenheilkunde .... D
Sprachheilkunde .... R

7 Welche Krankheit wird im Volksmund auch als Schwindsucht bezeichnet?

Malaria .... A
Borreliose .... E
Windpocken .... U
Tuberkulose .... R

8 Welches der folgenden Ballette stammt nicht von Peter Tschaikowsky?

Schwanensee .... E
Dornröschen .... U
Der Feuervogel .... N
Der Nussknacker .... A

1 2 3 4 5 6 7 8

Neist für den Drepsdrelles!

Selbst für Eifeler und Fans der Eifel ist nicht jede der folgenden Fragen leicht zu beantworten. Oder kennen Sie die Gegend wie Ihre Westentasche? Testen Sie es mit diesem Quiz!

1 Wie hoch ist der Eifelturm?

A) 25 Meter
B) 30 Meter
C) 250 Meter
D) 300 Meter

2 Und wie hoch ist der Eiffelturm?

A) 25 Meter
B) 30 Meter
C) 250 Meter
D) 300 Meter

3 Wo starb 1952 die Eifeldichterin Clara Viebig?

A) in Bad Bertrich
B) in Berlin
C) in Düsseldorf
D) in Trier

4 Was betreibt der Sänger Heino in Bad Münstereifel?

A) ein Schallplattengeschäft
B) ein Café
C) eine Boutique
D) ein Hotel

5 Der höchste Berg der Eifel ist die Hohe ...

A) Sechs
B) Sieben
C) Acht
D) Neun

6 Auf dem Gebiet welcher Verbandsgemeinde liegt der Nürburgring?

A) Daun
B) Bitburg
C) Manderscheid
D) Adenau

7 Zu welchem Orden gehört die Abtei Maria Laach?

A) Benediktiner
B) Dominikaner
C) Franziskaner
D) Karmeliten

8 Typisch für die Eifel sind Wegkreuze aus welchem Material?

A) Gusseisen
B) Basalt
C) Marmor
D) Holz

9 Wie viel war der Geldschein wert, den die Burg Eltz zwischen 1965 und 1992 zierte?

A) 50 Mark
B) 100 Mark
C) 500 Mark
D) 100 Mark

10 Womit handelte der fahrende Sänger Peter Zirbes, der als erster Eifeldichter gilt?

A) mit Schuhen
B) mit Eisenwaren
C) mit Steingut
D) mit Besen

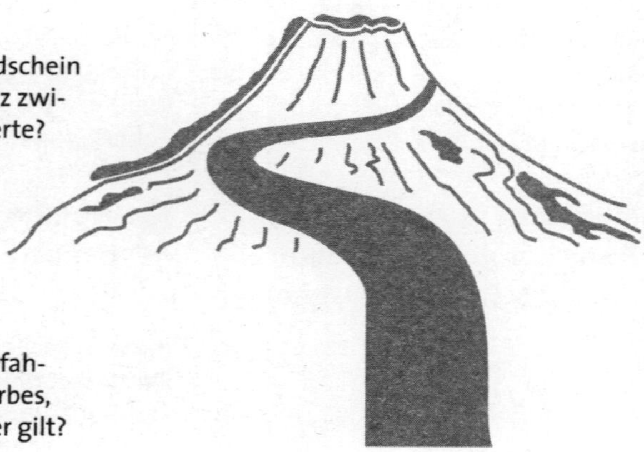

QUIZ für GENIES

Millionär können Sie bei uns (leider) nicht werden, aber auch hier können Sie Ihr Wissen testen. Viel Spaß!

1. Manch hitziger Mensch zeigt anderen einen ...

A Bären | B Elch | C Schmetterling | D Vogel

2. Wo kann man sein Auto nicht abstellen?

A Parkhaus | B Parkdeck | C Parkbank | D Parklücke

3. „Glück auf!" wünscht man sich ...

A beim Bergsteigen | B beim Segelfliegen | C im Bergbau | D beim Tauchen

4. Ein Konsonant ist ein ...

A Umlaut | B Mitlaut | C Selbstlaut | D Doppellaut

5. Alle Bracken können ...

A fliegen | B sprechen | C bellen | D zwitschern

6. Als Agent 007 erhielt Sean Connery „Liebesgrüße aus ...".

A London | B Moskau | C Madrid | D Paris

7. Aus welcher Rebsorte wird Rotwein hergestellt?

A Dornfelder | B Trebbiano | C Silvaner | D Riesling

8. Bei Streichinstrumenten sitzt an jedem Bogen ...

A eine Pausche | B eine Maus | C eine Drossel | D ein Frosch

9. Glückskekse stammen ursprünglich aus ...

A Dänemark | B Japan | C Mexiko | D Italien

10. Wer trägt der Sage nach das Himmelsgewölbe?

A Atlas | B Globus | C Herkules | D Prometheus

11. Der Austerlitz-Bahnhof befindet sich in ...

A Paris | B Prag | C Berlin | D London

12. Einen Laptop kann man wörtlich übersetzt ...

A auf den Schoß nehmen | B zusammenklappen | C tragen | D einpacken

QUIZ

Testen Sie Ihr Allgemeinwissen!

1

Wenn man friert, bekommt man eine ...

☐ Gänsehaut ☐ Bärenhaut ☐ Fischhaut ☐ Pferdehaut

2

Jähzornige Menschen bringt man leicht auf die ...

☐ Eiche ☐ Fichte ☐ Linde ☐ Palme

3

Wildschweine nennt der Jäger ...

☐ Schwarzwild ☐ Rotwild ☐ Braunwild ☐ Blauwild

4

„Backe, backe Kuchen, der Bäcker hat ...“

☐ gepfiffen ☐ geraucht ☐ gesungen ☐ gerufen

5

Bei Schaffhausen sieht man den ...

☐ Sündenfall ☐ Rheinfall ☐ Mauerfall ☐ Kniefall

6

Die größte Insel der Erde ist ...

☐ Island ☐ Grönland ☐ Borneo ☐ Madagaskar

7

Was ließ sich Hubert Cecil Booth 1901 patentieren?

☐ Büroklammer ☐ Staubsauger ☐ Teebeutel ☐ Waschmaschine

8

Welches Land vertrat Fürst Metternich beim Wiener Kongress?

☐ Ungarn ☐ Russland ☐ Preußen ☐ Österreich

9

Welchen Beruf hat Guido Westerwelle ursprünglich?

☐ Betriebswirt ☐ Lehrer ☐ Rechtsanwalt ☐ Bankkaufmann

10

Woraus wird Weihrauch hergestellt?

☐ Kräutern ☐ Harz ☐ Wurzeln ☐ Torf

11

Wenn etwas pathogen ist, dann ist es ...

☐ erblich ☐ ansteckend ☐ gesund machend ☐ krank machend

12

Was heißt in der Musik der Begriff „da capo“?

☐ schnell ☐ feurig ☐ majestätisch ☐ von vorne

BILDER-QUIZ

Wie nennt man den Zielkreis beim Curling?

GIN – RUM – TEE

Was bedeutet das Wort „Silvester“ auf Deutsch?

VORBEI – FINALE – WALDIG

Wo hat die Weltgesundheits-organisation ihren Sitz?

GENF – OSLO – PRAG

QUIZ

500 Euro

1 Ein boshafter Mensch ist eine …

A Giftnudel **B** Gifttomate
C Giftkartoffel **D** Giftrübe

1000 Euro

2 Eine Kinderkrankheit ist der …

A Ziegenpeter **B** Hackepeter
C Pockenpeter **D** Wackelpeter

2000 Euro

3 Was ist ein Metronom?

A ein Gastwirt **B** ein U-Bahn-Schaffner
C ein Taktmesser **D** ein Sterndeuter

5000 Euro

4 Wo findet man ein Zwiebelmuster?

A auf Porzellan **B** in Stoff
C in Tapeten **D** auf Teppichen

10 000 Euro

5 Was ist ein Soufflé?

A ein Auflauf **B** eine Theaterhilfskraft
C eine Suppe **D** ein Empfang

50 000 Euro

6 In welchem Land spielt die Oper Aida?

A Persien **B** Indien
C Ägypten **D** Türkei

100 000 Euro

7 Wer herrscht in einer Gerontokratie?

A die Jüngeren **B** die Älteren
C die Stärksten **D** die Frauen

250 000 Euro

8 Was sind die Nikobaren?

A kleine Pelztiere **B** Luftdruckzonen
C eine Inselgruppe **D** Zellgifte

500 000 Euro

9 Wann wurde Nelson Mandela Staatspräsident von Südafrika?

A 1984 **B** 1988
C 1994 **D** 1998

1 000 000 Euro

10 Was bedeutet transzendent?

A quer verlaufend **B** durchsichtig
C übersinnlich **D** ungeheuerlich

BILDER-QUIZ

Mit einem Gewicht von bis zu 780 Kilogramm ist der Braunbär ein echter Brummer. 2005 wurde er zum „Wildtier des Jahres" gekürt. In der Fabel nennt man das Schwergewicht auch Meister …

LYNX • LAMB • PETZ

Die 2016 zum „Baum des Jahres" gewählte Winterlinde unterscheidet sich von der Sommerlinde durch ihre Blattform: Ihre Blätter sind nämlich nicht herzförmig, sondern wie?

VIERECKIG • KREISRUND • DREIECKIG

Die Gottesanbeterin wurde 2017 zum „Insekt des Jahres" gewählt. Die Fangschrecke, die ursprünglich aus Afrika stammt, breitet sich wegen der Klimaerwärmung ungebremst nordwärts aus. Wie heißt der Kokon, in denen das Tier seine Eier ablegt?

OOTHEK • UULADE • AAHAUS

Wer wird Millionär?

1) Was ist der Boskop?

50 €

A ein Geldstück
B eine Meerenge
C ein Apfel
D eine Kopfbedeckung

2) Eine alte Volksweisheit lautet „Blut ist dicker als …".

100 €

A Wein
B Bier
C Wasser
D Sekt

3) Wohin kann man nicht reisen?

200 €

A Spanien
B Tasmanien
C Albanien
D Geranien

4) Zum Make-up gehört …

300 €

A Wimpernlicht
B Lidschatten
C Gesichtsregen
D Hautsonne

5) Eine deutsche Biersorte heißt …

500 €

A Sächsisch
B Bayerisch
C Schwäbisch
D Kölsch

6) Wer ließ im Märchen sein Haar herunter?

1000 €

A Frau Holle
B Schneewittchen
C Rapunzel
D Dornröschen

7) Lambada wird zusammen …

2000 €

A gegessen
B getanzt
C getrunken
D bestiegen

8) Welchen TV-Star soll man schlagen?

4000 €

A den Raab
B den Elstner
C den Lanz
D den Gottschalk

9) Wer lehnt die Nutzung von tierischen Produkten ab?

8000 €

A Marsianer
B Venusianer
C Veganer
D Merkurianer

10) Ein Kultfilm mit Marilyn Monroe heißt „Manche mögen's …".

16 000 €

A kalt
B heiß
C warm
D trocken

11) Onkel Dagoberts Geldspeicher steht in …

32 000 €

A Gotham City
B Springfield
C Entenhausen
D Metropolis

12) Im Rhein bei Bingen steht …

64 000 €

A die Hamsterburg
B der Mäuseturm
C das Katzentor
D der Hundezwinger

13) Wladimir Kaminer schrieb den Roman …

125 000 €

A „Schwedenclub"
B „Türkenbar"
C „Polenlounge"
D „Russendisko"

14) Was nennen die Franzosen La Manche?

500 000 €

A den Ärmelkanal
B die Camargue
C den Rhein
D die Seine

15) Woraus wird Roquefort hergestellt?

1 000 000 €

A aus Eselsmilch
B aus Kuhmilch
C aus Schafmilch
D aus Ziegenmilch

TIER-QUIZ

1 Die edle Siam mit den strahlend blauen Augen gehört zur ältesten Katzenrasse der Welt. Wegen ihrer menschenbezogenen Art nennt man sie auch …

- HUNDSKATZE
- FELLFREUND
- PELZKUMPEL

2 Beos sind unglaublich sprachbegabt: Zahlreiche Wörter können die intelligenten Piepmätze erlernen. Der schwarz gefiederte Vogel zählt zur Familie der …

- STARE
- RABEN
- EULEN

3 Rotkehlanolis gelten als pflegeleicht und sind im Gegensatz zu den meisten Reptilien tagaktiv. Die Männchen besitzen einen roten Sack am Hals, die …

- HALSFALTE
- HAUTTÜTE
- KEHLWAMME

QUIZ

1. Viele Berufstätige müssen heute ...

A kreisen	**B** pendeln
C schaukeln	**D** rollen

2. Wenn ein Fußballer ein Foul vortäuscht, ist das eine ...

A Amsel	**B** Taube
C Schwalbe	**D** Krähe

3. Was brachte Rotkäppchen ihrer Großmutter nicht mit?

A Kaffee	**B** Kuchen
C Wein	**D** Blumen

4. Auf den alten Euromünzen nicht abgebildet war der Umriss von ...

A Dänemark	**B** Finnland
C Norwegen	**D** Schweden

5. In welchem Ort praktizierte „Der Landarzt"?

A Garbsen	**B** Uetersen
C Deekelsen	**D** Sittensen

6. Wer soll alles, was er berührte, in Gold verwandelt haben?

A Midas	**B** Krösus
C Maecenas	**D** Nabob

7. Was singen die venezianischen Gondolieri?

A Banderillas	**B** Barkarolen
C Banderolen	**D** Ballerinas

8. Welcher Fluss fließt bei Wesel in den Rhein?

A Lippe	**B** Leine
C Aller	**D** Werra

9. Was bedeutete der Name „Kanada" ursprünglich?

A Zelt	**B** Wald
C Dorf	**D** Weite

10. Der Gründer der Autometropole Detroit hieß ...

A Chevrolet	**B** Ford
C Cadillac	**D** Lincoln

11. Die traditionelle norwegische Postschifflinie heißt ...

A Hurtigruten	**B** Fjordruten
C Trollruten	**D** Polarruten

12. Die größte Insel der Erde ist ...

A Island	**B** Grönland
C Borneo	**D** Madagaskar

WORTSPIEL

Wenn Sie die Bedeutungen der 8 Wörter herausgefunden haben, ergeben die Buchstaben hinter den richtigen Antworten – von oben nach unten gelesen – ein Sprichwort.

1 Laufstall
a) Gebäude fürs Reittraining . . **VER**
b) transportable Viehunterkunft **DAS**
c) Gestell für Kleinkinder . . . . . **GEM**

2 Milchstern
a) ein Himmelskörper . . . . **ABE**
b) ein Sahnebestandteil . . . . . . **JUN**
c) ein Liliengewächs . . . . **ALT**

3 Mirabelle
a) Stern im Bild „Walfisch" . . . **NDG**
b) Steinfrucht . . . . **EBL**
c) italienischer Volkstanz . . . . . **HAT**

4 Richterskala
a) Maßeinteilung zur Messung der Erdbebenstärke . . . . . . **UME**
b) Schöffenwahlliste . . . . **EBE**
c) Hierarchie der Rechtspfleger **VOR**

5 Sterlet
a) britische Währungseinheit . . . **TIS**
b) Filmsternchen . . . . **ALL**
c) osteuropäischer Stör . . . . . . **NDU**

6 Tümmler
a) kleiner Teich . . . . **TNU**
b) becherartiges Gefäß . . . . . **DEM**
c) Meeressäugetier . . . . **FTE**

7 Typus
a) Schiffssirene . . . . **SOW**
b) Urgestalt, Grundform . . . . . . **NNI**
c) Infektionskrankheit . . . . **DIE**

8 Weichbild
a) frisches Gemälde . . . . **EIT**
b) städtisches Siedlungsgebiet **CHT**
c) Negativ (Fotografie) . . . . **AHN**

Nur wenn Sie die Fragen richtig beantworten, werden Sie am Ziel mit den richtigen Buchstaben ankommen. Diese ergeben – hintereinandergelesen – einen Spruch.

START

L Jan Fedder sammelt Trecker.	**A** Charles Lindbergh überflog 1927 als Erster allein den Ärmelkanal.	**C** Sandra Bullock wurde in Nürnberg geboren.	**H** Eine auch heute noch beliebte Mütze wurde nach Prinz Friedrich von Preußen benannt.
I Ein Weberknecht ist ein Hilfsarbeiter in der Textilbranche.	**N** Napoleon wurde 1769 auf der Mittelmeerinsel Elba geboren.	**E** „Soccer", das englische Wort für Fußball, wurde aus dem Wort „association" gebildet.	**M** Eine „Bijouterie" ist ein Geschäft für Kinderbekleidung.
S Die Hauptstadt des US-Bundesstaates North Dakota heißt Bismarck.	**T** George Bernard Shaw bekam auch einen Oscar für das beste Drehbuch.	**U** Ein Poolbillardtisch hat acht Löcher.	**K** Der Strafraum beim Fußball ist genau 16 Meter lang.
O Die Isar entspringt in Österreich.	**D** Die Filmmusik zum Thriller „Der dritte Mann" spielte Anton Karas auf der Zither.	**I** Das Denkmal am Deutschen Eck in Koblenz zeigt Kaiser Wilhelm II.	**E** Orlando di Lasso (1532–1594) erfand das Wurfseil.
T Im Märchen „Dornröschen" sticht sich die Prinzessin mit einer Rose.	**S** Das Wort „Keks" ist eine Eindeutschung des Wortes „cake" (engl.: Torte, Kuchen).	**E** Die Erdnuss ist ein Schmetterlingsblütler.	**B** Klein Krams ist ein Ortsteil von Alt Krenzlin in Mecklenburg.
E Der Kodiakbär, der größte Bär der Welt, ernährt sich u. a. von Lachs.	**D** Albert Einstein entwickelte die Realitätstheorie.	**I** Die erste europäische Porzellanmanufaktur wurde in Lissabon errichtet.	**I** Die Donau ist der längste Strom Europas.
M Bei der Entwicklung des Hubschraubers stand der Flug der Fledermaus Pate.	**E** Die Erdoberfläche ist zu 50 Prozent von Wasser bedeckt.	**Z** Die Königin von Schweden heißt Sonja.	**N** ZIEL

Lösung:

☐☐☐☐☐☐ ☐☐☐ ☐☐☐ ☐☐☐☐☐ ☐☐☐☐☐☐☐

1 Philippe von Belgien hat deutsche Vorfahren. Wo kam sein Ururgroßvater, der erste König der Belgier, zur Welt?
- ■ Aachen
- ■ Coburg
- ■ Erfurt

2 Costa Cordalis hat nicht nur musikalisches Talent: In welcher Disziplin war er griechischer Jugendmeister?
- ■ Hochsprung
- ■ Wasserball
- ■ Weitsprung

3 Wie fast jede Frau hat Cameron Diaz eine Vorliebe für einen bestimmten Kleidungsgegenstand. Worum geht es?
- ■ Schuhe
- ■ Blusen
- ■ Jacken

4 Tim Mälzers aktuelle TV-Kochshow heißt „Kitchen ...".
- ■ Challenges
- ■ Impossible
- ■ Supertaste

5 Wie lautet der Name von Reese Witherspoons Tochter?
- ■ Ava
- ■ Eva
- ■ Ida

6 Vicky Leandros' aktuelles Album heißt „Ich weiß, dass ich nichts ...".
- ■ höre
- ■ merke
- ■ weiß

7 Mit wem ist Steffi Graf verheiratet?
- ■ Andre Agassi
- ■ Boris Becker
- ■ John McEnroe

8 Wo hielt Rod Stewart um die Hand seiner Frau Penny an?
- ■ Eiffelturm
- ■ Engelsburg
- ■ Holstentor

9 In welcher Stadt wurde Königin Silvia von Schweden geboren?
- ■ Karlskrona
- ■ Heidelberg
- ■ Regensburg

DAS LEICHTE QUIZ

Testen Sie Ihr Allgemeinwissen, und schicken Sie Ihr Gehirn ins Trainingslager! Unser Quiz macht Sie fit für Jauch, Pilawa und Co.

1 **50 Euro**
Welches Tier hat Löffel?
A Katze B Tiger C Nashorn D Hase

2 **100 Euro**
Komplizen stehen schon mal ...
A Salbe B Schmiere C Seife D Creme

3 **200 Euro**
Redensartlich ist noch kein Meister vom Himmel ...
A gefallen B geflogen C geregnet D herabgestiegen

4 **300 Euro**
„Ein Männlein steht im Walde“: Was ist das Männlein?
A Die Hagebutte B Rumpelstilzchen C Der Fliegenpilz D Rübezahl

5 **500 Euro**
„Die ganze Welt ist himmelblau“ komponierte Robert ...
A Hochmut B Stolz C Grimm D Wut

6 **1.000 Euro**
Ein Hit der Band The Sweet war „Ballroom ...“.
A Donner B Hagel C Blitz D Regen

7 **2.000 Euro**
Einen Leibwächter nennt man umgangssprachlich auch ...
A Gibbon B Gorilla C Pavian D Schimpanse

8 **4.000 Euro**
Früher wurde man beim Militärdienst manchmal ...
A gezwiebelt B gelaucht C gepfeffert D gesalzen

9 **8.000 Euro**
Wie heißt ein Schutzpatron der Feuerwehrleute?
A Ambrosius B Christopherus C Dionysius D Florian

10 **16.000 Euro**
Ein großer storchähnlicher Vogel ist der ...
A Löffelreiher B Gabelreiher C Scherenreiher D Messerreiher

11 **32.000 Euro**
Ein Speichermedium im Computer ist die ...
A Tischplatte B Schallplatte C Festplatte D Spanplatte

12 **64.000 Euro**
Aus kleinen Steinen zusammengesetzt ist ...
A die Collage B das Mosaik C das Fresko D das Aquarell

13 **125.000 Euro**
Wer die Initiative ergreift, nimmt was in die Hand?
A Das Buch B Das Heft C Die Zeitung D Den Roman

14 **500.000 Euro**
Welches Land liegt nicht am Mittelmeer?
A Saudi-Arabien B Libyen C Syrien D Libanon

15 **1.000.000 Euro**
Was verhüllten Christo und Jeanne-Claude 1995 in Berlin?
A Den Reichstag B Das Brandenburger Tor C Die Siegessäule D Den Funkturm

BILDER-QUIZ

Aus welcher Pflanze wird das mexikanische Nationalgetränk Tequila hergestellt?

AGAVE – BUCHE – EICHE

Wie nennen Jäger das Ohr des Wildschweins?

HUMPEN – SCHALE – TELLER

Wie viele Länder grenzen an die Ostsee?

ACHT – NEUN – ZEHN

REISE-QUIZ

Als über 1000-jähriges Gesamtkunstwerk präsentiert sich Bamberg mit seinem mächtigen Dom und seinen engen, romantischen Gässchen. Wie gut kennen Sie sich aus? Die acht Fragen haben je vier Antwortmöglichkeiten.

1 Herz der Stadt ist der viertürmige Kaiserdom. In seinem Innern erhebt sich das Grabmal Heinrichs II. (973–1024), des letzten Kaisers aus dem Adelsgeschlecht der ...

A Karolen *B Kevinen*
C Ottonen *D Peteren*

2 An der Seite des Monarchen ruht seine Frau. Der Name der Kaiserin?

A Elisabeth *B Konstanze*
C Kunigunde *D Theophano*

3 Gestaltet wurde das Kaisergrab von Tilman Riemenschneider. Aus welchem Material?

A Basalt *B Bronze*
C Marmor *D Silber*

4 Berühmtester Einrichtungsgegenstand des Domes ist eine aus Sandstein gefertigte Skulptur, die vermutlich den ungarischen König Stephan I., einen Schwager Heinrichs II., darstellt. Weltbekannt ist das Standbild als „Bamberger ...".

A Fuerst *B Koenig*
C Ritter *D Reiter*

5 Ein prächtiger Bau im Stil der deutschen Renaissance ist die „Alte Hofhaltung". In Resten erhalten ist hier die Residenz des Kaisers. Wie nennt man einen derartigen Gebäudekomplex?

A Baden *B Eifel*
C Pfalz *D Rhoen*

6 Reizvoll gelegen ist das „Alte Rathaus": Teils von mittelalterlichem Fachwerk, teils von barocken Wandmalereien geprägt, steht es auf einer Brücke über welchen Nebenfluss des Mains?

A Irrwitz *B Kiebitz*
C Regnitz *D Stibitz*

7 Zum Bummeln, Shoppen und Einkehren lädt die Innenstadt mit ihren Fachwerkhäusern ein. Sehenswert: die ehemalige Fischersiedlung, deren Häuser sich in einer schön geschmückten Zeile am Fluss aufreihen. Ihr Name?

A Alt Stockholm *B Klein Venedig*
C Luett Holland *D Neu Flensburg*

8 Besonders stolz sind die Bamberger darauf, dass es in ihrer Stadt noch immer neun Betriebe gibt, die ganz unterschiedliche Sorten welchen Getränks herstellen?

A Bier *B Most*
C Sekt *D Wein*

Wer wird Millionär?

1) Lange Rede, kurzer ... — 50 €
A Spaß · C Film
B Tag · D Sinn

2) Adam und Eva lebten im Garten ... — 100 €
A Gethsemane · C Semiramis
B Eden · D Jerusalem

3) Wie heißt eine Mischung aus Fett und Fleischsaft? — 200 €
A Siedewort · C Schmorsilbe
B Kochbuchstabe · D Bratensatz

4) Ein Tsunami ist eine ... — 300 €
A Meereswelle · C Insel
B Kampfsportart · D Sprache

5) Die griechische Göttin der Liebe und der Schönheit heißt ... — 500 €
A Athene · C Eos
B Aphrodite · D Venus

6) Worauf steht so manche gut gekleidete Dame? — 1000 €
A Eurotreppe · C Pfennigabsatz
B Groschenstufe · D Dollarboden

7) Die Chinesische Stachelbeere ist besser bekannt als ... — 2000 €
A Litschi · C Marone
B Kiwi · D Physalis

8) Eine bekannte italienische Soße heißt ... — 4000 €
A Pronto · C Pasta
B Pizza · D Pesto

9) UV-Strahlung wird größtenteils absorbiert in der ... — 8000 €
A Tragschicht · C Oberschicht
B Ozonschicht · D Isolierschicht

10) Welche Farbe haben Lavendelblüten? — 16 000 €
A Gelb · C Grün
B Rot · D Lila

11) Computer und Drucker kommunizieren über eine ... — 32 000 €
A Druckstelle · C Schnittstelle
B Kerbstelle · D Trennstelle

12) Was muss es laut einem Simmel-Roman nicht immer sein? — 64 000 €
A Hummer · C Kaviar
B Champagner · D Gold

13) Was wird als Rennpferd des kleinen Mannes bezeichnet? — 125 000 €
A Brieftaube · C Windhund
B Kaninchen · D Fahrrad

14) Wofür steht in der Musik der Begriff „da capo"? — 500 000 €
A schnell · C majestätisch
B feurig · D von vorne

15) Welches der nachfolgenden Geräte ist kein Messinstrument? — 1 000 000 €
A Tachometer · C Thermometer
B Barometer · D Nanometer

SORTIER-QUIZ

Patronat

Nationalfeiertage sind normalerweise eine ziemlich ernste Angelegenheit, bei der eine mehr oder weniger einheitliche Gruppe von Menschen sich selbst und ihr Land feiert. Eine Ausnahme ist der irische am 17. März: Millionen von Menschen auf der ganzen Welt schmücken sich an diesem Tag mit dem dreiblättrigen Kleeblatt und feiern auf fröhlichen Partys und Paraden den Schutzpatron der grünen Insel. Wie heißt der irische Nationalheilige? Wenn Sie wissen, wer als Schutzpatron welchen Landes gilt, haben Sie die Antwort.

○ Deutschland	Georg **A**
○ England	Jakobus **C**
○ Frankreich	Nikolaus von der Flüe **I**
○ Österreich	Stephan **K**
○ Schweiz	Michael **P**
○ Spanien	Leopold **R**
○ Ungarn	Jeanne d'Arc **T**

DAS VERZWICKTE QUIZ

Beantworten Sie die Quizfragen. Die Buchstaben hinter den richtigen Antworten ergeben ein Lösungswort.

1 Was explodiert garantiert nicht?

a) Sprengsatz .... M
b) Granatapfel .... B
c) Feuerwerkskörper .... T
d) Dynamitladung C

2 Ein junger Rehbock ist ein ...

a) Hohlkopf I
b) Spießer .... R
c) Stümper .... O
d) Anfänger .... G

3 Ein Erfolgssong von Helene Fischer ist „... durch die Nacht".

a) Hoffnungslos .... T
b) Atemlos .... A
c) Erfolglos L
d) Schamlos .... H

4 Welcher dieser Badeorte liegt am Roten Meer?

a) Brighton .... Q
b) Cannes .... F
c) Rimini .... B
d) Hurghada .... N

5 Welche Pflanze gibt es wirklich?

a) Zasterrose .... E
b) Geldbaum .... D
c) Kohlepflanze .... J
d) Moneystrauch .... O

6 „Die tätowierte Rose" ist ein Drama von ...

a) Tennessee Williams .... U
b) Umberto Eco .... G
c) Eugène Grindel .... K
d) Jean Genet .... S

7 Wie viele Kinder hatte der Schriftsteller Thomas Mann?

a) zwei .... U
b) vier .... K
c) sechs .... N
d) acht I

8 Nicht zu Berlin gehört ...

a) Schöneberg .... R
b) Schönwalde .... G
c) Grunewald V
d) Rudow C

1 2 3 4 5 6 7 8

Nix für Depperte!

Selbst für Wiener und Fans von Wien ist nicht jede der folgenden Fragen leicht zu beantworten. Oder kennen Sie die Stadt wie Ihre Westentasche? Testen Sie es mit diesem Quiz!

1 In wie viele Gemeindebezirke ist Wien unterteilt?

A) in 13
B) in 20
C) in 23
D) in 25

2 Welcher dieser Romane von John Irving spielt nicht in Österreich?

A) „Lasst die Bären los!“
B) „Garp und wie er die Welt sah“
C) „Das Hotel New Hampshire“
D) „Owen Meany“

3 Seit etwa 1820 wird der ehemalige Kärntnertormarkt als Naschmarkt bezeichnet. Wie nannte man ihn vorher?

A) Aschenmarkt
B) Zuckermarkt
C) Flohmarkt
D) Obstmarkt

4 Welche Pferde kann man in der Spanischen Hofreitschule bewundern?

A) Araber
B) Hannoveraner
C) Holsteiner
D) Lipizzaner

5 Ein Sprung im Eiskunstlauf heißt nach dem Wiener Sportler ...

A) Axel Paulsen
B) Alois Lutz
C) Ulrich Salchow
D) Werner Rittberger

6 Durch wie viele österreichische Bundesländer fließt die Donau, bevor sie Wien erreicht?

A) eins
B) zwei
C) drei
D) vier

7 Welches Musical komponierte der gebürtige Wiener Frederick Loewe?

A) „Evita“
B) „West Side Story“
C) „My Fair Lady“
D) „Cats“

8 Nach welchem Regisseur heißt das Schauspielseminar an der Universität für Musik und darstellende Kunst?

A) Max Reinhardt
B) Max Burckhard
C) Claus Peymann
D) Otto Falckenberg

9 Welcher Wiener Fußballverein wurde 1941 deutscher Meister?

A) Austria
B) Wacker
C) Admira
D) Rapid

10 Welche internationale Organisation hat keinen Sitz in Wien?

A) OPEC
B) FIFA
C) UNO
D) OSZE

Millionär können Sie bei uns (leider) nicht werden, aber auch hier können Sie Ihr Wissen testen. Viel Spaß!

1. Jeder ist seines Glückes ...

A Bäcker | B Schmied
C Maurer | D Schuster

2. Probieren geht über ...

A fabulieren | B dressieren
C taktieren | D studieren

3. Eine allergische Erkrankung ist der ...

A Grasschnupfen | B Heuschnupfen
C Moosschnupfen | D Strohschnupfen

4. 11, 22, 33 und 44 sind ...

A Schnapszahlen | B Fuselziffern
C Kornchiffren | D Likörnummern

5. Kleine Häppchen heißen in Spanien ...

A Antipasti | B Mezze
C Tapas | D Horsd'œuvres

6. Wer war sehr erfolgreich mit dem Song „Dancing Queen“?

A Cher | B ABBA
C Blondie | D Madonna

7. Eine Eiskunstlauffigur ist der ...

A Flip | B Fizz
C Punsch | D Shooter

8. Den griechischen Gott Zeus nannten die Römer ...

A Mars | B Jupiter
C Uranus | D Merkur

9. Ein Roman von George Orwell heißt ...

A „1944“ | B „1954“
C „1974“ | D „1984“

10. Welche ist die kleinste der folgenden Ostfriesischen Inseln?

A Baltrum | B Borkum
C Juist | D Langeoog

11. Wer komponierte die „Mondscheinsonate“?

A Beethoven | B Mozart
C Schubert | D Schumann

12. Die Ornithologie ist die Lehre von den ...

A Kräutern | B Vögeln
C Sternen | D Kriechtieren

QUIZ

Testen Sie Ihr Allgemeinwissen!

1

Viele Skiläufer ...

☐ knurren ☐ bellen ☐ wedeln ☐ beißen

2

Wer viel Erfahrung hat, ist ein alter ...

☐ Bär ☐ Igel ☐ Hase ☐ Wolf

3

Ein Tänzer legt eine flotte ... aufs Parkett.

☐ Platte ☐ Sohle ☐ Hacke ☐ Spitze

4

Einen Hefeteig muss man ... lassen.

☐ liegen ☐ stehen ☐ gehen ☐ laufen

5

Wenn kräftig gefeiert wird, geht die ... ab.

☐ SMS ☐ E-Mail ☐ Post ☐ Karte

6

Fußballer brauchen immer die richtigen ...

☐ Hefezöpfe ☐ Schnecken ☐ Hörnchen ☐ Stollen

7

Welche Dörfer sind manchem gänzlich unbekannt?

☐ tschechische ☐ böhmische ☐ mährische ☐ slowakische

8

Wenn ein Sturm aufkommt, werden die Segel ...

☐ entrostet ☐ lackiert ☐ gestrichen ☐ geputzt

9

Das „Land des Lächelns“ in der Operette ist ...

☐ Thailand ☐ China ☐ Korea ☐ Japan

10

In welchem Film spielte Richard Gere nicht mit?

☐ „Sommersby“ ☐ „Chicago“ ☐ „Zwielicht“ ☐ „Rain Man“

11

Wo sind die berühmten Domspatzen zu Hause?

☐ Wien ☐ Leipzig ☐ Köln ☐ Regensburg

12

Ein Metropolit ist ein ...

☐ Weltenbummler ☐ Wetterexperte ☐ Uhrenfachmann ☐ Erzbischof

BILDER-QUIZ

Wessen Vater installierte 1886 die erste Stromversorgung für das Oktoberfest?

ADENAUER – EINSTEIN – RÖNTGEN

Wie nennen Seeleute den wasserdichten Abschluss einer Luke?

ARMINIA – KICKERS – SCHALKE

Unter welchem Namen ist die Tollkirsche auch bekannt?

BELLADONNA – BRAVISSIMA – PRIMADONNA

QUIZ

500 Euro

1 Wer ließ im Märchen sein Haar herunter?

A Frau Holle
B Schneewittchen
C Rapunzel
D Dornröschen

1000 Euro

2 Eine Führungsperson spielt die erste ...

A Bratsche
B Trompete
C Flöte
D Geige

2000 Euro

3 Was kann man in Island besichtigen?

A Uluru
B Lange Anna
C Stonehenge
D Elefantenfelsen

5000 Euro

4 Eine Attraktion in London ist das Riesenrad „London ...“.

A Wheel
B Eye
C Circle
D Disc

10 000 Euro

5 Eine schwere, nie ans Ziel führende Arbeit ist eine ...

A Sysiphusarbeit
B Sysyphosarbeit
C Sisyphusarbeit
D Sissyphusarbeit

50 000 Euro

6 Bei welcher Sendung wirkte Model Heidi Klum bislang nicht mit?

A „Germany's Next Topmodel“
B „Project Runway“
C „America's Got Talent“
D „Das Supertalent“

100 000 Euro

7 Beim Eurovision Song Contest 2015 bekam der deutsche Beitrag ...

A 0 Punkte
B 4 Punkte
C 5 Punkte
D 10 Punkte

250 000 Euro

8 Kaiserin Sisi war zu ihrer Zeit eine angesehene ...

A Schriftstellerin
B Jagdreiterin
C Schwimmerin
D Schneiderin

500 000 Euro

9 Welches Tier zählt nicht zur Ordnung der Eulen?

A Steinkauz
B Zackeneule
C Uhu
D Kanincheneule

1 000 000 Euro

10 In welcher Stadt steht Michelangelos „David“?

A Rom
B Florenz
C Venedig
D Siena

BILDER-QUIZ

Der Klatschmohn lässt sich leicht an seinen leuchtend roten Blüten erkennen. Doch bei der „Blume des Jahres“ 2017 müssen Sie vorsichtig sein, da sie eine giftige Flüssigkeit absondert. Wie heißt diese?

NATURHARZ • BLATTBIER • MILCHSAFT

Vielleicht haben Sie in Schweden schon einmal einen Elch gesehen. Mit seinem imposanten Geweih hat er die Konkurrenz bei der Wahl zum „Tier des Jahres“ 2007 auf die Plätze verwiesen. Zu welcher biologischen Familie gehört das Tier?

WAPITIS • GIBBONS • HIRSCHE

2002 wurde er zum „Insekt des Jahres“ gekürt: der Zitronenfalter. Fast jeder hat den schönen Schmetterling schon einmal in freier Wildbahn erlebt. Wo kann man ihn am ehesten antreffen?

WALDRAND • SEENÄHE • ALTSTADT

Wer wird Millionär?

1) Was lange währt, wird endlich ...
50 €
A fertig | B schön | C gut | D nett

2) Wasser befördert man aus einem Schiff mit einer ...
100 €
A Lenzpumpe | B Sommerpumpe | C Herbstpumpe | D Winterpumpe

3) Wenn jemand rückschrittlich ist, lebt er hinter dem ...
200 €
A Polarstern | B Pluto | C Mond | D Mars

4) Mit dem Aufbau der Erde befasst sich die ...
300 €
A Biologie | B Paläontologie | C Geologie | D Glaziologie

5) Nach einem Sprichwort lässt sich nicht streiten über ...
500 €
A Erziehung | B Geschmack | C Politik | D Freunde

6) Wie nennt man das Nest der Greifvögel?
1000 €
A Hagen | B Burkhard | C Ehrenfried | D Horst

7) Wie heißt der Fluss, der in Wetzlar in die Lahn mündet?
2000 €
A Zimt | B Salz | C Dill | D Senf

8) Was für ein Tier ist eine Klappmütze?
4000 €
A eine Fledermaus | B ein Kakadu | C ein Murmeltier | D eine Robbe

9) „Die Nachtwache" wurde gemalt von ...
8000 €
A Rembrandt | B Dürer | C Rubens | D Bosch

10) Was sind Rauchwaren?
16 000 €
A Gardinen | B Pelze | C Perücken | D Schuhe

11) Bei einem Almrausch handelt es sich um ...
32 000 €
A eine Blumenart | B einen Schwips | C eine schöne Bergsicht | D eine Käsesorte

12) Die Schlümpfe zum Singen brachte Vader ...
64 000 €
A Abraham | B Goliath | C Methusalem | D Salomon

13) Welcher Fußballverein spielt am längsten in der Bundesliga?
125 000 €
A Bayern München | B Hamburger SV | C Schalke 04 | D Werder Bremen

14) Das Saffianleder stammt von ...
500 000 €
A Lämmern | B Kälbern | C Schweinen | D Ziegen

15) Wie nannte man den ersten Bundespräsidenten Theodor Heuss?
1 000 000 €
A Bruder | B Onkel | C Papa | D Theo

TIER-QUIZ

1 Wegen ihres Pelzes wurden Chinchillas in Europa gezüchtet. Ihr Fell schützt sie vor Wettereinflüssen. Wo sind die Tiere ursprünglich zu Hause?

- SÜDAMERIKA
- VORDERASIEN
- OSTSIBIRIEN

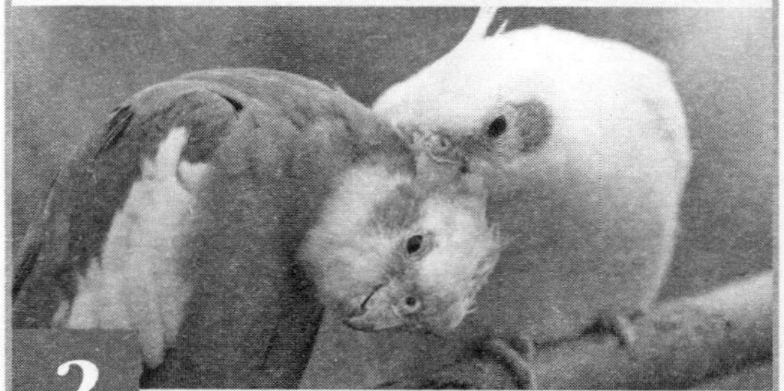

2 Ihre Verspieltheit und die Federhaube der Nymphensittiche erinnern an einen anderen Vogel. Wer ist ihr großer Verwandter?

- MARABU
- KAKADU
- TRAPPE

3 Guppys sind aufgrund ihrer bunten Farbe beliebte Aquarienfische. Welcher Körperteil ist bei den Männchen am auffälligsten?

- SCHWANZFLOSSE
- OHRÖFFNUNGEN
- RÜCKENFLOSSE

QUIZ

1. Ein Berg in Rio de Janeiro heißt ...

A Salzmütze	**B** Mehldeckel
C Kosakenzipfel	**D** Zuckerhut

2. Wer ..., sündigt nicht.

A schnarcht	**B** gähnt
C schläft	**D** träumt

3. Nähnadeln sucht man in einem Kaufhaus bei den ...

A Meterwaren	**B** Kurzwaren
C Dauerwaren	**D** Auslegewaren

4. Wie nennt man einen Strohhut auch?

A Bügelsäge	**B** Bundsäge
C Kreissäge	**D** Spannsäge

5. Wer gründete Salt Lake City?

A die Harmoniker	**B** die Mormonen
C die Marmornen	**D** die Salinen

6. Wer bestieg als Erster den Mount Everest?

A Reinhold Messner	**B** Edmund Hillary
C Luis Trenker	**D** Heinrich Harrer

7. Welche Insel ist die nördlichste?

A Mallorca	**B** Sizilien
C Kreta	**D** Rhodos

8. Wer erhielt 1952 den Friedensnobelpreis?

A Albert Einstein	**B** Albert Schweitzer
C Günter Grass	**D** Max Planck

9. Wer moderierte die Sendung „Nur die Liebe zählt"?

A Kai Pflaume	**B** Inka Bause
C Nazan Eckes	**D** Günther Jauch

10. Woher kam der „Tand", der „durch alle Land" ging?

A Nürnberg	**B** Stein
C Zirndorf	**D** Fürth

11. Welche Schauspielerin studierte Humanmedizin?

A Gaby Dohm	**B** Ulrike Folkerts
C Maria Furtwängler	**D** Mariele Millowitsch

12. Wer lebte im Labyrinth auf Kreta?

A Menelaos	**B** Mentor
C Midas	**D** Minotaurus

WORTSPIEL

Wenn Sie die Bedeutungen der 8 Wörter herausgefunden haben, ergeben die Buchstaben hinter den richtigen Antworten – von oben nach unten gelesen – ein Sprichwort.

1 Geophyt
a) Gesteinsforscher .... **DIE**
b) Mineral .... **AND**
c) mehrjährige Pflanze .... **GIP**

2 Entente
a) Bündnis zwischen Staaten .. **FEL**
b) Wasservogel .... **BES**
c) Schiffskaperung .... **ERK**

3 Diaphora
a) Empfängnisverhütungsmittel **TEN**
b) Betonung der Verschiedenheit zweier Dinge .... **UND**
c) durchsichtiges Lichtbild ..... **LEI**

4 Fidalgo
a) spanischer Tanz .... **DIN**
b) portugiesischer Edelmann .. **ABG**
c) Misserfolg .... **DUN**

5 Kolonel
a) Schriftgrad .... **RUN**
b) militärischer Dienstrang .... **GEI**
c) kleine Siedlung .... **GER**

6 Hangar
a) Kleidungsstück für Frauen .. **MLE**
b) Gabelhirsch .... **KEN**
c) Flugzeughalle .... **DSI**

7 Korsak
a) kleiner Steppenfuchs ..... **NDE**
b) russischer Reiter .... **BEN**
c) Elefantenführer .... **NTM**

8 Pandane
a) weiblicher Bambusbär...... **EST**
b) Zierpflanze .... **INS**
c) Einwohner Panamas .... **ICH**

Nur wenn Sie die Fragen richtig beantworten, werden Sie am Ziel mit den richtigen Buchstaben ankommen. Diese ergeben – hintereinandergelesen – eine Rechenaufgabe des Einmaleins.

START

D Berti Vogts erwarb sich den Spitznamen „Terrier“.	**R** Die Gondelkapitäne Venedigs heißen Sommeliere.	**E** Kompassnadeln richten sich nach dem Erdmagnetfeld.	**O** Jürgen Klinsmann wird auch Quälix genannt.
E Der große rote Fleck auf dem Mars ist ein Wirbelsturm.	**I** Die Pusteblumen auf den Wiesen sind Löwenzahn.	**A** Der Fluss Kongo ist auch unter dem Namen Zaire bekannt.	**L** Eine Turnübung am Seitpferd heißt Stöckli.
A Heinzelmännchen sind nach der Sage in Köln aktiv.	**M** Taktische Beratungen beim Basketball geschehen in der Aufzeit.	**N** Auf dem 50-Euro-Schein ist die Renaissance abgebildet.	**S** Die südlichen Alpen liegen auf Neuseeland.
D Der Generalsekretär der NATO heißt mit Vornamen Anders.	**L** Das Schweinsohr ist ein Speisepilz.	**T** Das kyrillische Alphabet nennt man auch Asbuka.	**N** Der Baikalsee enthält 20 % des flüssigen Süßwassers der Erde.
I Auf Helgoland ist Radfahren verboten.	**R** Eines der chinesischen Tierkreiszeichen ist der Löwe.	**S** Tick, Trick und Track sind Donald Ducks Söhne.	**E** Der Comic-Hund Snoopy ist ein Chow-Chow.
A Des Kaisers neue Kleider aus dem Märchen waren zu eng.	**E** Eine Milliarde hat zehn Nullen.	**I** Die Flagge der Türkei zeigt einen Mond und einen Stern.	**U** Kolibris können rückwärts fliegen.
F Das achteckige Stoppschild hat rote Schrift auf weißem Grund.	**I** Der Autor des „Struwwelpeter“ nannte sich Reimerich Kinderlieb.	**V** Der Mond wird niemals durch den Erdschatten verdunkelt.	**N** ZIEL

Lösung:

☐☐☐☐ ☐☐☐ ☐☐☐☐ ☐☐☐ ☐☐☐☐

PROMI-QUIZ

1 Julio Iglesias schloss 2001 ein in den 60ern unterbrochenes Studium ab. Wie darf er sich seither nennen?

- Jurist
- Lehrer
- Pastor

2 Gegen welchen Filmstar verlor NDR-Talkerin Barbara Schöneberger einmal ein Duell im Armdrücken?

- Hugh Grant
- Tom Cruise
- Will Smith

3 Mit welcher Rockband feiert Schauspielerin Anna Loos seit 2006 als Sängerin Erfolge?

- Karat
- Seeed
- Silly

4 Wo lernte Prinzessin Mary ihren Ehemann Frederik von Dänemark kennen?

- Odense
- Hobart
- Sydney

5 Kevin Costner hat indianische Vorfahren. Aus welchem Stamm?

- Cherokee
- Cheyenne
- Chippewa

6 Stephanie Stumph ist wie ihr Vater Wolfgang Fan welcher Sportart?

- Boxen
- Gehen
- Rugby

7 Als Fußballfan outete sich Uschi Glas, als sie vor einigen Jahren ihren Kater wie nannte?

- Berti Vogts
- Ronaldinho
- Oliver Kahn

8 Mireille Mathieu übte schon als Kind für ihre Gesangskarriere. Was benutzte sie als Mikrofon?

- Besenstiel
- Blumenvase
- Gießkanne

9 Welches ist das Heimatland von Königin Máxima von den Niederlanden?

- Argentinien
- Österreich
- Philippinen

DAS LEICHTE QUIZ

Testen Sie Ihr Allgemeinwissen, und schicken Sie Ihr Gehirn ins Trainingslager! Unser Quiz macht Sie fit für Jauch, Pilawa und Co.

1 — 50 Euro
Wo werden Streitigkeiten ausgetragen?
A Rechtsgasse B Rechtsstraße C Rechtsweg D Rechtsautobahn

2 — 100 Euro
Wenn man müde ist, dann ruft redensartlich ...
A die Frau B der Schrank C das Sandmännchen D das Bett

3 — 200 Euro
Im Radio hört man manchmal: „Die ... schließt freundlich."
A Kneipe B Schule C Bank D Börse

4 — 300 Euro
Was wird unter Diplomaten ausgetauscht?
A Partituren B Noten C Ouvertüren D Sonaten

5 — 500 Euro
Loriot zeichnete sehr oft Figuren mit ...
A Plattfüßen B Segelohren C Adleraugen D Knollennasen

6 — 1.000 Euro
Was bringt nach dem Volksglauben Glück?
A Scherben B Teile C Splitter D Fragmente

7 — 2.000 Euro
Einen Kurfürsten von Sachsen nannte man August den ...
A Großen B Starken C Schönen D Schwachen

8 — 4.000 Euro
Ein Wahrzeichen von Pisa ist der ... Turm.
A Bunte B Krumme C Schiefe D Kurze

9 — 8.000 Euro
Nicht nur Feuerwehrleute fühlen sich manchmal ...
A geleitert B gestrahlt C geschäumt D geschlaucht

10 — 16.000 Euro
Das Eisen muss man schmieden, solange es ... ist.
A rot B heiß C kalt D schwarz

11 — 32.000 Euro
Wie nennt man einen nicht sehr geistreichen Witz?
A Breslauer B Bunzlauer C Kalauer D Nassauer

12 — 64.000 Euro
Was fliegt gebraten durchs Schlaraffenland?
A Tauben B Steaks C Störche D Frikadellen

13 — 125.000 Euro
Eine historische Provinz in Schweden heißt ...
A Schonen B Ruhen C Liegen D Dösen

14 — 500.000 Euro
Mit wem war Gunter Sachs verheiratet?
A Romy Schneider B Brigitte Bardot C Sophia Loren D Marilyn Monroe

15 — 1.000.000 Euro
Was ist eine Quiche?
A Obstart B Tiefseequalle C Griechische Göttin D Herzhafter Kuchen

BILDER-QUIZ

Leuchtend goldbrauner Lack, Klangstärke und Tragweite: Daran erkennt man die Geigen des italienischen Meisters ...

BOTTICELLI – STRADIVARI – TRAPATTONI

Aus welcher rund 5300 Jahre zurückliegenden Epoche stammt die vor über 20 Jahren in den Südtiroler Alpen entdeckte Gletschermumie „Ötzi"?

HOCHANTIKE – KREIDEZEIT – KUPFERZEIT

Wie nennen Gastronomen und Gourmets feine Gemüsestreifen in Suppen und Soßen?

JULIENE – JENIFER – JOSEFINE

REISE-QUIZ

Die Schweiz gilt als sauberstes, reichstes und bergigstes Land Europas. Wie gut kennen Sie das Land hinter unserer Südgrenze? Die acht Fragen haben je vier Antwortmöglichkeiten.

1 **Wie heißt die Hauptstadt des Alpenstaates de facto?**

A Bern — *B Biel*
C Genf — *D Thun*

2 **Schaffhausen: Hier stürzt einer der größten Flüsse Europas auf 150 Metern Breite 23 Meter in die Tiefe. Wie heißt der größte Wasserfall Mitteleuropas?**

A Bergsturz — *B Ernstfall*
C Grenzfall — *D Rheinfall*

3 **Zürich: Die größte Stadt der Schweiz ist nicht nur für ihr ausschweifendes Nachtleben bekannt. Auch die malerische Altstadt ist eine Touristenattraktion. Welcher Fluss fließt mitten hindurch?**

A Albula — *B Limmat*
C Tessin — *D Wigger*

4 **Welches Gebirgsmassiv erreicht in der Dufourspitze 4634 Meter und ist damit die höchste Erhebung der Schweiz und die zweithöchste Europas?**

A Marmolada — *B Montblanc*
C Monte Rosa — *D Zugspitze*

5 **Und welcher Berg ist wegen seines pyramidenförmigen Gipfels unverwechselbar und mit 4478 Metern der zweithöchste in der Schweiz?**

A Bockmattli — *B Matterhorn*
C Piz Bernina — *D Spitzahorn*

6 **Der Fremdenverkehrsort in der Schweiz, der vor allem im Winter Reiche und Prominente aus aller Welt anzieht und mit dem „White Turf" ein Pferderennen auf Eis veranstaltet, heißt Sankt ...**

A Gallen — *B Helena*
C Lorenz — *D Moritz*

7 **Eidgenossen: Am 1. August 1291 sollen laut Nationalmythos die drei Vertreter der Urkantone ihren ewigen Bund beschworen haben. Auf welcher Bergwiese am Vierwaldstättersee?**

A Buebli — *B Muesli*
C Ruetli — *D Zuegli*

8 **Elitetruppe: Im Januar 1506 wurde die Päpstliche Schweizergarde gegründet. Wie hieß ihr erster Hauptmann?**

A August — *B Kaspar*
C Schalk — *D Seppel*

Wer wird Millionär?

1) Hokuspokus Fidibus, dreimal ... (50 €)
A schwarzer Kater — C weiße Katze
B graue Maus — D braune Ratte

2) Bei Asterix und Obelix ist Miraculix der ... (100 €)
A Barde — C Schankwirt
B Fischhändler — D Druide

3) Ein Hefekuchen mit Cremefüllung heißt ... (200 €)
A Mückenstich — C Bienenstich
B Wespenstich — D Hornissenstich

4) Ein mutterloses Seehundbaby nennt man auch .... (300 €)
A Brüller — C Schluchzer
B Heuler — D Lacher

5) Conny Froboess sang einst „Pack die ... ein". (500 €)
A Butterbrote — C Badetasche
B Badehose — D Badelatschen

6) Die Chefstewardess auf dem „Traumschiff" heißt ... (1000 €)
A Beatrice — C Katharina
B Silvia — D Sabine

7) Die botanische Bezeichnung für Schwertlilien ist ... (2000 €)
A Ines — C Erna
B Iris — D Erika

8) Ein Metronom ist ein ... (4000 €)
A Gastwirt — C Taktmesser
B Diplomlandwirt — D Sterndeuter

9) Welches Land liegt nicht in Asien? (8000 €)
A Bahrain — C Bhutan
B Benin — D Brunei

10) Wenn ein neuer Papst gewählt ist, sieht man ... (16 000 €)
A weißen Rauch — C grünen Rauch
B schwarzen Rauch — D roten Rauch

11) Den höchsten Vitamin-C-Gehalt haben ... (32 000 €)
A Kiwis — C Hagebutten
B Zitronen — D Acerola-Kirschen

12) Tinnitus ist ein ... (64 000 €)
A römischer Kaiser — C Hochschulprofessor
B Ohrgeräusch — D Giftpilz

13) Die britische Nationalflagge heißt im Volksmund ... (125 000 €)
A Jolly Roger — C Stars and Stripes
B Union Jack — D Trikolore

14) Worauf freut sich der Feinschmecker, der Shoyu gekauft hat? (500 000 €)
A Reiswein — C Schellfisch
B Sojasauce — D Algen

15) Auf wie viele Jahre schätzt man das Alter der Erde? (1 000 000 €)
A 1,3 Milliarden — C 3,5 Milliarden
B 2,4 Milliarden — D 4,6 Milliarden

Ermittlergruppe

„Ich könnte den Dirigenten umbringen.“ Dieser Satz, ausgesprochen von einem empörten Gast im Opernhaus von Venedig, inspirierte eine amerikanische Schriftstellerin zur Erschaffung des „Commissario Brunetti“. 1993 erschien in Deutschland ihr erster Roman um den melancholischen Polizisten, sieben Jahre später war er erstmals im Fernsehen zu sehen. Damals spielte noch Joachim Król die Hauptrolle, der 2003 von Uwe Kockisch abgelöst wurde. Wie heißt die Schriftstellerin, die den Commissario erfand. Wenn Sie wissen wer welchen Ermittler spielt oder spielte, haben Sie die Antwort.

◯	Humphrey Bogart	Pater Brown	A
◯	Basil Rathbone	Philip Marlowe	D
◯	Kenneth Branagh	Magnum	E
◯	Krister Henriksson	Hercule Poirot	L
◯	Heinz Rühmann	Kommissar Wallander	N
◯	Peter Ustinov	Kommissar Wallander	N
◯	Tom Selleck	Kommissar Wallander	N
◯	Benedict Cumberbatch	Sherlock Holmes	O
◯	Rolf Lassgård	Sherlock Holmes	O

DAS VERZWICKTE QUIZ

Beantworten Sie die Quizfragen. Die Buchstaben hinter den richtigen Antworten ergeben ein Lösungswort.

1 Viele Nachtschattengewächse, wie z. B. die Tomate, enthalten das giftige …

Melanin .... U
Solanin .... M
Alanin .... D
Phasin .... A

2 Wie lautet der alte deutsche Name für den Monat Februar?

Hartung .... P
Hornung .... A
Lenzing .... N
Launing .... O

3 Wo fand 1397 der erste urkundlich erwähnte Fastnachtsumzug statt?

Köln .... R
Mainz I
Düsseldorf .... M
Nürnberg .... K

4 Eine chronische Lungenerkrankung verbirgt sich hinter der Abkürzung …

COPD .... E
CAD .... S
CCPD .... P
CCD .... O

5 Am 12. Februar 2017 wurde der wievielte Bundespräsident gewählt?

der 12. L
der 13. .... W
der 14. .... R
der 15. .... O

6 Mit welcher Pflanze ist die Steckrübe eng verwandt?

Raps L
Mangold .... A
Rote Bete .... U
Spinat .... T

7 Auf der Eisenacher Wartburg lebte Martin Luther inkognito als Junker …

Johann .... N
Jan .... E
Josef I
Jörg .... O

8 Welcher der folgenden Begriffe steht nicht für eine Kaffeesorte?

Arabica .... D
Criollo .... S
Robusta .... A
Liberica .... E

1 2 3 4 5 6 7 8

THEMEN-QUIZ

Nix für Heichdl!

Selbst für Franken und Fans Frankens ist nicht jede der folgenden Fragen leicht zu beantworten. Oder kennen Sie die Region wie Ihre Westentasche? Testen Sie es mit diesem Quiz!

1 Was möchte der Schweinfurter, wenn er „Maddeblootz“ bestellt?

A) Käsekuchen
B) Wirsingkohl
C) Bratwürste
D) Schweinsohren

2 Die Franken sind seit 2008 besonders stolz auf ...

A) Tropfen
B) Hagel
C) Flocke
D) Nebel

3 Das Werk „Der Schwanritter“ verdanken wir ...

A) Woody Allen
B) Cervantes
C) Wilhelm Busch
D) Konrad von Würzburg

4 Der Firmenname adidas geht zurück auf ...

A) den Firmengründer
B) die Adidasstraße am Firmensitz
C) das griechische Wort für Sohle
D) eine Idee der Buchhalterin

5 Der „Tag der Franken“ wird am 2. Juli gefeiert. Der Anlass ist ...

A) die Erfindung des Lebkuchens
B) die päpstliche Bulle zum Bocksbeutel
C) die Gründung des Fränkischen Reichskreises
D) Kurfürsten beschließen den Namen „Franken“

6 Der Unternehmer Theo Schöller handelte mit ...

A) Lebkuchen
B) Eis
C) Rostbratwürsten
D) Kleinwagen

7 Das Lied der Franken beginnt mit ...

A) Auch wenn inn're Stürme wüten
B) Dieses Lied geh allen Herzen ein
C) Wohlauf, die Luft geht frisch und rein
D) Gott mit dir, du Land der Franken

8 Als Schutzpatron des Frankenlandes gilt ...

A) Peter der Große
B) Der heilige Kilian
C) Papst Bonifatius VIII.
D) Der heilige Erasmus

9 Welcher Bundeskanzler war Franke?

A) Helmut Kohl
B) Helmut Schmidt
C) Willy Brandt
D) Ludwig Erhard

10 Ein bekannter Franke bei den Olympischen Spielen 2000 war ...

A) Reiter Hinrich Romeike
B) Mountainbikerin Sabine Spitz
C) Gewichtheber Matthias Steiner
D) Basketballer Dirk Nowitzki

QUIZ für GENIES

Millionär können Sie bei uns (leider) nicht werden, aber auch hier können Sie Ihr Wissen testen. Viel Spaß!

1. Wie nennt man einen männlichen Hund?

A Ungehobelt | B Rabiat
C Grob | D Rüde

2. Hannibal überquerte die Alpen mit ...

A Lamas | B Elefanten
C Yaks | D Büffeln

3. Unsere Luft besteht hauptsächlich aus ...

A Sauerstoff | B Fluor
C Kohlenstoff | D Stickstoff

4. Was ist Anthrazit?

A ein Gas | B ein Metall
C ein Salz | D eine Kohle

5. Auf der Spitze der Berliner Siegessäule steht die Göttin ...

A Freyja | B Nike
C Isis | D Viktoria

6. „Avocado“ nennt man eine ...

A Rechtsanwältin | B Frucht
C Zierpflanze | D Tanzfigur

7. Bärlauch schmeckt intensiv nach ...

A Marzipan | B Anis
C Knoblauch | D Minze

8. Bei welcher Sportart benutzt man einen Sulky?

A beim Billard | B beim Tennis
C beim Trabrennen | D beim Polo

9. „Das ganze Leben ist ein Quiz“ sang ...

A Rudi Carrell | B Hape Kerkeling
C Peter Frankenfeld | D Wim Thoelke

10. Welches Land grenzt nicht an Polen?

A Lettland | B Litauen
C Ukraine | D Slowakei

11. Die Angebetete von Goethes Faust heißt ...

A Liebchen | B Gretchen
C Lieschen | D Mariechen

12. Den Schluss eines Musikstücks nennt man auch ...

A Kadenz | B Kandare
C Kondolenz | D Dekadenz

QUIZ

Testen Sie Ihr Allgemeinwissen!

1

Im Winter ist oft eine Schneefront im ...

- ☐ Kleid
- ☐ Stresemann
- ☐ Anzug
- ☐ Sakko

2

Welche Stadt nennt man auch Walzerstadt?

- ☐ Prag
- ☐ Paris
- ☐ Rom
- ☐ Wien

3

Zur Schraube gehört oft eine ...

- ☐ Mutter
- ☐ Tante
- ☐ Schwester
- ☐ Cousine

4

Das Großereignis im American Football ist der ...

- ☐ Supercup
- ☐ America's Cup
- ☐ Daviscup
- ☐ Super Bowl

5

Wie heißt der Sohn von Verona Pooth?

- ☐ San Francisco
- ☐ San Antonio
- ☐ San Diego
- ☐ San Juan

6

Was bedeutet transzendent?

- ☐ quer verlaufend
- ☐ durchsichtig
- ☐ übersinnlich
- ☐ ungeheuerlich

7

Ein Concorde-Flug von Paris nach New York dauerte ...

- ☐ ca. 1 Std.
- ☐ ca. 3,5 Std.
- ☐ ca. 7 Std.
- ☐ ca. 14 Std.

8

Was ist ein Mojito?

- ☐ Insekt
- ☐ Cocktail
- ☐ Mexikaner
- ☐ Wirbelsturm

9

Die Tonbezeichnung für C heißt in Italien ...

- ☐ fa
- ☐ re
- ☐ do
- ☐ mi

10

Welche Waffe gibt es nicht im Fechtsport?

- ☐ Florett
- ☐ Degen
- ☐ Säbel
- ☐ Schwert

11

Kein Mitglied der NATO ist ...

- ☐ Schweden
- ☐ Dänemark
- ☐ Norwegen
- ☐ Island

12

Der eigentliche Vorname von Coco Chanel war ...

- ☐ Gabrielle
- ☐ Camille
- ☐ Danielle
- ☐ Michelle

BILDER-QUIZ

In welchem Land ging Exkönigin Beatrix in die Grundschule?

UNGARN – KANADA – ISLAND

Eine Stoßvorrichtung an Eisenbahnfahrzeugen nennt man ...

FLADEN – PUFFER – SEMMEL

Welches Spiel wurde nach einer englischen Stadt benannt?

RUGBY – BINGO – HALMA

QUIZ

500 Euro

1 Alles neu macht der ...

A Januar
B Mai
C April
D Oktober

1000 Euro

2 Ein Zeichen in der Notenschrift heißt ...

A Bassschlüssel
B Geigenschlüssel
C Himmelsschlüssel
D Kreuzschlüssel

2000 Euro

3 Nach der Einführung der Antibabypille rechnete man mit einem ...

A Pillenrausch
B Pillenknick
C Pillendreh
D Pillenmanko

5000 Euro

4 Womit befasst sich der BUND e. V.?

A Büchereien
B Kindergärten
C Hansestädten
D Naturschutz

10 000 Euro

5 Was war der Vater im dem Märchen „Hänsel und Gretel" von Beruf?

A Köhler
B Holzfäller
C Tagelöhner
D Bauer

50 000 Euro

6 Ein Vogel heißt ...

A Weinende Elsa
B Lachender Hans
C Kreischender Paul
D Schreiender August

100 000 Euro

7 Ein Plan wird ...

A Geklebt
B Geschmiedet
C Gedrechselt
D Behauen

250 000 Euro

8 Die Oper „Porgy and Bess" komponierte ...

A Andrew Lloyd Webber
B George Gershwin
C Cole Porter
P Leonard Bernstein

500 000 Euro

9 Welches Gewürz wird aus der Rinde eines Baumes hergestellt?

A Kardamom
B Muskat
C Vanille
D Zimt

1 000 000 Euro

10 Was sind die Molaren?

A Die Backenzähne
B Ein Volk in Asien
C Inseln im Atlantik
D Mittelfußknochen

BILDER-QUIZ

Die filigrane Florfliege wurde 1999 zum „Insekt des Jahres" ernannt, da sie der Freund eines jeden Gärtners ist. Welche eher unbeliebten Tiere gehören nämlich zur Leibspeise des Netzflüglers?

FEUERWANZEN • BLATTLÄUSE • WALDAMEISEN

Der Luchs stand 2011 bei der Wahl zum „Wildtier des Jahres" auf dem Treppchen ganz oben. Erkennen lässt sich die Großkatze leicht an ihren markanten Pinselohren. Wo in Deutschland wurde das Tier erfolgreich ausgewildert?

HARZ • SYLT • POEL

1986 wurde die Arnika zur „Blume des Jahres" gekürt. Das hat ihren Grund: Das hübsche Gewächs mit den dottergelben Blüten ist seit dem Mittelalter bei uns als Heilpflanze bekannt. Als Salbe angewandt wirkt sie ...

ZELLANREGEND • AUFPUTSCHEND • ANTISEPTISCH

Wer wird Millionär?

1) Jemand hat böse Vorahnungen. Wen hört er husten?

50 €

- A Eulen
- B Kakerlaken
- C Flöhe
- D Spatzen

2) Ein falscher Geldschein ist ...

100 €

- A eine Knospe
- B eine Blüte
- C ein Blättchen
- D eine Dolde

3) Als märchenhafte Winterwettermacherin kennt man ...

200 €

- A Rapunzel
- B Aschenputtel
- C Frau Holle
- D Schneewittchen

4) Briten frühstücken gerne „... and eggs".

300 €

- A sam
- B jam
- C pam
- D ham

5) Jemand, der kein Fleisch isst, ist ...

500 €

- A Parlamentarier
- B Rotarier
- C Vegetarier
- D Agrarier

6) In der deutschen Grammatik ist der 3. Fall der ...

1000 €

- A Genitiv
- B Akkusativ
- C Nominativ
- D Dativ

7) Der erfolgreichste Film aller Zeiten ist ...

2000 €

- A „Avatar"
- B „Titanic"
- C „Gladiator"
- D „Matrix"

8) Auf wie vielen Hügeln wurde das alte Rom erbaut?

4000 €

- A auf fünf
- B auf sechs
- C auf sieben
- D auf acht

9) Welcher Reis ist aus botanischer Sicht kein Reis?

8000 €

- A Patnareis
- B Basmatireis
- C Süßreis
- D Wasserreis

10) Jostein Gaarder schrieb den Bestseller „Sofies ...".

16 000 €

- A Tagebuch
- B Erinnerungen
- C Welt
- D Jugend

11) Eine Viola ist eine ...

32 000 €

- A Bratsche
- B Violine
- C Geige
- D Gitarre

12) Die Sonne besteht zu etwa 75 % aus ...

64 000 €

- A Helium
- B Kohlenstoff
- C Stickstoff
- D Wasserstoff

13) Ein Waran ist ...

125 000 €

- A ein Fisch
- B eine Giftschlange
- C eine Echse
- D ein Wasservogel

14) Eine klassische indische Heilkunde ist ...

500 000 €

- A Ayurveda
- B Aioli
- C Annapurna
- D Aikido

15) Wie hieß Michelangelo mit Nachnamen?

1 000 000 €

- A Michelangelo
- B della Chiesa
- C Savelli
- D Buonarroti

TIER-QUIZ

1 Mit seinem offenen Wesen gilt der Dalmatiner als echtes Familientier, doch ursprünglich wurde der getupfte Hund wofür gezüchtet?

- ■ MAST
- ■ FELL
- ■ JAGD

2 Nymphensittiche sehen einfach keck aus mit ihrer stürmischen Frisur und der orangeroten Wangenfärbung. Wie nennt man diese auch?

- ■ ROTKREIS
- ■ OHRFLECK
- ■ SCHMINKE

3 Skalare sind eine Zier für jedes Aquarium. Die gestreiften Regenwaldfische werden aufgrund ihres ungewöhnlichen Aussehens auch wie genannt?

- ■ SEGELFLOSSER
- ■ SPITZWINKLER
- ■ MEERSCHWALBE

QUIZ

1. Redensartlich ist noch kein Meister ...

A vom Himmel gefallen	**B** aus der Kurve geflogen
C aus dem Ei gekrochen	**D** wie gerufen gekommen

2. Womit fängt man angeblich Mäuse?

A mit Spaß	**B** mit Spucke
C mit Speck	**D** mit Spatzen

3. Wer bestimmte Substanzen nicht verträgt, ist ...

A allegretto	**B** allerhand
C allumfassend	**D** allergisch

4. In welchem Wort ist keine Sportart enthalten?

A Schreiten	**B** Vorangehen
C Schlaufen	**D** Bergflanken

5. Eine bekannte Kopenhagenerin ist die kleine ...

A Seeblondine	**B** Tümpelfrau
C Meerjungfrau	**D** Flusssirene

6. Die Frankfurter Verwaltung sitzt im ...

A Römer	**B** Bayern
C Basken	**D** Franken

7. Was haben manche Autofahrer umgangssprachlich im Fuß?

A Blei	**B** Zink
C Senf	**D** Alu

8. In Paris steht der ...

A Siechendom	**B** Invalidendom
C Krankendom	**D** Seuchendom

9. Kreuzkümmel heißt auch ...

A Estragon	**B** Cumin
C Gagel	**D** Kren

10. Das ZDF sitzt in Mainz auf dem ...

A Meisengipfel	**B** Lerchenberg
C Rabenhügel	**D** Adlersitz

11. Eine Kreuzberger Freizeitstätte nennt man ...

A Grafenhain	**B** Prinzenbad
C Kaiserhang	**D** Prälatenberg

12. Wie viele Etagen hat das Empire State Building?

A 102	**B** 112
C 122	**D** 132

WORTSPIEL

Wenn Sie die Bedeutungen der 8 Wörter herausgefunden haben, ergeben die Buchstaben hinter den richtigen Antworten – von oben nach unten gelesen – ein Sprichwort.

1 Bakken
a) Sprungschanze (norweg.) . . . **IMZ**
b) einzellige Lebewesen . . . . . . **DER**
c) altpersische Landschaft . . . . **MEI**

2 Cineast
a) Chinakundiger . . . . **ALT**
b) Filmfachmann; Filmfan . . . . **ORN**
c) Kenner der Bewegungslehre . . **EIT**

3 Dompfaff
a) Singvogel . . . . **IST**
b) Klostergeistlicher . . . . **ETR**
c) katholischer Würdenträger . . **ALT**

4 Eichenwickler
a) Furnierholzhersteller . . . . **OTT**
b) Forstverwalter. . . . . **ERD**
c) Kleinschmetterling . . . . **ZAU**

5 Filzokratie
a) übertriebene Kontrolle . . . . . **WIR**
b) Herstellung von Pressstoff . . **GLE**
c) ineinander verflochtene Machtverhältnisse . . . . **DER**

6 Langschäfter
a) Stiefelart . . . . **NDA**
b) hochgewachsener Baum . . . **DNI**
c) große Handfeuerwaffe . . . . . **ERM**

7 Ozelot
a) Spezialsenkblei . . . . **CHT**
b) Ozonmessgerät . . . . **ENS**
c) Raub-, Pardelkatze . . . . **SBE**

8 Ristgriff
a) Mähmaschinenteil . . . . **EIN**
b) Zügelhilfe beim Pferd . . . . . **CHE**
c) Turnerhandstellung . . . . **STE**

Nur wenn Sie die Fragen richtig beantworten, werden Sie am Ziel mit den richtigen Buchstaben ankommen. Diese ergeben – hintereinandergelesen – ein Sprichwort.

START

I Ein Chamäleon passt seine Gestalt der Umgebung an.	**T** Thor Heyerdahl schipperte mit Waikiki über den Pazifik.	**Ü** Das Reizen beim Skat beginnt mit 23.	**O** Sydney ist die Hauptstadt Australiens.
R Der Minotaurus ist ein geflügeltes Pferd.	**R** Porgy und Bess wohnen in der Catfish Row.	**M** Der Main mündet bei Mainz in den Rhein.	**A** Im Kartenspiel ist der Karo-König als Einziger von der Seite zu sehen.
R Hape Kerkeling tritt manchmal als Horst Schlämmer auf.	**E** Prestwick ist ein Flughafen bei Belfast.	**N** Amtssprache von Andorra ist Französisch.	**Y** „Big Apple“ in Amerika ist ein Schauspieler.
R Der Anglergruß ist „Glückauf“.	**B** Norma Jean Baker war der richtige Name von Marilyn Monroe.	**R** Henry Kissinger wurde als Heinz Alfred geboren.	**N** Die Insel Ceylon heißt heute Madagaskar.
I Brosamen sind klitzekleine Teile vom Boot.	**N** Vitamin C ist Ascorbinsäure.	**I** Auf einen Quadratkilometer passen etwa 150 Fußballfelder.	**T** Eine Klapperschlange klappert mit den Giftzähnen.
G Der 20-DM-Schein zeigte das Holstentor.	**E** Die vierte Strophe des Deutschlandlieds beginnt: „Deutsche Recken...“.	**E** Der Bodensee liegt komplett in Deutschland.	**E** Wenn etwas schiefgeht, war es ein Schlag ins Wasser.
N Das Wort „Rappe“ entwickelte sich aus dem Wort „Rabe“.	**W** Das Kanzleramt heißt bei den Berlinern Waschmaschine.	**A** Die Beefeaters sind eine Kosakentruppe.	**R** ZIEL 

Lösung:

Waldspaziergang

Der Boden ist weich, die Vögel zwitschern, die Sonne scheint – und doch ist die Luft angenehm frisch. Kommen Sie mit auf einen Spaziergang durch den Wald?

1 Waldesrauschen!

Einst war der dichte Wald auch ein Wald der Dichter. Einer reimte: „Ein Blatt aus sommerlichen Tagen, ich nahm es so beim Wandern mit, auf dass es einst mir könne sagen, wie laut die Nachtigall geschlagen, wie grün der Wald, den ich durchschritt."

? Wer dichtete das? (Theodor ...)

A Fontane
B Körner
C Storm

2 Familie „Waldmensch"

Tief in den Regenwäldern der indonesischen Inseln Borneo und Sumatra ist ein urtümlicher Menschenaffe zu Hause, der in kleinen Familien im Geäst der Bäume lebt. Sein aus dem Malaischen stammender Name bedeutet so viel wie „Waldmensch"?

? Wie heißt das Tier?

A Bonobo B Orang-Utan C Schimpanse

3 Ein wenig Naturkunde

Manchmal können Waldspaziergänge auch problematisch werden, zum Beispiel dann, wenn Kinder ihre Eltern fragen: „Und was ist das?" Aber das gehört einfach dazu, oder?

? Wie heißt das duftige, als Zutat für Maibowlen beliebte Labkraut auf dem Bild?

A Basilikum
B Huflattich
C Waldmeister

4 Bambis erster Ausflug

Im Mai, wenn der Tisch der Natur reichlich gedeckt ist, kommt das Rehkitz zur Welt. Gut getarnt verbringt es etwa vier Wochen in einem Versteck, dann wird es Zeit für den ersten Ausflug. Seinen Spitznamen „Bambi" verdankt es dem Schriftsteller Felix Salten (1869–1945).

? Wie lautet dessen Geburtsort?

A Berlin B Budapest C London

5 Hoch hinaus!

Hoch in die Wipfel der Bäume klettern und die Aussicht genießen: Das ist ein uraltes Waldvergnügen. Aber auch die neuerdings immer beliebter werdenden Kletterparks sind älter, als man denkt. Der erste Seilgarten entstand schon anno 1875!

? In welchem Land?

A Finnland
B Frankreich
C Kanada

6 Tief Luft holen!

Das weltweit größte zusammenhängende Waldgebiet gibt es in Südamerika. Zwei Drittel des Kontinents sind von Regenwald bedeckt, den man auch die „Lunge der Erde" nennt. Durchzogen wird er von einem gewaltigen, über 6000 Kilometer langen Flusssystem.

? Der Name des Flusses?

A Amazonas B Magdalena C Orinoko

DAS LEICHTE QUIZ

Testen Sie Ihr Allgemeinwissen, und schicken Sie Ihr Gehirn ins Trainingslager! Unser Quiz macht Sie fit für Jauch, Pilawa und Co.

1 **50 Euro**
Was benutzt man, um sich zu verteidigen?
A Salzstreuer B Gewürzmühle C Pfefferspray D Käsereibe

2 **100 Euro**
Wer im Glashaus sitzt, soll nicht ...
A Licht anmachen B mit Steinen werfen C die Fenster putzen D die Uhr stellen

3 **200 Euro**
Lücken im Lebenslauf sind häufig ein ... Punkt.
A verletzter B wunder C entzündeter D aufgeschürfter

4 **300 Euro**
Der Name eines hartnäckigen Unkrauts lautet Acker-...
A Stürme B Winde C Tornados D Böen

5 **500 Euro**
Wodurch werden Diamanten wertvoller?
A Knoten B Schlingen C Heften D Schleifen

6 **1.000 Euro**
Etwas Sinnloses ist für die ...
A Maus B Katz C Kuh D Ziege

7 **2.000 Euro**
Die dümmsten Bauern haben sprichwörtlich die größten ...
A Höfe B Kartoffeln C Rüben D Äcker

8 **4.000 Euro**
Wenn man kräftig feiert, haut man auf den ...
A Beton B Mörtel C Putz D Zement

9 **8.000 Euro**
„Lustig ist das Zigeunerleben, faria, faria ..."
A so! B wo! C ho! D co!

10 **16.000 Euro**
Ein im Schiffbau wichtiges Teil heißt ...
A Bremen B Hamburg C Kiel D Rostock

11 **32.000 Euro**
Mit welchem Beatle war Yoko Ono verheiratet?
A John Lennon B Ringo Starr C Paul McCartney D George Harrison

12 **64.000 Euro**
Wenn etwas in vielen Farben glänzt, dann ... es.
A schillert B böllert C heinert D goethert

13 **125.000 Euro**
Der Rhein entspringt in ...
A der Schweiz B Deutschland C Österreich D Liechtenstein

14 **500.000 Euro**
Ein Zeichen in der Notenschrift heißt ...
A Altschlüssel B Nachschlüssel C Himmelsschlüssel D Kreuzschlüssel

15 **1.000.000 Euro**
Welche Bezeichnung hat Ascorbinsäure auch?
A Vitamin A B Kochsalz C Lebertran D Vitamin C

BILDER-QUIZ

2001 wurde die Esche zum „Baum des Jahres" ernannt. Auch wenn sie äußerlich unauffällig ist, haben die Knospen des Ölbaumgewächses eine einzigartige Farbe. Nämlich welche?

SCHWARZ – HELLROT – VIOLETT

Mit ihren großen Knopfaugen sehen sie einfach putzig aus. Doch die 2006 zum „Wildtier des Jahres" gewählten Seehunde sind echte Raubtiere und fressen welches Geschöpf am liebsten?

SEESAIBLING – TINTENFISCH – FLUSSBARSCH

Sie gelten als Glücksbringer und sind vor allem bei Kindern beliebt: Marienkäfer. Die Art mit sieben Punkten wurde 2006 zum „Insekt des Jahres" gewählt. Für welche Gottheit waren die Käfer einst heilige Tiere?

OSTARA – FREYJA – BALDUR

REISE-QUIZ

Vor 68 Jahren schlug die Geburtsstunde der Bundesrepublik Deutschland. Geburtsort war eine kleine Stadt am Rhein: Bonn. Die wurde durch den Verlauf der Geschichte ein wenig an den Rand gedrängt, ist aber immer noch eine Reise wert. Was denken Sie? Die acht Fragen haben je vier Antwortmöglichkeiten.

1 **„Gemäß Artikel 145 verkündige ich im Namen und im Auftrage des Parlamentarischen Rates, unter Mitwirkung der Abgeordneten Groß-Berlins, das Grundgesetz." Wer sagte das am 23. Mai 1949 in Bonn?**

A Friedrich Ebert — *B Heinrich Luebke*
C Joschka Fischer — *D Konrad Adenauer*

2 **Natürlich ist Bonn viel älter als Deutschland. Die Bonner selbst rechnen mit mehr als 2000 Jahren. Welcher Römer erwähnte zwischen 13 und 9 vor Christus erstmals den Namen „Bonna"?**

A Caesar — *B Cicero*
C Florus — *D Vergil*

3 **Archäologen vermuten, dass Bonn um 30 vor Christus angelegt wurde. Von welchem westgermanischen Stamm?**

A Esten — *B Dorer*
C Goten — *D Ubier*

4 **Anno 1525 wurde Bonn erzbischöfliche Residenz. Welches Kurfürstentum wurde also von hier aus regiert?**

A Koeln — *B Mainz*
C Trier — *D Worms*

5 **Wie heißt das 1753 von Balthasar Neumann vollendete kurfürstliche Lustschloss im Stadtteil Poppelsdorf?**

A Ansgarskron — *B Antonshoehe*
C Clemensruhe — *D Ludwigslust*

6 **Eine Pilgerstätte für Musikliebhaber aus aller Welt ist ein Haus in der Bonngasse. Wer kam hier anno 1770 zur Welt?**

A Beethoven — *B Donizetti*
C Offenbach — *D Prokofjew*

7 **Von Bonns Zeit als Hauptstadt zeugt das ehemalige Abgeordnetenhaus „Langer Eugen". Nach wessen Plänen wurde es errichtet?**

A Axel Schultes — *B Egon Eiermann*
C Hans Scharoun — *D Norman Foster*

8 **Der Bundespräsident hat noch heute einen Amtssitz in Bonn. Der Name des spätklassizistischen Gebäudes?**

A Burg Hobelschroeder — *B Palais Saegenbrandt*
C Haus Zangenadenauer — *D Villa Hammerschmidt*

Wer wird Millionär?

1) Der frühe Vogel fängt sprichwörtlich ... (50 €)
A den Käfer — C den Lurch
B den Wurm — D die Schnecke

2) Wenn etwas in Ordnung ist, dann ist alles in ... (100 €)
A Honig — C Marmelade
B Butter — D Margarine

3) Eine Zier- und Würzpflanze ist die ... (200 €)
A Augustinernessel — C Kapuzinerkresse
B Benediktinerkamille — D Jesuitennelke

4) Ein Agententhriller mit Tom Cruise ist „Mission: ...". (300 €)
A Importable — C Incredible
B Improvable — D Impossible

5) Eine feste Masse aus zerkleinertem Fisch ist ... (500 €)
A Surimi — C Sukiyaki
B Sushi — D Sashimi

6) Gabriele Susanne Kerner kennt man besser als ... (1000 €)
A Lena — C Nina
B Nena — D Vicky

7) Frédéric Chopin komponierte den ... (2000 €)
A „Sekundenwalzer" — C „Stundenwalzer"
B „Minutenwalzer" — D „Jahreswalzer"

8) Erich Kästner schrieb den Roman „Drei Männer im ...". (4000 €)
A Glück — C Hafen
B Schnee — D Boot

9) Ein Tierarzt ist ein ... (8000 €)
A Volontär — C Provokateur
B Veterinär — D Doktrinär

10) Welche dieser Städte ist am weitesten von Berlin entfernt? (16 000 €)
A Ankara — C Lissabon
B Athen — D Moskau

11) Ein Soling ist ein ... (32 000 €)
A Einzelgänger — C Segelboot
B Musiker — D Edelstein

12) Wer war der erste deutsche Friedensnobelpreisträger? (64 000 €)
A Gustav Stresemann — C Willy Brandt
B Carl von Ossietzky — D Ludwig Quidde

13) Wie alt wird eine gewöhnliche Stubenfliege höchstens? (125 000 €)
A einen Tag — C einen Monat
B eine Woche — D ein Jahr

14) Welches afrikanische Land ist flächenmäßig am größten? (500 000 €)
A Sudan — C Ägypten
B Algerien — D Libyen

15) Die drei Punischen Kriege führte Rom gegen die ... (1 000 000 €)
A Perser — C Germanen
B Karthager — D Gallier

Alles vorbei?

Am Aschermittwoch ist für erschöpfte Narren in aller Welt eigentlich schon wieder „alles vorbei“. Eigentlich! Denn eine Stadt in der Schweiz hält sich nicht an diese Regel: Erst am Montag nach Aschermittwoch beginnen hier die „drey scheenschte Dääg“ mit einem morgens um vier beginnenden, lautstarken „Morgestraich“ durch die Straßen. Der Name der Stadt? Wenn Sie wissen, wo Weise und Narren während der „tollen Tage“ was feiern, haben Sie die Antwort.

	Stadt	Fest	
◯	Mainz	Mardi Gras	A
◯	New Orleans	Fastnacht	B
◯	Köln	Carnevale	E
◯	Venedig	Fasching	L
◯	Wien	Karneval	S

Beantworten Sie die Quizfragen. Die Buchstaben hinter den richtigen Antworten ergeben ein Lösungswort.

1 Schwäbische Mädchen bekommen oft ein ...

a) Vogele .... M
b) Söderle .... G
c) Brüderle .... A
d) Barzele C

2 Fußballer brauchen immer die richtigen ...

a) Hefezöpfe .... T
b) Schnecken .... R
c) Hörnchen .... U
d) Stollen .... B

3 Ein Tohuwabohu ist ein ...

a) indianisches Kriegsbeil .... T
b) Durcheinander .... R
c) Haarteil .... F
d) Berg .... O

4 Pascha kommt aus dem Türkischen und heißt übersetzt ...

a) Vater .... A
b) Bruder .... M
c) Exzellenz .... E
d) König .... N

5 Brent ist eine wichtige ...

a) Kaffeesorte .... E
b) Kakaosorte .... N
c) Rohölsorte I
d) Tabaksorte .... O

6 Wer schrieb den Roman „Wem die Stunde schlägt“?

a) John Steinbeck .... U
b) Ernest Hemingway .... S
c) Francis Durbridge .... K
d) Erich Maria Remarque .... T

7 Was sind Agrumen?

a) Zitrusfrüchte .... E
b) Kartoffeln .... F
c) Duftstoffe .... N
d) Ackerblumen I

8 Welchen Ort gibt es in Deutschland mehrfach?

a) Rom .... N
b) Paris .... G
c) London .... B
d) Riga .... A

1	2	3	4	5	6	7	8

Nix forr Deesbaddl!

Selbst für Dresdner und Fans von Dresden ist nicht jede der folgenden Fragen leicht zu beantworten. Oder kennen Sie die Stadt wie Ihre Westentasche? Testen Sie es mit diesem Quiz!

1 Der Hofnarr Augusts des Starken hieß Joseph ...

A) Lustig
B) Frohgemut
C) Vergnügt
D) Fröhlich

2 Wie heißt ein Roman von Erich Kästner?

A) „Die drei von der Tankstelle"
B) „Drei Männer im Schnee"
C) „Die drei Fragezeichen"
D) „Der dritte Mann"

3 Unter dem Namen Blaues Wunder ist eine Dresdner Brücke weltberühmt geworden. Wie ist aber ihr echter Name?

A) Loschwitzer Brücke
B) Albertbrücke
C) Carolabrücke
D) Marienbrücke

4 Was trug Winnetou laut Karl May auf dem Kopf, als er Dresden besuchte?

A) einen Federschmuck
B) eine Melone
C) einen Zylinder
D) einen Strohhut

5 In welchen drei Laufdistanzen hatte der Leichtathlet Rudolf Harbig gleichzeitig die Weltrekorde inne?

A) 100, 200 und 400 Meter
B) 400, 500 und 800 Meter
C) 800, 1000 und 5000 Meter
D) 1000, 5000 und 10000 Meter

6 Welcher dieser Künstler unterrichtete nicht an der Kunstakademie Dresden?

A) Otto Dix
B) Oskar Kokoschka
C) Emil Nolde
D) Gottfried Semper

7 Rund 30 Dresdner Schüler gründeten 1994 eine Jugendzeitschrift, die jetzt knapp eine Million Exemplare Auflage hat. Wie heißt die Zeitschrift?

A) „Biedermann"
B) „Kleinbürger"
C) „Quadratschädel"
D) „Spiesser"

8 Die Yenidze gehört zu den Sehenswürdigkeiten Dresdens. Früher war das Gebäude eine Fabrik. Was wurde dort produziert?

A) Kaffeefilter
B) Teppiche
C) Autos
D) Zigaretten

9 1908 erfand die Dresdnerin Melitta Bentz den Kaffeefilter. Was war sie damals von Beruf?

A) Hausfrau
B) Ingenieurin
C) Kellnerin
D) Journalistin

10 Zu DDR-Zeiten lag Dresden im sogenannten Tal der ...

A) Ahnungslosen
B) Stasi
C) Jungpioniere
D) Dissidenten

QUIZ für GENIES

Millionär können Sie bei uns (leider) nicht werden, aber auch hier können Sie Ihr Wissen testen. Viel Spaß!

1. In einer Reihe geht man im ...

A Hühnerhaufen | B Ententanz | C Schwanentrip | D Gänsemarsch

2. Lehrjahre sind keine ...

A Schuljahre | B Kinderjahre | C Herrenjahre | D Frauenjahre

3. Bei einem Scherz schickt man jemanden in den ...

A April | B Mai | C Frühling | D Schnee

4. Ein schwungvoller Tänzer legt eine flotte ... aufs Parkett.

A Platte | B Sohle | C Hacke | D Spitze

5. Alles Gute kommt von ...

A unten | B oben | C rechts | D links

6. Wenn Marie mal was sagte, dann – laut Mike Krüger – meist: „Mein Gott, ..."

A Hermann | B Walter | C Helmut | D Günther

7. Wobei ist die Oktanzahl wichtig?

A bei Klavieren | B bei Salatöl | C bei Motoröl | D bei Benzin

8. Ein französisches Kultauto nennt man ...

A Adler | B Ente | C Möwe | D Schwalbe

9. Das Lied „Auf in den Kampf, Torero!" stammt aus der Oper ...

A „Aida" | B „Der Troubadour" | C „La Traviata" | D „Carmen"

10. Wie viele Spielsteine braucht man für Backgammon?

A 15 | B 25 | C 28 | D 30

11. Wo steht der höchste Kirchturm der Welt?

A in Ulm | B in Münster | C in Köln | D in Rom

12. Ein Sabayon ist eine ...

A Fischsuppe | B Gemüsesuppe | C Kopfbedeckung | D Weinschaumcreme

QUIZ

Testen Sie Ihr Allgemeinwissen!

1

In der Not steht einem das Wasser bis zum ...

☐ Haar ☐ Kinn ☐ Mund ☐ Hals

2

Ein Sprichwort lautet: „Wer ... will, will betrügen."

☐ schenken ☐ verkaufen ☐ tauschen ☐ handeln

3

Einem betrogenen Ehemann wurden ... aufgesetzt.

☐ Eselsohren ☐ Hörner ☐ Tarnkappen ☐ Perücken

4

Ein beliebtes Getränk ist heute der Caffè ...

☐ Pfosten ☐ Latte ☐ Netz ☐ Tor

5

Dänemarks Festland heißt ...

☐ Fünen ☐ Jütland ☐ Lolland ☐ Seeland

6

Die Wechselwirkung zwischen Lohn- und Preiserhöhungen nennt man Lohn-Preis-...

☐ Gewinde ☐ Schraube ☐ Spirale ☐ Schnecke

7

Das Metronom ist ein ...

☐ Gastwirt ☐ U-Bahn-Schaffner ☐ Taktmesser ☐ Sterndeuter

8

Wobei handelt es sich nicht um ein Hormon?

☐ Insulin ☐ Adrenalin ☐ Dopamin ☐ Histidin

9

Was ist auf einer Pizza Funghi?

☐ Thunfisch ☐ Zwiebeln ☐ Pilze ☐ Muscheln

10

Was ist ein Fosburyflop?

☐ Hebefigur ☐ Börsenkrach ☐ Hochsprungtechnik ☐ Flugmanöver

11

Die Teesorte „Darjeeling" wurde benannt nach ...

☐ einer Stadt ☐ einer Prinzessin ☐ einer Pflanze ☐ einem Prinzen

12

Was sind Zerealien?

☐ Mineralstoffe ☐ Vitamine ☐ Getreidesorten ☐ Milchprodukte

Tier-QUIZ

Mit ihrer schlanken Statur und dem feinen Gesicht wirkt die Abessinierkatze sehr edel. Wie wird ihre spezielle Fellzeichnung genannt?

■ **TICKING** ■ **TIPPING** ■ **TRACING**

Der Kanarienvogel gilt als Vorbild vieler Zeichentrickvögel – unter anderem für Snoopys Kumpel Woodstock und Kater Sylvesters Rivale namens ...

■ **WICKIE** ■ **DONALD** ■ **TWEETY**

Platys schmücken jedes Aquarium und vermehren sich rasch. Ob ein Weibchen Nachwuchs erwartet, erkennt man am sogenannten ...

■ **PRALLBAUCH**
■ **LAICHFLECK**
■ **SPECKWANST**

QUIZ

500 Euro

1 Wenn etwas zum Verzweifeln ist, dann ist es zum ...

A Ziegenmelken
B Eselmelken
C Gänsemelken
D Mäusemelken

1000 Euro

2 Was ist der Boskop?

A ein Geldstück
B eine Meerenge
C ein Apfel
D eine Kopfbedeckung

2000 Euro

3 Ein Speisepilz ist die „Krause ...“.

A Locke
B Ente
C Gans
D Glucke

5000 Euro

4 Menschen mit Angst bekommen ...

A Jackettflitzen
B Jankerjagen
C Anzugpreschen
D Fracksausen

10 000 Euro

5 Welche Stadt liegt am nächsten an München?

A Dijon
B Orleans
C Paris
D Metz

50 000 Euro

6 Cannelloni sind ...

A Gondellenker
B Nudeln
C Pralinen
D eine Birnensorte

100 000 Euro

7 Der 30-jährige Krieg endete 1648 mit dem ...

A Westfälischen Frieden
B Aachener Frieden
C Augsburger Frieden
D Tilsiter Frieden

250 000 Euro

8 Wer erhielt 1921 den Nobelpreis für Physik?

A Albert Einstein
B Albert Schweitzer
C Alfred Einstein
D Max Planck

500 000 Euro

9 Wann wurde Königin Elisabeth II. gekrönt?

A 1950
B 1951
C 1952
D 1953

1 000 000 Euro

10 Wer entdeckte das Penizillin?

A Alexander Fleming
B Louis Pasteur
C Robert Koch
D Paul Ehrlich

BILDER-QUIZ

Wie nennt man einen nach dem norwegischen Eiskunstläufer Paulsen benannten Sprung im Eiskunstlauf?

AXEL • HANS • LUTZ

Wie nennen Jäger den Schwanz des Fuchses?

FEUER • STEIN • LUNTE

In der Seemannssprache nennt man den Zeitraum einer halben Stunde auch ...

GLAS • FASS • KRUG

Wer wird Millionär?

1) Schüchterne Menschen ... manchmal um Worte.

50 €

A boxen | C tanzen
B ringen | D laufen

2) Jemand, bei dem Pflanzen gut gedeihen, hat einen grünen ...

100 €

A Daumen | C Sinn
B Finger | D Fuß

3) Einen zusammenschiebbaren Schirm nennt man ...

200 €

A Knirps | C Zwerg
B Wicht | D Gnom

4) Was schützt laut Sprichwort vor Torheit nicht?

300 €

A Alter | C Tugend
B Jugend | D Ehe

5) Ein Wettkampfboot mit u-förmigen Spanten ist ein ...

500 €

A Amerikaner | C Holländer
B Australier | D Kanadier

6) Im Volleyball wird bei der Ballannahme ...

1000 €

A gebaggert | C geharkt
B geschaufelt | D gebuddelt

7) Welcher Tanz stammt aus Polen?

2000 €

A Kasatschok | C Mazurka
B Tango | D Rumba

8) Wie lautet die botanische Bezeichnung der Schwertlilien?

4000 €

A Ines | C Irene
B Iris | D Erika

9) Welcher der folgenden Seen ist der größte?

8000 €

A der Chiemsee | C die Müritz
B der Starnberger See | D der Schweriner See

10) Wer schrieb das Gedicht „Die Lore-Ley"?

16 000 €

A Goethe | C Heine
B Schiller | D Lessing

11) Eine mit bunten Glassplittern gefüllte Spiegelröhre nennt man ...

32 000 €

A Mikroskop | C Periskop
B Stroboskop | D Kaleidoskop

12) Welche Schutzpatronin soll man bei Zahnschmerzen anrufen?

64 000 €

A Odilia | C Dorothea
B Apollonia | D Barbara

13) Ein TV-Krimi-Dreiteiler, der für leere Straßen sorgte, war „Die Frau in ...".

125 000 €

A Weiß | C Rot
B Schwarz | D Gelb

14) Vor der Insel Bornholm findet man die ...

500 000 €

A Bohneninseln | C Gurkeninseln
B Erbseninseln | D Linseninseln

15) Welcher Roman von Günter Grass gehört nicht zur „Danziger Trilogie"?

1 000 000 €

A Katz und Maus | C Hundejahre
B Die Blechtrommel | D Der Butt

TIER-QUIZ

1 Der Afrikanische Igel wird als Heimtier in Europa immer beliebter. Oft wird seine Haltung unterschätzt. Er ist nämlich ...

- **AASFRESSER**
- **NACHTAKTIV**
- **KLEPTOMANE**

2 Zebrafinken findet man häufig in heimischen Volieren. Doch woher stammen die bunten Ziervögel ursprünglich?

- **MADAGASKAR**
- **INDONESIEN**
- **AUSTRALIEN**

3 Klein, süß und kuschelig – das sind Hausmeerschweinchen. Zu welcher Ordnung gehören sie?

- **NAGETIERE**
- **RAUBTIERE**
- **PAARZEHER**

QUIZ

1. Was spitzt der, der achtgibt?

- **A** die Augen
- **B** die Ohren
- **C** die Nase
- **D** die Lippen

2. Der Kahle Asten befindet sich im ...

- **A** Schwarzhaarwald
- **B** Kraushaargebirge
- **C** Rothaargebirge
- **D** Glatzer Bergland

3. Wie heißt ein Ungeheuer aus der griechischen Sagenwelt?

- **A** Tyrannosaurus
- **B** Minotaurus
- **C** Brachiosaurus
- **D** Triceratops

4. Wie nannte man König Ludwig XIV. von Frankreich?

- **A** Frauenschwarm
- **B** Sonnenkönig
- **C** Märchenprinz
- **D** Friedensfürst

5. Womit markierten Hänsel und Gretel ihren Heimweg?

- **A** Tannenzapfen
- **B** Holzspäne
- **C** Kieselsteinen
- **D** Walnüssen

6. Welcher Ort liegt auf der Nordseeinsel Amrum?

- **A** Nebel
- **B** Regen
- **C** Sturm
- **D** Wyk

7. Wie heißt das sagenhafte Goldland in Südamerika?

- **A** Elektrum
- **B** Elysium
- **C** Eldorado
- **D** Eleison

8. In welcher Serie spielte Manfred Krug die Hauptrolle?

- **A** „Anwalt Abel“
- **B** „Ein Fall für zwei“
- **C** „Ehen vor Gericht“
- **D** „Liebling Kreuzberg“

9. Ein gutes Nachtmahl in Rom gibt es in einer ...

- **A** Panaderia
- **B** Enoteca
- **C** Trattoria
- **D** Galleria

10. 1993 führte die Deutsche Bundespost fünfstellige ... ein.

- **A** Bankleitzahlen
- **B** Vorwahlen
- **C** Postleitzahlen
- **D** Ortswahlen

11. Ein Tafelbild ist ein Gemälde auf einer ...

- **A** Schokoladentafel
- **B** Holztafel
- **C** Schultafel
- **D** Wandtafel

12. Wie alt soll der biblische Methusalem geworden sein?

- **A** 373 Jahre
- **B** 666 Jahre
- **C** 737 Jahre
- **D** 969 Jahre

WORTSPIEL

Wenn Sie die Bedeutungen der 8 Wörter herausgefunden haben, ergeben die Buchstaben hinter den richtigen Antworten – von oben nach unten gelesen – ein Sprichwort.

1 Bracke

a) Jagdhund . . . . **WAS**
b) unbestelltes Land . . . . **WIR**
c) schmutziger Tümpel . . . . **DER**

2 brillieren

a) doppelt sehen . . . . **WOL**
b) widerspiegeln . . . . **WEG**
c) sich hervortun, glänzen . . . . **MAN**

3 Doppelpass

a) breit angelegter Gebirgspfad **LLE**
b) Kombinationsspiel beim Fußball . . . . **HOF**
c) Ausweis für ein Ehepaar . . . **ZUM**

4 Gamander

a) Überschuh . . . . **NNU**
b) Schwanzlurch . . . . **ERF**
c) Lippenblütlergattung . . . . . . **FTG**

5 Kollegium

a) schriftliches Lehrangebot . . . **RDI**
b) Personengruppe mit gleichem Beruf . . . . **LAU**
c) Hochschulvorlesung . . . . . . **OLG**

6 Milchstraße

a) Melkmaschinenteil . . . . **IEG**
b) Sternenstreifen am Himmel **BTM**
c) Molkereiabteilung . . . . **IST**

7 Rhus

a) Stil der Beatmusik . . . . **UTE**
b) meerkatzenartiger Affe . . . . **RED**
c) Sumachgewächs . . . . **ANG**

8 Schmuddel

a) betrügerischer Kartenspieler **TEN**
b) klebriger Schmutz (ugs.) . . . **ERN**
c) Scharlatan, Kurpfuscher . . . **ERT**

Nur wenn Sie die Fragen richtig beantworten, werden Sie am Ziel mit den richtigen Buchstaben ankommen. Diese ergeben – hintereinandergelesen – einen amerikanischen Filmtitel.

START

S Berühmt in Peking ist der Platz des himmlischen Siegens.	**U** Hat Moses das gelobte Land je betreten?	**R** Das Deutsche Brotmuseum kann man in Stuttgart finden.	**O** „Tatort"-Kommissar Thanner hieß mit Vornamen Thorsten.
A Pierre Brice wurde in der Rolle des Old Shatterhand bekannt.	**T** Das älteste Bremer Viertel heißt Schnoor.	**D** Peter Eisenman baute das Jüdische Museum in Berlin.	**A** „Buddenbrooks" spielt in Bamberg.
N „Cagliostro" ist eine Oper von Verdi.	**L** Der Fußballclub Juventus Turin wird als „alte Dame" bezeichnet.	**A** Menschen aus Ghana sind Ghanesen.	**Y** Dürfen Touristen den Vatikan betreten?
N Sitz des Europarates ist Straßburg.	**O** Genf liegt am Lac Léman.	**M** Scarlett O'Hara wuchs auf der Farm Trara auf.	**N** Oberhaupt des Denver-Clans war J.R. Ewing.
I Der Führende im Giro d'Italia trägt ein gelbes Trikot.	**E** SMS steht für Short Message Service.	**I** Christoph Kolumbus, der Entdecker Amerikas, war Spanier.	**I** München heißt auf Italienisch Monaco.
T Das Lufthansa-Logo zeigt einen Albatros.	**H** Motown ist ein Bezirk von New York City.	**G** Zum Zehnkampf gehört das Gehen.	**E** Die Donau fließt durch Serbien.
F Klausjürgen Wussow arbeitete als Arzt in der „Schwarzwaldklinik".	**E** Sean Connery war in mehreren Filmen als Tarzan zu sehen.	**V** Im vierten Harry-Potter-Buch geht es um den Feuerkelch.	**R** ZIEL

Lösung:

PROMI-QUIZ

1 **Was behinderte Tennisspieler Andre Agassi 1990 im Finale der French Open in Paris?**

■ Brille ■ Fieber ■ Toupet

2 **In ihrer Jugend war Kronprinzessin Mette-Marit ein Ass im ...**

■ Backgammon
■ Volleyball
■ Weitsprung

3 **Mit 13 bewarb sich Hape Kerkeling vergeblich um die Rolle von „Dicki Hoppenstedt“. Dessen Erfinder?**

■ Goethe ■ Loriot ■ Uhland

4 **Schauspiel mit Stil: Nach eigener Aussage besitzt Max von Thun einen Modetick für rote ...**

■ Socken ■ Schuhe
■ Hemden

5 **Mit welchem Theaterstück am Broadway gewann Denzel Washington 2010 den Tony-Award?**

■ Tigers ■ Fences
■ Feints

6 **Wie heißt Katharina Thalbachs ebenfalls erfolgreiche Schauspieltochter?**

■ Anna ■ Jana
■ Lena

7 **In ihrer Jugend schleppte Veronica Ferres Säcke. Ihr Vater handelte mit Kartoffeln und womit noch?**

■ Blumen ■ Kohlen ■ Rüben

8 **Welchen Berg bestieg Reinhold Messner vor 35 Jahren als erster Mensch im Alleingang?**

■ Mount Everest
■ Popocatépetl ■ Schauinsland

9 **Aus welchem Land stammt das Diadem, das Letizia von Spanien 2004 bei ihrer Hochzeit trug?**

■ Argentinien ■ Deutschland
■ Österreich

10 **Schon als Kind entdeckte Claus Theo Gärtner seine Leidenschaft für den Film. Welcher Kinoheld war sein Vorbild?**

■ Batman ■ Django ■ Tarzan

11 **Was wollte die Hollywoodschönheit Keira Knightley („Anna Karenina") nach der Schule eigentlich werden?**

■ Maklerin ■ Maurerin ■ Reiterin

12 **Sein Lied „It's Easy For You" hat Andrew Lloyd Webber Ehre gebracht. Wer sang es für sein letztes Album?**

■ Elvis Presley ■ Enrico Caruso ■ Frank Sinatra

13 **Erst bei der Einschreibung überlegte sie es sich: Was hätte Ann-Kathrin Kramer beinahe studiert?**

■ Chemie ■ Nautik ■ Physik

14 **In welchem Spiel hat Boris Becker sich mit den besten der Welt gemessen?**

■ Domino ■ Mühle ■ Schach

15 **Das Thurn in Fürstin Glorias Namen bedeutet „Turm". Und das Taxis?**

■ Dachs ■ Mauer ■ Tasse

16 **Auftritte vor großem Publikum übte Quizmaster Günther Jauch schon in seiner Kindheit. Als was?**

■ Kamerakind ■ Kegeljunge ■ Messdiener

17 **Sandra Bullock hielt sich vor ihrer Filmkarriere zeitweilig als Friseurin über Wasser. Für welche Kunden?**

■ Affen ■ Babys ■ Hunde

18 **Charles Aznavour vertritt die Heimat seiner Vorfahren als Botschafter in der Schweiz. Der Name des Landes?**

■ Armenien ■ Finnland ■ Portugal

REISE-QUIZ

Furchtbar hat Warschau unter dem Zweiten Weltkrieg gelitten. Doch vieles, was unwiederbringlich verloren schien, ist vorbildlich rekonstruiert worden. Kennen Sie Polens Hauptstadt? Die acht Fragen haben je vier Antwortmöglichkeiten.

1 **Wie heißt der Hauptstrom Polens, der durch Warschau fließt?**

A Amudarja *B Katzbach*
C Klondike *D Weichsel*

2 **Am Ostufer des Flusses liegt ein einst von Industrie geprägter, etwas verrufener Stadtteil, der dank seines morbiden Charmes heute als In-Viertel Warschaus gilt. Sein Name?**

A Kiewa *B Osloa*
C Praga *D Wiena*

3 **In diesem Stadtteil liegt auch die Sportstätte, die für die Fußballeuropameisterschaft 2012 neu errichtet wurde. Ihr Name?**

A Hauptstadtarena *B Landeskampfbahn*
C Nationalstadion *D Zibi-Boniek-Wiese*

4 **Am Westufer des Flusses liegt die liebevoll wiederaufgebaute Altstadt mit dem Königsschloss. Eine Barocksäule erinnert hier an König Sigismund III. (1566–1632), der Warschau zur Hauptstadt Polens machte. Welche Stadt war das vorher gewesen?**

A Danzig *B Goldap*
C Krakau *D Lublin*

5 **In einem Bürgerhaus aus dem 18. Jahrhundert ist eine Ausstellung über eine hier geborene Persönlichkeit der Wissenschaftsgeschichte zu sehen. Wer erhielt für Forschungen auf dem Gebiet der Radioaktivität einen Nobelpreis für Chemie und einen für Physik?**

A Fritz Haber *B Marie Curie*
C Max von Laue *D Robert Koch*

6 **An die Architektur der Renaissance knüpft das 1952 vollendete Gebäude an, in dem das polnische Parlament tagt. Wie heißt es?**

A Duma *B Rada*
C Sejm *D Ting*

7 **Wahrzeichen Warschaus ist der „Kulturpalast", dem die Einwohner lange Zeit mit Widerwillen begegneten. Erbaut wurde der Koloss, von dessen 30. Etage man einen einzigartigen Blick auf die Stadt hat, von 1952 bis 1955. Auf wessen Geheiß?**

A Castro *B Berija*
C Gierek *D Stalin*

8 **Mit seinem „Kniefall von Warschau" sorgte er 1970 weltweit für Aufsehen, heute ist in der Stadt ein Platz nach wem benannt?**

A Ernst Reuter *B Jakob Kaiser*
C Johannes Rau *D Willy Brandt*

Wer wird Millionär?

1) Wie nennt man jemanden, der gerne und viel liest? — 50 €

A Wälzerfresser | C Bücherwurm
B Schmökerfuchs | D Lesekäfer

2) Wen man ehrt, den lobt man über den ... — 100 €

A gelben Ginster | C blauen Enzian
B grünen Klee | D weißen Flieder

3) Die größte deutsche Insel ist ... — 200 €

A Rügen | C Amrum
B Fehmarn | D Sylt

4) Wohlgefühl zeigen Katzen durchs ... — 300 €

A Gurren | C Schnurren
B Kollern | D Plärren

5) Wen liebt Julia in Shakespeares Drama? — 500 €

A Hamlet | C Romeo
B Macbeth | D Othello

6) Wie heißen die roten Blutkörperchen? — 1000 €

A Erythrozyten | C Monozyten
B Lymphozyten | D Leukozyten

7) Wie viele Felder sind auf dem Schachbrett? — 2000 €

A 16 | C 48
B 32 | D 64

8) Der Sohn der Zeichentrickfamilie Simpson heißt ... — 4000 €

A Dutt | C Locke
B Pony | D Bart

9) Lucky Luke schießt schneller als sein ... — 8000 €

A Schatten | C Feind
B Freund | D Pferd

10) Ricotta ist ein italienischer ... — 16 000 €

A Salat | C Hefeteig
B Frischkäse | D Nudelauflauf

11) Das Folketing ist das Parlament von ... — 32 000 €

A Schweden | C Norwegen
B Dänemark | D Finnland

12) Das Jahr 2010 in römischen Ziffern schreibt man ... — 64 000 €

A XVX | C LCX
B MLX | D MMX

13) Wer entwickelte den ersten Volkswagen (Käfer)? — 125 000 €

A Porsche | C Benz
B Borgward | D Daimler

14) Ein Bergmassiv in Frankreich und Italien heißt ... — 500 000 €

A Montecristo | C Montenegro
B Mont Cenis | D Montesquieu

15) Womit lässt sich laut Goethe trefflich streiten? — 1 000 000 €

A mit Frauen | C mit Freunden
B mit Worten | D mit Fürsten

Ost-West-Gespräch

„Wer zu spät kommt, den bestraft das Leben." So hatte Michail Gorbatschow am 7. Oktober 1989 gemahnt. Vergebens! Im Zeichen von Glasnost („Offenheit") und Perestroika fiel kurz darauf die Berliner Mauer. Ein Jahr später konnten die Deutschen ihre Wiedervereinigung feiern. Und dann, am 21. Dezember 1991, zerfiel die Sowjetunion in ihre Einzelteile. Der Mann, der dem riesigen Reich vorgestanden hatte, war von seinen eigenen Ideen eingeholt worden. Erinnern Sie sich an die aufregende Zeit? Wissen Sie noch, was Gorbatschow mit Perestroika meinte? Wenn Sie den Sie Ostwörter „übersetzen", haben Sie die Antwort.

○	**Brigade**	**Alu-Folie**	**A**
○	**Aluchip**	**Arbeitsgruppe**	**U**
○	**Flebben**	**Arbeitsgruppe**	**U**
○	**Silberpapier**	**Führerschein**	**B**
○	**Kollektiv**	**Geldmünze**	**M**

DAS VERZWICKTE QUIZ

Beantworten Sie die Quizfragen. Die Buchstaben hinter den richtigen Antworten ergeben ein Lösungswort.

1 In welchem Bundesland ist der 6. Januar kein gesetzlicher Feiertag?

- Baden-Württemberg .... A
- Hessen .... B
- Sachsen-Anhalt .... P
- Bayern .... E

2 Welche der folgenden Pflanzen ist Heilpflanze des Jahres 2017?

- Gänseblümchen L
- Distel I
- Ackerschachtelhalm .... T
- Löwenzahn .... R

3 Welche ist die am häufigsten vorkommende Blutgruppe in Europa?

- A .... U
- B .... D
- AB .... R
- 0 I

4 Wo wird das für den Schlaf wichtige Hormon Melatonin gebildet?

- Leber .... R
- Zirbeldrüse .... T
- Bauchspeicheldrüse .... E
- Milz .... S

5 Wie heißt die Verbindung zwischen der Insel Sylt und dem Festland?

- Hindenburgdamm .... B
- Heiligendamm .... N
- Kurfürstendamm .... W
- Vogelfluglinie I

6 Wie viele Chromosomen enthalten menschliche Körperzellen normalerweise?

- 10 L
- 16 .... P
- 32 .... A
- 46 I

7 Wie heißt die germanische Göttin der Liebe und Fruchtbarkeit?

- Idun .... A
- Gna .... S
- Nike I
- Freyja L

8 Eine Fangopackung hilft bei Muskel- und Gelenkproblemen mit ...

- Quark .... A
- Mineralschlamm .... D
- Heu I
- Hopfen .... N

1	2	3	4	5	6	7	8

THEMEN-QUIZ

Hod's gschnacklt?

Selbst für Münchner und Fans von München ist nicht jede der folgenden Fragen leicht zu beantworten. Oder kennen Sie die Stadt wie Ihre Westentasche? Testen Sie es mit diesem Quiz!

1 Wo wird bei Ludwig Thoma der Münchner Alois Hingerl nicht richtig glücklich?

A) in Preußen
B) in Nürnberg
C) im Himmel
D) im Hofbräuhaus

2 Welche Wildwest-Legende trat im 19. Jh. auf dem Oktoberfest auf?

A) Billy the Kid
B) Buffalo Bill
C) Doc Holliday
D) Sundance Kid

3 1901 gab es erstmals zwei weibliche Abiturienten in München. Wen heiratete eine dieser beiden Vorreiterinnen später?

A) Karl Valentin
B) Bertolt Brecht
C) Franz Marc
D) Thomas Mann

4 Was entwarf der Münchner Kupferstecher Johann Peter Haseney?

A) die erste deutsche Briefmarke
B) das Wappen Bayerns
C) die D-Mark-Scheine
D) den ersten Münchner Stadtplan

5 Welchen österreichischen Kaiser heiratete die bayrische Prinzessin Elisabeth, die dann als Sisi bekannt wurde?

A) Franz I.
B) Ferdinand I.
C) Franz Joseph I.
D) Karl I.

6 Wie nennt sich der Komiker Michael Herbig?

A) Elton
B) Loriot
C) Erkan
D) Bully

7 Welches Gebäude dürfen Neubauten in Münchens Innenstadt von der Höhe her nicht übertreffen?

A) den Rathausturm
B) die Frauenkirche
C) den BMW-Turm
D) das Siegestor

8 Wie heißen die Münchner „Tatort"-Kommissare?

A) Batic und Leitmayr
B) Sänger und Dellwo
C) Ballauf und Schenk
D) Ritter und Stark

9 In welchem Münchner Museum finden sich van Goghs „Sonnenblumen"?

A) Haus der Kunst
B) Lenbachhaus
C) Pinakothek der Moderne
D) Neue Pinakothek

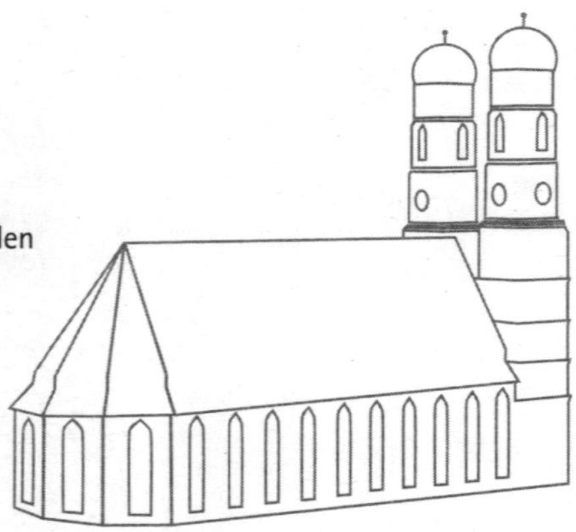

10 Was ist kein Stadtteil von München?

A) Ludwigsvorstadt
B) Isarvorstadt
C) Maxvorstadt
D) Theresienvorstadt

QUIZ für GENIES

Millionär können Sie bei uns (leider) nicht werden, aber auch hier können Sie Ihr Wissen testen. Viel Spaß!

1. Wenn man gesund wird, kommt man wieder auf die ...

A Straße | B Beine
C Weide | D Hände

2. Die Blütenstände mancher Pflanzen heißen ...

A Kaninchen | B Kätzchen
C Pferdchen | D Hähnchen

3. Ein bekanntes Musical ist „Das ... der Oper".

A Gespenst | B Gerücht
C Reich | D Phantom

4. Wie heißt die Regenbogenhaut des Auges?

A Ines | B Iris
C Isis | D Ibis

5. Der Palastbezirk Pekings ist die ...

A Traurige Stadt | B Mächtige Stadt
C Verbotene Stadt | D Prächtige Stadt

6. Die schmale Landzunge vor Venedig heißt ...

A Bodo | B Credo
C Kendo | D Lido

7. Ein Ergometer misst die ...

A Intelligenz | B Körperleistung
C Herztöne | D Sehkraft

8. Die meisten Haare auf dem Kopf nennen ... ihr Eigen.

A Blondhaarige | B Rothaarige
C Schwarzhaarige | D Braunhaarige

9. Eines der Krankheitssymptome bei Scharlach ist die ...

A Brombeerzunge | B Himbeerzunge
C Blaubeerzunge | D Pflaumenzunge

10. Friedrich Ludwig Jahn nannte man ...

A Laubenpionier | B Turnvater
C Rechenfürst | D Wassertreter

11. Gefährdete Tier- und Pflanzenarten stehen ...

A in den Gelben Seiten | B im blauen Brief
C auf der Roten Liste | D am Schwarzen Brett

12. Harare ist die Hauptstadt von ...

A Gambia | B Ruanda
C Kenia | D Simbabwe

QUIZ

Testen Sie Ihr Allgemeinwissen!

1

Wenn man sich ans Werk macht, spuckt man in die ...

- ☐ Suppe
- ☐ Hände
- ☐ Luft
- ☐ Tüte

2

In vielen Wildwestfilmen hagelt es blaue ...

- ☐ Bohnen
- ☐ Erbsen
- ☐ Linsen
- ☐ Schoten

3

Was füllt oft den Kleinkindermund?

- ☐ Schnuller
- ☐ Füller
- ☐ Knüller
- ☐ Skuller

4

Der erste Präsident der USA hieß ...

- ☐ Houston
- ☐ Washington
- ☐ Arlington
- ☐ Boston

5

Die neueste Mode ist der letzte ...

- ☐ Song
- ☐ Hammer
- ☐ Schrei
- ☐ Ruf

6

Die Blütenstände mancher Pflanzen heißen ...

- ☐ Kaninchen
- ☐ Kätzchen
- ☐ Pferdchen
- ☐ Hähnchen

7

Enid Blyton verfasste die Kinderbuchreihe ...

- ☐ „Die drei ???"
- ☐ „TKKG"
- ☐ „Hanni und Nanni"
- ☐ „Die Olchis"

8

Welcher Staat schenkte den Vereinigten Staaten die Freiheitsstatue?

- ☐ Großbritannien
- ☐ Frankreich
- ☐ Kanada
- ☐ Italien

9

Was ist keine Pflanze?

- ☐ Kartoffelbaum
- ☐ Stammbaum
- ☐ Kakaobaum
- ☐ Leberwurstbaum

10

Der Farbstoff Indigo ist ...

- ☐ braun
- ☐ blau
- ☐ gelb
- ☐ orange

11

Grenadinesirup wird hergestellt aus ...

- ☐ Grapefruits
- ☐ Cranberrys
- ☐ Granatäpfeln
- ☐ Orangen

12

Auf welchem Gebiet erlangte Lise Meitner Weltruhm?

- ☐ Physik
- ☐ Musik
- ☐ Literatur
- ☐ Medizin

BILDER-QUIZ

Wo hat das Bundesarbeitsgericht seinen Sitz?

BREMEN – ERFURT – KASSEL

Welcher Tanz stammt aus der Karibik?

LIMBO – POLKA – SAMBA

Wie nennen Jäger die Ohren des Wildschweins?

SCHALE – TELLER – SEIDEL

QUIZ

500 Euro

1 Der berühmte Fernsehhund Lassie ist ein …

A Mops
B Bernhardiner
C Schäferhund
D Collie

1000 Euro

2 Wenn jemand liquide ist, dann ist er …

A hinterlistig
B lichtempfindlich
C weltoffen
D zahlungsfähig

2000 Euro

3 Was ist ein Kosmopolit?

A Astronaut
B Weltbürger
C Sternenforscher
D Politiker

5000 Euro

4 Was sind Bluechips?

A blaue Kekse
B Spielgeld
C eine Gesangsgruppe
D erstklassige Aktien

10 000 Euro

5 Wie geht es bei Douglas Adams durch die Galaxis?

A mit Flohpulver
B über Wolken
C per Anhalter
D mit dem Zug

50 000 Euro

6 Wie werden Steinzeitmenschen auch genannt?

A Arbeiter und Bauern
B Jäger und Sammler
C Forscher und Entdecker
D Dichter und Denker

100 000 Euro

7 Ein Äquilibrist unterhält sein Publikum mit …

A Balancieren
B Zaubern
C Kartenkunststücken
D Gedichten

250 000 Euro

8 Das Damoklesschwert hing der Sage nach an einem …

A seidenen Faden
B Rosshaar
C Menschenhaar
D Strohhalm

500 000 Euro

9 Kein Pariser Fernbahnhof ist der Gare …

A du Nord
B Montparnasse
C Saint-Charles
D Saint-Lazare

1 000 000 Euro

10 Was bedeutet der Titel „Pharao" übersetzt?

A großes Haus
B der Erleuchtete
C starker Löwe
D Ozean der Weisheit

BILDER-QUIZ

Wie nennt man den Abschlagstift beim Golfen?

RUM • GIN • TEE

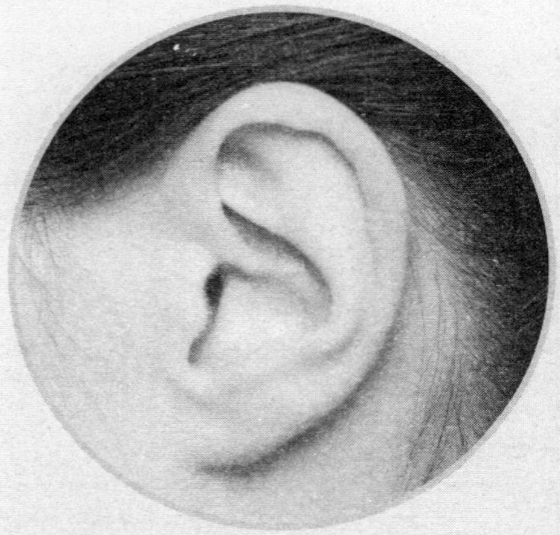

Wie heißt eines der drei Gehörknöchelchen des Menschen?

STEIGBÜGEL • REITSTIEFEL • RITTERSPORN

Welchen Fluss überquert man auf der Karlsbrücke?

AMSTEL • ALSTER • MOLDAU

Wer wird Millionär?

1) Was bringt man vom Eis, wenn man ein Problem löst?

50 €

A den Esel | C die Kuh
B die Frau | D das Kind

2) Welche Ortszuschreibung bezeichnet keinen Spitzensportler?

100 €

A „Der Leimener" | C „Der Kerpener"
B „Die Brühlerin" | D „Die Uckermärkerin"

3) Ein Film von Doris Dörrie mit Heiner Lauterbach heißt ...

200 €

A „Väter" | C „Männer"
B „Frauen" | D „Kinder"

4) Der Pianist in der Comicserie „Peanuts" heißt ...

300 €

A Schroeder | C Beethoven
B Bach | D Mozart

5) Ein polnischer Nationaltanz nennt sich ...

500 €

A Csardas | C Mazurka
B Polka | D Flamenco

6) Wie heißt der Platz an der Ostseite des Brandenburger Tors?

1000 €

A Berliner Platz | C Pariser Platz
B Londoner Platz | D Potsdamer Platz

7) Aus Kastelruth kommen die berühmten ...

2000 €

A Eber | C Sperlinge
B Spatzen | D Weiber

8) Ein Roman von Heinrich Böll heißt „Gruppenbild mit ...".

4000 €

A Enkeln | C Rahmen
B Dame | D Clown

9) Was ist auch unter der Bezeichnung Ascorbinsäure bekannt?

8000 €

A Vitamin A | C Lebertran
B Kochsalz | D Vitamin C

10) Einen Zuschauer beim Skat nennt man ...

16 000 €

A Specht | C Kiebitz
B Uhu | D Kuckuck

11) Wer ist nicht seit Folge eins in der „Lindenstraße"?

32 000 €

A Hans Beimer | C Andy Zenker
B Dr. Dressler | D Klaus Beimer

12) Der Steinpilz heißt auch ...

64 000 €

A Weltmannspilz | C Herrscherpilz
B Herrenpilz | D Kavalierpilz

13) Wo gründete Walter Gropius 1919 das Bauhaus?

125 000 €

A in Dessau | C in Weimar
B in Kassel | D in München

14) Was ist ein Epigramm?

500 000 €

A ein Puzzle | C ein Namenszeichen
B ein Spottgedicht | D eine Gewichtseinheit

15) Der Palastbezirk Pekings ist die ...

1 000 000 €

A Traurige Stadt | C Verbotene Stadt
B Mächtige Stadt | D Prächtige Stadt

TIER-QUIZ

1 Ein markantes Merkmal der Perserkatze ist die kleine Stupsnase, die am Ansatz einen Knick aufweist. Wie lautet der Fachbegriff hierfür?

- STOP
- HALT
- STEG

2 Die Haltung eines Hyazinth-Aras ist äußerst anspruchsvoll, genau wie seine Ernährung: Die kobaltblauen Vögel fressen nämlich am liebsten ...

- WEINBEEREN
- APFELSINEN
- PALMNÜSSE

3 Farbmäuse haben einen feinen Geruchs- und Hörsinn und orientieren sich auch mit ihren an der Schnauze befindlichen Tasthaaren. Wie nennt man diese?

- ANTENNLER
- SCHNURRER
- VIBRISSEN

QUIZ

1. Menschen ... Trübsal, wenn sie niedergeschlagen sind.

A tuten	**B** flöten
C geigen	**D** blasen

2. Die Einwohner Sardiniens heißen ...

A Sorben	**B** Serben
C Sarden	**D** Sardinen

3. Ein PC ist wörtlich übersetzt ein ... Computer.

A schneller	**B** persönlicher
C professioneller	**D** preiswerter

4. In einer Operette kommt „Der ... aus Dingsda".

A Onkel	**B** Vetter
C Schwager	**D** Bruder

5. In geselliger Runde wird manchmal ein ... getrunken.

A Halbschuh	**B** Latschen
C Pantoffel	**D** Stiefel

6. Ein Herdzubehör ist der ...

A Backfilm	**B** Kochdunst
C Grillrost	**D** Topfschwamm

7. Bei Apfel- und Birnentypen geht es um ...

A Kürbissorten	**B** Körperformen
C Sportwagen	**D** Gleichungen

8. Was wird nicht im Doppel gespielt?

A Tennis	**B** Schach
C Tischtennis	**D** Badminton

9. Kurt Tucholsky schrieb den Roman „Schloß ...".

A Rheinsberg	**B** Drottningholm
C Gripsholm	**D** Neuschwanstein

10. Welches dieser Fasermaterialien verbirgt sich oft hinter dem Namen Atlas?

A Seide	**B** Samt
C Tweed	**D** Velours

11. Ein Farbstoff in pflanzlichen Nahrungsmitteln ist das ...

A Betabrokkolin	**B** Betacarotin
C Betaspargelin	**D** Betatomatin

12. Beim America's Cup geht es um ...

A Golf	**B** Segeln
C Tennis	**D** Surfen

WORTSPIEL

Wenn Sie die Bedeutungen der 8 Wörter herausgefunden haben, ergeben die Buchstaben hinter den richtigen Antworten – von oben nach unten gelesen – ein Sprichwort.

1 Belletristik

a) langweilige Freizeitgestaltung **WAS**
b) schöngeistige Literatur ..... **DIE**
c) jonglieren mit Bällen .... **GEL**

2 Biennale

a) Eckverbindung im Quadrat .. **UNS**
b) Imkereibetrieb .... **DMA**
c) zweijährliche Veranstaltung **MOR**

3 Bridge

a) Kartenspiel .... **ALS**
b) Truppenabteilung .... **ERE**
c) Reithose .... **CHT**

4 Broschüre

a) Schmuckstück .... **VOR**
b) aufgewärmtes Essen .... **NIC**
c) Druckschrift von geringem Umfang .... **INK**

5 Buhurt

a) mittelalterl. Ritterkampfspiel **TMI**
b) schnelle Entscheidung .... **FAH**
c) zeltähnliche Behausung .... **HTG**

6 Büttel

a) englischer Hausmeister .... **REN**
b) Gerichtsdiener, Häscher ... **TDE**
c) Rednerpult beim Karneval .. **LUE**

7 Spekulation

a) Transportunternehmen .... **LEB**
b) Gebäck aus gewürztem Teig **CKL**
c) auf Gewinne abzielende Geschäftstätigkeit .... **RSO**

8 Tukan

a) Kopfbedeckung .... **TES**
b) südamerikanischer Vogel ... **NNE**
c) Tiefland in Mittelasien ..... **DER**

Nur wenn Sie die Fragen richtig beantworten, werden Sie am Ziel mit den richtigen Buchstaben ankommen. Diese ergeben – hintereinandergelesen – eine Redewendung.

START

J Ein Amtssitz des Bundespräsidenten ist die Villa Hammerschmidt.	JA ▶	**A** Zum Anpfiff muss der Schiedsrichter den Ball mit dem Fuß ankicken.	NEIN ▶	**C** Mit dem Auto kann man Sylt nur per Autoreisezug erreichen.	JA ▶	**O** Mozarts „Zauberflöte“ ist für den Vogelfang.
NEIN ▼	NEIN	JA ▼		NEIN ▼	NEIN	JA ▼
W Die Bundesstraße 199 gibt es zweimal in Deutschland.	◀ JA	**E** Das MSV beim Fußballbundesligisten Duisburg steht für Meidericher Spielverein.	◀ NEIN	**K** Das Stimmungslied heißt: „Kreuzberger Nächte sind bang …“	◀ JA	**R** Cajus Julius Cäsar sitzt seit 1998 im Deutschen Bundestag.
JA ▼		NEIN ▼		JA ▼		NEIN ▼
I An den Suezkanal grenzen Ägypten und Israel.	JA ▶	**H** Im griechischen Alphabet kommt Phi vor Chi.	NEIN ▶	**F** „Der Mann mit dem Goldhelm“ ist ein Gedicht von Schiller.	JA ▶	**E** Der Siebenschläfer ist ein Tier.
NEIN ▼	NEIN	JA ▼		NEIN ▼	NEIN	JA ▼
E Ein Rhönrad ist das Antriebsrad eines Traktors.	◀ JA	**O** Ein altes Trierer Stadttor heißt Porta Niagara.	◀ NEIN	**S** Das Abgeordnetenhochhaus in Bonn nannte man armen Eugen.	◀ JA	**R** Im Dschungelbuch ist Balu ein Tiger.
JA ▼		NEIN ▼		JA ▼		NEIN ▼
K Ein Elefantenrüssel hat mehr Knochen als das menschliche Rückgrat.	JA ▶	**S** Die Höllentalbahn im Schwarzwald überquert die Ravennaschlucht.	NEIN ▶	**E** Zwei Lipizzanerpferde sind auf der 20-Cent-Münze von Slowenien.	JA ▶	**E** Der nullte Längengrad ist auch für die Zeitmessung bedeutsam.
NEIN ▼	NEIN	JA ▼		NEIN ▼	NEIN	JA ▼
H Lehrer Böck ist eine Figur bei „Max und Moritz“.	◀ NEIN	**E** Persipan wird aus Aprikosenkernen hergestellt.	◀ NEIN	**Ö** Expräsident Carter ist Erdnussfarmer.	◀ JA	**I** D-Zug steht für Dieselzug.
JA ▼	NEIN	JA ▼	NEIN	JA ▼	NEIN	NEIN ▼
T Der Spitzname des Bundeskanzleramtes in Berlin lautet Waschmaschine.	JA ▶	**S** Nach der Bibel ist der Sonntag der erste Tag der Woche.	JA ▶	**E** Haben Schneewittchens Zwerge im Original Namen?	JA ▶	**N** ZIEL 

Lösung:

So wunderschön ist Deutschland!

Von der Nordsee bis zu den Alpen, vom Rhein bis zur Oder: Deutschland ist ein Wunderland!

1 Rheintal

Romantisch ist das Rheintal, noch romantischer jedoch der 132 Meter hohe, steil aufragende Schieferfelsen bei Sankt Goarshausen, wo ein zauberhaft schönes Mädchen den Männern auf dem Fluss zum Verderben geworden sein soll.

? Wie heißen der Felsen und die Flussnixe?

A Goldmarie
B Loreley
C Rapunzel

2 Ostfriesische Inseln

Wie Perlen an einer Schnur reihen sich die sieben kleinen Eilande an der Nordseeküste auf. Besonders geruhsam geht es auf Juist zu, das von den Insulanern stolz „Töwerland", Zauberland, genannt wird.

? Was darf man, auch wenn man es noch so sehr liebt, nicht mit nach Juist nehmen?

A Auto **B** Geld **C** Handy

3 Elbsandsteingebirge

Hoch über den silbrigen Schnörkeln der Elbe ließ sich einst Caspar David Friedrich zu seinem sehnsuchtsvollen Gemälde „Wanderer über dem Nebelmeer" anregen.

? Wie heißt die 2006 wieder eröffnete Wanderroute, auf der man auf den Spuren des Künstlers wandeln kann?

A Bilderpfad
B Galerieroute
C Malerweg

4 Neuschwanstein

Auf einem zerklüfteten Felsen in malerischer Bergszenerie erhebt sich dieses Märchenschloss, das ein bayerischer „Märchenkönig" sich „im echten Styl der alten deutschen Ritterburgen" errichten ließ.

? Wer war dieser menschenscheue Herr von Neuschwanstein? … II.

A Luitpold **B** Ludwig **C** Maximilian

5 Mark Brandenburg

Ein schöner Ort, besonders für Verliebte, ist der Stechlinsee. Rings um das Gewässer spielt die bezaubernde Geschichte vom jungen Offizier Woldemar von Stechlin, der sich in die Berlinerin Armgard verliebt und sie am Ende heiraten darf.

? Wer schuf mit dem Roman „Der Stechlin" sein letztes Werk? Theodor …

A Däubler **B** Fontane **C** Plievier

6 Harz

In der Walpurgisnacht, der Nacht vor dem 1. Mai, sollte man sich auf dem Brocken vorsehen. Einer alten Sage zufolge ist die mit 1141 Metern höchste Erhebung des Harzes der „Blocksberg".

? Welche Märchenwesen sollen auf der zugigen Granitkuppe einen schaurigen „Tanz in den Mai" abhalten?

A Elfen **B** Hexen **C** Zwerge

DAS LEICHTE QUIZ

Testen Sie Ihr Allgemeinwissen, und schicken Sie Ihr Gehirn ins Trainingslager! Unser Quiz macht Sie fit für Jauch, Pilawa und Co.

1 **50 Euro**

Was heiligt die Mittel?

A Der Dreck | B Der Schreck | C Der Zweck | D Der Fleck

2 **100 Euro**

Eine überempfindliche Person nennt man ...

A Lilie | B Nelke | C Mimose | D Primel

3 **200 Euro**

Redensartlich macht eine Schwalbe noch keinen ...

A Schwarm | B Sommer | C Herbst | D Sonntag

4 **300 Euro**

Zu einer tollen Leistung sagt man „... ab"!

A Helm | B Hut | C Mütze | D Zylinder

5 **500 Euro**

Ein Zeitungsartikel bringt manchmal den ... ins Rollen.

A Zug | B Wagen | C Stein | D Stock

6 **1.000 Euro**

In einem Grimm-Märchen wollte jemand das ... lernen.

A Lesen | B Fürchten | C Heilen | D Rechnen

7 **2.000 Euro**

Eine wiederentdeckte Spezialität sind die Teltower ...

A Gürkchen | B Rübchen | C Möhrchen | D Böhnchen

8 **4.000 Euro**

Nichts fürchten Bergleute so sehr wie schlagende ...

A Hauer | B Kohlen | C Wasser | D Wetter

9 **8.000 Euro**

Das Ausrutschen verhindern sogenannte ...-Socken.

A BMX | B ABS | C GTI | D ESP

10 **16.000 Euro**

Ein Motto bei Kurgästen ist: „Morgens Fango, abends ...".

A Mango | B Bongo | C Tango | D Limbo

11 **32.000 Euro**

Ein dekorativer textiler Überwurf für Sitzmöbel heißt ...

A Husse | B Hesse | C Hosse | D Hasse

12 **64.000 Euro**

Was ist eine Arabeske?

A Insekt | B Kanone | C Musikstück | D Satire

13 **125.000 Euro**

Welche Farbe hat ein Malachit?

A Grün | B Rosa | C Blau | D Gelb

14 **500.000 Euro**

Ein Standbild im Bamberger Dom ist der Bamberger ...

A Bär | B Reiter | C Michel | D Turm

15 **1.000.000 Euro**

Ein Film von Fassbinder heißt „Die Ehe der Maria ...".

A Braun | B Rot | C Schwarz | D Weiß

BILDER-QUIZ

In welcher Stadt kann man die „Spanische Reitschule" besuchen?

GENF – PRAG – WIEN

Wie viele Kolonien gründeten die Vereinigten Staaten von Amerika?

DREIZEHN – VIERZEHN – DREISSIG

Die erste Jeanshose wurde um 1850 in San Francisco hergestellt. Und zwar von Levi ...

DROSSEL – HABICHT – STRAUSS

REISE-QUIZ

„suin kunukr sati stin" – wie ein Geheimnis klingt die Inschrift auf dem Runenstein im Museum von Haithabu. Können Sie es ergründen? Die acht Fragen haben je vier Antwortmöglichkeiten.

1 **Haithabu ist eine historische Wikingersiedlung in Schleswig-Holstein: Was bedeutet der Name?**

A Heidelbeerheim | *B Heidnische Burg*
C Heuerntenfelde | *D Ort auf der Heide*

2 **Einst war Haithabu, dessen Wallanlagen auch heute noch deutlich zu sehen sind, ein bedeutender Handelsort. Er liegt in der Nähe des heutigen Schleswig am Westende welcher langgestreckten Ostseeförde?**

A Amstel | *B Bodden*
C Eibsee | *D Schlei*

3 **Nur wenige Kilometer westlich von hier gelangt man an einen Fluss, der in die Nordsee mündet. Sein Name?**

A Alster | *B Gronau*
C Treene | *D Wandse*

4 **Die Wikinger konnten über Haithabu also von der Ost- in die Nordsee gelangen und es so vermeiden, durch welches gefährliche Gewässer im Norden Dänemarks zu segeln?**

A Faxabucht | *B Hudsonbai*
C Oslofjord | *D Skagerrak*

5 **Die Landenge wurde durch ein Wallsystem gesichert, dessen Überreste heute noch zu besichtigen sind. Der Name der Anlage?**

A Danebrog | *B Danekors*
C Danewerk | *D Dronning*

6 **In Nord-Süd-Richtung kreuzte eine Handelsroute die Landenge. Der Name der historischen „Fernstraße", die Europa mit Skandinavien verband?**

A Eselspfad | *B Kameldamm*
C Ochsenweg | *D Pferdeweg*

7 **Und nun ins Museum von Haithabu: Dessen Prunkstück ist ein aus dem Hafen geborgenes Langschiff. Wie nennt man solche Schiffe in der Umgangssprache auch?**

A Bestienkahn | *B Drachenboot*
C Lindwurmgig | *D Monsterbark*

8 **Klar, dass Haithabu als begehrter Knotenpunkt des Öfteren den Besitzer wechselte. Anno 983 wurde er von dem Dänen erobert, der – höchstwahrscheinlich – auch den „Stein setzte" (sati stin). Wer war also suin kunukr?**

A Fuerst Knut | *B Fuerst Kuno*
C Koenig Sten | *D Koenig Sven*

Wer wird Millionär?

1) Wenn es auf Feiern hoch hergeht, dann ist der ... los. – 50 €
A Wolf | C Elch
B Fuchs | D Bär

2) Was sollte man sich nicht vom Brot nehmen lassen? – 100 €
A die Wurst | C die Butter
B den Käse | D die Marmelade

3) Eine andere Bezeichnung für einen Bergmann ist ... – 200 €
A Bruder | C Gefährte
B Freund | D Kumpel

4) Welches Tier hat eine Fluke? – 300 €
A die Ente | C der Elefant
B der Wal | D der Geier

5) Wie heißt der Rest in einem Gefäß? – 500 €
A Senke | C Beuge
B Neige | D Biege

6) Wie viele Linien hat unser Musiknotensystem? – 1000 €
A vier | C sechs
B fünf | D sieben

7) Eine zu Tansania gehörende Insel heißt ... – 2000 €
A Camorra | C Mafia
B Cosa Nostra | D Yakuza

8) Was sollte fast jeder Reifen haben? – 4000 €
A Renommee | C Profil
B Niveau | D Prestige

9) Ein Hase lagert in ... – 8000 €
A einem Kessel | C einem Kobel
B einer Sasse | D einem Horst

10) Heinz Rühmann spielte in Kriminalfilmen den Pater ... – 16 000 €
A Black | C White
B Brown | D Red

11) Wie viele Rippenpaare hat der Mensch normalerweise? – 32 000 €
A 8 | C 12
B 10 | D 14

12) Wie ruft in Spanien eine Frau nach ihrem Liebsten? – 64 000 €
A ¡Mi cariño! | C ¡Mi splendor!
B ¡Mi desierto! | D ¡Mi beso!

13) Wer moderierte 1999 als erste Frau eine ARD-„Sportschau"? – 125 000 €
A Anne Will | C Katrin Müller-Hohenstein
B Monica Lierhaus | D Carmen Thomas

14) Welcher Komponist litt unter Schwerhörigkeit? – 500 000 €
A Mozart | C Beethoven
B Britten | D Chopin

15) Wie viele weiße Streifen hat die griechische Flagge? – 1 000 000 €
A drei | C fünf
B vier | D einen

SORTIER-QUIZ

Adventskalender

Die kalten, dunklen Tage in den Wochen vor Weihnachten: Wer denkt da nicht an stille, besinnliche Stunden? An Spekulatius und Kerzenschein? Im Grunde aber ist gerade im Advent eine Menge los! „Advent": Was bedeutet das lateinische Wort eigentlich auf Deutsch? Wenn Sie die Termine auf dem Adventskalender in die richtige Reihenfolge bringen, haben Sie die Antwort.

◯	4. Dezember	Barbaratag	A
◯	6. Dezember	Dreikönigstag	T
◯	8. Dezember	Heilig Abend	F
◯	13. Dezember	Mariä Empfängnis	K
◯	21. Dezember	Nikolaustag	N
◯	24. Dezember	Santa Lucia	U
◯	6. Januar	Winteranfang	N

DAS VERZWICKTE QUIZ

Beantworten Sie die Quizfragen. Die Buchstaben hinter den richtigen Antworten ergeben ein Lösungswort.

1 Ein Teil der Unterhaltungsliteratur sind die ...

a) Schauerromane .... K
b) Regenbogenbücher .... T
c) Nebelnovellen C
d) Schneegedichte .... F

2 Ein Gebäck heißt ...

a) Windbeutel .... R
b) Sturmsack .... G
c) Orkantasche L
d) Tornadokeks .... H

3 Welche Farbe haben Lavendelblüten?

a) gelb .... N
b) rot .... A
c) grün .... Z
d) lila .... E

4 Welcher Begriff beschreibt einen Tennisschlag?

a) Lob .... A
b) Flop .... U
c) Top .... P
d) Job .... J

5 Was bewahrt man in einem Humidor auf?

a) Pflanzen .... H
b) Zigarren .... T
c) Edelsteine .... N
d) Waffen .... E

6 Wie viele Liter hat ein Kubikmeter?

a) 10 L
b) 100 .... E
c) 1000 I
d) 10000 .... P

7 Welches Fach wird an Waldorfschulen unterrichtet?

a) Eurythmie .... O
b) Eubiotik .... S
c) Eudämonie .... Z
d) Euphorie .... Y

8 Wo findet die Papstwahl durch die Kardinäle statt?

a) Exklave .... Q
b) Konklave .... N
c) Enklave .... G
d) Konzil .... U

1 2 3 4 5 6 7 8

THEMEN-QUIZ

¿Xerra mallorqui?

Mit Deutsch kommt man auf Mallorca zwar weiter, aber Einheimische freuen sich bestimmt, wenn man sie auf Mallorquinisch anspricht. In diesem Vokabeltest geht es darum, Worte aus diesem katalanischen Dialekt ins Deutsche zu übersetzen.

1 ES PORT

A) die Tür
B) der Hafen
C) der Topf
D) das Paar

2 ALEMANY

A) Bierdose
B) Aluminium
C) sauber
D) deutsch

3 ANGLÈS

A) englisch
B) angeln
C) Engel
D) Enge

4 PER FAVOR

A) bitte
B) Liebling
C) Vetternwirtschaft
D) vierundvierzig

5 GRÀCIAS

A) lustig
B) kahl
C) danke
D) grau

6 BON DIA

A) Fotoladen
B) Kassenzettel
C) Sonnenschein
D) Guten Tag

7 VI

A) Leben
B) Wein
C) wie
D) Kraft

8 SENYOR

A) alt
B) Senat
C) Herr
D) Bauer

9 SA CASA

A) der Fall
B) die Schachtel
C) die Disco
D) das Haus

10 PERDONA

A) Hausfrau
B) Geschenk
C) Entschuldigung
D) Mineralwasser

QUIZ für GENIES

Millionär können Sie bei uns (leider) nicht werden, aber auch hier können Sie Ihr Wissen testen. Viel Spaß!

1. Was lässt man redensartlich gerade sein, nimmt man's nicht so genau?

A Ecken | B Kanten | C fünfe | D das Dutzend

2. Nicht nur Gourmets haben ein ...

A Kammergericht | B Strafgericht | C Zivilgericht | D Leibgericht

3. Viele Straftaten werden aufgeklärt durch Kommissar ...

A Überall | B Zufall | C Reinfall | D Fortfall

4. Welcher Italiener wurde als Modeschöpfer berühmt?

A Armani | B Mastroianni | C Fellini | D Pavarotti

5. Der Wunsch ist oft ... des Gedankens.

A Vater | B Mutter | C Tochter | D Sohn

6. Ein alkoholisches Mixgetränk mit Ei heißt ...

A Axel | B Flip | C Rittberger | D Lasso

7. Was stand bei Herrn von Ribbeck im Garten?

A Apfelbaum | B Pflaumenbaum | C Kirschbaum | D Birnbaum

8. Wo befindet sich der Topkapi-Palast?

A Athen | B Istanbul | C Bagdad | D Madrid

9. Das Wort Bazillus leitet sich ab vom lateinischen Wort für ...

A Körperchen | B Stäbchen | C Kügelchen | D Fädchen

10. Wie viele Steine hat ein Spieler beim Mühlespiel?

A 3 | B 6 | C 9 | D 12

11. Ein berühmter Kreidefelsen auf Rügen heißt ...

A Adelsstand | B Bischofssitz | C Königsstuhl | D Kaiserthron

12. Die Popgruppe „Die Prinzen" nannte sich früher „Die ...".

A Herzbuben | B Herzblätter | C Herzlichen | D Herzensbrecher

QUIZ

Testen Sie Ihr Allgemeinwissen!

1

Ein unverfrorener Mensch ist ...

☐ nassforsch ☐ feuchtflink ☐ klatschnass ☐ tropfmunter

2

Eine Angelegenheit, die in Ordnung ist, ist im ... Bereich.

☐ gelben ☐ grünen ☐ blauen ☐ roten

3

Vor den Erfolg haben die Götter bekanntlich den ... gesetzt.

☐ Fleiß ☐ Geruch ☐ Geschmack ☐ Schweiß

4

Wer in einer heiklen Situation taktiert, führt welchen Tanz auf?

☐ Polonaise ☐ Ententanz ☐ Discofox ☐ Eiertanz

5

Wie nannte man das Zehnpfennigstück?

☐ Kupferle ☐ Schilling ☐ Groschen ☐ Heiermann

6

Welche Insel gehört zu Italien?

☐ Korsika ☐ Sizilien ☐ Mallorca ☐ Malta

7

Wie werden besonders gesunde Lebensmittel bezeichnet?

☐ Superfood ☐ Fastfood ☐ Fingerfood ☐ Genfood

8

Ein Hit von David Hasselhoff heißt „Looking for ...".

☐ Girls ☐ Freedom ☐ Daddy ☐ Walls

9

Hamburgs Parlament heißt ...

☐ Senat ☐ Bürgerschaft ☐ Landtag ☐ Abgeordnetenhaus

10

Bestellt man in Österreich Kren, bekommt man ...

☐ Meerrettich ☐ Schlagsahne ☐ Senf ☐ Radieschen

11

Der wievielte Deutsche Bundestag wurde 2017 gewählt?

☐ 12. ☐ 16. ☐ 19. ☐ 23.

12

Schillers „Glocke" wird auf welchen Namen getauft?

☐ Concordia ☐ Borussia ☐ Harmonia ☐ Victoria

BILDER-QUIZ

Bei der Galaxie, der unser Sonnensystem angehört, handelt es sich um die ...

JOGHURTGASSE – MILCHSTRASSE – SAHNESTRECKE

Was wird in Deutschland vom Volk gewählt?

BUNDESRAT – BUNDESTAG – REGIERUNG

Wie lautet im Tennis die englische Bezeichnung für „(zu) null"?

LOAF – LIVE – LOVE

QUIZ

500 Euro

1 Das Leben ist redensartlich kein ...

A Ponyhof
B Streichelzoo
C Kaninchenstall
D Hundekörbchen

1000 Euro

2 Welche Blutgruppe gibt es beim Menschen nicht?

A A
B B
C 0
D 1

2000 Euro

3 Wer wartet, steht ...

A Skorpion
B Echse
C Schlange
D Krokodil

5000 Euro

4 Wer fährt im Peterwagen?

A Petersburger
B Feuerwehrmänner
C Petermännchen
D Polizisten

10 000 Euro

5 Ein Roman von Heinrich Mann heißt „Professor ...".

A Unart
B Unrat
C Uralt
D Urahn

50 000 Euro

6 Was ist eine Seewespe?

A Quallenart
B Knochenfisch
C Insekt
D Stachelhäuter

100 000 Euro

7 In welchem europäischen Land gilt Linksverkehr?

A Finnland
B Island
C Zypern
D Luxemburg

250 000 Euro

8 Was befindet sich im Keller des Berliner Doms?

A Luftschutzbunker
B U-Bahn-Station
C Königliche Gruft
D Verlies

500 000 Euro

9 Welcher Planet hat zwei Monde?

A Jupiter
B Mars
C Saturn
D Venus

1 000 000 Euro

10 Wie viel wiegt ein Straußenei?

A Ca. 500 g
B Ca. 900 g
C Ca. 1500 g
D Ca. 2100 g

BILDER-QUIZ

Wie nennt man des Ende eines Schlüssels?

HAAR • BART • KOPF

Wie nennt man den flachen und verbreiterten Teil des Hirschgeweihs?

SCHAUFEL • KNÜPPEL • SCHINDER

Eine schwere, alkoholreiche Weinsorte ist der ...

DALMATINER • HOLSTEINER • ROTTWEILER

Wer wird Millionär?

1) In einer Rede stockt jemand. Er verliert ...

50 €
- A das Kabel
- B die Schnur
- C die Leine
- D den Faden

2) Bei einem kläglichen Eindruck steht man da wie ein begossener ...

100 €
- A Dackel
- B Pudel
- C Terrier
- D Spitz

3) Was bedeutet „audio"?

200 €
- A ich sehe
- B ich fühle
- C ich höre
- D ich schmecke

4) Eine kalte spanische Gemüsesuppe ist die ...

300 €
- A Caldereta
- B Chorizo
- C Cocido
- D Gazpacho

5) Die Hummelelfe ist ein ...

500 €
- A Fisch
- B Schmetterling
- C Käfer
- D Vogel

6) Die Hauptstadt Venezuelas heißt ...

1000 €
- A Caracas
- B Bogotá
- C Lima
- D Managua

7) Der größte US-amerikanische Bundesstaat ist ...

2000 €
- A Alaska
- B Kalifornien
- C Texas
- D Montana

8) Der lateinische Name für die Kniescheibe lautet ...

4000 €
- A Paella
- B Patella
- C Capsella
- D Bostella

9) Die Grundstruktur der Schneeflocken ist immer ...

8000 €
- A viereckig
- B fünfeckig
- C sechseckig
- D achteckig

10) In der Jägersprache gehören Rehe zum ...

16 000 €
- A Federwild
- B Hochwild
- C Niederwild
- D Schwarzwild

11) Mit einem Geigerzähler misst man ...

32 000 €
- A Musiktakte
- B Schallwellen
- C Radioaktivität
- D Wärmemengen

12) Welcher Maler ist für seine Südseebilder berühmt?

64 000 €
- A Paul Gauguin
- B Claude Monet
- C Paul Cézanne
- D Emil Nolde

13) Auf welcher Insel kam Prinz Philip zur Welt?

125 000 €
- A Isle of Man
- B Sizilien
- C Jersey
- D Korfu

14) Welches Bundesland hat drei Löwen im Wappen?

500 000 €
- A Baden-Württemberg
- B Hessen
- C Niedersachsen
- D Thüringen

15) Nicht zu den finno-ugrischen Völkern gehören die ...

1 000 000 €
- A Finnen
- B Esten
- C Letten
- D Ungarn

TIER-QUIZ

1 Kaschmirwolle wird teuer gehandelt. Dieses Ziegenhaar ist besonders weich und fein. Aus welchem Land stammen die namensgebenden Tiere?

- ■ TIBET
- ■ KONGO
- ■ CHILE

2 Neufundländer sind ausdauernde Schwimmer und eignen sich als Wasserrettungshunde. Was macht sie so besonders?

- ■ LEICHTGEWICHT
- ■ SCHWIMMHÄUTE
- ■ KIEMENBILDUNG

3 Graupapageien haben einen empfindlichen Organismus. Auf welchen Mineralstoff sind sie besonders angewiesen?

- ■ KALZIUM
- ■ CHLORID
- ■ NATRIUM

QUIZ

1. Wie wird die Viehfliege auch genannt?

A Sumse	**B** Simse
C Brumse	**D** Bremse

2. Was meinen Bayern mit dem Wort „Busserl"?

A Verkehrsmittel	**B** Verwarnung
C Kuss	**D** Freund

3. Die Maßeinheit des Mostgewichts heißt Grad ...

A Bluemle	**B** Oechsle
C Kaelble	**D** Boeckle

4. In welches Gewässer mündet die Donau?

A Rotes Meer	**B** Schwarzes Meer
C Mittelmeer	**D** Kaspisches Meer

5 Wer drehte den Film „E.T. – Der Außerirdische"?

A Steven Spielberg	**B** James Cameron
C Robert Zemeckis	**D** George Lucas

6. Fundamentale Bausteine der Materie sind ...

A Quilts	**B** Quads
C Queues	**D** Quarks

7. In welchem Land wurde die Kiwifrucht zuerst angebaut?

A Neuseeland	**B** Australien
C China	**D** Italien

8. Georg Friedrich Händel komponierte die ...

A „Erdmusik"	**B** „Geistmusik"
C „Luftmusik"	**D** „Wassermusik"

9. Die meisten Spielsteine im Spiel zu zweit gibt es bei ...

A Dame	**B** Malefiz
C Mühle	**D** Backgammon

10. Was ist ein Fosburyflop?

A Eiskunstlauffigur	**B** Börsenkrach
C Hochsprungtechnik	**D** Segelmanöver

11. Welcher dieser Apostel war nicht Fischer von Beruf?

A Petrus	**B** Jakobus
C Andreas	**D** Matthäus

12. Ein fahrbarer Kamerawagen heißt bei Fachleuten ...

A Collie	**B** Dolly
C Molly	**D** Rolly

WORTSPIEL

Wenn Sie die Bedeutungen der 8 Wörter herausgefunden haben, ergeben die Buchstaben hinter den richtigen Antworten – von oben nach unten gelesen – ein Sprichwort.

1 Adonis
a) schöner Jüngling der griechischen Sage . . . . **OHN**
b) Fabelname des Storches . . . **WER**
c) Schmuckstein . . . . **DIE**

2 bilateral
a) sehr unterstützungsbedürftig **DEN**
b) doppelbödig . . . . **EMI**
c) zweiseitig . . . . **EEI**

3 Disqualifikation
a) Mängeluntersuchung . . . . . . **TAG**
b) herabwürdigende Äußerung **DER**
c) Untauglichkeitserklärung . . . **FER**

4 Dummy
a) Lutschbonbon . . . . **NIC**
b) Unfalltestpuppe . . . . **SUC**
c) englisches Kartenspiel . . . . . **TLE**

5 Feldstecher
a) Landvermesser . . . . **HTL**
b) Fernglas . . . . **HTK**
c) Gärtnergehilfe . . . . **IDI**

6 Grundbuch
a) amtl. Grundstücksverzeichnis **EIN**
b) Einführungslektüre . . . . **OBT**
c) Schulfibel . . . . **STD**

7 Hüpferling
a) junger Vogel . . . . **HAT**
b) scherzhaft: Dreispringer . . . **ERH**
c) kleine Krebsart . . . . **ELI**

8 Schmock
a) Kleider-, Blusenverzierung . . **ERS**
b) gesinnungsloser Zeitungsschreiber . . . . **EBE**
c) dicker Nebel . . . . **ABE**

Nur wenn Sie die Fragen richtig beantworten, werden Sie am Ziel mit den richtigen Buchstaben ankommen. Diese ergeben – hintereinandergelesen – ein anderes Wort für Ferienplanung.

START

U Der Delfin gehört zu den Säugetieren.	NEIN ▶	**L** Der Zoologe nennt den Eisbären ursus maritimus.	JA ▶	**A** Die Lebensenergie in der Chinesischen Philosophie heißt Qi.	NEIN ▶	**N** Leporello ist der Diener in Mozarts „Die Hochzeit des Figaro“.
JA ▼	JA ▲	NEIN ▼		JA ▼	▲ JA	NEIN ▼
R Beim Eishockey darf hinter dem Tor weitergespielt werden.	◀ NEIN	**F** Eine Minuskel ist ein Kleinbuchstabe.	◀ JA	**U** Halma wird mit Würfeln gespielt.	◀ NEIN	**R** Ziegenpeter ist eine Wiesenblume.
NEIN ▼		JA ▼		NEIN ▼		JA ▼
E Die Stimmgabel ist ein Gehörknöchelchen.	NEIN ▶	**V** Ayurveda ist ein japanischer Kampfsport.	JA ▶	**B** Die Azoren gehören zu Frankreich.	NEIN ▶	**S** Bob Dylan heißt eigentlich Robert Allen Zimmerman.
JA ▼	JA ▲	NEIN ▼		JA ▼	▲ JA	NEIN ▼
R Machorka ist ein russischer Pferdeschlitten.	◀ NEIN	**O** Der Hundeschwanz wird Lunte genannt.	◀ JA	**V** Die Romanik ging der Gotik voraus.	◀ NEIN	**E** Die Loire fließt durch Le Mans.
NEIN ▼		JA ▼		NEIN ▼		JA ▼
B R. v. Weizsäcker war deutscher Außenminister.	NEIN ▶	**E** Peter Ustinov spielte bei „Quo Vadis“ den Kaiser Nero.	JA ▶	**R** Springreitern steht manchmal ein Oxer im Weg.	NEIN ▶	**G** Aus dem Griechischen übersetzt sind Chrysanthemen Goldblumen.
JA ▼	JA ▲	NEIN ▼		JA ▼	▲ JA	NEIN ▼
D Der Faradaysche Käfig schützt vor Röntgenstrahlen.	◀ NEIN	**I** Thomas Gottschalk ist Großvater.	◀ JA	**E** Brandteig wird zunächst im Topf auf dem Herd angerührt.	◀ NEIN	**N** Die Bremer Stadtmusikanten haben 14 Beine.
NEIN ▼	JA ▲	JA ▼	NEIN ▲	NEIN ▼	JA ▲	JA ▼
S Ein Kibbuz ist eine Sperlingsart.	NEIN ▶	**T** Der erfolgreichste Film 2010 in Deutschland war nicht „Inception“.	JA ▶	**U** Die Quiz-Show „Wer wird Millionär“ gibt es seit 1999.	NEIN ▶	**G** **ZIEL** 

Lösung: ☐☐☐☐☐☐☐☐☐☐☐☐☐☐☐☐☐☐☐

1 **Seine TV-Premiere hatte Kai Pflaume als Kandidat in welcher Sendung von Rudi Carrell?**
- Herzblatt
- Love me now
- Traumdate

2 **Wie heißt der älteste Enkel von Prinzessin Caroline von Monaco?**
- Ernst
- Rapha
- Sacha

3 **In welchem US-Staat ist Basketballstar Dirk Nowitzki seit 2011 Ehrenbürger?**
- Iowa
- Ohio
- Utah

4 **Als was arbeitete Maria Furtwängler außer der Schauspielerei noch?**
- Ärztin
- Pilotin
- Notarin

5 **1999 führte Leonardo Di-Caprio einen Rechtsstreit wegen Namensklau gegen eine ...**
- Pizzeria
- Boutique
- Eisdiele

6 **Was erlernte Kronprinz Frederik von Dänemark im Jahr 1989 im sonnigen Kalifornien?**
- Filmregie
- Weinanbau
- Floristik

7 **Wie lautet der Name von Andrea Bergs Tochter?**
- Mila-Sofia
- Lena-Maria
- Sara-Fiona

8 **In die Wiege gelegt: Ein Großvater von Popmusikerin Sarah Connor war Pianist in ...**
- Baden-Baden
- Casablanca
- New Orleans

9 **In welcher Sportart trat Schauspieler Heino Ferch in seiner Jugend in der 2. Bundesliga an?**
- Hockey
- Segeln
- Turnen

VIP

10 **Semino Rossi kam 1985 nach Europa: Wie heißt das Heimatland des Musikers?**
- ■ Afghanistan ■ Argentinien
- ■ Philippinen

11 **Juan Carlos von Spanien wurde 1972 bei Olympia 15. In welcher Sportart?**
- ■ Rudern ■ Segeln
- ■ Turnen

12 **Was wird getrunken, wenn Operndiva Anna Netrebko sich mit Freundinnen trifft?**
- ■ Bowle ■ Cidre
- ■ Wodka

13 **Wer vermittelte Daliah Lavi in jungen Jahren ein Stipendium an der königlichen Oper Stockholm?**
- ■ Richard Gere ■ Kirk Douglas
- ■ Fred Astaire

14 **Wie heißt Prinzessin Mette-Marits erster, 1997 geborener Sohn?**
- ■ Haakon ■ Magnus
- ■ Marius

15 **In welchem Beruf arbeitete Claus Kleber vor seiner Fernsehkarriere?**
- ■ Anwalt ■ Artist
- ■ Lehrer

16 **Helene Fischer sang 2013 den Titelsong für die TV-Serie ...**
- ■ Biene Maja
- ■ Spongebob
- ■ Barbapapa

17 **König Willem-Alexander nannte man früher auch ...**
- ■ Keizer Krög
- ■ Prins Pilsje
- ■ Ridder Dorst

18 **Til Schweigers zweiter Vorname lautet ...**
- ■ Valentin
- ■ Valerius
- ■ Walpurgo

REISE-QUIZ

Einmal im Jahr, im Mai, geben sich Stars aus Hollywood in Cannes ein Stelldichein. Dann findet in der Stadt am Mittelmeer das traditionsreiche Filmfestival statt. Wie gut kennen Sie sich aus? Die acht Fragen haben je vier Antwortmöglichkeiten.

1 **Cannes liegt an der Französischen Riviera. Der Name dieses himmelblauen Küstenstreifens?**

A Aquitaine | *B Bourgogne*
C Côte d'Azur | *D Normandie*

2 **Direkt am Meer liegt ein von Palmen beschatteter Boulevard mit teuren Hotels, Boutiquen und Casinos. Wie heißt die Flaniermeile?**

A À mi-chemin | *B Allée bleu*
C Croisette | *D Rue sur mer*

3 **An diesem Boulevard wiederum liegt auch das imposante Carlton Hotel. 1954 wurde hier Filmgeschichte geschrieben: Grace Kelly und Cary Grant drehten hier den Klassiker „Über den Dächern von ...".**

A Cádiz | *B Nîmes*
C Nizza | *D Paris*

4 **Bei den Filmfestspielen 1955 lernte Grace Kelly Fürst Rainier von Monaco kennen, den sie 1956 heiratete. Wie heißt ihr Sohn, der die Steueroase heute regiert?**

A Albert | *B Alfons*
C Alfred | *D Arthur*

5 **Das Filmfestival gibt es seit 1946. Der Hauptpreis ist die „Goldene ...".**

A Beere | *B Feige*
C Palme | *D Pinie*

6 **Nicht immer war Cannes ein mondänes Seebad. Erst im 19. Jahrhundert bauten sich Adlige hier Ferienhäuser. Was war der Ort vorher?**

A Bergfestung | *B Fischerdorf*
C Frauenstift | *D Marinehafen*

7 **Ein sehenswertes Gebäude aus der Zeit vor dem Ansturm der Schönen und Reichen ist die Kirche Notre-Dame-de-l'Espérance (1521–1648). Welcher Stilepoche wird sie zugerechnet?**

A Hochbarock | *B Neoklassik*
C Neoromanik | *D Spaetgotik*

8 **Einen berühmten Gast hatte Cannes im März 1815, aber der kam nicht, um sich zu erholen. Unweit der Stadt landete damals Napoleon. Von welcher Insel war er kurz zuvor geflohen?**

A Bali | *B Elba*
C Kuba | *D Sylt*

Wer wird Millionär?

1) Wie heißt die Freundin von Micky Maus? (50 €)

A Minni Maus | C Jenni Maus
B Lilli Maus | D Winni Maus

Ein Film von Loriot heißt ... (100 €)

A „Octopussy" | C „Obertussi"
B „Ödipussi" | D „Ohnebussi"

3) Hasen schlagen auf der Flucht oft ... (200 €)

A Haken | C Schrauben
B Nägel | D Bolzen

4) Ein Hit von Nena heißt ... (300 €)

A „Wachturm" | C „Leuchtturm"
B „Funkturm" | D „Sprungturm"

5) Ein junger Aal ist ein ... (500 €)

A Eisaal | C Spiegelaal
B Glasaal | D Weißaal

6) Einen Ballerino sieht man in einem ... (1000 €)

A Wildwestfilm | C Fußballspiel
B Ballett | D Schützenverein

7) Ein Bauwerk in Brüssel ist das ... (2000 €)

A Atomium | C Neutronium
B Ionium | D Positronium

8) Ein farbenprächtiger Singvogel ist der ... (4000 €)

A Bischof | C Vikar
B Kardinal | D Kaplan

9) Eine Consommé ist eine kräftige ... (8000 €)

A Fischsuppe | C Leberpastete
B Fleischbrühe | D Gemüseterrine

10) Wie heißt ein Fluss in Australien? (16 000 €)

A Darling | C Baby
B Sweetheart | D Honey

11) In welcher Sportart gibt es ein Bully? (32 000 €)

A Eisboßeln | C Eishockey
B Eisstockschießen | D Eiskunstlaufen

12) In welcher Stadt findet man das Bundeskartellamt? (64 000 €)

A Bonn | C Köln
B Berlin | D Karlsruhe

13) Der hellste Stern am Nachthimmel ist ... (125 000 €)

A Castor | C Sirius
B Pollux | D Wega

14) Der wissenschaftliche Name des Alpenveilchens ist ... (500 000 €)

A Cycloalkane | C Cyclopen
B Cyclamen | D Cyclamat

15) Wie heißt das Pferd von Don Quichotte? (1 000 000 €)

A Rosinante | C Kunigunde
B Hermine | D Rosseline

Figuren-reich

„Tagebuch in Briefen an Stella“ und „Vanessa“: Diese beiden Werke werden bis heute zu den Höhepunkten der Briefliteratur gezählt. Ihr Verfasser: Jonathan Swift (1667–1745). Die bekannteste Figur des irischen Schriftstellers aber ist ein reiselustiger Schiffsarzt. Dessen Name? Wenn Sie wissen, welcher Abenteurer von wem erfunden wurde, ergibt sich die Antwort.

	Figur	Autor	
◯	Robinson Crusoe	Mark Twain	E
◯	Kapitän Nemo	Daniel Defoe	G
◯	Winnetou	Edgar Rice Burroughs	I
◯	Old Shatterhand	Karl May	L
◯	Tarzan	Karl May	L
◯	Lederstrumpf	Robert Lewis Stevenson	R
◯	Tom Sawyer	Jules Verne	U
◯	Jim Hawkins	James Fenimore Cooper	V

DAS VERZWICKTE QUIZ

QUIZ

Beantworten Sie die Quizfragen. Die Buchstaben hinter den richtigen Antworten ergeben ein Lösungswort.

1 Wie lautet der Name einer Schmetterlingsart?

Matrose .... G
Steuermann .... D
Kapitän .... U
Admiral L

2 Der US-amerikanische Autor John Steinbeck schrieb den Roman „Jenseits ...“.

von Afrika .... F
der Stille .... R
von Gut und Böse .... N
von Eden .... A

3 Der legendäre Orientexpress fuhr von Paris nach ...

Peking .... E
Bagdad .... U
Konstantinopel .... B
Samarkand .... O

4 Zu welcher Pflanzenfamilie gehören die Erdbeeren?

Rautengewächse .... P
Rosengewächse .... O
Liliengewächse .... R
Kreuzblütler .... A

5 Die Inschrift über dem Portal des Berliner Reichstagsgebäudes lautet ...

„Dem deutschen Volke“ .... R
„Einigkeit und Freiheit“ .... E
„Allen Deutschen“ .... S
„Concordia domi foris pax“ .... T

6 Johann Sebastian Bach komponierte „Das ... Klavier“.

Launige I
Lustige .... E
Unterkühlte .... D
Wohltemperierte .... A

7 Auf welcher Insel liegen die „Kaiserbäder“ Ahlbeck, Bansin und Heringsdorf?

Fehmarn .... A
Rügen .... U
Usedom .... N
Sylt .... D

8 Ein Muskel über dem menschlichen Schultergelenk heißt ...

Alphamuskel .... A
Betamuskel .... E
Gammamuskel I
Deltamuskel .... T

1 2 3 4 5 6 7 8

THEMEN-QUIZ

Nix für Thaddädl und Urschel!

Selbst für Österreicher und Fans von Österreich ist nicht jede der folgenden Fragen leicht zu beantworten. In diesem Vokabeltest geht es darum, Worte aus dem Österreichischen ins Piefkinesische zu übersetzen.

1 LETZ

A) sauber, rein
B) froh
C) unterwürfig
D) übel; krank

2 BUSERN

A) umarmen
B) prassen
C) flirten
D) brennen

3 PUNKERT

A) dreckig
B) kleinlich
C) mollig
D) begeistert

4 SCHLÄUCH

A) Ohren
B) Füße
C) Anstrengung
D) Regen

5 JAUKERL

A) Spaß
B) Zwischenmahlzeit
C) Baby
D) Injektion

6 FERT

A) voriges Jahr
B) ausgelaugt
C) Rittmeister
D) weit weg

7 SEMPERN

A) jammern
B) schlecht musizieren
C) in die Oper gehen
D) rechthaberisch sein

8 KLUPPE

A) Schulheft
B) Großmaul
C) Müllkippe
D) Wäscheklammer

9 OFTEN

A) häufig
B) nachher
C) zuhören
D) aufgeschlossen

10 ENTRISCH

A) innen
B) Eintrittskarte
C) unheimlich
D) Vorspeise

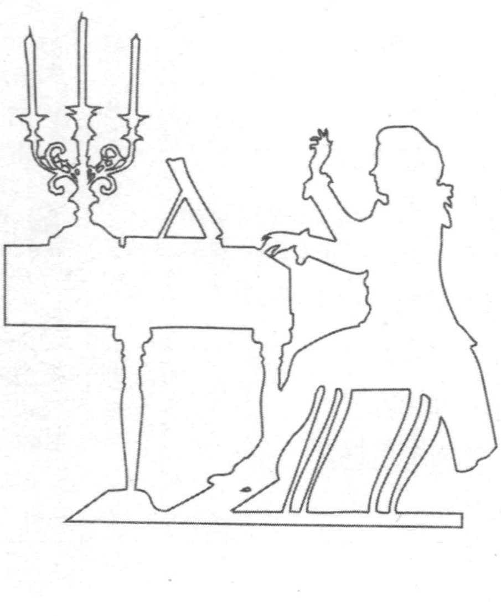

QUIZ für GENIES

Millionär können Sie bei uns (leider) nicht werden, aber auch hier können Sie Ihr Wissen testen. Viel Spaß!

1. Etwas bereits Abgeschlossenes wieder zur Sprache bringen, nennt man ...

A nachbriefen | B nachsimsen
C nachkarten | D nachsitzen

2. Die Chinesische Stachelbeere ist besser bekannt als ...

A Litschi | B Kiwi
C Marone | D Physalis

3. Die Farbe der Hoffnung ist ...

A Rot | B Gelb
C Grün | D Blau

4. Was bedeutet der Begriff Karate?

A sanfte Hand | B leere Hand
C schnelle Hand | D harte Hand

5. Das israelische Rotkreuz-Symbol bei Einsätzen im Ausland ist der Rote ...

A Ring | B Diamant
C Kristall | D Juwel

6. Welche Suppe wird kalt serviert?

A Consommé | B Gazpacho
C Bouillabaisse | D Minestrone

7. Wohin entführte Zeus in Gestalt eines Stieres Europa?

A Kreta | B Sardinien
C Rhodos | D Lesbos

8. Was ist eine Entourage?

A eine Erkältung | B ein Eilbrief
C ein Gefolge | D ein Kochbuch

9. Wie hieß der französische Maler Manet mit Vornamen?

A Claude | B Édouard
C Paul | D François

10. Verdis Oper „Ein Maskenball" spielt in ...

A Venedig | B Boston
C Paris | D Wien

11. Welche dieser Pflanzen ist ein naher Verwandter des Spargels?

A Maiglöckchen | B Rhabarber
C Stiefmütterchen | D Primel

12. Ein Theodolit ist ein ...

A Geistlicher | B Zeitraum
C Halbedelstein | D Messinstrument

QUIZ

Testen Sie Ihr Allgemeinwissen!

1

Etwas, das nicht mehr gebraucht wird, zählt man zum alten ...

☐ Kupfer ☐ Eisen ☐ Gold ☐ Blei

2

Welche Blutgruppe haben viele Menschen?

☐ 0 ☐ 1 ☐ 2 ☐ 3

3

Wohin geht ein Ausflug ohne klares Ziel?

☐ ins Schwarze ☐ ins Rote ☐ ins Gelbe ☐ ins Blaue

4

Der Erfolg hat viele ...

☐ Brüder ☐ Schwestern ☐ Söhne ☐ Väter

5

Liegt etwas im Argen, herrschen Zustände wie im alten ...

☐ Athen ☐ Rom ☐ Karthago ☐ Kairo

6

Die Knospen von Kartoffeln nennt man auch ...

☐ Augen ☐ Nasen ☐ Finger ☐ Ohren

7

In welchem Spiel gibt es die meisten Karambolagen?

☐ Skat ☐ Schach ☐ Tennis ☐ Billard

8

Wem schütteten Max und Moritz Maikäfer ins Bett?

☐ Witwe Bolte ☐ Lehrer Lämpel ☐ Onkel Fritz ☐ Schneider Böck

9

Den deutschen Schwimmer Michael Groß nannte man ...

☐ Adler ☐ Albatros ☐ Pelikan ☐ Ente

10

Das Sternbild der Zwillinge heißt lateinisch ...

☐ Apollo ☐ Gemini ☐ Mercury ☐ Viking

11

Gabriele Susanne Kerner kennt man besser als ...

☐ Lena ☐ Nena ☐ Nicole ☐ Michelle

12

In welchem Fach war Carl Diercke Experte?

☐ Telegrafie ☐ Kartografie ☐ Fotografie ☐ Typografie

BILDER-QUIZ

Wie heißt der 1843 eröffnete Vergnügungspark von Kopenhagen?

LIPARI – RIMINI – TIVOLI

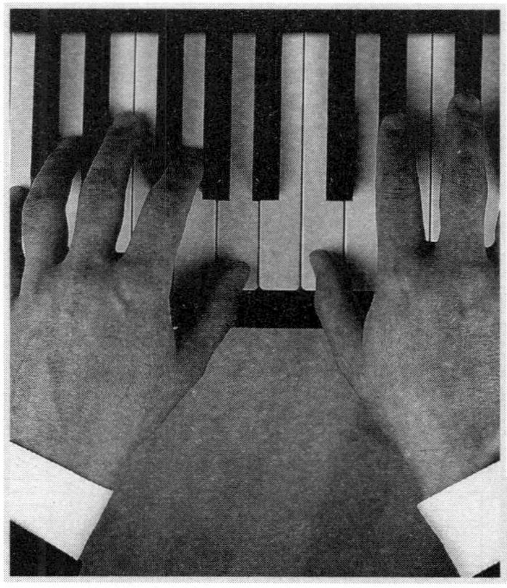

Ein Klavierstück von Beethoven heißt „Für ...“.

ALICE – ELISE – LUISE

Ein berühmter US-amerikanischer Erfinder war Thmoas ...

ANDERS – EDISON – FROOME

QUIZ

500 Euro

1 Manche Menschen haben ein Gedächtnis wie ein ...

A Loch
B Korb
C Netz
D Sieb

1000 Euro

2 Wenn man mit seinen Leistungen nachlässt, ist man auf dem absteigenden ...

A Ast
B Baum
C Blatt
D Zweig

2000 Euro

3 Was ist ein Punch?

A Ein Boxhieb
B Ein Mischgetränk
C Ein Turngerät
D Ein Waldgeist

5000 Euro

4 Ein Markenzeichen der 50er-Jahre war der ...

A Herzsessel
B Nierentisch
C Rockerstuhl
D Tütenhocker

10 000 Euro

5 In welcher Stadt kann man das Pergamonmuseum besuchen?

A In Magdeburg
B In Berlin
C In München
D In Frankfurt

50 000 Euro

6 Eine Petrischale benötigt man ...

A Beim Angeln
B Im Labor
C In der Kirche
D Beim Backen

100 000 Euro

7 Ein Obatzter ist in Bayern ...

A Ein Rettich
B Ein reicher Mann
C Eine Käsecreme
D Ein Bürgermeister

250 000 Euro

8 Ein Pomologe beschäftigt sich mit ...

A Fußpflege
B Gletschern
C Obst
D Wein

500 000 Euro

9 Aus welchem Teil der Anispflanze wird das ätherische Anisöl gewonnen?

A Aus der Blüte
B Aus der Frucht
C Aus der Rinde
D Aus der Wurzel

1 000 000 Euro

10 Die Kalligrafie ist die Kunst des ...

A Blumensteckens
B Dichtens
C Knüpfens
D Schönschreibens

BILDER-QUIZ

Die Apfelsine kommt, wie schon ihr Name sagt, ursprünglich aus ...

HAITI • CHINA • KOREA

Vollblutpferde einer edlen Rasse nennt man ...

RAPPEN • FALBEN • ARABER

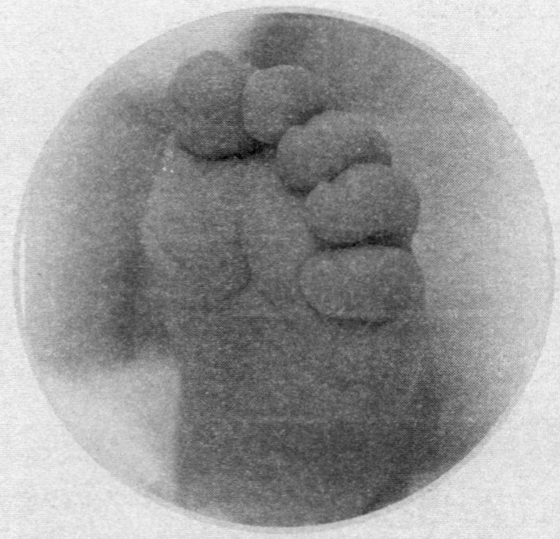

Wie viele Zehenknochen hat der Mensch an seinem Fuß?

DREIZEHN • VIERZEHN • SECHZEHN

Wer wird Millionär?

1) Was macht der Bauer mit dem Feld?

50 €

- A bestellen
- B mitteilen
- C anfordern
- D verfügen

2) Mit kläglichem Ausdruck steht man da wie ein begossener ...

100 €

- A Dackel
- B Pudel
- C Terrier
- D Labrador

3) Welche Gewichtsklasse gibt es nicht im Sport?

200 €

- A Fliegengewicht
- B Federgewicht
- C Leichtgewicht
- D Mückengewicht

4) Welches Säugetier kann fliegen?

300 €

- A Mauersegler
- B Fledermaus
- C Kormoran
- D Schnabeltier

5) Die Zielkugel beim Boule nennt man ...

500 €

- A Mäuschen
- B Schweinchen
- C Pferdchen
- D Lämmchen

6) Veltliner und Trollinger sind ...

1000 €

- A Katzenrassen
- B Sagengestalten
- C Staudengewächse
- D Rebsorten

7) Von welchem Tier stammt die Alpakawolle?

2000 €

- A vom Widder
- B vom Lama
- C vom Lamm
- D von der Ziege

8) Was wird bei einer Pediküre gepflegt?

4000 €

- A die Finger
- B die Haut
- C die Füße
- D die Haare

9) Wolfgang Amadeus Mozart war gebürtiger ...

8000 €

- A Berner
- B Augsburger
- C Salzburger
- D Wiener

10) Eine Rochade findet man ...

16 000 €

- A im Zoo
- B beim Badminton
- C beim Schach
- D im Fischhandel

11) Beignets sind ...

32 000 €

- A Austern
- B Trüffel
- C Krapfen
- D Pralinen

12) Das berühmte Murano-Glas wird hergestellt auf einer Insel vor ...

64 000 €

- A Catania
- B Pisa
- C Ravenna
- D Venedig

13) Wer moderiert im Ersten die Sendung „hart aber fair"?

125 000 €

- A Hilke Petersen
- B Günther Jauch
- C Anne Will
- D Frank Plasberg

14) „Blockbuster" nennt man einen ...

500 000 €

- A Actionfilm
- B erfolgreichen Film
- C Monumentalfilm
- D Kriminalfilm

15) Der Schauspieler Sir Peter Ustinov wurde geboren in ...

1 000 000 €

- A London
- B Moskau
- C Prag
- D Warschau

TIER-QUIZ

1 Sie sehen niedlich aus und erfreuen sich immer größerer Beliebtheit: Streifenhörnchen. Dabei sind die Nager sehr anspruchsvoll und brauchen besonders viel ...

- ■ DRESSUR
- ■ AUSLAUF
- ■ FLEISCH

2 Mit ihrem kuschelweichen Fell ist die Türkisch Angora ein gern gesehener Schoßgast. Als besonders edel gelten Tiere mit welcher Fellfarbe?

- ■ WEISS
- ■ BRAUN
- ■ OCKER

3 Ziegensittiche sind sehr pflegeleicht und werden schnell zahm. In welchem Land sind die farbenfrohen Vögel am weitesten verbreitet?

- ■ EL SALVADOR
- ■ MADAGASKAR
- ■ NEUSEELAND

QUIZ

1. Welches Wort bezeichnet eine Gewürzpflanze?

A Basilius	**B** Basilikum
C Basilika	**D** Basilisk

2. Atlantik und Nordsee verbindet der ...

A Ärmelkanal	**B** Kragenkanal
C Hosenkanal	**D** Westenkanal

3. Mit welcher Stellung endet eine gewonnene Schachpartie?

A Müde	**B** Matt
C Marode	**D** Fertig

4. Wie viele Kanten hat ein Würfel?

A 4	**B** 8
C 12	**D** 24

5. Um welche Gewächse handelt es sich bei Koniferen?

A Laubbäume	**B** Nadelhölzer
C Kakteen	**D** Farnpflanzen

6. Die Blindschleiche ist ...

A eine Schlange	**B** eine Kröte
C eine Echse	**D** ein Wurm

7. Im Sinfonieorchester sind die ... am meisten vertreten.

A Trommeln	**B** Harfen
C Violinen	**D** Tuben

8. Ein Forstschädling heißt ...

A Schriftsetzer	**B** Buchdrucker
C Siebdrucker	**D** Buchbinder

9. Covent Garden ist ein Bezirk von ...

A Sydney	**B** New York
C Kopenhagen	**D** London

10. Was sind Schauerleute?

A Meteorologen	**B** Komödianten
C Hafenarbeiter	**D** Zeitungsreporter

11. Ein Schmuckstreifen (Fries) heißt ...

A Schleichende Katze	**B** Rennender Löwe
C Schlafender Luchs	**D** Laufender Hund

12. Welchen Farbton bezeichnet man mit Chamois?

A Gelbbraun	**B** Grüngelb
C Rotbraun	**D** Blaugrün

WORTSPIEL

Wenn Sie die Bedeutungen der 8 Wörter herausgefunden haben, ergeben die Buchstaben hinter den richtigen Antworten – von oben nach unten gelesen – ein Sprichwort.

1 Malossol
a) Kaviarsorte . . . . **NOB**
b) Halbedelstein . . . . **WER**
c) Glück, Schicksal . . . . **DAS**

2 beinahe
a) vereint . . . . **GUT**
b) benachbart . . . . **DEN**
c) fast . . . . **ELG**

3 Tournee
a) Haarersatz . . . . **WAS**
b) Gastspielreise . . . . **EHT**
c) Wettkampf . . . . **SEN**

4 Comeback
a) kleines Jazzensemble . . . . . . **PFE**
b) Mikrowellenherd . . . . **TES**
c) Wiederbelebung einer Karriere . . . . **DIE**

5 Busine
a) Sagengestalt . . . . **ETZ**
b) Verwandte . . . . **NNI**
c) Blasinstrument . . . . **WEL**

6 heimlich
a) verborgen . . . . **TZU**
b) harmlos . . . . **GNI**
c) bettlägerig . . . . **TSI**

7 Korsage
a) Napoleonkragen . . . . **CHT**
b) trägerloses Oberteil . . . . **GRU**
c) Statist . . . . **CHI**

8 Ambulanz
a) Krankenwagen . . . . **NDE**
b) mittelalterliche Waffe . . . . . . **DEN**
c) chirurgisches Instrument . . . **TER**

Nur wenn Sie die Fragen richtig beantworten, werden Sie am Ziel mit den richtigen Buchstaben ankommen. Diese ergeben – hintereinandergelesen – ein Gebäck.

START

W Ein Oszillator ist ein Gerät, das Herzmuskelstörungen durch einen Stromstoß beseitigt.	**E** Trampolinspringen ist eine olympische Disziplin.	**I** Das nächste Schaltjahr ist 2014.	**N** L ist das Kfz-Zeichen für Luxemburg.
I Gazpacho ist eine spanische kalte Suppe.	**N** Der Weltrekord im Weitsprung der Männer liegt seit 1991 bei 8,95 m.	**H** Charles Lindbergh landete nach seiner ersten Alleinüberquerung des Atlantiks in London.	**T** Donnerstag heißt auf Französisch vendredi.
B Yokohama ist die zweitgrößte Stadt Japans.	**A** Der berühmte Naturforscher Gregor Johann Mendel war Deutscher.	**C** Woody Allen heiratete 1997 seine Adoptivtochter Soon-Yi.	**H** Der Pottwal ist das größte und schwerste bekannte Tier der Erde.
S Der K2 ist mit 8611 m der zweithöchste Berg der Erde.	**S** Safran ist eine Orchideenart.	**T** Die erste gelbe Karte im Fußball wurde 1980 gezeigt.	**A** „Der kleine Muck“ ist ein Märchen der Gebrüder Grimm.
T Synthese ist die Reaktion chemischer Elemente mit Sauerstoff.	**O** Hogwarts ist das Zauberei-Internat in den Harry-Potter-Romanen.	**I** Will man den Umfang einer Datei verkleinern, muss man sie komprimieren.	**P** Karl Marx liegt in Berlin begraben.
S In der griechischen Mythologie ist Nemesis die Göttin des Zorns.	**L** Andy Warhol war ein bedeutender Vertreter des Expressionismus.	**L** Steffi Graf gewann siebenmal in Wimbledon.	**U** 1 ist die internationale Vorwahl der Vereinigten Staaten.
D Die nächste Fußballweltmeisterschaft findet in Argentinien statt.	**A** Fluktuation ist das Gegenteil von Inflation.	**E** Salsa ist ein lateinamerikanischer Tanz.	**N** ZIEL

Lösung:

FILM-QUIZ

1 **In was für einer Einrichtung verbrachte Birgit Schrowange sechs Jahre ihrer Kindheit?**

- ■ Erholungsheim
- ■ Klosterschule
- ■ Nobelinternat

2 **Vor seiner Musikkarriere war Hansi Hinterseer Wintersportler: 1973 gewann er den Weltcup im ...**

- ■ Eiskunstlauf
- ■ Riesenslalom
- ■ Snowboarding

3 **In welcher Stadt ermittelt Nora Tschirner als „Tatort"-Kommissarin?**

- ■ Berlin
- ■ Bremen
- ■ Weimar

4 **Mit welcher Frau an seiner Seite fand Nick Carter endlich sein Lebensglück?**

- ■ Lauren Kitt
- ■ Melani Hill
- ■ Adeola Fitt

5 **Geblieben ist Katie Holmes von ihrer Ehe mit Tom Cruise nur ihre Tochter ...**

- ■ Suri
- ■ Sina
- ■ Soni

6 **Als was verdiente Mario Adorf in seiner Jugend sechs Jahre lang sein Geld?**

- ■ Fahrlehrer
- ■ Preisboxer
- ■ Zimmermann

7 **Modestar Karl Lagerfelds große Liebe gilt Choupette, seiner ...**

- ■ Harfe
- ■ Katze
- ■ Patin

8 **Für welches Land gewann Céline Dion 1988 den Eurovision Song Contest?**

- ■ Belgien
- ■ Italien
- ■ Schweiz

9 **Königin Margrethe illustrierte 1977 das dänische Cover des Bestsellers „Der ...".**

- ■ Dieb der Worte
- ■ Herr der Ringe
- ■ Löwe erwacht

DAS LEICHTE QUIZ

Testen Sie Ihr Allgemeinwissen, und schicken Sie Ihr Gehirn ins Trainingslager! Unser Quiz macht Sie fit für Jauch, Pilawa und Co.

1 **50 Euro**
Eine Hebamme hilft bei der ...
A Gartenarbeit B Schiffstaufe C Geburt D Aktenablage

2 **100 Euro**
Die ersten Zähne eines Menschen sind die ...
A Wasserzähne B Milchzähne C Weisheitszähne D Saftzähne

3 **200 Euro**
Das internationale Seenotzeichen ist ...
A SAS B ABS C CBS D SOS

4 **300 Euro**
Überraschte Süddeutsche sagen: „Da schau ...".
A zu B hin C her D weg

5 **500 Euro**
Als „Weißen Sport" bezeichnet man ...
A Tennis B Golf C Segeln D Schach

6 **1.000 Euro**
Bei Unordnung spricht man vom Kamm neben der ...
A Seife B Marmelade C Butter D Bürste

7 **2.000 Euro**
Donald Duck lebt in ...
A Entengrütze B Entenhausen C Entenwerder D Entenbüttel

8 **4.000 Euro**
Ein großer Hit von Roy Black war „Ganz in ...".
A Grün B Gelb C Blau D Weiß

9 **8.000 Euro**
Bei Schaffhausen sieht man den ...
A Sündenfall B Rheinfall C Mauerfall D Kniefall

10 **16.000 Euro**
Was tragen Männer zum Smoking?
A Freudenhemd B Kummerbund C Gramkorsett D Leidleibchen

11 **32.000 Euro**
Hypothesen sind ...
A Annahmen B Schwermütige C Dreiecksseiten D Drüsen

12 **64.000 Euro**
Was ist ein Himmelsgucker?
A Vogel B Schmetterling C Fisch D Leguan

13 **125.000 Euro**
Ein Spielfilm von Alfred Hitchcock ist „Der ... Dritte".
A unnahbare B unsichtbare C unhaltbare D undankbare

14 **500.000 Euro**
Welchen Pilz bezeichnet man auch als Herrenpilz?
A Champignon B Pfifferling C Steinpilz D Trüffel

15 **1.000.000 Euro**
Ein Ornamentband (Fries) heißt ...
A schleichende Katze B rennender Löwe C schlafender Luchs D laufender Hund

WORTSPIEL-QUIZ

Wenn Sie die Bedeutungen der 7 Wörter herausgefunden haben, ergeben die Buchstaben hinter den richtigen Antworten – von oben nach unten gelesen – ein Sprichwort.

1 Suffix
a) englische Grafschaft . . . **WER**
b) Nachsilbe . . . . **LER**
c) Alkoholiker . . . . **WAS**

2 affektiert
a) wesensverwandt . . . . . . **DER**
b) gefühlsbetont . . . . **SIE**
c) gekünstelt, geziert . . . . . **NEL**

3 Agronomie
a) politische Verhandlungsmethode . . . . **DEN**
b) Teilgebiet der Sternkunde . . . . **EIN**
c) Landwirtschaftswissenschaft . . . . **EID**

4 Aquamarin
a) Meerwasseraquarium . . . **TAG**
b) Edelstein . . . . **ENO**
c) destilliertes Wasser . . . . . **EWI**

5 Aspiration
a) Bestrebung, Ehrgeiz . . . . **HNE**
b) Schweißbildung . . . . **NIC**
c) Luft-, Gasansaugung . . . **LLD**

6 Autokrat
a) selbstständiger Kfz-Handwerker . . . . **HTE**
b) selbsttätiger Apparat . . . **ERA**
c) Alleinherrscher . . . . **KLA**

7 Avantgarde
a) rheinischer Karnevalsverein . . . . **REN**
b) Vorkämpfer einer geistigen Entwicklung . . **GEN**
c) Eskorte, Begleitschutz . . **DER**

REISE-QUIZ

Mit einem Hauch orientalischen Zaubers empfängt Baku seine Gäste. Kennen Sie die Hauptstadt Aserbaidschans? Die acht Fragen haben je vier Antwortmöglichkeiten.

1 **Baku gehört geografisch betrachtet zu Asien. Es liegt am größten See der Erde. Dessen Name?**

A Arabisches Meer *B Golf von Biskaya*
C Kaspisches Meer *D Persischer Golf*

2 **Unter dem Grund dieses Gewässers lagert ein Bodenschatz, der seit ca. 1872 industriell abgebaut wird. Welcher ist es?**

A Bauxit *B Erdoel*
C Kupfer *D Silber*

3 **Im 5. Jahrhundert erstmals erwähnt, hat die Stadt in ihrer Geschichte häufig ihren Besitzer gewechselt. Bevor sie 1806 von Russland erobert wurde, gehörte sie zum Beispiel (mit Unterbrechungen seit 1501) zu …**

A Bahrain *B Persien*
C Somalia *D Vietnam*

4 **Die Altstadt Bakus (UNESCO-Weltkulturerbe) hat sich ihren historischen Charme größtenteils bewahrt. Geprägt ist sie von orientalischen Palästen und Moscheen mit ihren Türmen. Wie nennt man diese?**

A Kabarett *B Kabinett*
C Lazarett *D Minarett*

5 **Legenden um Liebe, Leidenschaft und Tod ranken sich um das Wahrzeichen der Stadt. Wie heißt das 30 Meter hohe Gemäuer, dessen Fundamente auf das 5. Jahrhundert datiert werden?**

A Altweiberharem *B Hexenhaeuschen*
C Jungfrauenturm *D Kurtisanenkate*

6 **Ein Muss ist die Besichtigung des aus dem 15. Jahrhundert stammenden Palastes welcher Herrscherdynastie?**

A Oranien-Nassau *B Sachsen-Coburg*
C Schirwanschah *D Wittelsbacher*

7 **Mit einem Denkmal geehrt wird in Baku der Schiedsrichter Tofik Bachramow. Er entschied gemeinsam mit einem Schweizer Kollegen im Finale der Fußball-WM 1966 auf 3:2 für England. Unter welchem Stichwort ging der umstrittene Treffer in die Geschichte ein?**

A Chelsea-Tor *B East-Ham-Tor*
C Wembley-Tor *D West-End-Tor*

8 **2012 fand hier das Finale des „Eurovision Song Contests" statt. Das hatten die Aserbaidschaner einem Duo zu verdanken, das den Wettbewerb im Vorjahr gewann. Dessen Name?**

A Bob und Wendy *B Ell und Nikki*
C Gitte und Rex *D Tom und Jerry*

Wer wird Millionär?

1) Mancher trinkt gerne … — 50 €
- A Rosensaft
- B Speckschnaps
- C Nusswein
- D Eierlikör

2) Flugfähig ist der … — 100 €
- A Eisvogel
- B Pechvogel
- C Spaßvogel
- D Lockvogel

3) Etwas Erbärmliches nennt man auch … — 200 €
- A flohig
- B lausig
- C zeckig
- D wanzig

4) Auf dem Acker wachsen … — 300 €
- A Stürme
- B Winden
- C Tornados
- D Böen

5) Ein bekanntes israelisches Model heißt … Rafaeli. — 500 €
- A Ster
- B Sek
- C Ohm
- D Bar

6) Nicht zu den Singvögeln gehören die … — 1000 €
- A Lerchen
- B Amseln
- C Kolibris
- D Meisen

7) Im Frühjahr erfreuen wir uns an Weiden… — 2000 €
- A häschen
- B entchen
- C kätzchen
- D lämmchen

8) Ein nahrhaftes Schwarzbrot ist der Pumper… — 4000 €
- A uran
- B nickel
- C zinn
- D platin

9) Wer leidet bei Goethe? — 8000 €
- A die alte Else
- B der junge Werther
- C der schicke Bert
- D die dumme Käthe

10) Was existiert nachweislich zumindest im Tierreich? — 16 000 €
- A der Gemeine Vampir
- B der Kobold
- C der Wolpertinger
- D die Nixe

11) Was macht jemand, der eine Masche fallen lässt? — 32 000 €
- A stricken
- B nähen
- C sticheln
- D sticken

12) Wo ist Anke Engelke geboren? — 64 000 €
- A in England
- B in Deutschland
- C in Kanada
- D in den USA

13) Im Jahr 2009 spielte Heike Makatsch im Film … — 125 000 €
- A „Erna"
- B „Holly"
- C „Hilde"
- D „Doris"

14) Rigatoni sind italienische … — 500 000 €
- A Fußballfans
- B Brötchen
- C Kartoffeln
- D Nudeln

15) Was für den Botaniker Bellis ist, nennt der Volksmund … — 1 000 000 €
- A Gänseblümchen
- B Männertreu
- C Vergissmeinnicht
- D Pusteblume

Postgeheimnis

Zwei Pence – das war der nominelle Wert der Briefmarken, die am 21. September 1847 erstmals ausgegeben wurden. Ihr heutiger Preis: bis zu einer Million Euro! Denn es handelt sich um das einzige Postwertzeichen, das wirklich jeder kennt. Wirklich jeder? Welche britische Monarchin, die damals auch über Mauritius herrschte, ist auf der „Blauen Mauritius“ abgebildet? Wenn Sie die Orte nach der Höhe ihrer fünfstelligen Postleitzahlen ordnen, haben Sie die Antwort.

◯	01
◯	18
◯	20 bis 22
◯	30
◯	40
◯	60 und 65
◯	70
◯	80 und 81

München	A
Hamburg	C
Rostock	I
Stuttgart	I
Düsseldorf	O
Frankfurt/Main	R
Hannover	T
Dresden	V

DAS VERZWICKTE QUIZ

QUIZ

Beantworten Sie die Quizfragen. Die Buchstaben hinter den richtigen Antworten ergeben ein Lösungswort.

1 Eine Messe in Berlin ist die Internationale ...

a) Blaue Woche I
b) Rote Woche L
c) Gelbe Woche .... T
d) Grüne Woche .... G

2 Unter Pediküre versteht man ...

a) Handpflege I
b) Fußpflege .... E
c) Haarpflege .... O
d) Hautpflege .... N

3 Womit meint man keinen Vogel?

a) Tölpel .... R
b) Spötter .... S
c) Spießer .... M
d) Würger .... E

4 Das Ergebnis einer Division heißt ...

a) Differenz I
b) Produkt L
c) Quotient .... E
d) Summe .... U

5 Der höchste Berg der Erde ist der ...

a) Kilimandscharo .... E
b) Mount Everest I
c) K2 .... D
d) Nanga Parbat .... R

6 Welche Farbe hat ein Karfunkel?

a) blau .... U
b) gelb .... E
c) grün .... H
d) rot .... N

7 Das Kinderhilfswerk der Vereinten Nationen heißt kurz ...

a) UNICEF .... D
b) UNESCO L
c) UNHCR .... N
d) WHI I

8 Was ist keine vom Bundessortenamt zugelassene Kartoffelsorte?

a) Lambada .... N
b) Acapella .... O
c) Sinfonie .... E
d) Romanze .... S

1	2	3	4	5	6	7	8

THEMEN-QUIZ

Nid schlufig sy!

Schweizer Schriftdeutsch verstehen selbst Bewohner des grossen Kantons. Schwieriger wird es da beim echten Schwyzerdütsch, auch in der geschriebenen Version. Verstehen Sie alle diese Wörter?

1 SCHÜÜBÄ

A) Polizist
B) Schubkarre
C) Schürze
D) Brotscheibe

2 DEBÄLÄ

A) sich beeilen
B) kleiner Trottel
C) tropfen
D) klingeln

3 LÄTZ

A) falsch
B) richtig
C) links
D) Windel

4 ÄGERSCHT

A) Katze
B) Elster
C) Jagdhund
D) Schnaps

5 TÜPFI

A) Erstklässler
B) Maler
C) Pilz
D) eingebildete Frau

6 ZAUPF

A) Pinzette
B) Pferdeschwanz
C) freches Kind
D) Tierpark

7 KNIEBÄL

A) Meniskus
B) müde
C) Fussball
D) Knebel

8 JUFLÄ

A) jubeln
B) rennen
C) stolpern
D) eilen

9 GUMPÄ

A) hüpfen
B) Bierkrug
C) Weinglas
D) sich freuen

10 PFNÜSÄL

A) Stöpsel
B) Schnupfen
C) Zigarette
D) Küken

QUIZ für GENIES

Millionär können Sie bei uns (leider) nicht werden, aber auch hier können Sie Ihr Wissen testen. Viel Spaß!

1. Was ist kein Reptil?

A Kreuzotter | B Puffotter | C Fischotter | D Wiesenotter

2. Geschick beim Gärtnern hat jemand mit grünem ...

A Ringfinger | B Zeigefinger | C Daumen | D Mittelfinger

3. Nach einem Tor wird immer ...

A zugeprostet | B nachgeschenkt | C aufgestoßen | D angestoßen

4. Einen Frauenhelden nennt man auch ...

A Salonlöwe | B Stubentiger | C Kellerassel | D Küchenschabe

5. Wie heißt eine Zierpflanze aus der Familie der Korbblütler?

A Herzbalsam | B Leberbalsam | C Lungenbalsam | D Nierenbalsam

6. Eine Puddingart ist der ...

A Schüttelfranz | B Schwabbelmaxe | C Wackelpeter | D Zappelphilipp

7. Hochbetagte Autos nennt man scherzhaft ...

A Patinahütten | B Schimmelbuden | C Rostlauben | D Rauchschleudern

8. Im Gefängnis sitzt man hinter welchen Gardinen?

A dänischen | B schwedischen | C deutschen | D spanischen

9. Kein Brettspiel ist ...

A Go | B Mikado | C Schach | D Mühle

10. Welcher Sportler wird von einem Rick aufgehalten?

A der Geher | B der Taucher | C der Springreiter | D der Biathlet

11. Was für ein Tier ist ein Klippspringer?

A Antilope | B Lemming | C Fisch | D Vogel

12. Esoterik ist eine ...

A Gedichtform | B Modeform | C Grenzwissenschaft | D Physiotherapie

QUIZ

Testen Sie Ihr Allgemeinwissen!

1

Nach einer Redensart ist nicht alle Tage ...

☐ Sonntag ☐ Freitag ☐ Abend ☐ Regen

2

Ein behelfsmäßiger Ersatz ist ein ...

☐ Krisendübel ☐ Aushilfsbolzen ☐ Notnagel ☐ Dilemmastift

3

Ehrgeizige Sportler trainieren, bis die ... kracht.

☐ Schwarte ☐ Tribüne ☐ Hose ☐ Turnhalle

4

Zur Pflanzenfamilie der Orchideen gehört der ...

☐ Damenpullover ☐ Mädchenhut ☐ Weibermantel ☐ Frauenschuh

5

Ein Wissensmagazin im Fernsehen heißt „Wissen macht ...".

☐ Ah! ☐ Oh! ☐ Ih! ☐ Uh!

6

Schlagersänger Jürgen Drews tritt gerne auf als „König von ...".

☐ Kreta ☐ Ibiza ☐ Mallorca ☐ Teneriffa

7

In welchem Bundesland liegt Zittau?

☐ Niedersachsen ☐ Sachsen ☐ Sachsen-Anhalt ☐ Thüringen

8

Was fehlt dem „standhaften Zinnsoldaten" im Märchen?

☐ ein Bein ☐ ein Arm ☐ das Gewehr ☐ die Trommel

9

Was bezeichnen die Österreicher als Paradeiser?

☐ Apfel ☐ Erdbeere ☐ Pfannkuchen ☐ Tomate

10

Die Vornamen von J. R. Ewing aus „Dallas" lauten ...

☐ John Ross ☐ Jim Ray ☐ James Ron ☐ Jack Ralph

11

Wer ist Großherzog von Luxemburg?

☐ Philippe ☐ Henri ☐ Louis ☐ Jean

12

Welche Farbe gehört laut Feng-Shui zum Element Holz?

☐ Rot ☐ Gelb ☐ Weiß ☐ Grün

BILDER-QUIZ

Welche Blume wird auch Studentenblume genannt?

TEEROSE – ANEMONE – TAGETES

In welchem Getränk liegt – nach einem lateinischen Sprichwort – die Wahrheit?

SEKT – MOST – WEIN

In welcher Stadt gewann die deutsche Elf 1954 die Fußballweltmeisterschaft?

OSLO – BERN – GENF

QUIZ

500 Euro

1 Die sagenhaften Gründer Roms waren ... und Remus.

A Cäsar
B Nero
C Augustus
D Romulus

1000 Euro

2 Wo wurde Ephraim Kishon geboren?

A Wien
B Budapest
C Tel Aviv
D New York

2000 Euro

3 Was ist ein Hydrozephalus?

A Wassergeist
B Wasserfall
C Wasserfalke
D Wasserkopf

5000 Euro

4 Wie hieß die Ratesendung mit Robert Lembke?

A Wie bin ich?
B Wer bin ich?
C Was bin ich?
D Wo bin ich?

10 000 Euro

5 Ein Laberdan ist ein ...

A Gesundheitstrunk
B Märchenerzähler
C eingelegter Kabeljau
D Politiker

50 000 Euro

6 Saulus wurde zum Paulus auf der Reise wohin?

A Damaskus
B Kairo
C Jerusalem
D Beirut

100 000 Euro

7 In welchem Fach hat die ehemalige Königin Beatrix einen Abschluss?

A Medizin
B Rechtswissenschaften
C Physik
D Kunstgeschichte

250 000 Euro

8 Wo wurde der Tenor Plácido Domingo 1941 geboren?

A Spanien
B Portugal
C Brasilien
D Mexiko

500 000 Euro

9 Was ist Twirling?

A Eisschießen
B Dauerwelle
C Skisportart
D Tanzsportwettkampf

1 000 000 Euro

10 Ein Buschmeister ist ...

A eine Giftschlange
B ein Waldarbeiter
C ein Vogel
D eine Spinne

BILDER-QUIZ

In einem packenden Finale holte Deutschland bei der Fußball-WM in Brasilien den Titel. Welchen Gegner bezwang unser Team im „Krimi von Rio“ mit 1:0?

ARGENTINIEN • NIEDERLANDE • ÖSTERREICH

Die Stimme Griechenlands, Nana Mouskouri, feierte 2014 – natürlich auf der Bühne – ihren 80. Geburtstag. In welcher Stadt gab sie vor ausverkauftem Haus das Schlusskonzert ihrer „Happy Birthday“-Tour?

HAMBURG • KORINTH • NEW YORK

Im Februar 2014 zeigte sich Maria Höfl-Riesch noch einmal als „Gold-Maria“, im Dezember feierte sie Premiere als ARD-Wintersportexpertin. Wie viele olympische Medaillen hat die Skifahrerin in Sotschi gewonnen?

ZWEI • DREI • VIER

Wer wird Millionär?

1) Nach dem Arbeitsleben erhält man ... (50 €)
- A Reber
- B Rerpel
- C Rechse
- D Rente

2) Der Mai ist gekommen, die Bäume ... (100 €)
- A treiben aus
- B blühen auf
- C schlagen aus
- D sprießen aus

3) Zum Trommeln geeignet sind ... (200 €)
- A Bongos
- B Tangos
- C Bingos
- D Mangos

4) Ein minimales Kleidungsstück ist der ... (300 €)
- A Tonga
- B Tanga
- C Tavla
- D Manga

5) Ein Würfelspiel heißt ... (500 €)
- A Falze
- B Kniffel
- C Falte
- D Knitter

6) Im Norden von China liegt die Wüste ... (1000 €)
- A Gorbi
- B Gundi
- C Gobi
- D Gabi

7) Für die Schweizer ist das Fahrrad ein ... (2000 €)
- A Rollo
- B Velo
- C Solo
- D Pedalo

8) Wie viele Töchter hat Queen Elizabeth II.? (4000 €)
- A keine
- B eine
- C zwei
- D drei

9) Wird etwas schnell erledigt, so geht es ... (8000 €)
- A trips
- B gangs
- C tours
- D flugs

10) Eine mehrfache Grammy-Preisträgerin ist ... (16 000 €)
- A Rihjulia
- B Rihanna
- C Riherna
- D Rijuana

11) Wie nennt man eine Erkennungsmelodie? (32 000 €)
- A Single
- B Broiler
- C Jingle
- D Trailer

12) Welches Tier hat keine Hufe? (64 000 €)
- A das Schwein
- B das Kamel
- C das Murmeltier
- D die Giraffe

13) Welcher Vogel kommt nicht in „Alle Vögel sind schon da" vor? (125 000 €)
- A die Meise
- B der Fink
- C die Drossel
- D die Amsel

14) Nicole Scherzinger sang bei den ... (500 000 €)
- A Pussycat Dolls
- B Black Horse Twins
- C Tiger Puppets
- D Black Eyed Peas

15) In Berlin-Friedrichshain befindet sich der bekannte ... Platz. (1 000 000 €)
- A Boxhagener
- B Prügelhagener
- C Klopfhagener
- D Schlaghagener

TIER-QUIZ

1 Hauskatzen sind etwa zweimal im Jahr paarungsbereit. Wie viele Wochen sind die Weibchen in der Regel trächtig?

- ZWEI
- VIER
- NEUN

2 Um ihr Revier zu markieren, besitzen Mongolische Rennmäuse eine Duftdrüse, die ein Sekret absondert. Wo befindet sie sich?

- BAUCH
- LENDE
- STIRN

3 Bartagamen findet man immer häufiger in europäischen Terrarien. Dort bevorzugen sie ein warmes Umfeld, ganz wie in ihrer Heimat ...

- SÜDAFRIKA
- AUSTRALIEN
- KAMBODSCHA

QUIZ

1. Vor einem Konzert müssen Musiker ihre Instrumente ...

A lauten	**B** tönen
C stimmen	**D** votieren

2. Was machen Schiffe im Hafen?

A schlafen	**B** stehen
C liegen	**D** laufen

3. Wie viele Beine hat eine Spinne?

A 4	**B** 6
C 8	**D** 10

4. Wer stattet Geheimagent 007 mit Hilfsmitteln aus?

A „Q“	**B** „M“
C „C“	**D** „B“

5. Wo wird ein Diadem getragen?

A am Ohr	**B** am Finger
C am Handgelenk	**D** auf dem Kopf

6. Eine echte Schwabenspeise sind ...

A Spätzle	**B** Elsterle
C Räbele	**D** Schwälble

7. Ein Militär im antiken Griechenland war der ...

A Diktator	**B** Stratege
C Taktiker	**D** Potentat

8. Ein Kuss auf die Schulter führte wo zur Ablehnung?

A „Faust“	**B** „Effi Briest“
C „La Bohème“	**D** „Der Bettelstudent“

9. Die Artischocke gehört zur gleichen Pflanzenfamilie wie ...

A die Ananas	**B** der Löwenzahn
C der Kohlrabi	**D** die Agave

10. Welches Tier hielt der Maler Salvador Dalí als Haustier?

A Zebra	**B** Krokodil
C Ozelot	**D** Schimpanse

11. Der sechste Buchstabe des griechischen Alphabets heißt ...

A Delta	**B** Lambda
C Jota	**D** Zeta

12. Wie heißen die Salze der Schwefelsäure?

A Karbonate	**B** Chloride
C Sulfate	**D** Silikate

WORTSPIEL

Wenn Sie die Bedeutungen der 8 Wörter herausgefunden haben, ergeben die Buchstaben hinter den richtigen Antworten – von oben nach unten gelesen – ein Sprichwort.

1 Evidenz
a) Wirksamkeit . . . . **DIE**
b) Deutlichkeit, Klarheit . . . . **EIN**
c) Kirchentitel . . . . **WER**

2 Grandel
a) höchstes Spiel im Skat . . . . **NEU**
b) spanischer Adliger . . . . **DEN**
c) Eckzahn des Rotwildes . . . **MEN**

3 Hirtentäschel
a) ein Wildkraut . . . . **SCH**
b) Speisesack des Viehhüters **RDE**
c) Speisepilz . . . . **TAG**

4 Kerzenschlüssel
a) Weihnachtsbaumschmuck . . **NIC**
b) Gerät zur Glühlampenherstellung . . . . **DES**
c) Kraftfahrzeugwerkzeug . . . . **BED**

5 Troddelblume
a) Alpenpflanze . . . . **ARF**
b) aus Quasten bestehende Verzierung . . . . **MEN**
c) dekorative Handarbeit . . . . . **HTL**

6 Chintz
a) Malariamittel . . . . **SCH**
b) glänzendes Gewebe . . . . . . **DES**
c) kleines Pelztier . . . . **OBT**

7 Falafel
a) arabische Speise . . . . **AND**
b) Streitgegenstand . . . . **ENI**
c) schräge Segelstange . . . . . . **DER**

8 Minuskel
a) negatives Ergebnis . . . . **TER**
b) kleines Materieteilchen. . . . . **GEN**
c) Kleinbuchstabe . . . . **ERN**

Nur wenn Sie die Fragen richtig beantworten, werden Sie am Ziel mit den richtigen Buchstaben ankommen. Diese ergeben – hintereinandergelesen – einen Spruch.

START

N Tirana ist die Hauptstadt von Malta.	**I** Deutschland hat 9 Nachbarländer.	**C** Der Schauspieler Robert De Niro erhielt bisher keinen Oscar.	**H** Der Kiwi ist das Wappentier Neuseelands.
B Anne Geddes ist für ihre künstlerischen Babyfotos bekannt.	**S** Die Vorfahren unserer heutigen Vögel waren kleine Dinosaurier.	**T** Brasilien gewann bis 2002 fünfmal die Fußballweltmeisterschaft.	**A** James Camerons Film „Avatar“ ist der erfolgreichste Film aller Zeiten.
T Helmut Kohl wurde mit dem Friedensnobelpreis ausgezeichnet.	**B** Die turmartigen Tempel Ostasiens nennt man Pagoden.	**L** Der Bundesnachrichtendienst hat seinen Sitz in Pullach.	**U** Steve Jobs gründete den Software-Hersteller Microsoft.
B Die Seerose gehört zu den Rosengewächsen.	**I** Der Planet Merkur hat zwei Monde.	**E** Der Film „Das weiße Band“ wurde mit dem Deutschen Filmpreis 2010 ausgezeichnet.	**S** Die Eskimorolle ist ein Begriff aus dem Judosport.
T Albert Einstein wurde in Ulm geboren.	**I** Die Comicfiguren Tim und Struppi heißen im französischen Original Tintin und Milou.	**E** Andy Warhol wurde in der Slowakei geboren.	**E** Ein Headhunter ist jemand, der Führungskräfte abwirbt.
W Michael Jacksons Album „Thriller“ ist das bisher erfolgreichste überhaupt.	**H** Bayern ist das bevölkerungsreichste Bundesland.	**S** Machu Picchu ist eine gut erhaltene Ruinenstadt der Azteken.	**A** In der griechischen Mythologie war Zeus mit seiner Schwester Hera verheiratet.
M F. Scott Fitzgerald schrieb den Roman „Der große Gatsby“.	**O** Der Amazonas ist der längste Fluss der Erde.	**W** Gold hat eine höhere Dichte als Silber.	**R** ZIEL

Lösung: ☐☐☐☐☐☐ ☐☐☐☐☐ ☐☐☐ ☐☐ ☐☐☐

PROMI-QUIZ

1 **Auf welcher Veranstaltung feierte Senta Berger 2016 ihre goldene Hochzeit?**

■ ZDF-Festival ■ Kieler Woche
■ Oktoberfest

2 **Ihre Schwester Nicky ist bekannt, aber wie viele Brüder hat Paris Hilton?**

■ Zwei ■ Null
■ Drei

3 **Welche Sportkarriere hat George Clooney in seiner Jugend angestrebt?**

■ Baseball ■ Fußball
■ Handball

4 **In welcher Sendung war die Sängerin Mary Roos der einzige deutsche Stargast?**

■ Dalli Dalli ■ Muppet Show
■ Wetten, dass..?

5 **Welche Kinderbuchfigur hatte Eva Mendes in jungen Jahren als Vorbild?**

■ Daisy ■ Heidi
■ Pippi

6 **Für welche Sportart ist Königin Sonja von Norwegen ausgebildete Lehrerin?**

■ Segelflug ■ Skifahren
■ Tanzsport

7 **Als was arbeitete Schauspieler Pierce Brosnan in jungen Jahren?**

■ Feuerschlucker ■ Hochseilartist
■ Zirkusdirektor

8 **Für welche TV-Sendung komponierte Dieter Bohlen die Titelmelodie?**

■ Sportschau ■ Tagesschau
■ Wetten, dass..?

9 **Welches „Berufsziel“ hatte TV-Star Anja Kruse als Kind?**

■ Goethe
■ Mozart
■ Tizian

10 **Als was arbeitete TV-Moderatorin Sonja Zietlow von 1991 bis 1993?**

- ■ Ärztin
- ■ Autorin
- ■ Pilotin

11 **Wo kam unsere Kanzlerin im Jahr 1954 zur Welt?**

- ■ Dresden
- ■ Hamburg
- ■ Rostock

12 **Schlagerstar Tony Marshall ist seit 2008 Ehrenbürger der Insel …**

- ■ Bora Bora
- ■ Langeoog
- ■ Mallorca

13 **Wie lautet der deutsche Spruch, den Charles als Prince of Wales auf dem Wappen führt?**

- ■ Bleib du
- ■ Ich dien
- ■ Sei treu

14 **In welcher Stadt kam Hollywooddiva Nicole Kidman im Juni 1967 zur Welt?**

- ■ Canberra
- ■ Budapest
- ■ Honolulu

15 **Der Vater der spanischen Königinmutter Sofía war bis 1964 König welchen Landes?**

- ■ Griechenland
- ■ Saudi-Arabien
- ■ Turkmenistan

16 **„‚Männer' wird noch ein Hit sein, da lebt der Grönemeyer schon gar nicht mehr." Wer sagte das?**

- ■ Peter Maffay
- ■ Ralph Siegel
- ■ Udo Jürgens

17 **Moderatorin Inka Bause war als Kind ein Ass auf welchem Musikinstrument?**

- ■ Banjo
- ■ Geige
- ■ Harfe

18 **Vor seiner Musikkarriere war Tom Jones Vertreter. Was verkaufte er?**

- ■ Abonnements
- ■ Medikamente
- ■ Staubsauger

REISE-QUIZ

Wir verdanken den alten Römern viel. Dazu gehören Städte wie Köln oder Trier. Dazu gehört in gewisser Weise aber auch ein 800 Kilometer langer Radweg von Bad Hönningen bis nach Regensburg. Die acht Fragen haben je vier Antwortmöglichkeiten.

1 **800 Kilometer: Das klingt anstrengend! Aber es lohnt sich: Denn der Radweg folgt dem Verlauf des Limes. Diesen Grenzwall legten die Römer an, um sich vor unseren Vorfahren zu schützen. Vor welchem germanischen Volksstamm zum Beispiel?**

A Chatten | *B Crashen*
C Floaten | *D Shoppen*

2 **Der westliche Endpunkt des Limes liegt bei Bad Hönningen. An welchem Fluss?**

A Lippe | *B Mosel*
C Rhein | *D Weser*

3 **Im Mittelalter geriet die Funktion des Limes in Vergessenheit. Wie hieß die Anlage daher im Volksmund?**

A Himmelsachse | *B Hoellenstein*
C Paradieswall | *D Teufelsmauer*

4 **Vor allem auf den bewaldeten Höhen des Taunus sind die Ruinen des Limes gut zu erkennen. Wie heißt der höchste Berg dieses Mittelgebirges?**

A Christoffelberg | *B Grosse Aschkoppe*
C Grosser Feldberg | *D Klein Matterhorn*

5 **Im Taunus ist auch das weltweit einzige Römerkastell zu besichtigen, das wieder aufgebaut wurde. Der Name der Festung?**

A Mainburg | *B Saalburg*
C Sandburg | *D Wartburg*

6 **Die Idee, das Kastell wieder aufzubauen, hatte der deutsche Kaiser Wilhelm II. (1859–1941), der oft in welchem nahe gelegenen Kurort weilte?**

A Bad Arolsen | *B Bad Doberan*
C Bad Homburg | *D Baden-Baden*

7 **In diesem Kastell kann man nicht nur archäologische Funde bestaunen. Wer Zeit und Geld mitbringt, kann sich im Bogenschießen und Speerwerfen üben oder in altrömische Gewänder schlüpfen. In welches zum Beispiel?**

A Body | *B Mini*
C Robe | *D Toga*

8 **Die Reise endet, nachdem uns der Limes bis nach Regensburg geführt hat. Welcher Fluss mündet hier – außer dem Regen – in die Donau?**

A Enns | *B Isar*
C Lech | *D Naab*

Wer wird Millionär?

1) Wer schnell antwortet, macht dies wie aus der ... (50 €)
A Pistole geschossen | C Schleuder geworfen
B Rakete geflogen | D Kanone geböllert

2) Erfolgreiche Künstler bekommen ... (100 €)
A Nikolaus | C Fledermaus
B Applaus | D Kehraus

3) Wo wird Kohle abgebaut? (200 €)
A in Kübeln | C in Zechen
B in Tanken | D in Saufen

4) Der Name „Bella" bedeutet ... (300 €)
A die Lange | C die Schöne
B die Zickige | D die Sanfte

5) Auf Pferde wettet man beim ... (500 €)
A Mediator | C Liquidator
B Terminator | D Totalisator

6) Nicht wahrheitsgetreu ist ... (1000 €)
A Anglerlatein | C Fischerpersisch
B Walfängerflämisch | D Krabbenfängerplatt

7) In den 70ern topmodisch waren Hosen mit ... (2000 €)
A Puff | C Schlag
B Hieb | D Klaps

8) Im Grimm-Märchen ist das Schneiderlein ... (4000 €)
A eisern | C verschnupft
B wendig | D tapfer

9) Sodom und Gomorrha kennt man aus ... (8000 €)
A dem Koran | C der Odyssee
B der Bibel | D der Ilias

10) Was begann für Udo Jürgens im Lied mit 66 Jahren? (16 000 €)
A die Rente | C die Politik
B das Leben | D die Karriere

11) Wie mahlen Gottes Mühlen? (32 000 €)
A mühsam | C grob
B flüchtig | D langsam

12) Welches Instrument spielt Anne-Sophie Mutter? (64 000 €)
A Gitarre | C Violine
B Vibrafon | D Klarinette

13) Wer sang mit Jack White den Titelsong von „Ein Quantum Trost"? (125 000 €)
A Lilo Largo | C Cynthia Cadjoe
B Alicia Keys | D Reyna Remrod

14) Merkur war der Gott der ... (500 000 €)
A Jäger | C Künstler
B Kaufleute | D Krieger

15) Aus welchem Land stammte Béla Bartók? (1 000 000 €)
A Tschechien | C Spanien
B Ungarn | D Italien

Gefangenenchor

Im Grunde war der Mann nur ein Unglücksrabe: Ein Dieb und Urkundenfälscher, der immer wieder erwischt wurde. Dem die Rückkehr ins bürgerliche Leben versperrt blieb, seitdem er mit 14 erstmals zu einer Gefängnisstrafe verurteilt worden war. Dann aber, am 16. Oktober 1906, gelang Wilhelm Voigt ein Streich, der ihn berühmt machte: Verkleidet als Hauptmann plünderte er die Kasse der Stadt Köpenick. Freilich blieb das Glück dem gelernten Schumacher nicht lange treu: Zwar musste er die Strafe für seine „Köpenickiade" nicht vollständig absitzen und seine Memoiren brachten ihm sogar bescheidenen Wohlstand, doch der wurde von Krieg und Inflation wieder aufgezehrt.

1922 starb er verarmt in Luxemburg. Und in welcher damals deutschen Stadt war er im Februar 1849 zur Welt gekommen? Wenn Sie wissen, wer in welchem Gefängnis saß, haben Sie die Antwort.

○	Burg Trifels	Al Capone	L
○	Teufelsinsel	Alfred Dreyfus	I
○	Alcatraz	Casanova	S
○	Bleikammern	Henri Charrière („Papillon")	I
○	Teufelsinsel	Richard Löwenherz	T
○	Burg Dürnstein	Richard Löwenherz	T

DAS VERZWICKTE QUIZ

QUIZ

Beantworten Sie die Quizfragen. Die Buchstaben hinter den richtigen Antworten ergeben ein Lösungswort.

1 Wer bekam zwei Nobelpreise, einen für Physik und einen für Chemie?

- Albert Einstein .... H
- Robert Koch .... P
- Max Planck .... U
- Marie Curie .... A

2 Aus welchem Getreide werden Cornflakes hauptsächlich hergestellt?

- Mais .... B
- Reis .... T
- Roggen .... A
- Weizen .... O

3 Welche der folgenden Städte ist am weitesten von Berlin entfernt?

- Ankara .... W
- Athen .... P
- Lissabon .... N
- Moskau .... F

4 In welchem Jahr wurden erstmals rote Blutkörperchen beschrieben?

- 1558 .... P
- 1658 .... E
- 1758 .... A
- 1858 .... U

5 Wenn in der Musik andante gespielt werden soll, heißt das ...

- mäßig langsam .... H
- schnell I
- sehr leise .... N
- stark, laut .... E

6 Welches Tier heißt mit seinem lateinischen Namen Canis lupus?

- der Dachs .... U
- der Bär .... E
- der Löwe .... A
- der Wolf .... M

7 „O wackrer Apotheker, dein Trank wirkt schnell" ist aus ...

- „Romeo und Julia" .... E
- „Faust" .... A
- „Hamlet" .... D
- „Othello" .... N

8 In welchem Museum ist Leonardo da Vincis „Mona Lisa" ausgestellt?

- Eremitage .... A
- Prado .... O
- Uffizien I
- Louvre .... N

1 2 3 4 5 6 7 8

THEMEN-QUIZ

Nichts für Damische!

Selbst für Bayern und Fans von Bayern ist nicht jede der folgenden Fragen leicht zu beantworten. In diesem Vokabeltest geht es darum, Worte aus dem Bayrischen ins Hochdeutsche zu übersetzen.

1 DANAXT

A) demnächst
B) kürzlich
C) Beil
D nebenan

2 TAUG

A) Tag
B) Teig
C) Nutzen
D) Quelle

3 BELFERN

A) zanken
B) spucken
C) rennen
D) umarmen

4 WEIHRAZ

A) Messdiener
B) Christmette
C) Jahrmarkt
D) Gespenst

5 JANKER

A) Jacke
B) Appetit
C) Adliger
D) Fischernetz

6 HOFA

A) im Garten spielen
B) Topf
C) Hausmeister
D) Fußballspiel

7 PELZEN

A) bürsten
B) baden
C) ohrfeigen
D) faulenzen

8 GFUI

A) Ausruf des Ekels
B) viel
C) Gefühl
D) voll

9 ARNT

A) Ameise
B) Ente
C) Tante
D) Ernte

10 KIRRN

A) hin- und herrennen
B) kreischen
C) chauffieren
D) verrückt

QUIZ für GENIES

Millionär können Sie bei uns (leider) nicht werden, aber auch hier können Sie Ihr Wissen testen. Viel Spaß!

1. Setzt sich etwas durch, bricht es sich ...

A Taxi | B Bus
C Bahn | D Flugzeug

2. Ein kleines Nagetier ist das ...

A Linienhörnchen | B Karohörnchen
C Netzhörnchen | D Streifenhörnchen

3. Welcher dieser Begriffe bezeichnet eine Gedichtform?

A Parade | B Schamade
C Ballade | D Pesade

4. Keine Kartoffeln findet man normalerweise in ...

A Kaiserschmarrn | B Gnocchi
C Rösti | D Reibekuchen

5. Ein Vierbeiner ist das ...

A Querschiff | B Flaggschiff
C Raumschiff | D Wüstenschiff

6. Welche Farben hat die gestreifte Hose von Obelix?

A Schwarz-Gelb | B Blau-Weiß
C Rot-Grün | D Weiß-Rot

7. Welches dieser Fasermaterialien verbirgt sich oft hinter dem Namen Atlas?

A Seide | B Leinen
C Kaschmir | D Alpaka

8. In welchem Land leben viele Inuit?

A Japan | B Korea
C Mexiko | D Grönland

9. Welcher Römer war ein Geliebter Kleopatras?

A Nero | B Cäsar
C Augustus | D Claudius

10. Wo befindet sich das Siebbein?

A im Knie | B im Kopf
C in der Hand | D im Fuß

11. „Die Geburt der Venus“ wurde gemalt von ...

A Michelangelo | B Botticelli
C da Vinci | D de Goya

12. Der Fabelname des Dachses lautet ...

A Reineke | B Lütke
C Isegrim | D Grimbart

Testen Sie Ihr Allgemeinwissen!

1

Wer zuerst kommt, ... zuerst.

☐ mahlt ☐ isst ☐ trinkt ☐ schläft

2

Was hat jemand, wenn er Schwein hat?

☐ Pech ☐ Glück ☐ Unruhe ☐ Grippe

3

Comic-Held Popeye braucht zur Stärkung immer eine Dose ...

☐ Sellerie ☐ Spinat ☐ Bohnen ☐ Erbsen

4

Welches Gerät kommt beim Curling zum Einsatz?

☐ Besen ☐ Bürste ☐ Mopp ☐ Handfeger

5

Wie nennt man den Raum des Geistlichen in der Kirche?

☐ Sakrileg ☐ Sakramentshäuschen ☐ Sakralbau ☐ Sakristei

6

Wie heißt der 2016 geborene Sohn von Prinz Carl Philip von Schweden?

☐ Alexander ☐ Oscar ☐ Nicolas ☐ Daniel

7

In Köln findet man nicht die ...

☐ Zoobrücke ☐ Deutzer Brücke ☐ Karlsbrücke ☐ Hohenzollernbrücke

8

„Knallerfrauen" ist eine Sketch-Sendung mit welcher Komikerin?

☐ Martina Hill ☐ Annette Frier ☐ Anke Engelke ☐ Carolin Kebekus

9

Welche Gattung gehört nicht zur bildenden Kunst?

☐ Malerei ☐ Grafik ☐ Musik ☐ Bildhauerei

10

Kaliningrad hieß früher ...

☐ Allenstein ☐ Stalingrad ☐ St. Petersburg ☐ Königsberg

11

Felix M. Bartholdy nannte einige seiner Stücke „Lieder ohne ...".

☐ Noten ☐ Worte ☐ Melodie ☐ Klang

12

Welcher Papst hatte nachweisbar das längste Pontifikat inne?

☐ Johannes Paul II. ☐ Leo XIII. ☐ Paul VI. ☐ Pius IX.

BILDER-QUIZ

In welcher Hauptstadt steht dieser Dom?

LISSABON – HELSINKI – CANBERRA

Womit spielt man Streichinstrumente?

BOGEN – PFEIL – SEHNE

Wie heißt dieser Reformator?

PLATON – GOETHE – LUTHER

QUIZ

500 Euro

1 Der Frankfurter Kranz ist ein ...

A Blumengebinde
B Kuchen
C Säulenring
D Haarersatz

1000 Euro

2 Ein Meteorologe beschäftigt sich mit ...

A Sternschnuppen
B Klima und Wetter
C Längenmaßen
D Religionen

2000 Euro

3 Welches dieser Tiere erreicht das höchste Lebensalter?

A Auster
B Riesenschildkröte
C Elefant
D Steinadler

5000 Euro

4 Wie viele Spielsteine braucht die Zwickmühle?

A drei
B vier
C fünf
D sechs

10 000 Euro

5 Wertloses Gestein nennen Bergleute ...

A lahm
B taub
C blind
D stumm

50 000 Euro

6 Wer sagte: „Noch so ein Sieg und ich bin verloren!“?

A Hannibal
B Pyrrhus
C Napoleon
D Cäsar

100 000 Euro

7 Das deutsche Parlament ist ein ...

A Einkammersystem
B Zweikammersystem
C Dreikammersystem
D Vierkammersystem

250 000 Euro

8 Wie hieß die Göttin der Liebe im alten Griechenland?

A Aphrodite
B Athene
C Demeter
D Leto

500 000 Euro

9 Ein Hit von Elvis Presley war ...

A „Die Forelle“
B „Ententanz“
C „Muss i denn“
D „Lobe den Herren“

1 000 000 Euro

10 Eine klassische indische Heilkunde ist ...

A Ayurveda
B Aioli
C Aloe vera
D Aikido

BILDER-QUIZ

Wer erhielt für die Titelrolle in dem Film „Die Queen“ einen Oscar?

DIANE KEATON • HELEN MIRREN • MERYL STREEP • SOPHIA LOREN

Die Hauptstadt der Ukraine ist ...

BAKU • KIEW • PRAG • RIGA

Ein Handbuch über die Familien des europäischen Adels nannte man auch ...

CELLE • GOTHA • MAINZ • TRIER

Wer wird Millionär?

1) Eine männliche Ente ist ein ... (50 €)

- A Gimpel
- B Gospel
- C Erpel
- D Graupel

2) Was ist der eigene Herd wert? (100 €)

- A Silbers
- B Goldes
- C Geldes
- D Hitzes

3) Was musste Ali Baba vor „öffne dich“ sagen? (200 €)

- A Hafer
- B Gerste
- C Sesam
- D Humus

4) Ein Nadelbaum ist die ... (300 €)

- A Rippe
- B Wade
- C Kiefer
- D Elle

5) Ein bekannter deutscher Fußballverein führt was im Namen? (500 €)

- A Saarland
- B Bayern
- C Württemberg
- D Pfalz

6) Laut Sprichwort vergilt man Gleiches mit ... (1000 €)

- A Egalem
- B Gleichem
- C Allem
- D Nettem

7) Was macht bei „Backe, backe Kuchen“ den Kuchen gel? (2000 €)

- A Zimt
- B Safran
- C Muskat
- D Vanille

8) Der Erfinder der Druckerpresse ist ... (4000 €)

- A Besserhügel
- B Hübschwiese
- C Gutenberg
- D Schöntal

9) Das TV-Pärchen Wum und Wendelin waren ein Hund und ... (8000 €)

- A eine Ente
- B ein Wiesel
- C ein Elefant
- D ein Igel

10) Großen Erfolg hatte Michael Jackson mit ... (16 000 €)

- A „Thriller“
- B „Blockbuster“
- C „Schocker“
- D „Terror“

11) Es gibt keine ... (32 000 €)

- A Hammerhaie
- B Mäusehaie
- C Katzenhaie
- D Walhaie

12) Das Kind von Katie Holmes und Tom Cruise heißt ... (64 000 €)

- A Kato
- B Suri
- C Ralih
- D Saba

13) Wer spielte Prof. Brinkmann in „Die Schwarzwaldklinik“? (125 000 €)

- A Klaus Maria Brandauer
- B Götz George
- C Daniel Brühl
- D Klausjürgen Wussow

14) Hermann Hesse schrieb den Roman „Das ...“. (500 000 €)

- A Murmelspiel
- B Fußballspiel
- C Glasperlenspiel
- D Eisblumenspiel

15) Was ist ein Windspiel? (1 000 000 €)

- A ein Hund
- B ein Tornado
- C eine Wiesenblume
- D ein Gebäck

TIER-QUIZ

1 Mit ihrem langgezogenen Körper und den kurzen Stummelbeinchen sehen Dackel wirklich drollig aus. Im Englischen nennt man die Hunde auch ...

- SHORTY
- WIENER
- BANANA

2 Seidenhühner fallen vor allem durch ihr plüschig weiches Federkleid auf. Im Gegensatz zu manch anderen Hühnern können sie aber nicht ...

- BRÜTEN
- GACKERN
- FLIEGEN

3 Das Eindrucksvollste an einer Schildkröte ist ihr Panzer, der sie vor Fressfeinden schützt. Wie lautet der Fachbegriff für den Rückenpanzer?

- CARAPAX
- FORADIX
- HALTNIX

QUIZ

1. Wenn man sich sehr anstrengt, legt man sich redensartlich ins ...

A Bett	**B** Besteck
C Eingemachte	**D** Zeug

2. Bei einem hoffnungslosen Fall ist Hopfen und ... verloren.

A Schmalz	**B** Malz
C Gerste	**D** Weizen

3. Boxer trainieren häufig am ...

A Mehlsack	**B** Strohsack
C Sandsack	**D** Presssack

4. Cindy & Bert sangen den Schlager „Immer wieder ...“.

A montags	**B** mittwochs
C freitags	**D** sonntags

5. Dänemarks Festland heißt ...

A Fünen	**B** Jütland
C Lolland	**D** Seeland

6. Das größte lebende Tier ist der ...

A Pottwal	**B** Blauwal
C Buckelwal	**D** Grauwal

7. Wo waren die Heinzelmännchen der Sage nach tätig?

A Hameln	**B** Köln
C Düsseldorf	**D** Hamburg

8. Ein Theodolit ist ein ...

A Geistlicher	**B** kosmischer Körper
C Halbedelstein	**D** Messinstrument

9. Wie hieß das Mondprogramm der Amerikaner?

A Gemini	**B** Apollo
C Mercury	**D** Skylab

10. Die Figur „Tabaluga“ in Peter Maffays Märchen ist ein ...

A grünes Krokodil	**B** grüner Drache
C grüner Zwerg	**D** grüner Hase

11. In einer echten Sachertorte besteht die Füllung aus ...konfitüre.

A Aprikosen	**B** Orangen
C Kirsch	**D** Erdbeer

12. Der Apennin ist ein Gebirge in ...

A Spanien	**B** Italien
C Griechenland	**D** Portugal

WORTSPIEL

Wenn Sie die Bedeutungen der 8 Wörter herausgefunden haben, ergeben die Buchstaben hinter den richtigen Antworten – von oben nach unten gelesen – ein Sprichwort.

1 Antipasti
a) italienische Vorspeisen . . . . . **VOL**
b) Gegenmittel . . . . **WER**
c) Zahnbleichmittel . . . . **DIE**

2 Fichu
a) dreieckiges Schultertuch . . . **LER**
b) Berg in den Anden . . . . **DEN**
c) Insel in der Südsee . . . . **LEK**

3 Banause
a) Kloster . . . . **WIN**
b) Musikinstrument . . . . **ELL**
c) unkultivierter Mensch . . . . . **BAU**

4 Karausche
a) altertümliche Waffe . . . . **TER**
b) Pferdestriegel . . . . **ERH**
c) karpfenartiger Fisch . . . . **CHL**

5 Cidre
a) spanischer Nationalheld . . . **NIC**
b) französischer Apfelwein . . . **OBT**
c) griechische Zauberin . . . . . . **ABE**

6 Monstera
a) eine Zimmerpflanze . . . . **DAS**
b) geistliches Gewand . . . . . . **HTM**
c) weibliches Ungeheuer. . . . . . **ENL**

7 Kaniden
a) ein Sternbild . . . . **ASE**
b) Hunde und hundeartige Tiere **FAS**
c) Inselgruppe im Atlantik . . . . . **SPA**

8 Postille
a) kleines Postamt . . . . **HEN**
b) Erbauungs-, Predigtbuch . . . **TEN**
c) Postwurfsendung . . . . **REN**

Nur wenn Sie die Fragen richtig beantworten, werden Sie am Ziel mit den richtigen Buchstaben ankommen. Diese ergeben – hintereinandergelesen – die Schlusslösung.

START

W Ranunkeln gehören zu den Gänsefußgewächsen.	JA ▶	**G** Der Berliner Flughafen Tempelhof ist geschlossen.	NEIN ▶	**J** Ein Metronom misst U-Bahn-Fahrzeiten.	JA ▶	**U** Margaret Rutherford wurde als Miss Marple berühmt.
NEIN ▼	NEIN ◀	JA ▼		NEIN ▼	◀ NEIN	JA ▼
A Der Augustinermönch Mendel revolutionierte die Vererbungslehre.	◀ JA	**L** Blindschleichen sind Schlangen.	◀ NEIN	**M** Das Albertinum ist eine Sammlung in München.	◀ JA	**N** Primaten sind Frühtomaten.
JA ▼		NEIN ▼		JA ▼		NEIN ▼
L Ein Rhombus enthält keine Kurven.	JA ▶	**P** Das Schienbein heißt auf Lateinisch Tibia.	NEIN ▶	**H** Das italienische Wort Papagallo bedeutet Papagei.	JA ▶	**R** Die erste Fußballweltmeisterschaft war in Italien.
NEIN ▼	NEIN ◀	JA ▼		NEIN ▼	◀ NEIN	JA ▼
R Bei den Beatles am Schlagzeug war Ringo Starr.	◀ JA	**U** Chamäleons sind wechselwarme Tiere.	◀ NEIN	**E** Die Goldrute ist eine Pflanze.	◀ JA	**K** Nach der Sage entsteht der Golem aus Holz.
JA ▼		NEIN ▼		JA ▼		NEIN ▼
G Der Berliner Verein Hertha BSC heißt nach der Frau des Vorsitzenden.	JA ▶	**S** Die Ranch der TV-Familie Ewing liegt in der Nähe von Dallas.	NEIN ▶	**Z** Die Oper „Carmen" spielt in Sevilla.	JA ▶	**V** Deutsch ist auch Amtssprache in den Niederlanden.
NEIN ▼	NEIN ◀	JA ▼		NEIN ▼	◀ NEIN	JA ▼
I Der Erfinder des Ottomotors hieß mit Vornamen Otto.	◀ JA	**N** Wassily Kandinsky schuf das Bild „Guernica".	◀ NEIN	**C** Ein Minarett ist der Turm einer Moschee.	◀ JA	**I** Im „Dinner for one" heißt der Butler Mr. Pommeroy.
JA ▼	NEIN ◀	NEIN ▼	JA ◀	JA ▼	NEIN ◀	NEIN ▼
F Die Regenbogenhaut ist die Iris des Auges.	JA ▶	**A** Ein Barista arbeitet in der Espressobar.	NEIN ▶	**H** Zu den Bremer Stadtmusikanten gehört ein Esel.	JA ▶	**T** ZIEL

Lösung:

Ab an den Strand

Der Sommer steht vor der Tür, und wir freuen uns auf unseren wohlverdienten Urlaub. Hier können Sie schon einmal Ihr Wissen rund um Strand und Meer testen ...

1 Am Timmendorfer Strand

Die Strandkörbe des Timmendorfer Strands sind berühmt. Doch sie sind lange nicht das Einzige, was diesen kleinen Kurort so beliebt bei Jung und Alt macht, denn Timmendorf hat noch einiges mehr zu bieten ...

? Das Wappen des Timmendorfer Strands besteht aus einem Segelschiff und welchem Meeresbewohner?

A Hering B Krebs
C Seepferdchen

2 Spiel, Satz, Sieg!

Eine beliebte Sportart am Strand ist Beachvolleyball. Seit 1996 ist Beachvolleyball sogar als Sportart bei Olympia vertreten. Die deutschen Meisterschaften werden traditionell am Timmendorfer Strand ausgetragen.

? Wie nennt man das Zuspiel, bei welchem man den Ball mit geschlossenen Armen von unten hochspielt?

A baggern B buddeln C graben

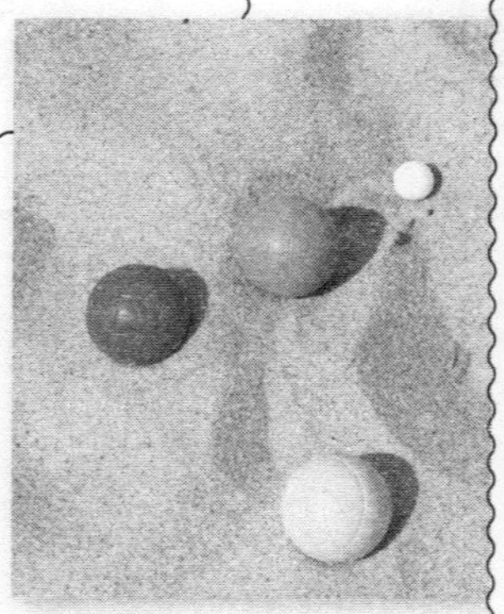

3 Eine ruhige Kugel schieben!

Wer seinen Urlaub am Strand etwas ruhiger angehen lassen möchte, ist mit dem beliebten Boccia gut beraten. Dabei müssen Kugeln möglichst präzise und nah an eine kleinere Zielkugel im Sand geworfen

? Wie heißt diese Zielkugel beim Boccia?

A Birillo
B Pallino
C Pinocchio

4 Frei wie der Wind

Es gibt wohl kaum eine Sportart, bei der man sich so frei und unabhängig fühlt wie beim Windsurfing. Wenn der Wind sich im Segel verfängt und man übers Wasser prescht, fühlt man sich dem Meer ganz nah.

? Mit welcher Geschwindigkeitseinheit wird beim Windsurfing angegeben, wie schnell man ist?

A Faden B Knoten C Öse

5 Tief im Meer

Unter Wasser eröffnet sich eine beeindruckende und größtenteils auch noch unerforschte Welt. Riffe wie das Great Barrier Reef bieten für Taucher von den seltensten Fischen bis hin zu einzigartigen Korallen allerhand zu sehen und zu erleben.

? Zu welchem Land und Kontinent gehört das Great Barrier Reef?

A Australien B Brasilien C Südafrika

6 Auf dem Pferd durchs Watt

Um die Natur einmal von einer anderen Seite zu erleben, bieten sich Kutschfahrten durchs Watt an. Dabei kann man Tiere beobachten, die man sonst nie sehen würde – das allerdings natürlich nur, wenn Ebbe herrscht. Zweimal täglich ist das der Fall, im Rhythmus der Gezeiten.

? Was ist das Gegenteil von Ebbe?

A Bach
B Flut
C Stau

DAS LEICHTE QUIZ

Testen Sie Ihr Allgemeinwissen, und schicken Sie Ihr Gehirn ins Trainingslager! Unser Quiz macht Sie fit für Jauch, Pilawa und Co.

❶ **50 Euro**

Roland Kaiser besang „Sieben ... Wein".

A Gläser **B** Flaschen **C** Humpen **D** Fässer

❷ **100 Euro**

Wer den Widerstand aufgibt, ... die Segel.

A lackiert **B** streicht **C** poliert **D** bleicht

❸ **200 Euro**

Ist etwas unsinnig sagt man: „Da lachen ja die ..."

A Gänse **B** Enten **C** Hühner **D** Schwäne

❹ **300 Euro**

Ein Krimineller kommt hinter Schloss und ...

A Riegel **B** Gitter **C** Tür **D** Mauer

❺ **500 Euro**

Was wird bei heftigem Lachen erschüttert?

A Trommelfell **B** Zwerchfell **C** Rippenfell **D** Brustfell

❻ **1.000 Euro**

Jemand, der sich stark fühlt, kann ... ausreißen.

A Bäume **B** Gras **C** Haare **D** Sträucher

❼ **2.000 Euro**

Die frühere „Aktion Sorgenkind" heißt heute „Aktion ...".

A Leben **B** Mensch **C** Hilfe **D** Miteinander

❽ **4.000 Euro**

Was soll Glück bringen?

A Fusseln **B** Scherben **C** Splitter **D** Späne

❾ **8.000 Euro**

Tischtennisspieler ... oft die Bälle.

A föhnen **B** waschen **C** frisieren **D** schneiden

❿ **16.000 Euro**

Eine alte Sache ist ... von gestern.

A Hagel **B** Nebel **C** Regen **D** Schnee

⓫ **32.000 Euro**

Was gehört sprichwörtlich zum Handwerk?

A Rasseln **B** Klappern **C** Pfeifen **D** Klingeln

⓬ **64.000 Euro**

Eine Shakespeare-Komödie heißt „Viel Lärm um ...".

A weniges **B** alles **C** nichts **D** einiges

⓭ **125.000 Euro**

Ein spezielles Mischgetränk ist eine kalte ...

A Gans **B** Ente **C** Henne **D** Ziege

⓮ **500.000 Euro**

Die Rückstrahlung von Licht oder Wärme nennt man ...

A Abstraktion **B** Reflexion **C** Reduktion **D** Reformation

⓯ **1.000.000 Euro**

Die Zarin Katharina die Große war eine Prinzessin aus ...

A Spanien **B** Deutschland **C** Frankreich **D** England

BILDER-QUIZ

Wie heißt die Rakete, die den bis dato schwersten Telekommunikationssatelliten „TerreStar-1" ins All brachte?

ANNIKA – ARIANE – AGATHE

An welchem Fluss liegt der weltberühmte Schieferfelsen „Loreley"?

RHEIN – DONAU – WESER

Was sollte Rotkäppchen im grimmschen Märchen außer Kuchen zur Großmutter bringen?

SEKT – MOST – WEIN

REISE-QUIZ

Brandenburg ist ein karger, doch an Seen reicher, auf seine Weise schöner Landstrich. Kennen Sie Deutschlands „Sandbüchse“? Die acht Fragen haben je vier Antwortmöglichkeiten.

1 „Gewidmet Friedrich, der die Muße pflegt“, steht über dem Haupteingang eines Schlosses, das Friedrich dem Großen als Wohnsitz diente, als er noch preußischer Kronprinz war. Der Name des Gebäudes?

A Babelsberg *B Donaustauf*
C Luisenlust *D Rheinsberg*

2 Gestaltet wurde das Schloss von einem Mann, der später auch Schloss Sanssouci für König Friedrich erbaute. Sein Name?

A Hauberrisser *B Knobelsdorff*
C Michelangelo *D Riemerschmid*

3 Sanssouci? Was bedeutet dieser französische Name auf Deutsch?

A grenzenlos *B sorgenfrei*
C tiefsinnig *D ungebunden*

4 Schloss Sanssouci liegt in der Hauptstadt Brandenburgs. Ihr Name?

A Dresden *B Leipzig*
C Potsdam *D Rostock*

5 Nun bewegen wir uns auf den Spuren des Dichters, der seiner Heimat mit den „Wanderungen durch die Mark Brandenburg“ ein Denkmal setzte. Sein Name?

A Fallada *B Fontane*
C Gellert *D Lessing*

6 30 Kilometer nördlich von seinem Geburtsort Neuruppin ließ sich der Dichter zu seinem letzten großen Werk inspirieren. Durch welches bei Neuglobsow liegende Gewässer nämlich?

A Briestkanal *B Ribbeckbach*
C Stechlinsee *D Treibelmeer*

7 An diesem Ort könnte man die Muße pflegen. Wir aber wandern weiter ins rund 10 Kilometer östlich gelegene Fürstenberg. An welchem auf der Mecklenburgischen Seenplatte entspringenden Fluss liegt dieser kleine Luftkurort?

A Dahme *B Havel*
C Mulde *D Spree*

8 Von hier aus kann man mit einer Fahrraddraisine über eine ehemalige Bahnstrecke in das 30 km entfernte Templin radeln. Templin? Wer ist in der Stadt in der Uckermark aufgewachsen?

A Angela Merkel *B Horst Koehler*
C Ludwig Erhard *D Walter Scheel*

Wer wird Millionär?

1) Eine Spielkartenfarbe ist ... – 50 €

A Treff | B Meeting | C Konferenz | D Begegnung

2) Ein anderer Ausdruck für bequem ist ... – 100 €

A lieg | B truh | C spül | D kommod

3) Klopfgeräusche im Wald kommen vom ... – 200 €

A Reh | B Specht | C Eber | D Iltis

4) Was gehört oft zur Landluft? – 300 €

A Tülle | B Fülle | C Hülle | D Gülle

5) Was wird im Straßenbau eingesetzt? – 500 €

A eine Hundze | B eine Kuhze | C eine Mausze | D eine Walze

6) Ein beliebtes Ballett von Pjotr Tschaikowski ist ... – 1000 €

A „Schwanensee“ | B „Ententümpel“ | C „Gänseteich“ | D „Reiherweiher“

7) Aus dem Saft welchen Baums wird ein Süßungsmittel gewonnen? – 2000 €

A Ahorn | B Pinie | C Kastanie | D Esche

8) Harrison Ford glänzte in der Rolle des ... – 4000 €

A Crocodile Dundee | B Old Shatterhand | C Indiana Jones | D Highlander

9) Als Konservierungsmittel beim Pökeln dient ... – 8000 €

A Honig | B Salz | C Alkohol | D Zucker

10) Die fächerförmige Gestalt einer Flussmündung heißt ... – 16 000 €

A Gamma | B Alpha | C Delta | D Beta

11) Hermines Katze aus „Harry Potter“ heißt ... – 32 000 €

A Knickohr | B Krummbein | C Schleifschwanz | D Hinkepfote

12) Eine eigene Fernsehshow hatte Oliver ... – 64 000 €

A Ticker | B Baller | C Pocher | D Klopfer

13) Welches Sternzeichen liegt im Winterhalbjahr? – 125 000 €

A Löwe | B Jungfrau | C Wassermann | D Krebs

14) Was ist die Hauptzutat für Polenta? – 500 000 €

A Mais | B Roggen | C Hirse | D Kichererbsen

15) Wer ist der Zweibeiner der Bremer Stadtmusikanten? – 1 000 000 €

A ein Hahn | B eine Ente | C eine Gans | D ein Huhn

Überseeblick

Es war in der Nacht zum 1. Juli 1997: Nach einem dunklen, stürmischen Tag vermischten sich Regentropfen und Tränen auf dem Gesicht von Gouverneur Chris Patten. „Hongkongs Werte werden die zukünftigen Werte Asiens sein", sagte er. Zum letzten Mal wurde der „Union Jack" gesenkt. Dann ging Chris Patten an Bord der Jacht „Britannia", die die Metropole mit Kurs aufs offene Meer verließ. Nach 156 Jahren gehörte Hongkong, der „duftende Hafen", wieder zu China. Überwältigt von Trauer zeigte sich auch das Mitglied des Königshauses, das dem Gouverneur an diesem Tag zur Seite stand. Sein Name? Wenn Sie die britischen Überseebesitzungen nach ihrer geografischen Lage von Nord nach Süd ordnen, ergibt sich die Antwort.

Akrotiri auf Zypern	H
Bermudainseln	A
Falklandinseln	S
Gibraltar	C
Jungferninseln	R
Pitcairn	E
Sankt Helena	L

DAS VERZWICKTE QUIZ

Beantworten Sie die Quizfragen. Die Buchstaben hinter den richtigen Antworten ergeben ein Lösungswort.

1 Welche der nachstehend aufgeführten Pflanzen ist nicht giftig?

Kapuzinerkresse	T
Tränendes Herz	R
Maiglöckchen	U
Rittersporn	N

2 Von wem stammt das Zitat: „Es gibt nichts Gutes, außer: Man tut es."?

Wilhelm Busch	I
Erich Kästner	A
Eugen Roth	S
Joachim Ringelnatz	P

3 Minus 273,15 Grad Celsius bezeichnet man als ... Nullpunkt.

absoluten	S
relevanten	A
künstlichen	N
grundlegenden	O

4 Welcher Film wurde 2017 als bester Film mit dem „Oscar" ausgezeichnet?

„Arrival"	O
„Manchester by the Sea"	E
„Fences"	N
„Moonlight"	T

5 Ihre Samen gelten als gesund. Die Chia-Pflanze ist eng verwandt mit dem ...

Löwenzahn	P
Spinat	N
Salbei	S
Knoblauch	C

6 Bei welcher Sportart gibt es als Verwarnung eine grüne Karte?

beim Basketball	U
beim Handball	E
beim Hockey	I
beim Volleyball	A

7 Welches Land führte erst 1944 das Frauenwahlrecht ein?

Dänemark	A
Deutschland	I
Spanien	U
Frankreich	N

8 Welches der folgenden Meere wird auch „Stiller Ozean" genannt?

Schwarzes Meer	D
Pazifik	N
Indischer Ozean	A
Atlantik	E

1 2 3 4 5 6 7 8

THEMEN-QUIZ

Nix forr Drahnlammbe!

Selbst für Sachsen und Fans Sachsens ist nicht jede der folgenden Fragen leicht zu beantworten. In diesem Vokabeltest geht es darum, Worte aus dem Sächsischen ins Hochdeutsche zu übersetzen.

1 DADDSCHN

A) Taschen
B) Fußspuren
C) Hände
D) reden

2 BADDLN

A) trinken
B) arbeiten
C) spielen
D) graben

3 LÄDDSCH

A) fade
B) zuletzt
C) reich
D) großgewachsen

4 RADDSCHORR

A) Babyrassel
B) Radiergummi
C) Fahrrad
D) Reifenpanne

5 SIMMORRN

A) kochen
B) schreinern
C) lüften
D) schreiben

6 ALLDORIERN

A) sich aufregen
B) verzieren
C) verschenken
D) abwechseln

7 DÄMMSE

A) Dummheit
B) weibliche Ziege
C) Träumerei
D) Schwüle

8 FISSBLICH

A) vergesslich
B) hässlich
C) unruhig
D) fleißig

9 MAUS'CH

A) feige
B) hübsch
C) bestechlich
D) frech

10 NÄBBE

A) Augen
B) Schnupfen
C) Nachbar
D) Bett

QUIZ für GENIES

Millionär können Sie bei uns (leider) nicht werden, aber auch hier können Sie Ihr Wissen testen. Viel Spaß!

1. Will man jemandes Wunsch nicht erfüllen, wird man ihm was ...

A kratzen | B husten | C niesen | D schnupfen

2. Was lange währt, wird endlich ...

A fertig | B schön | C gut | D nett

3. Wer den Mut verliert, wirft sprichwörtlich die Flinte ins ...

A Gras | B Heu | C Korn | D Wasser

4. Sinatras Tochter wurde berühmt mit einem Song über ...

A Hosen | B Hüte | C Pferde | D Stiefel

5. Für seine Umtriebigkeit bekannt ist der Hansdampf in allen ...

A Straßen | B Chausseen | C Gassen | D Alleen

6. Wer war nie deutscher Bundeskanzler?

A Willy Brandt | B Ludwig Erhard | C Christian Wulff | D Helmut Schmidt

7. Beim Zahnarzt gewährt die Krankenkasse einen ...

A Feierzuschuss | B Fetenzuschuss | C Partyzuschuss | D Festzuschuss

8. Die Umlaufbahnen von Planeten sind oft ...

A kapriziös | B sprunghaft | C exzentrisch | D überdreht

9. Der beste Freund der Biene Maja heißt ...

A Bert | B Willi | C Tommy | D Peter

10. Don Quijote nennt man auch den „Ritter von der ... Gestalt".

A herrlichen | B hässlichen | C schönen | D traurigen

11. Was ist eine Berghexe?

A eine Heuschrecke | B ein Schmetterling | C eine Pflanze | D eine Kiefernart

12. Ein erfolgreicher chinesischer Pianist ist ...

A Lang Lang | B Chang Chang | C Wang Wang | D Wan Wan

QUIZ

Testen Sie Ihr Allgemeinwissen!

1

Wenn man genug von etwas hat, dann ist ...

☐ Hippe ☐ Sense ☐ Sichel ☐ Spaten

2

Der Alleskönner wird das Kind ...

☐ gleich wickeln ☐ schon schaukeln ☐ bald füttern ☐ nur stillen

3

Einen elektrochemischen Stromspeicher nennt man ...

☐ Bakterie ☐ Batterie ☐ Battaglia ☐ Batter

4

Der Name „Bella" bedeutet „...".

☐ die Lange ☐ die Zickige ☐ die Schöne ☐ die Sanfte

5

In München steht die ...

☐ Damenkirche ☐ Herrenkirche ☐ Frauenkirche ☐ Kinderkirche

6

Welcher Song von Olivia Newton-John wurde 1980 ein Hit?

☐ „Malibu" ☐ „Marabu" ☐ „Xanadu" ☐ „Kakadu"

7

Wie heißt der Sohn von Prinzessin Victoria von Schweden?

☐ Gustaf ☐ Erik ☐ Oscar ☐ Nicolas

8

Wo lebten Romeo und Julia?

☐ Rom ☐ Verona ☐ Venedig ☐ Siena

9

Was ist ein Nekrolog?

☐ Vorwort ☐ Nachruf ☐ Gespräch ☐ Gedicht

10

In welchem Tanzfilm spielte John Travolta nicht die Hauptrolle?

☐ „Flashdance" ☐ „Hairspray" ☐ „Grease" ☐ „Staying Alive"

11

Aus welcher Sprache hat sich Afrikaans entwickelt?

☐ Spanisch ☐ Deutsch ☐ Niederländisch ☐ Norwegisch

12

Anteilsmäßig die wenigsten Frauen erhielten den ...-Nobelpreis.

☐ Physik ☐ Literatur ☐ Friedens ☐ Medizin

BILDER-QUIZ

Wie nennt man einen zu den Ruderfüßern gehörenden Meeresvogel?

SOPRANZIEGE – BASSTÖLPEL – ALTSCHUSSEL

In welcher Stadt steht das Holstentor?

ROSTOCK – LÜBECK – WOLGAST

Wer dichtete: „Sah ein Knab ein Röslein stehn"?

HEBBEL – HERDER – GOETHE

QUIZ

500 Euro

1 Wo steht ein Spiel, dessen Ausgang ungewiss ist?

A auf des Schneiders Spitze
B auf des Schneiders Messer
C auf des Messers Schneide
D auf des Messers Klinge

1000 Euro

2 Vom Aussterben bedroht sind die ...-Läden.

A Onkel-Gustav
B Tante-Emma
C Bruder-Johannes
D Schwester-Klara

2000 Euro

3 Die Postleitzahl 17192 steht für ...

A Reisen (Hessen)
B Fahren (Holstein)
C Regen (Rügen)
D Waren (Müritz)

5000 Euro

4 Blauhaie und Tigerhaie gehören zur Familie der ...

A Messetiere
B Kirchfische
C Requiemhaie
D Rezitativtaucher

10 000 Euro

5 Eine Pizza mit Ananas und Schinken ist eine Pizza ...

A Funghi
B Margherita
C Napoli
D Hawaii

50 000 Euro

6 Bei welchem Spiel kann es zum Patt kommen?

A beim Schach
B beim Memory
C beim Halma
D beim Scrabble

100 000 Euro

7 Ein Wok ist ...

A ein Wichtel
B eine hohe Pfanne
C eine Automarke
D eine Wühlmaus

250 000 Euro

8 Wie groß ist die Summe aller Winkel im Fünfeck?

A 180 Grad
B 270 Grad
C 360 Grad
D 540 Grad

500 000 Euro

9 Was war Moses von Beruf, ehe er seiner Berufung folgte?

A Zimmermann
B Bauer
C Schäfer
D Jäger

1 000 000 Euro

10 Wann trat die Bundesrepublik Deutschland der NATO bei?

A 1949
B 1953
C 1955
D 1961

BILDER-QUIZ

Mit welchem Gerät misst man radioaktive Strahlung?

CELLISTENMASS • DIRIGENTENUHR • GEIGERZÄHLER • TROMPETOMETER

Einen flachen, an der Unterkante oft halbrund geformten Dachziegel nennt man ...

BIBERSCHWANZ • DACHSSCHWEIF • ENTENBÜRZEL • FLIEGENWEDEL

Einem haltlosen, aber hartnäckigen Gerücht zufolge soll Mozart vergiftet worden sein. Welcher Komponist soll die Tat begangen haben?

PUCCINI • ROSSINI • SALIERI • VIVALDI

Wer wird Millionär?

1) Eine Hunderasse ist der ...

50 €
- A Segler
- B Boxer
- C Ringer
- D Fechter

2) Eine Frau ohne Verehrer gilt als ...

100 €
- A Wandranke
- B Weinrebe
- C Kletterpflanze
- D Mauerblümchen

3) Vor der Fahrt in die Ferien plagt manche ...

200 €
- A Tourschnupfen
- B Triphusten
- C Flugrausch
- D Reisefieber

4) Ein Pferdejunges ist ein ...

300 €
- A Tanken
- B Gießen
- C Füllen
- D Schütten

5) Wer lebt im Märchen mit sieben Männern zusammen?

500 €
- A Frau Holle
- B Schneewittchen
- C Rapunzel
- D Aschenputtel

6) Eine besondere Frisurform ist die ...

1000 €
- A Ewiglocke
- B Frühtolle
- C Dauerwelle
- D Friststrähne

7) Der Fuchsschwanz ist ein ...

2000 €
- A Schmetterling
- B Werkzeug
- C Dachziegel
- D Zopf

8) Ein Plätzchen mit Mandelsplittern heißt ...

4000 €
- A Luzerner
- B Florentiner
- C Römer
- D Stockholmer

9) Wie heißen Anführungszeichen umgangssprachlich?

8000 €
- A Gänsefüßchen
- B Katzenpfötchen
- C Silberfischchen
- D Gänseblümchen

10) Kein Modedesigner ist oder war ...

16 000 €
- A Yves Saint Laurent
- B Sacha Distel
- C Karl Lagerfeld
- D Christian Dior

11) Im Märchen „Vom Fischer und seiner Frau" heißt diese ...

32 000 €
- A Annemarie
- B Kunigunde
- C Ilsebill
- D Lieselotte

12) Die Hippies nannte man auch ...

64 000 €
- A Waldkinder
- B Wiesenkinder
- C Naturkinder
- D Blumenkinder

13) Wie heißt Schwedens Kronprinzessin?

125 000 €
- A Victoria
- B Concordia
- C Lydia
- D Cornelia

14) Wer ist die griechische Göttin des Ackerbaus?

500 000 €
- A Artemis
- B Demeter
- C Ceres
- D Hera

15) Jute besteht aus ...

1 000 000 €
- A Baumwolle
- B Tierwolle
- C Bast
- D Kunststoff

TIER-QUIZ

1 Agaporniden haben ein starkes Paarverhalten und brauchen immer einen Partner. Man nennt sie deswegen auch Unzertrennliche oder auch ...

- ANHÄNGLICHE
- LIEBESVÖGEL
- VERHEIRATETE

2 Kampffische sind schön anzusehen. Bei diesen Fischen kümmert sich das Männchen um die Brutpflege und baut ein Nest, das aussieht wie ...

- PAPIER
- SILBER
- SCHAUM

3 Das kleine Shetlandpony ist zum Reiten bei Kindern beliebt. Während der Industrialisierung diente es eher als Arbeitstier, und zwar im ...

- BERGBAU
- KLOSTER
- THEATER

QUIZ

1. Der Dreisatz ist ein ...

- **A** Sportwettkampf
- **B** Versmaß
- **C** Rechenverfahren
- **D** Theaterstück

2. Boney M. sangen von den „Rivers of ...“.

- **A** Babylon
- **B** Alexandria
- **C** Ephesos
- **D** Karthago

3. Das englische Wort für Frühling ist ...

- **A** spring
- **B** hops
- **C** renn
- **D** lauf

4. Auf der Netzhaut des Auges gibt es einen ... Fleck.

- **A** scharfen
- **B** hellen
- **C** dunklen
- **D** blinden

5. Wie heißt der Hund bei den „Peanuts“?

- **A** Goofy
- **B** Snoopy
- **C** Spike
- **D** Pluto

6. Eine Leuchtdiode bei Elektrogeräten heißt ...

- **A** LED
- **B** LCD
- **C** LRS
- **D** EDV

7. Ein Anfänger zieht beim Skilaufen häufig die ...

- **A** Trommelbremse
- **B** Backenbremse
- **C** Keilbremse
- **D** Scheibenbremse

8. Für welche Tanzmusik ist das Bandoneon typisch?

- **A** Bolero
- **B** Tango
- **C** Polka
- **D** Walzer

9. Gnocchi sind ...

- **A** Früchte
- **B** Krapfen
- **C** Nudeln
- **D** Klöße

10. In einem Kobel wohnen ...

- **A** Biber
- **B** Eichhörnchen
- **C** Kolibris
- **D** Dachse

11. Was für ein Tier ist ein Basilisk?

- **A** eine Kröte
- **B** ein Leguan
- **C** eine Heuschrecke
- **D** ein Schmetterling

12. Die antike Meeresenge Hellespont heißt heute ...

- **A** Bosporus
- **B** Dardanellen
- **C** Kattegat
- **D** Ärmelkanal

WORTSPIEL

Wenn Sie die Bedeutungen der 8 Wörter herausgefunden haben, ergeben die Buchstaben hinter den richtigen Antworten – von oben nach unten gelesen – ein Sprichwort.

1 Appellation

a) aufrüttelnde Mahnung .... **GUT**
b) militärischer Befehl .... **WER**
c) veraltet für Berufung .... **ARM**

2 Bannmeile

a) seemännisches Längenmaß .. **UND**
b) neutrale Zone .... **UTI**
c) Bereich eines Kirchenbannes **DEN**

3 Pesto

a) italienische Würzpaste .... **STE**
b) Infektionskrankheit .... **REI**
c) Stadtteil von Budapest ...... **TAG**

4 Doppelbock

a) Kartenspiel .... **CHG**
b) besonders starkes Bockbier ... **INS**
c) Turngerät .... **NIC**

5 Exotik

a) Muskeltraining .... **EHO**
b) fremdländ. Anziehungskraft .. **CHL**
c) Ausstellungs-, Museumsstück **HTL**

6 Fips

a) kleiner, unscheinbarer Mensch **IMM**
b) alkoholisches Mischgetränk .. **ERE**
c) französischer Verkehrspolizist **OBT**

7 Homunkulus

a) Geheimlehre .... **NIC**
b) künstlich erzeugter Mensch ... **ERG**
c) Zauberer .... **HAT**

8 Matura

a) ungarischer Tanz .... **HTE**
b) österreichische Reifeprüfung .. **AST**
c) Umhang mit Kapuze .... **TEN**

Nur wenn Sie die Fragen richtig beantworten, werden Sie am Ziel mit den richtigen Buchstaben ankommen. Diese ergeben – hintereinandergelesen – eine jahreszeitliche Freizeitbeschäftigung.

START

H Der Schriftsteller Samuel Beckett war Ire.	**R** Die Viktoriafälle sind ein Wasserfall zwischen den USA und Kanada.	**B** Silberhochzeit feiert man nach 25 Ehejahren.	**E** Die ersten Olympischen Winterspiele wurden 1924 in Chamonix ausgetragen.
E Veganer trinken Milch.	**N** Die erste Folge der „Lindenstraße“ wurde am 8. Dezember 1990 ausgestrahlt.	**S** Anämie ist die medizinische Bezeichnung für Gedächtnisverlust.	**T** Der flächenmäßig größte Staat Afrikas ist Algerien.
O Der erste Kaiser des Römischen Reiches war Tiberius.	**S** Der Neckar fließt durch Stuttgart.	**T** Die indische Währung ist Baht.	**D** Roger Moore hatte 2002 einen Gastauftritt im „Tatort“
M Der Parasol oder Riesenschirmpilz ist essbar.	**P** Die Pyramiden von Gizeh gehören zu den 7 Weltwundern der Antike.	**A** Der Weltrekord im Hochsprung der Männer liegt bei 2,35 m.	**U** Für die Zubereitung von Spaghetti alla carbonara braucht man Eier.
E Pablo Picasso ist ein Mitbegründer des Kubismus.	**I** Julia Roberts wurde für ihre Rolle in „Pretty Woman“ mit dem Oscar ausgezeichnet.	**Z** Ein Tag hat 1220 Minuten.	**R** Corned Beef besteht aus Rindfleisch.
R Der Nullmeridian verläuft durch Greenville.	**G** Bouillabaisse ist eine provenzalische Fischsuppe.	**F** Abessinier ist eine Hunderasse.	**N** Die Ozonschicht befindet sich in der Stratosphäre.
A Felix war der beliebteste Jungenname 2009.	**O** Das Wort Schokolade ist abgeleitet vom aztekischen Wort xocóatl.	**A** Mindestens 80 % der bekannten Tierarten sind Insekten.	**G** ZIEL

Lösung:

☐☐☐☐☐☐☐☐☐☐☐☐☐☐☐☐☐

PROMI-QUIZ

1 **In welcher Stadt kam der Schauspieler Daniel Brühl 1978 zur Welt?**
- Amsterdam
- Barcelona
- Stuttgart

2 **Rockmusikerin Tina Turner hat indianische Vorfahren. Aus welchem Stamm?**
- Navajo
- Pawnee
- Seneca

3 **In welchem Hollywoodfilm hatte Boxer Wladimir Klitschko einen Gastauftritt?**
- Jurassic Park
- Ocean's Eleven
- Stirb langsam

4 **Mit was für einem Tier lebte Angelina Jolie in ihrer Jugend zusammen?**
- Leguan
- Marder
- Spinne

5 **Wofür steht das „B." im Namen von Johannes B. Kerner?**
- Balduin
- Baptist
- Bertram

6 **In welcher Sportart zeigt Barack Obama genauso viel Ambition wie in der Politik?**
- Basketball
- Breakdance
- Hochsprung

7 **Wie heißt die älteste Tochter von Popmusikerin Madonna?**
- Avignon
- Le Havre
- Lourdes

8 **Wofür hegt TV-Moderatorin Katrin Müller-Hohenstein eine große Sammelleidenschaft?**
- Eierbecher
- Eislöffel
- Jeanshosen

9 **Seit ihrer Kindheit ist Stefanie Hertel ein großer Fan der Musik von ...**
- ABBA
- AC/DC
- WHAM

DAS LEICHTE QUIZ

Testen Sie Ihr Allgemeinwissen, und schicken Sie Ihr Gehirn ins Trainingslager! Unser Quiz macht Sie fit für Jauch, Pilawa und Co.

1 — 50 Euro
Eine Redewendung lautet: „Wer nicht will, der ..."
A bekommt noch — B hat schon — C braucht nichts — D kriegt nichts

2 — 100 Euro
Hollywood nennt man auch ...
A Schlaflabor — B Schlummerbude — C Traumfabrik — D Wachanstalt

3 — 200 Euro
Was haben robuste Menschen?
A Hammelbeine — B Gänseleber — C Rinderwahnsinn — D Pferdenatur

4 — 300 Euro
Als Unterlage für Papierseiten dient das ...
A Klemmbrett — B Waschbrett — C Surfbrett — D Sprungbrett

5 — 500 Euro
Wenn man etwas schätzt, peilt man über ...
A den Daumen — B den Zeigefinger — C die Schulter — D den Horizont

6 — 1.000 Euro
Betrüger legen ihre Opfer aufs ...
A Kreuz — B Herz — C Pik — D Karo

7 — 2.000 Euro
Aufdringliche Fotografen sind ...
A Pestalozzi — B Paparazzi — C Peperoni — D Paroli

8 — 4.000 Euro
Auf der Alm, da gibt's koa ...
A Wind — B Rind — C Kind — D Sünd

9 — 8.000 Euro
Wer Unhaltbares verspricht, verspricht was vom Himmel?
A Die Wolke — B Das Blaue — C Den Vogel — D Den Mond

10 — 16.000 Euro
Was hält der Vater in Goethes „Erlkönig" im Arm?
A Einen Knaben — B Einen Sack Geld — C Seine Frau — D Eine Katze

11 — 32.000 Euro
Fontane wanderte durch ... Brandenburg.
A den Taler — B den Pfennig — C den Heller — D die Mark

12 — 64.000 Euro
Was hören manche Leute husten?
A Das Gras — B Die Flöhe — C Die Motten — D Die Frösche

13 — 125.000 Euro
Eine breit gefächerte Flussmündung ist ein ...
A Alpha — B Beta — C Gamma — D Delta

14 — 500.000 Euro
Welches Tier ist kein Insekt?
A Heuschrecke — B Schmetterling — C Schabe — D Grasmücke

15 — 1.000.000 Euro
Dänemarks Festland heißt ...
A Fünen — B Jütland — C Seeland — D Lolland

BILDER-QUIZ

Wie wird der Fuchs in Tierfabeln genannt?

ISEGRIM – PHÖNIX – REINEKE

Bei einem wertvollen, als Schmuckstein geschätzten rhombischen Mineral handelt es sich um …

FLINT - GNEIS – TOPAS

Was spielen Kinder gerne im Freien?

ALTER ESEL – BLINDE KUH – DUMME GANS

REISE-QUIZ

Was soll aus dem Ruhrgebiet werden, wenn dort keine Kohle mehr gefördert wird? Recklinghausen scheint eine Antwort gefunden zu haben. Wie gut kennen Sie das „Kulturgebiet“? Die acht Fragen haben je vier Antwortmöglichkeiten.

1 **An welcher 1914 vollendeten Schifffahrtsstraße liegt Recklinghausen?**

A Elbeseitenkanal — *B Mittellandkanal*
C Nord-Ostsee-Kanal — *D Rhein-Herne-Kanal*

2 **Recklinghausen entstand im frühen Mittelalter aus einem karolingischen Königshof. Seine älteste Kirche wurde nach einem Stadtbrand im Jahr 1247 errichtet. Nach wem ist das spätromanische Gebäude benannt?**

A Daniel — *B Martin*
C Paulus — *D Petrus*

3 **Das Herz Recklinghausens ist seit altersher der Altstadtmarkt mit seinen zahlreichen historischen Gebäuden. Einmal im Jahr findet hier ein international besetztes Sportturnier statt. In welcher Disziplin?**

A Brustschwimmen — *B Stabhochsprung*
C Florettfechten — *D Eisschnelllauf*

4 **Sehenswert ist ein im Stil der Deutschen Renaissance errichtetes und 1908 eröffnetes öffentliches Gebäude. Um was für eines handelt es sich?**

A Bahnhof — *B Kloster*
C Postamt — *D Rathaus*

5 **Strom kommt aus der Steckdose, oder? Wie es sich wirklich verhält, zeigt das Museum „Strom und Leben“. In welchem Recklinghäuser Gebäude ist es passenderweise untergebracht?**

A Ladestation — *B Planetarium*
C Uhrenfabrik — *D Umspannwerk*

6 **„Kunst gegen Kohle“: Unter diesem Motto begann schon 1946 die Geschichte der Ruhrfestspiele. Diese locken heute regelmäßig Hollywoodstars in die Stadt. 2006 verkörperte Kevin Spacey welchen Titelhelden eines shakespearschen Königsdramas? (… II.)**

A Charles — *B Othello*
C Richard — *D William*

7 **Am 28. Juni 1947 eröffnete „Die Hochzeit des Figaro“ die Premiere der Festspiele. Aus wessen Feder stammt die Oper?**

A Mozart — *B Wagner*
C Mahler — *D Brahms*

8 **Eine berühmte Tochter Recklinghausens ist welche Skiolympiasiegerin?**

A Anni Friesinger — *B Katja Seizinger*
C Liv Grete Poirée — *D Pernilla Wiberg*

Wer wird Millionär?

1) Im Ernstfall kämpft man mit harten … (50 €)
A Bandagen — C Pflastern
B Kompressen — D Verbänden

2) Cindy & Bert singen den Schlager „Immer wieder …“. (100 €)
A freitags — C sonntags
B dienstags — D mittwochs

3) Bleibt man grundlos der Arbeit fern, macht man … (200 €)
A rot — C grün
B gelb — D blau

4) Ein päpstlicher Erlass heißt … (300 €)
A Bulle — C Ochse
B Stier — D Kalb

5) Wie grüßt man einander auf Hawaii? (500 €)
A Olala — C Aloha
B Allotria — D Alaaf

6) Wer zu Fuß geht, reist auf Schusters … (1000 €)
A Rappen — C Leisten
B Schimmeln — D Ochsen

7) Etwas Seltenes ist dünn … (2000 €)
A gewachsen — C geworden
B gesät — D gebaut

8) Wo gibt es die meisten Karambolagen? (4000 €)
A im Autorennsport — C im Reitsport
B im Radrennsport — D im Billard

9) Der polnische Nationaltanz ist die … (8000 €)
A Mazurka — C Rumba
B Polka — D Quadrille

10) Das Bartmännchen ist ein … (16 000 €)
A Hamster — C Schmetterling
B Fisch — D Marzipangebäck

11) Was ist mit „Gold der Ostsee“ gemeint? (32 000 €)
A Heringe — C Treibholz
B Bernstein — D Meersalz

12) Was befindet sich meist unter dem Wasserspiegel? (64 000 €)
A eine Glucke — C eine Luke
B eine Feluke — D eine Fluke

13) Wie viele Vögel werden in dem Lied „Alle Vögel sind schon da“ genannt? (125 000 €)
A vier — C sechs
B fünf — D sieben

14) In welcher Stadt spielt die Oper „Carmen“? (500 000 €)
A Madrid — C Granada
B Toledo — D Sevilla

15) Das Himmelsgewölbe wird der Sage nach getragen von … (1 000 000 €)
A Atlas — C Herkules
B Globus — D Prometheus

Internationale Hitliste

„Einigkeit und Recht und Freiheit für das deutsche Vaterland. Danach lasst uns alle streben, brüderlich mit Herz und Hand." Dies dichtete Hoffmann von Fallersleben im August 1841. Auf welcher damals noch britischen Insel? Wenn Sie wissen, welcher Hymnentext zu welchem Land gehört, haben Sie die Antwort.

◯ Andorra	Land der Berge, Land am Strome	A
◯ Frankreich	Du alter, du freier, gebirgiger Norden	D
◯ Großbritannien	Auf Kinder des Vaterlands! Der Tag des Ruhms ist da.	E
◯ Liechtenstein	Oben am deutschen Rhein, lehnet sich ...	G
◯ Niederlande	Karl der Große, mein Vater, hat mich aus der Hand der Mauren befreit.	H
◯ Neuseeland	Gott schütze die Königin.	L
◯ Österreich	Gott schütze die Königin.	L
◯ Polen	Noch ist ... nicht verloren	N
◯ Schweden	Wilhelm von Nassau bin ich, von deutschem Blut	O

DAS VERZWICKTE QUIZ

QUIZ

Beantworten Sie die Quizfragen. Die Buchstaben hinter den richtigen Antworten ergeben ein Lösungswort.

1 An Webstühlen benötigt man ...
- a) Skier .... E
- b) Eisstöcke .... H
- c) Schlitten I
- d) Rodel V

2 Bei einer künstlerischen Veranstaltung am Vormittag geht man zu ...
- a) einer Soiree .... P
- b) einem Kolloquium .... T
- c) einer Jause .... O
- d) einer Matinee .... N

3 Ein durch seine Art auffallender Mensch ist ein lustiger ...
- a) Fisch .... F
- b) Hahn V
- c) Dachs .... N
- d) Vogel .... T

4 Wem schütteten Max und Moritz Maikäfer ins Bett?
- a) Witwe Bolte .... O
- b) Lehrer Lämpel .... T
- c) Onkel Fritz .... E
- d) Schneider Böck .... U

5 Was wird zur Weiberfastnacht den Männern abgeschnitten?
- a) die Hosenbeine .... A
- b) der Zopf .... S
- c) die Krawatte .... R
- d) die Hosenträger .... B

6 Welche Inselgruppe bezeichnet man als „Inseln des ewigen Frühlings"?
- a) die Balearen .... O
- b) die Azoren .... Z
- c) die Kanaren .... N
- d) die Antillen .... F

7 Die Kalligrafie ist die Kunst des ...
- a) Blumensteckens .... Z
- b) Dichtens .... H
- c) Knüpfens .... N
- d) Schönschreibens .... E

8 Botticelli malte das Bild „La Primavera" – „Der ...".
- a) Frühling .... T
- b) Sommer .... H
- c) Herbst .... K
- d) Winter L

1 2 3 4 5 6 7 8

Quiz för Kloogschieter

Nur noch wenige Menschen sprechen Sölring, den nordfriesischen Dialekt der Insel Sylt. Erraten Sie trotzdem die hochdeutsche Bedeutung der folgenden Wörter?

1 BEFRIIT WIIS
A) befreit sein
B) verlobt sein
C) verheiratet sein
D) vermögend sein

2 DEEL
A) Teil
B) Handel
C) Beule
D) Dünental

3 FRANSKNOPEN
A) Gänseblümchen
B) Krawatte
C) Franzosen
D) Zwiebelsuppe

4 GAU
A) Ortsteil
B) gehen
C) schnell
D) Dach

5 HAAGEN
A) gefallen
B) Hecken
C) Misthaufen
D) harken

6 KLÖÖR
A) Farbe
B) Klärwerk
C) eindeutig
D) nüchtern

7 KÖÖKEN
A) Henne
B) gucken
C) Küche
D) kaufen

8 OOM
A) oben
B) Onkel
C) Widerstand
D) vorbei

9 SLÖÖTEN
A) schleusen
B) schlucken
C) schleifen
D) geschlossen

10 WÜF
A) Hund
B) Ehefrau
C) Wurf
D) Werft

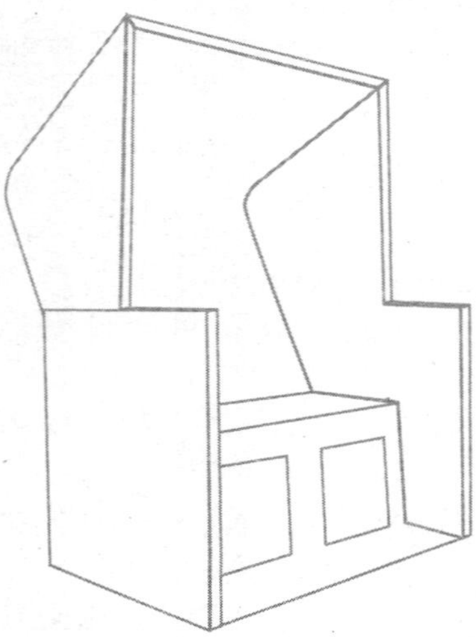

Millionär können Sie bei uns (leider) nicht werden, aber auch hier können Sie Ihr Wissen testen. Viel Spaß!

1. Der berühmte Berg in Australien heißt Ayers ...
A Bluse | B Hose | C Rock | D Kappe

2. Ein spendabler Mensch lässt gerne etwas ...
A fliegen | B gehen | C schleifen | D springen

3. Hast du was, ... du was!
A kannst | B bist | C willst | D wirst

4. Die Dinosaurier lebten unter anderem in der ...
A Tuschezeit | B Kreidezeit | C Tintenzeit | D Tafelzeit

5. Kleine Babys werden ...
A gefaltet | B geklammert | C gewickelt | D gerollt

6. Ein durchsichtiges Gewebe heißt Crêpe ...
A Suzette | B Ninette | C Limette | D Georgette

7. Die Oper „Der Rosenkavalier" spielt in ...
A Wien | B Florenz | C Paris | D Sevilla

8. Einer der erfolgreichsten deutschen Filme ist „Der Schuh des ...".
A Old Firehand | B Old Shatterhand | C Winnetou | D Manitu

9. Welches Stück komponierte Georg Friedrich Händel?
A Erdenmusik | B Feuermusik | C Himmelsmusik | D Wassermusik

10. Eine Minuskel ist ein ...
A Kleinbuchstabe | B Muskelriss | C Rechenzeichen | D Staubteilchen

11. Der Canal du Midi verbindet Mittelmeer und ...
A Atlantik | B Rotes Meer | C Adria | D Nordsee

12. Das Zitat „Doch der Segen kommt von oben" stammt aus Schillers ...
A „Handschuh" | B „Bürgschaft" | C „Taucher" | D „Glocke"

Testen Sie Ihr Allgemeinwissen!

1

Etwas Extremes ist redensartlich jenseits von ...

- ☐ Eden ☐ Gut und Böse ☐ links und rechts ☐ Afrika

2

Ein scherzhafter Ausdruck für Vergeltung ist: Rache ist ...

- ☐ Mettwurst ☐ Bockwurst ☐ Jagdwurst ☐ Blutwurst

3

Der Heimatort Boris Beckers ist ...

- ☐ Kleben ☐ Pappen ☐ Kleistern ☐ Leimen

4

Bei Pinocchio wuchs was zeitweise sehr stark?

- ☐ Bart ☐ Bauch ☐ Nase ☐ Daumen

5

Wie viele Tonstufen umspannt eine Oktave?

- ☐ vier ☐ sechs ☐ acht ☐ zehn

6

Viel Erfolg hatte Peter Maffay mit dem Lied ...

- ☐ „Es" ☐ „Du" ☐ „Sie" ☐ „Ich"

7

Wie nennt man eine Heiligenerzählung?

- ☐ Ballade ☐ Legende ☐ Fabel ☐ Märchen

8

Der Vertrag von Verdun besiegelte die Teilung welchen Reiches?

- ☐ Osmanisches ☐ Preußisches ☐ Römisches ☐ Fränkisches

9

Das zweithöchste Staatsamt in Deutschland hat der ...

- ☐ Vizekanzler ☐ Bundeskanzler ☐ Bundestagspräsident ☐ DFB-Präsident

10

Wie heißen die Blätter des „Gemeinen Dost" auch?

- ☐ Koriander ☐ Thymian ☐ Oregano ☐ Zitronengras

11

In welcher Stadt kann man die „Mona Lisa" bewundern?

- ☐ London ☐ Paris ☐ New York ☐ Rom

12

Die Wappentiere Australiens sind das Känguru und ...

- ☐ der Koala ☐ der Wombat ☐ das Krokodil ☐ der Emu

Wie heißt der Stadtteil von Rio de Janeiro, der für seinen fünf Kilometer langen Badestrand bekannt ist?

BAIRRO NOVO COPACABANA
COSTA BRAVA PRAIA DE RIO

Wie viele Königspyramiden stehen außer der Cheopspyramide bei Giseh?

EINE ZWEI
DREI VIER

In Straßburg gibt es seit 1959 den Europäischen Gerichtshof für ...

MENSCHENRECHTE
SEEKRIEGSRECHT
SPRACHENFRAGEN
DENKMALSSCHUTZ

QUIZ

500 Euro

1 Steter Tropfen höhlt den ...

A Fels
B Stein
C Granit
D Verstand

1000 Euro

2 Im reifen Alter bekommen viele einen zweiten ...

A Winter
B Herbst
C Sommer
D Frühling

2000 Euro

3 Eine deutsche Biersorte heißt ...

A Sächsisch
B Bayerisch
C Schwäbisch
D Kölsch

5000 Euro

4 Was ist ein Rappe?

A Tasche aus Ziegenleder
B Flugunfähiger Rabe
C Schwarzes Pferd
D Alte Erntemaschine

10 000 Euro

5 Ein Lustspiel von Heinrich von Kleist ist „Der zerbrochne ...".

A Spiegel
B Krug
C Teller
D Becher

50 000 Euro

6 Was ist Makramee?

A Sportart
B Handarbeit
C Teesorte
D Fischart

100 000 Euro

7 Was ist keine regionale Bezeichnung für Eierkuchen?

A Palatschinken
B Teilchen
C Crêpes
D Plinsen

250 000 Euro

8 Wen liebt Forrest Gump im gleichnamigen Film von 1994?

A Mary
B Jenny
C Annie
D Peggy

500 000 Euro

9 Zu welchem Land gehörte die Insel Helgoland nie?

A Deutschland
B Niederlande
C Großbritannien
D Dänemark

1 000 000 Euro

10 Zu welcher Pflanzenfamilie gehört die Drachenfrucht?

A Mohngewächse
B Nachtschattengewächse
C Kakteengewächse
D Hülsenfrüchtler

BILDER-QUIZ

Höhepunkt des Karnevals in New Orleans ist der „Mardi Gras". Was bedeutet das?

FETTER DIENSTAG • FEURIGER MONTAG • ROSIGER FREITAG • TOLLER MITTWOCH

Mit welchem Symbol ist der „Jakobsweg" nach Santiago de Compostela ausgeschildert?

KUTSCHE • MUSCHEL • SPROSSE • STIEFEL

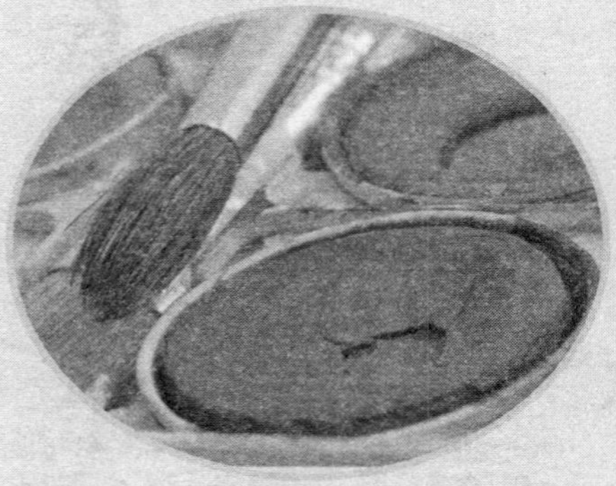

Tuschkasten: Welche Farbe ergibt sich, wenn man Rot und Gelb mischt?

BRONZE • ORANGE • PURPUR • SILBER

Wer wird Millionär?

1) Die dümmsten Bauern ernten sprichwörtlich die größten ...

50 €

A Höfe — C Rüben
B Kartoffeln — D Äcker

2) Ein altes Auto ist eine ...

100 €

A Beziehungskiste — C Mottenkiste
B Klapperkiste — D Rappelkiste

3) Ein kleinlicher Mensch ist ein ...

200 €

A Erbsenzähler — C Linsenzähler
B Bananenzähler — D Reiskornzähler

4) Der Außerirdische in dem Film von Steven Spielberg war ...

300 €

A „Tron" — C „E.T."
B „Prot" — D „Traxx"

5) Was versteht der Arzt unter Rhinitis?

500 €

A Heiserkeit — C Husten
B Schnupfen — D Hautausschlag

6) Ein Hit von Lady Gaga heißt ...

1000 €

A „Poker Face" — C „Satellite"
B „Jungle Drum" — D „Pussy"

7) Das Nest eines Greifvogels nennt man ...

2000 €

A Kobel — C Sasse
B Horst — D Kessel

8) Eine Operette von Karl Millöcker ist „Der ...".

4000 €

A Bettelstudent — C Musterschüler
B Lügenbaron — D Zauberlehrling

9) Wie viele Saiten hat eine Violine?

8000 €

A drei — C fünf
B vier — D sechs

10) Ein Blätterteighörnchen ist ...

16 000 €

A das Baguette — C das Croissant
B die Brioche — D das Éclair

11) Wo steht die Hagia Sophia?

32 000 €

A in Rom — C in Kairo
B in Istanbul — D in Ankara

12) Ein Film mit Franka Potente heißt ...

64 000 €

A „Anatomie" — C „Orthopädie"
B „Chirurgie" — D „Kardiologie"

13) Wer wählt in Deutschland den Bundeskanzler?

125 000 €

A der Bundesrat — C die Bundesversammlung
B der Bundestag — D das Volk

14) Eine alte Bezeichnung für den Juli ist ...

500 000 €

A Heumond — C Strohmond
B Weinmond — D Apfelmond

15) In welcher Stadt findet die „documenta" statt?

1 000 000 €

A Berlin — C Kassel
B Frankfurt — D München

TIER-QUIZ

1 Ihren Namen hat die flauschige Ragdoll, weil sie beim Hochheben an ein Spielzeug erinnert. „Ragdoll" heißt aus dem Englischen übersetzt nämlich ...

- STOFFPUPPE
- HAMPELMANN
- LUFTBALLON

2 Der possierliche Goldhamster ist nachtaktiv und schläft am Tage. Wenn er dann aber mal wach ist, geht er seiner Lieblingstätigkeit nach. Welcher?

- SPRINGEN
- KLETTERN
- KLAPPERN

3 Bei den Zebrafinken unterscheiden sich die Geschlechter äußerlich voneinander. Die Männchen erkennt man am Wangenfleck und dem dunklen ...

- DECKKLEID
- NASENLOCH
- BRUSTBAND

QUIZ

1. Eine Redensart über den Umgang miteinander sagt: „Der Ton macht die …“.

A Melodie	**B** Musik
C Noten	**D** Oper

2. Umweltschonende Produkte kennzeichnet der „Blaue …“.

A Stern	**B** Baum
C Bär	**D** Engel

3. Das Herkules-Denkmal ist das Wahrzeichen von …

A Jena	**B** Göttingen
C Kassel	**D** Meißen

4. Australien und Tasmanien werden getrennt durch die …

A Bass-Straße	**B** Tenor-Straße
C Sopran-Straße	**D** Alt-Straße

5. Das Buch zum Filmklassiker „Vom Winde verweht“ schrieb …

A Scarlett O´Hara	**B** Patricia Highsmith
C Margaret Mitchell	**D** Alexandra Ripley

6. Brüssel ist bekannt für seine …

A Kanten	**B** Spitzen
C Streifen	**D** Karos

7. Was bezeichnete man früher scherzhaft als Vatermörder?

A eine Fliege	**B** einen Hut
C eine Krawatte	**D** einen Stehkragen

8. „Blockbuster“ nennt man einen …

A Actionfilm	**B** erfolgreichen Film
C Monumentalfilm	**D** Kriminalfilm

9. Zu welchem Tanz bewegt man sich im Viervierteltakt?

A Foxtrott	**B** Tango
C Paso doble	**D** Samba

10. Ein Abstimmungsverfahren im Parlament ist der …

A Hammelsprung	**B** Hechtsprung
C Bocksprung	**D** Rösselsprung

11. Ein britischer Maler und führender Vertreter der Romantik war William …

A Fechter	**B** Reiter
C Segler	**D** Turner

12. Auf welchen Euro-Banknoten sind Motive der Antike abgebildet?

A auf 5-Euro-Scheinen	**B** auf 10-Euro-Scheinen
C auf 50-Euro-Scheinen	**D** auf 100-Euro-Scheinen

WORTSPIEL

Wenn Sie die Bedeutungen der 8 Wörter herausgefunden haben, ergeben die Buchstaben hinter den richtigen Antworten – von oben nach unten gelesen – ein Sprichwort.

1 Palette
a) Farbenmischbrett .... **ALL**
b) umgangssprachlich für in Ordnung .... **WIE**
c) italienisches Gebäck .... **DER**

2 Cobbler
a) amerikanischer Polizist (ugs.) **GEM**
b) eine Cocktailart .... **ERD**
c) eine Hunderasse .... **DIE**

3 Ilex
a) immergrüner Strauch .... **ING**
b) Gesetzessammlung .... **EIN**
c) Fernschreiben .... **ALT**

4 Purserette
a) Balletttänzerin .... **GUT**
b) Chefstewardess im Flugzeug **EAN**
c) Hilfspolizistin .... **ENS**

5 Otitis
a) kleines Raubtier .... **IST**
b) griechischer Gott .... **UNG**
c) Ohrenentzündung .... **FAN**

6 Konus
a) mathematische Funktion .... **IMM**
b) kegelförmiger Körper .... **GIS**
c) Vergütung, Rabatt .... **NSO**

7 Mortadella
a) spanischer Tanz .... **ERE**
b) Zuckertäfelchen .... **WER**
c) italienische Wurstsorte ...... **TKL**

8 Önologe
a) Fachmann für Weinbaukunde **EIN**
b) Fachmann für Gesteine...... **TEN**
c) Umweltschützer .... **DEN**

Nur wenn Sie die Fragen richtig beantworten, werden Sie am Ziel mit den richtigen Buchstaben ankommen. Diese ergeben – hintereinandergelesen – einen Mitarbeiter bei Rundfunk und Fernsehen.

START

N Die Zulu sind eine nordafrikanische Volksgruppe.	**C** Der Airbus A 380 ist das größte zivile Verkehrsflugzeug.	**P** Der Polarstern ist der hellste Stern im Sternbild „Kleiner Bär".	**A** Kiew ist die Hauptstadt von Weißrussland.
A Willy Brandt wurde 1913 in Berlin geboren.	**H** Das Sternzeichen Schütze folgt direkt auf das Sternzeichen Waage.	**E** Palatschinke ist kein Fleischgericht.	**D** Import ist die Bezeichnung für die Ausfuhr von Waren und Dienstleistungen.
T Pegasus ist ein geflügelter Esel in der griechischen Mythologie.	**R** Jom Kippur ist ein muslimischer Feiertag.	**I** Heiligendamm ist der älteste Seebadeort Deutschlands.	**C** Helium ist ein Edelgas.
N Der Ararat ist der höchste Berg der Türkei.	**E** Polo ist keine olympische Sportart.	**T** Die Krim ist eine Halbinsel im Kaspischen Meer.	**H** Figaros Hochzeit ist eine Oper von Wolfgang Amadeus Mozart.
S Das Y-Chromosom findet man im Erbgut von Frauen.	**R** Sean Connery wurde für seine Verdienste um Schottland zum Ritter geschlagen.	**N** 1000 Kilogramm sind eine Tonne.	**O** Tequila ist ein mexikanischer Branntwein aus Agaven.
P Der Comic-Hund Snoopy ist ein Terrier.	**E** Asparagus ist die lateinische Bezeichnung für Brokkoli.	**H** Risotto ist ein norditalienisches Reisgericht.	**U** Claudia Schiffer ist mit David Copperfield verheiratet.
S Eine Laudatio ist eine Lobrede.	**C** Die ägyptische Königin Kleopatra und Julius Cäsar hatten einen gemeinsamen Sohn.	**E** Guernica ist ein berühmtes Gemälde von Pablo Picasso.	**R** ZIEL

Lösung:

PROMI-QUIZ

1 **Welche Ausbildung schloss Christoph Maria Herbst vor seinen Bühnenauftritten ab?**
- Buchhändler
- Bankkaufmann
- Rechtsanwalt

2 **Welches keltische Kraftzeichen schmückt als Tattoo Lena Meyer-Landruts Haut?**
- Hirsch
- Ginkgo
- Klinge

3 **Welche Tiere besitzt und züchtet Queen Elizabeth mit großer Leidenschaft?**
- Katzen
- Pferde
- Ratten

4 **Neben Büchern schreibt Ruth Moschner die Kolumne für den Kurier in …**
- Bremen
- Berlin
- Bochum

5 **Mit welcher Rolle trat Jason Momoa 2011 in die Fußstapfen Arnold Schwarzeneggers?**
- Robin
- Horsa
- Conan

6 **In welcher Stadt kam Reporterlegende Ulrich Wickert 1942 zur Welt?**
- Genua
- Miami
- Tokio

7 **Andreas Bouranis Nachname stammt von seinen leiblichen Eltern aus …**
- Ägypten
- Albanien
- Algerien

8 **Was kocht und isst Hollywoodstar Antonio Banderas am liebsten?**
- Cocido
- Paella
- Nachos

9 **In welchem Beruf arbeitete Letizia von Spanien vor ihrer Hochzeit?**
- Historikerin
- Journalistin
- Tanzlehrerin

VIP

DAS LEICHTE QUIZ

Testen Sie Ihr Allgemeinwissen, und schicken Sie Ihr Gehirn ins Trainingslager! Unser Quiz macht Sie fit für Jauch, Pilawa und Co.

1 **50 Euro**
Ein neues Lebensjahr beginnen viele mit guten ...
A Nachsätzen B Zwischensätzen C Vorsätzen D Nebensätzen

2 **100 Euro**
Was dient nicht der Fortbewegung?
A Motorroller B Deoroller C Tretroller D Stehroller

3 **200 Euro**
Junge Weine sind oft ...
A lustig B albern C traurig D spritzig

4 **300 Euro**
Wer sitzt im Schleswig-Holsteiner Landtag?
A NNW B WNW C WSV D SSW

5 **500 Euro**
Stan Laurel und Oliver Hardy waren ...
A „Gut und Gerne" B „Frank und Frei" C „Dick und Doof" D „Leicht und Locker"

6 **1.000 Euro**
Was ist ein Blaukreuzler?
A Antialkoholiker B Insekt C Pflanze D Vergnügungsschiff

7 **2.000 Euro**
Mancher verdient sich redensartlich eine goldene ...
A Uhr B Nase C Krawatte D Tasche

8 **4.000 Euro**
Wer schnell verschwindet, macht eine ...
A Motte B Biene C Fliege D Hummel

9 **8.000 Euro**
Umgangssprachlich ist eine alte Sache ... von gestern.
A Hagel B Nebel C Regen D Schnee

10 **16.000 Euro**
Den Mund verbrennt man sich nicht mit einem ...
A Auflauf B Soufflé C Gratin D Sorbet

11 **32.000 Euro**
Wo ein Wille ist, ist redensartlich auch ein ...
A Pfad B Haus C Graben D Weg

12 **64.000 Euro**
Bei welchem Spiel kann es zum Patt kommen?
A Beim Schach B Beim Halma C Beim Memory D Beim Scrabble

13 **125.000 Euro**
Ein Berg der Berner Alpen ist der ...
A Koch B Schmied C Maurer D Mönch

14 **500.000 Euro**
In welchem Organ wird unser Blut mit Sauerstoff versorgt?
A Herz B Milz C Niere D Lunge

15 **1.000.000 Euro**
Wer begründete das Rote Kreuz?
A Ferdinand Sauerbruch B Jean-Henri Dunant C Robert Koch D Albert Schweitzer

BILDER-QUIZ

Bei welcher Stadt kann man den sogenannten „Mäuseturm" besichtigen?

BINGEN – NASSAU – SPEYER

Wie heißt die Lokomotive in „Jim Knopf und Lukas der Lokomotivführer"?

ANNA – EMMA – LOKI

Wie heißt das Verbindungsstück zwischen Mundstück und Rohr der Klarinette?

APFEL – BIRNE – GURKE

REISE-QUIZ

Seit dem Mittelalter ist Danzig eine bedeutende Handels- und Hafenstadt. Heute ist der Ort aber auch ein beliebtes Reiseziel: Rund 1,5 Millionen Touristen zieht es in jedem Jahr hierher. Was wissen Sie? Die acht Fragen haben je vier Antwortmöglichkeiten.

1 **Schon vor der Zeitenwende siedelten baltische Stämme in der Gegend um Danzig. Der römische Historiker Tacitus schrieb, diese „Aesti" seien fleißiger als die „bequemen Germanen". Sie betrieben Ackerbau und durchsuchten das Meer. Wonach?**

A Bernstein — *B Diamanten*
C Dieseloel — *D Tafelsalz*

2 **Wie heißt der Hauptstrom Polens, der hier mündet und durch den Danzig mit Warschau verbunden ist?**

A Amudarja — *B Katzbach*
C Klondike — *D Weichsel*

3 **Wie heißt der Amtsbezirk (Woiwodschaft), deren Hauptstadt Danzig heute ist?**

A Breslau — *B Ermland*
C Masuren — *D Pommern*

4 **Wie hieß der Städtebund, dem Danzig seit 1361 angehörte?**

A Bille — *B Hanse*
C Knute — *D Svene*

5 **Fast vollständig wurde Danzigs Altstadt am Ende des 2. Weltkrieges zerstört. Inzwischen ist vieles wieder aufgebaut, zum Beispiel eines der Wahrzeichen der Stadt, in dem heute ein Schifffahrtsmuseum untergebracht ist. Der Name des Gebäudes?**

A Krantor — *B Kurhaus*
C Torturm — *D Zollamt*

6 **Sehenswert ist auch ein mittelalterliches Versammlungsgebäude, das einst Schauplatz von Gralsspielen und Tafelrunden war. Der Name des heutigen Kulturzentrums?**

A Artushof — *B Henrybau*
C Learsaal — *D Tomhalle*

7 **Im Sommer 1980 war Danzig das Zentrum der Proteste gegen Polens kommunistische Regierung. Angeführt wurden die streikenden Werftarbeiter von einem Elektromonteur. Dessen Nachname?**

A Gierek — *B Miller*
C Oleksy — *D Walesa*

8 **Welcher Danziger setzte seiner Heimatstadt mit dem Roman „Die Blechtrommel" ein Denkmal?**

A Guenter Grass — *B Heinrich Mann*
C Hermann Hesse — *D Rolf Hochhuth*

Wer wird Millionär?

1) Der Blütenstand welcher Pflanze bildet Pusteblumen? (50 €)

A Hühnerbein — C Löwenzahn
B Hasenpfote — D Elefantenrüssel

2) Speedy Gonzales ist die schnellste Maus von ... (100 €)

A Chile — C Kuba
B Mexiko — D Spanien

3) Was kann man mit einem Scanner herstellen? (200 €)

A eine digitale Kopie — C ein Virenprogramm
B eine CD-ROM — D eine binäre Blume

4) Am 26. Juni 1963 sagte John F. Kennedy: „Ich bin ein ..." (300 €)

A Hamburger — C Kölner
B Berliner — D Leipziger

5) Fünf Musiker bilden zusammen ein ... (500 €)

A Terzett — C Quintett
B Quartett — D Sextett

6) Gerhard Hauptmann vollendete 1892 das Drama „Die ...". (1000 €)

A Weber — C Schuster
B Schneider — D Kürschner

7) Welche Sportarten bilden die nordische Kombination? (2000 €)

A Slalom und Skispringen — C Rodeln und Skilanglauf
B Skispringen und Skilanglauf — D Skilanglauf und Schießen

8) Mit welcher Währung bezahlen die Chinesen? (4000 €)

A mit Yin — C mit Yuan
B mit Yen — D mit Yang

9) Die Hebriden sind eine Inselgruppe vor ... (8000 €)

A Irland — C Schottland
B Norwegen — D Island

10) Eine der gefährlichsten Schlangen Europas heißt ... (16 000 €)

A Sumpfotter — C Seeotter
B Sandotter — D Fischotter

11) Die erste Frau, die 1975 den Mount Everest bezwang, war ... (32 000 €)

A Chinesin — C Japanerin
B Engländerin — D Schweizerin

12) Hollywood ist ein Stadtteil von ... (64 000 €)

A San Francisco — C Los Angeles
B New York — D Dallas

13) Hinter der Abkürzung „GZSZ" verbirgt sich ... (125 000 €)

A eine Sicherheitskonferenz — C ein Gewichtheberverband
B eine Gebühreneinzugszentrale — D eine Fernsehserie

14) Antigone war die Tochter von ... (500 000 €)

A Minos — C Ödipus
B Odysseus — D Priamos

15) Wo fand man das Grab des Tutanchamun? (1 000 000 €)

A bei Luxor — C bei Kairo
B bei Assuan — D bei Alexandria

Ross und Reiter

Hand aufs Herz: Die erfolgreichen deutschen Spring- und Dressurreiter kennt jeder. Jenen zum Beispiel, der 1956 auf einer „Wunerstute" in Stockholm zum Olympiasieg ritt: Hans Günter Winkler. Aber wie ist es mit den ebenso erfolgreichen Pferden der Reiter? Fehlanzeige? Kein Wunder, dass ein bekannter Dichter einmal feststellte: „Keiner will mehr Pferd sein, jeder Reiter." Wer sagte das? Wenn Sie wissen, welches Ross zu welchem Reiter gehört, haben Sie die Antwort.

○	Josef Neckermann	Ahlerich	E
○	Hans Günter Winkler	Antoinette	B
○	Reiner Klimke	Classic Touch	C
○	Ludger Beerbaum	Halla	R
○	Nicole Uphoff	Gigolo	T
○	Isabell Werth	Rembrandt	H

DAS VERZWICKTE QUIZ

Beantworten Sie die Quizfragen. Die Buchstaben hinter den richtigen Antworten ergeben ein Lösungswort.

1 Eine mit bunten Glassteinchen gefüllte Spiegelröhre nennt man ...

Mikroskop . . . . . T
Stroboskop . . . . . B
Periskop I
Kaleidoskop . . . . . S

2 Welches Küchenkraut heißt im Lateinischen Petroselinum crispum?

Petersilie . . . . . T
Pimpinelle . . . . . U
Paprika . . . . . R
Kerbel . . . . . D

3 Die Deutschlandfahne auf Segelbooten nennt man scherzhaft ...

Erhard . . . . . N
Brandt . . . . . A
Adenauer . . . . . R
Kiesinger . . . . . P

4 Welche angeborene Krankheit nennt man medizinisch Daltonismus?

Farbenfehlsichtigkeit . . . . . A
Migräne . . . . . E
Schwerhörigkeit I
Plattfüße C

5 Welcher der folgenden Planeten ist etwa gleich groß wie die Erde?

Mars . . . . . P
Jupiter L
Saturn . . . . . A
Venus . . . . . H

6 Welcher der nachfolgenden Maler war eigentlich ein Apotheker?

Adolph von Menzel . . . . . U
Emil Nolde . . . . . A
Carl Spitzweg L
Caspar David Friedrich . . . . . E

7 Die Meernymphe, die Odysseus jahrelang festhielt, heißt ...

Penelope . . . . . U
Kirke . . . . . O
Kalypso . . . . . E
Helena . . . . . A

8 Die berühmte Fernstraße „Via Appia" führt von Rom nach ...

Assisi . . . . . D
Bari . . . . . E
Brindisi . . . . . N
Rimini . . . . . A

1 2 3 4 5 6 7 8

THEMEN-QUIZ

Kein Schnatz von sowat?

Selbst für Ruhris und Fans des Ruhrgebiets ist nicht jede der folgenden Fragen leicht zu beantworten. In diesem „Vokabeltest“ geht es darum, ruhrdeutsche Wörter ins Deutsche zu übersetzen.

1 ABGEZUPPT

A) durchtrieben
B) erschöpft
C) gereinigt
D) vornehm

2 BANDUSEN

A) befestigen, anbinden
B) etwas mitnehmen
C) herumtollen; sich aufregen
D) sich eilig entfernen

3 DIBBERN

A) ahnen, bemerken
B) eintunken
C) fürchten
D) schlagen

4 ERPELSCHLUTH

A) Apfelkuchen
B) Ententeich
C) Holzschuh
D) Kartoffelsalat

5 GIBBELN

A) aufheben
B) geben
C) kichern
D) kippen

6 HAUER

A) Backenzahn
B) Bergmann
C) Hammer
D) Schlägertyp

7 IPSCHIG

A) dicht bewachsen
B) faltig, wulstig
C) glatt, rutschig
D) süß, nett anzusehen

8 KABRACHE

A) altes Pferd, Satteldecke
B) baufälliges Haus
C) Schrottauto
D) Vergeltung

9 LÜNCKERN

A) nett plaudern
B) sich langweilen
C) stark rauchen
D) vorsichtig nachschauen

10 MUCKSICH

A) ängstlich, vorsichtig
B) beleidigt, verärgert
C) kräftig, muskulös
D) ungeduldig; dringend

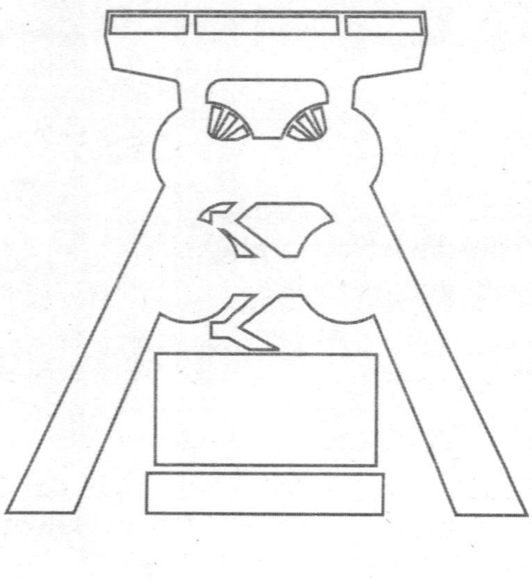

QUIZ für GENIES

Millionär können Sie bei uns (leider) nicht werden, aber auch hier können Sie Ihr Wissen testen. Viel Spaß!

1. Was findet man nicht in Kraftfahrzeugen?

A Trommelbremse	B Handbremse
C Scheibenbremse	D Kostenbremse

2. Wenn man endlich etwas versteht, fällt der ...

A Pfennig	B Euro
C Groschen	D Dollar

3. „In vino veritas“ – im Wein liegt sprichwörtlich die ...

A Ewigkeit	B Hoffnung
C Vielfalt	D Wahrheit

4. Ein Volkslied beginnt mit „O du lieber Augustin, alles ist ...“.

A weg	B hin
C gut	D schön

5. Wer im Meer badet, schwimmt in ...

A Süßwasser	B Trinkwasser
C Salzwasser	D Grundwasser

6. Was wird von Fußballreportern gern beschworen?

A Rasengespenst	B Spielphantom
C Sportsgeist	D Tabellenkobold

7. Was ist eine Amöbe?

A Einzeller	B Seevogel
C Heilpflanze	D Möbelstück

8. Welches Land gehört nicht zur Eurozone?

A Niederlande	B Polen
C Finnland	D Italien

9. Zwischen Berg und tiefem, tiefem Tal saßen einst zwei ...

A Hasen	B rüstige Gesellen
C Jäger	D Prinzen

10. In welchem Land werden die meisten Kartoffeln geerntet?

A in China	B in Deutschland
C in Russland	D in Indien

11. Kakofonie bedeutet in der Musik ...

A Wohlklang	B Missklang
C Gleichklang	D Nachklang

12. Wer oder was ist der Dolly beim Filmdreh?

A der Maskenbildner	B der Kostümdesigner
C das Richtmikrofon	D der Kamerawagen

QUIZ

Testen Sie Ihr Allgemeinwissen!

1

Glaubt man jemandem nicht, dann ist im Himmel ...

☐ Oktoberfest ☐ Karneval ☐ Musikfestival ☐ Jahrmarkt

2

Was macht Sekt?

☐ rubinen ☐ juwelen ☐ perlen ☐ opalen

3

Hat man ein gutes Geschäft gemacht, wurde was an Land gezogen?

☐ dicker Fisch ☐ alter Kahn ☐ schöne Nixe ☐ rote Koralle

4

Attila war König der ...

☐ Vandalen ☐ Hunnen ☐ Wikinger ☐ Franken

5

Die Göttin der Liebe in der römischen Mythologie ist ...

☐ Aurora ☐ Venus ☐ Vesta ☐ Luna

6

Welche Sängerin sang 1972 „Am Tag, als Conny Kramer starb"?

☐ Juliane Werding ☐ Nicole ☐ Nena ☐ Gitte

7

Welches Tier ist kein Insekt?

☐ Grasmücke ☐ Pilzmücke ☐ Trauermücke ☐ Stechmücke

8

Auf welcher dieser Inseln fahren Pferdekutschen statt Autos?

☐ Juist ☐ Norderney ☐ Helgoland ☐ Sylt

9

Welche Einheit wurde nicht nach einem Wissenschaftler benannt?

☐ Kelvin ☐ Volt ☐ Lux ☐ Ohm

10

Wo wurde 2018 die Fußball-WM ausgetragen?

☐ Belgien ☐ Russland ☐ England ☐ Südkorea

11

Die Parömiologie ist die Lehre von den ...

☐ Pflanzen ☐ Sprichwörtern ☐ Zeichen ☐ Sternen

12

Der erste Bundestagspräsident hieß ...

☐ Carstens ☐ Lübke ☐ Köhler ☐ Scheel

BILDER-QUIZ

Womit spielt man Billardkugeln?
KELLE – QUEUE – BOGEN

In welcher Elbstadt befinden wir uns?
HAMBURG – DRESDEN – MEISSEN

Wie heißt der Storch in der Fabel?
LÜTKE – MARTIN – ADEBAR

QUIZ

500 Euro

1 Wenn man etwas aufschiebt, legt man es redensartlich auf ...

A Kies
B Eis
C Sand
D Wasser

1000 Euro

2 Ein Mann, der ständig Frauen nachstellt, ist ein ...

A Düsenjäger
B Kammerjäger
C Schürzenjäger
D Sonntagsjäger

2000 Euro

3 Etwas Unverständliches ist wie ein Buch mit ...

A Drei Kreuzen
B Fünf Fragezeichen
C Sieben Siegeln
D Neun Stempeln

5000 Euro

4 Welche Blume wird auch Tausendschön genannt?

A Lilie
B Sonnenblume
C Primel
D Gänseblümchen

10 000 Euro

5 Die Hauptstadt des amerikanischen Bundesstaates Texas heißt ...

A Austin
B Dallas
C Houston
D Orlando

50 000 Euro

6 Das Topmodel Gisele Bündchen ist ...

A Argentinierin
B Brasilianerin
C Luxemburgerin
D Schweizerin

100 000 Euro

7 Welches Tierkreiszeichen folgt auf den Wassermann?

A Steinbock
B Fische
C Widder
D Stier

250 000 Euro

8 Welche Sängerin ist die kleinste?

A Kylie Minogue
B Shakira
C Madonna
D Britney Spears

500 000 Euro

9 Gerhart Hauptmann vollendete 1892 das Drama „Die ...“.

A Weber
B Schneider
C Schuster
D Kürschner

1 000 000 Euro

10 Was ist ein Tattersall?

A Krankhaftes Zittern
B Ein Boulevardtheater
C Eine Reithalle
D Eine Spielhalle

BILDER-QUIZ

Welcher Künstler wurde für die kostbaren Ostereier bekannt, die er für den russischen Zaren anfertigte?

BARLACH • CELLINI • FABERGÉ • SCHADOW

Tennis: Wie nennt man den Gewinn eines Spiels, bei dem der Gegner Aufschlag hatte?

BREAK • CROSS • DEUCE • MATCH

Welche Aufschrift findet sich auf einer Taste des Computers?

ALT • GUT • MAU • NEU

Wer wird Millionär?

1) Was „wächst" in manchem tierlieben Haushalt?

50 €

- A Juckpalme
- B Scheuereiche
- C Kratzbaum
- D Wühltulpe

2) Welche Farbe fehlt in Deutschlands Flagge?

100 €

- A Rot
- B Gold
- C Blau
- D Schwarz

3) Was ist beim FDP-Guido namentlich immer dabei?

200 €

- A Wolke
- B Welle
- C Hügel
- D Düne

4) Sozialversicherungen in Deutschland schuf ...

300 €

- A Konrad Adenauer
- B Willy Brandt
- C Otto von Bismarck
- D Helmut Kohl

5) Was ist als Zwischenmahlzeit beliebt?

500 €

- A Bienenstich
- B Katzenkratzer
- C Pferdebiss
- D Tigerauge

6) Auf der Schreibmaschine steht § zusammen mit ...

1000 €

- A 3
- B ß
- C +
- D q

7) An welchem Tag begann Robinson Crusoes Zweisamkeit?

2000 €

- A Weihnachten
- B Ostern
- C Freitag
- D Mittwoch

8) Welches Tier gibt es?

4000 €

- A Hohngockel
- B Satirekäfer
- C Stichelhäher
- D Spottdrossel

9) Wenn Streichinstrumente gezupft werden, nennt man das...

8000 €

- A pizzicato
- B legato
- C futschicato
- D macchiato

10) Den Golden Globe 1980 holte „Ein Käfig ...".

16 000 €

- A ohne Vogel
- B ohne Gitter
- C voller Narren
- D in Soho

11) Im neuen EU-Führerschein steht ...

32 000 €

- A die Körpergröße
- B die Wohnadresse
- C der Name der Mutter
- D das Geburtsdatum

12) Laut Kafka steht wer vor dem Gesetz?

64 000 €

- A Türhüter
- B Hausmeister
- C Spießbürger
- D Schlüsselhüter

13) Welche Tiere können Wärme „sehen"?

125 000 €

- A Fledermäuse
- B Blindschleichen
- C Rhesusaffen
- D Grubenottern

14) Wie heißt der hellste Stern im Löwen?

500 000 €

- A Monopterus
- B Regulus
- C Ephorus
- D Thesaurus

15) Bovidae sind Tiere mit ...

1 000 000 €

- A Hufen
- B Hörnern
- C Rüssel
- D Krallen

TIER-QUIZ

1 Der Deutsche Schäferhund fällt durch seine typische, oft braun-schwarze Fellzeichnung auf. Im Gegensatz dazu hat sein Schweizer Bruder welche Farbe?

- **BEIGE**
- **WEISS**
- **TAUPE**

2 Der Neonsalmler bringt Farbe ins Aquarium. Weibchen und Männchen kann man dabei kaum auseinanderhalten. Sie unterscheiden sich lediglich durch ihre ...

- **GRÖSSE**
- **FLOSSEN**
- **BARTELN**

3 Die Kuh, auch Hausrind genannt, ist ein beliebtes Nutztier. Die gewichtigen Grasfresser sind Wiederkäuer – sie haben schließlich wie viele Mägen?

- **DREI**
- **VIER**
- **ACHT**

QUIZ

1. Grundstoff für Marzipan sind ...

- **A** Datteln
- **B** Feigen
- **C** Mandeln
- **D** Nüsse

2. Was wird Pferden manchmal angelegt?

- **A** Scheuklappen
- **B** Angstdeckel
- **C** Schreckblenden
- **D** Furchtschützer

3. Misstrauische Menschen trauen dem ... nicht.

- **A** Gemüse
- **B** Eintopf
- **C** Ragout
- **D** Braten

4. Ein Gebirgsmassiv in den Walliser Alpen heißt Monte ...

- **A** Lila
- **B** Rosa
- **C** Ocker
- **D** Umbra

5. Was wurde durch Sebastian Kneipp populär?

- **A** Brillenkunde
- **B** Werkzeugkunde
- **C** Hydrotherapie
- **D** Kneipenvereine

6. Wofür steht „Mayday"?

- **A** Maifeiertag
- **B** Maikäfer
- **C** Mädchentag
- **D** Funknotruf

7. Wer komponierte „Die vier Jahreszeiten"?

- **A** Haydn
- **B** Schumann
- **C** Ravel
- **D** Vivaldi

8. Ein Drama von Lessing heißt „Nathan der ...".

- **A** Greise
- **B** Weise
- **C** Reiche
- **D** Leise

9. Wie viele Masten hat eine Brigg?

- **A** zwei
- **B** drei
- **C** vier
- **D** fünf

10. Hauptdarstellerin in der Komödie „Pretty Woman" ist ...

- **A** Demi Moore
- **B** Julia Roberts
- **C** Goldie Hawn
- **D** Sandra Bullock

11. Wo spielt die Stammwürze eine entscheidende Rolle?

- **A** im Bier
- **B** in Fertigsuppen
- **C** im Tabak
- **D** im Orangensaft

12. Welches Land führte erst 1944 das Frauenwahlrecht ein?

- **A** Finnland
- **B** Norwegen
- **C** Spanien
- **D** Frankreich

WORTSPIEL

Wenn Sie die Bedeutungen der 8 Wörter herausgefunden haben, ergeben die Buchstaben hinter den richtigen Antworten – von oben nach unten gelesen – ein Sprichwort.

1 Farfalle
a) schmetterlingsförmige Nudeln . . . . **IND**
b) kleines Tierfanggerät . . . . . . **DER**
c) türkische Weizenspeise . . . **WER**

2 Slipper
a) Bootsführer . . . . **AND**
b) bequemer Halbschuh . . . . . . **ERF**
c) kleine Unterhose . . . . **DIE**

3 Aeoline
a) Musikinstrument . . . . **AUS**
b) Windmessgerät . . . . **DER**
c) griechische Göttin . . . . **IND**

4 Genever
a) Einwohner von Genf . . . . **EIS**
b) zweiter Fall (Wesfall). . . . . . . **UNG**
c) Wacholderbranntwein . . . . . . **TLI**

5 Chihuahua
a) Indianer Nordamerikas . . . . **TIM**
b) Berg in Südamerika . . . . **IND**
c) Hunderasse . . . . **EGT**

6 Dingi
a) australischer Wildhund . . . . . **ERT**
b) kleines Beiboot . . . . **KEI**
c) tunesische Münze . . . . **MER**

7 Sukkade
a) Insekt . . . . **SCH**
b) kandierte Fruchtschale. . . . . **NRE**
c) arabische Verkaufsbude . . . **ASC**

8 Kemantsche
a) kleines Burggemach . . . . . . **ERE**
b) Indianer Nordamerikas . . . . . **TEN**
c) arabisches Streichinstrument . . . . **CHT**

Nur wenn Sie die Fragen richtig beantworten, werden Sie am Ziel mit den richtigen Buchstaben ankommen. Diese ergeben – hintereinandergelesen – einen Test zur Erlangung eines Fahrausweises.

START

F Dinks ist ein Begriff für ein kinderloses, arbeitendes Paar.	JA ▶	**Ü** Das Logo des FC St. Pauli ist ein Totenkopf.	NEIN ▶	**W** „Es zieht wie Hechtsuppe“ hat nichts mit Fisch zu tun.	JA ▶	**X** Michel aus Lönneberga ist im Original ein Emil.
NEIN ▼	NEIN ▲	JA ▼		NEIN ▼	NEIN ▲	JA ▼
R Latte macchiato heißt übersetzt gefleckte Milch.	◀ JA	**H** Das Wort „Kompass“ leitet sich aus dem Italienischen ab.	◀ NEIN	**G** Leberkäse enthält keinen Käse.	◀ JA	**K** Mozart gab mit sechs Jahren erste Konzerte.
JA ▼		NEIN ▼		JA ▼		NEIN ▼
E Der Kronkorken hat 21 Zacken.	JA ▶	**R** Lärchen sind Laubbäume.	NEIN ▶	**S** „Ananas“ kann im Österreichischen „Erdbeere“ bedeuten.	JA ▶	**C** Obi-Wan Kenobi ist in der „Star Wars“-Welt der dunkle Sith-Lord.
NEIN ▼	NEIN ▲	JA ▼		NEIN ▼	NEIN ▲	JA ▼
I Die Luftpumpe ist ein Sternbild des Südhimmels.	◀ JA	**E** Der Autor der „Unendlichen Geschichte“ ist Michael Ende.	◀ NEIN	**H** Der längste europäische Fluss ist die Donau.	◀ JA	**C** Die Ziffernfolge 4711 eines Duftwassers stammt von der Menge.
JA ▼		NEIN ▼		JA ▼		NEIN ▼
N Mit Isobaren beschäftigen sich Meteorologen.	JA ▶	**P** Der Barde in Asterix’ Dorf ist Tragicomix.	NEIN ▶	**R** Jim Morrison war Sänger bei den Kinks.	JA ▶	**M** Der Nanga Parbat ist ein Berg im Himalaja.
NEIN ▼	NEIN ▲	JA ▼		NEIN ▼	NEIN ▲	JA ▼
O Der Violinvirtuose Paganini hieß Niccolò mit Vornamen.	◀ JA	**F** Der Ironman ist ein Satirewettbewerb.	◀ NEIN	**Ü** Mark Spitz holte sich seine olympischen Medaillen im Reitsport.	◀ JA	**D** Der fliegende Disney-Elefant hieß Pluto.
JA ▼	NEIN ▲	NEIN ▼	JA ▼	JA ▼	NEIN ▼	NEIN ▼
B Humbug ist ein urdeutsches Wort.	JA ▶	**U** Freiherr von Knigge schrieb „Über den Unfug des Menschen“.	NEIN ▶	**N** Die Ulme wird auch Rüster genannt.	JA ▶	**G** **ZIEL** 

Lösung:

☐☐☐☐☐☐☐☐☐☐☐☐☐☐☐☐☐☐☐

PROMI-QUIZ

1 **Als 14-Jährige trat Caroline Beil im Hamburger Thalia-Theater auf. In welchem Bühnenwerk?**
- „Brand“
- „Faust“
- „Medea“

2 **Hannes Jaenicke setzt sich für bedrohte Tiere ein, besonders für den Orang-Utan. Was bedeutet dessen Name?**
- Waldmensch
- langhaarig
- Rotbrauner

3 **Dass Leonardo DiCaprio deutsche Vorfahren hat, merkt man an seinem zweiten Vornamen. Wie lautet der?**
- Gunther
- Leopold
- Wilhelm

4 **Model und Geschäftsfrau Heidi Klum veröffentlichte 2005 ihr Buch „Natürlich ...“.**
- wohlerzogen
- erfolgreich
- realistisch

5 **Eva Longorias Schwestern heißen Elizabeth, Emily und ...**
- Esmeralda
- Elveziana
- Elsamarie

6 **Sting arbeitete vor seiner Karriere als Musiker als Lehrer für Musik, Sport und ...**
- Religion
- Englisch
- Erdkunde

7 **Keanu Reeves ist Kanadier mit hawaiianischen und asiatischen Vorfahren. Sein Geburtsort?**
- London
- Beirut
- Moskau

8 **Wie lautet der maskulin anmutende zweite Vorname von Jennifer Lawrence?**
- Crusher
- Fighter
- Shrader

9 **Geigerin Vanessa Mae trat 2014 bei den Olympischen Winterspielen an. In welcher Sportart?**
- Riesenslalom
- Eiskunstlauf
- Snowboarding

DAS LEICHTE QUIZ

Testen Sie Ihr Allgemeinwissen, und schicken Sie Ihr Gehirn ins Trainingslager! Unser Quiz macht Sie fit für Jauch, Pilawa und Co.

❶ **50 Euro**
Was wird ein geflickter Reifen?
A Maurer | B Geiger | C Dichter | D Putzer

❷ **100 Euro**
Kühe stehen oft auf einer ...
A Kiefer | B Tanne | C Buche | D Weide

❸ **200 Euro**
Wenn ein Preisschild fehlt, ist die Ware nicht ...
A fehlerfrei | B kostengünstig | C ansehnlich | D ausgezeichnet

❹ **300 Euro**
Die kahle Stelle auf dem Kopf von Mönchen nennt man ...
A Konkurs | B Tonsur | C K-Dur | D Monsun

❺ **500 Euro**
Wer ..., sündigt nicht.
A schnarcht | B gähnt | C schläft | D träumt

❻ **1.000 Euro**
Was finden Nörgler redensartlich in der Suppe?
A Ein Haar | B Kerbel | C Kohle | D Einen Löffel

❼ **2.000 Euro**
Worauf sollte man beim Fotografieren achten?
A Höhenschimmer | B Weitengrund | C Breitenklang | D Tiefenschärfe

❽ **4.000 Euro**
Udo Lindenbergs musikalischer Sonderzug fuhr ...
A auf der Reeperbahn | B unterm Meer | C hinterm Horizont | D nach Pankow

❾ **8.000 Euro**
Die Kombüse auf einem Schiff ist ...
A der Schlafraum | B die Küche | C der Lagerraum | D der Waschraum

❿ **16.000 Euro**
Eine Bergwerksetage ist ...
A eine Einlage | B ein Socken | C ein Senkel | D eine Sohle

⓫ **32.000 Euro**
Ein Küchenklassiker ist „Forelle ...“.
A grün | B rot | C blau | D gelb

⓬ **64.000 Euro**
Wie heißt der Hund bei den „Bremer Stadtmusikanten“?
A Beisszu | B Fassan | C Packan | D Hütein

⓭ **125.000 Euro**
„Socceroos“ nennt man die Nationalelf ...
A der USA | B Irlands | C Australiens | D Kanadas

⓮ **500.000 Euro**
Ein Tierarzt ist ein ...
A Volontär | B Veterinär | C Provokateur | D Doktrinär

⓯ **1.000.000 Euro**
Worauf deutet die Himbeerzunge bei Kindern hin?
A Masern | B Pseudokrupp | C Scharlach | D Mumps

BILDER-QUIZ

Welcher Fluss fließt durch München?

ELBE – ISAR – MAIN

Ein ursprünglich aus Frankreich stammender Jagdhund ist der ...

BASSET – COLLIE – DACKEL

Wie viele Minuten dauert ein Handballspiel?

SECHZIG – SIEBZIG – ACHTZIG

REISE-QUIZ

2010 sorgten die Olympischen Winterspiele in Vancouver für weltweite Begeisterung. Aber die Westküste Kanadas hat mehr zu bieten. Wie gut kennen Sie sich aus? Die acht Fragen haben je vier Antwortmöglichkeiten.

1 **Eine moderne Metropole direkt am Meer und mit Bergen gleich vor der Haustür: Das ist Vancouver, die drittgrößte Stadt Kanadas. Der Name des Meeres?**

A Karibik *B Nordsee*
C Pazifik *D Suedsee*

2 **Ihren Namen hat die Stadt vom britischen Seefahrer George Vancouver (1757–1798). Bei welchem Kollegen lernte er sein Handwerk?**

A James Cook *B James Ross*
C John Cabot *D John Davis*

3 **Vancouver ist zwar die größte Stadt der Provinz British Columbia, nicht aber deren Hauptstadt. Deren Name?**

A Beatrice *B Hortense*
C Mathilde *D Victoria*

4 **Welcher US-Bundesstaat grenzt im Nordwesten an British Columbia?**

A Alaska *B Kansas*
C Nevada *D Oregon*

5 **Gerühmt für seinen Pulverschnee wird der etwa 120 Kilometer nordöstlich von Vancouver gelegene Wintersportort Whistler in den Coast Mountains. Hier fanden auch die Ski- und Bobwettbewerbe der Olympiade statt. Was bedeutet „whistler" auf Deutsch?**

A Blaeser *B Pfeifer*
C Pianist *D Saenger*

6 **Noch sehr lebendig ist die Kultur der Indianer in British Columbia. Kunstwerke, Schnitzereien und Totempfähle finden sich nicht nur in Museen, sondern oft auch an ihren ursprünglichen historischen Stätten. Welche an der Küste lebende Stammesgruppe ist bekannt für ihre Langhäuser?**

A Mohawk *B Pueblo*
C Salish *D Seneca*

7 **„Höhepunkt" einer Reise nach British Columbia ist es wohl, von einem speziell dafür konstruierten Turm aus Grizzlys beim „Angeln" zu beobachten. Welchen hier heimischen Fisch jagen sie?**

A Hecht *B Lachs*
C Stint *D Stoer*

8 **Was tun, wenn man sich mal verirrt in den Weiten des Landes? Zum Glück gibt es die „Mounties" von der „Royal Canadian Mounted Police". Wofür steht das „mounted" im Namen der königlichen Polizeitruppe?**

A bergfest *B beritten*
C erfahren *D verwegen*

Wer wird Millionär?

1) Astrid Lindgren erfand den Ort Buller... — 50 €
A hü · C hi · B gü · D bü

2) Der Mai ist gekommen, die Bäume ... — 100 €
A wandern aus · C arten aus · B schlagen aus · D bilden aus

3) Ein noch nicht genutztes Produkt ist ... — 200 €
A werkstattgetreu · C fabrikneu · B bandfrisch · D studiomunter

4) Müde Menschen sollten sich aufs Ohr ... — 300 €
A stechen · C hauen · B prügeln · D pieksen

5) Ein berühmter Abenteuerschriftsteller ist Karl ... — 500 €
A October · C June · B May · D March

6) Wie viele Spielsteine hat eine Zwickmühle? — 1000 €
A drei · C fünf · B vier · D sechs

7) Eine Innung ist ein Verband von ... — 2000 €
A Künstlern · C Ärzten · B Handwerkern · D Richtern

8) Wo hängt das Spieglein bei Schneewittchen ? — 4000 €
A im Rahmen · C an der Wand · B am Balken · D an der Decke

9) Ein Hamburger Wahrzeichen ist der ... — 8000 €
A Michel · C Erwin · B Otto · D Hannes

10) Auf Baustellen und beim Volleyball wird ... — 16 000 €
A gebaggert · C geblockt · B gepritscht · D geschmettert

11) Welches Dessert ist halb gefroren? — 32 000 €
A Tiramisu · C Kompott · B Parfait · D Crêpe

12) Heinz Rühmann glänzte einst in ... — 64 000 €
A „Die Maibowle" · C „Die Feuerzangenbowle" · B „Die Erdbeerbowle" · D „Der Super Bowl"

13) Die Vorsilbe für eine Million ist ... — 125 000 €
A Supra · C Mega · B Deka · D Hekto

14) Der Vorname des Malers von „Guernica" heißt ... — 500 000 €
A Salvatore · C Pablo · B Max · D Albrecht

15) Harry Potters Pate verwandelte sich in ... — 1 000 000 €
A eine Ratte · C eine Eule · B einen Werwolf · D einen Hund

SORTIER-QUIZ

Tierisch schnell!

Schneller als 30 km/h! Ist das nicht ungesund? Das „Bayerische Obermedizinalkollegium“ warnte vor 180 Jahren davor, dass solche Bahnfahrten schwere Gehirnerkrankungen, eine Art „Delirium furiosum“, verursachen könnten. Aber diese Warnung war – wie wir heute wissen – nicht nur vergeblich, sondern auch erfunden! Ein „Bayerisches Obermedizinalkollegium“ lässt sich jedenfalls nicht belegen. Fest steht dagegen, wie die Dampflok hieß, die die erste deutsche Eisenbahn am 7. Dezember 1835 von Nürnberg nach Fürth zog. Wie nämlich? Wenn Sie die Tiere danach ordnen, wie schnell sie sich fortbewegen können, haben Sie die Antwort und das Startwort für das Rätsel.

○	120 km/h	Strauß	E
○	110 km/h	Riesenkänguru	L
○	80 km/h	Gepard	A
○	72 km/h	Windhund	D
○	39 km/h	Elefant	R

DAS VERZWICKTE QUIZ

QUIZ

Beantworten Sie die Quizfragen. Die Buchstaben hinter den richtigen Antworten ergeben ein Lösungswort.

1 Ähnlich gebaute Orgelpfeifen sind ...

a) Karteien V
b) Listen .... G
c) Register .... H
d) Tabellen C

2 Zum Zelten braucht man ...

a) Dorsche .... B
b) Heringe .... A
c) Forellen .... R
d) Hechte .... G

3 Bei welcher Sportart sind Luv und Lee wichtig?

a) Fußball .... F
b) Reiten .... E
c) Segeln .... R
d) Eishockey .... K

4 Bestellt man in Österreich Kren, bekommt man ...

a) Meerrettich .... M
b) Schlagsahne .... D
c) Senf .... S
d) Radieschen L

5 Calvados wird gewonnen aus ...

a) Kartoffeln .... P
b) Äpfeln .... O
c) Kastanien .... U
d) Aprikosen .... N

6 Das älteste deutsche Seebad ist ...

a) Heiligendamm .... N
b) Heringsdorf .... A
c) Travemünde .... S
d) Binz .... D

7 Der DSB ist der Deutsche ...

a) Schachbund I
b) Schwimmbund .... N
c) Seglerbund .... A
d) Squashbund .... F

8 Die Feuerwerksmusik komponierte ...

a) Franz Schubert .... D
b) Robert Schumann .... R
c) Georg Friedrich Händel .... E
d) Franz Liszt .... O

1 2 3 4 5 6 7 8

Nix für Simbel und Dämel!

Selbst für Hessen und Fans Hessens ist nicht jede der folgenden Fragen leicht zu beantworten. In diesem Vokabeltest geht es darum, Worte aus dem Hessischen ins Hochdeutsche zu übersetzen.

1 BÄTZEL

A) Taschentuch
B) Mütze
C) Stück
D) Paar

2 LEBSCH

A) lieblich
B) lebendig
C) sauber
D) fad

3 RIDDE

A) Hund
B) Pferd
C) Rutsche
D) Reise

4 SCHNOOK

A) Mund
B) Stechmücke
C) Haken
D) Gerede

5 OHLIEWICH

A) natürlich
B) unliebsam
C) hungrig
D) unanständig

6 GEREESTE

A) größte
B) Reisegesellschaft
C) Bratkartoffeln
D) Gerste

7 SIMMELIEREN

A) nachdenken
B) angeben
C) betrügen
D) leiden

8 SCHMARRER

A) Reibekuchen
B) Kratzer
C) Unsinn
D) Quark

9 DRALLJE

A) Treppengeländer
B) üppig
C) eifrig
D) Effet

10 GAUZE

A) kahl
B) Augen
C) Bierbauch
D) bellen

QUIZ für GENIES

Millionär können Sie bei uns (leider) nicht werden, aber auch hier können Sie Ihr Wissen testen. Viel Spaß!

1. Will man jemanden bestrafen, verpasst man ihm einen ...

A Laufzettel | B Schmierzettel | C Notizzettel | D Denkzettel

2. Bei Feiern wird oft ein ... ausgebracht.

A Pumpernickel | B Schwarzbrot | C Toast | D Keks

3. Hefeteig muss ...

A rollen | B ziehen | C gehen | D kommen

4. Was machen zupackende Menschen nicht lange?

A zündeln | B feuern | C fackeln | D glühen

5. Auf welchem Gebiet gibt es keinen Nobelpreis?

A Physik | B Chemie | C Wirtschaft | D Mathematik

6. Das Aneinanderhaften verschiedener Stoffe nennt man ...

A Aversion | B Adhäsion | C Kohäsion | D Immision

7. Eine Luftströmung mit halbjährlichem Richtungswechsel ist der ...

A Passat | B Taifun | C Monsun | D Tornado

8. Franz Lehár komponierte die Operette „Das Land ...“.

A der Liebe | B der Sonne | C der Sehnsucht | D des Lächelns

9. Nach dem Stummfilm-Schauspieler Adolphe Menjou wurde ein ... benannt.

A Hemdkragen | B Oberlippenbart | C Rasierwasser | D Krawattenknoten

10. Zur Warnung vor Bahnübergängen steht ein ...

A Thomaskreuz | B Johanniterkreuz | C Malteserkreuz | D Andreaskreuz

11. Ein besonderes Ereignis in Berlin ist der „Karneval der ...“.

A Kreaturen | B Frisuren | C Zensuren | D Kulturen

12. Wie hieß die Raumsonde, die erstmals Bilder von der Rückseite des Mondes lieferte?

A Sputnik 2 | B Explorer 1 | C Lunik 3 | D Mariner

QUIZ

Testen Sie Ihr Allgemeinwissen!

1

Nach überstandener Krankheit ist man über den ...

- ☐ Berg
- ☐ Fluss
- ☐ Ozean
- ☐ Bach

2

Die Axt im Hause erspart sprichwörtlich den ...

- ☐ Gärtner
- ☐ Maurer
- ☐ Zimmermann
- ☐ Förster

3

Ein Plan wird ...

- ☐ geklebt
- ☐ geschmiedet
- ☐ gedrechselt
- ☐ behauen

4

Ein Grimm-Märchen handelt „Vom Fischer und seiner ...".

- ☐ Angel
- ☐ Frau
- ☐ Kate
- ☐ Schwester

5

Welcher Fluss gab einem Wein den Namen?

- ☐ Donau
- ☐ Mosel
- ☐ Nil
- ☐ Amazonas

6

Welche Handarbeit funktioniert ohne Nadel?

- ☐ Batiken
- ☐ Stricken
- ☐ Sticken
- ☐ Häkeln

7

Wie heißt ein ARD-Magazin?

- ☐ „Explosiv"
- ☐ „Brisant"
- ☐ „Exclusiv"
- ☐ „Taff"

8

Wie heißt die Hauptstadt von Brasilien?

- ☐ Buenos Aires
- ☐ São Paulo
- ☐ Rio de Janeiro
- ☐ Brasilia

9

Ein Freischwinger ist ...

- ☐ ein Judogriff
- ☐ ein Boxbegriff
- ☐ eine Tanzfigur
- ☐ ein Sitzmöbel

10

Auf welcher Ostseeinsel befindet sich eine virologische Forschungsstätte?

- ☐ Riems
- ☐ Rügen
- ☐ Fehmarn
- ☐ Usedom

11

Wie viele Spieler bilden eine Kricketmannschaft?

- ☐ acht
- ☐ neun
- ☐ zehn
- ☐ elf

12 1.000.000 EURO

Wie lautet Schauspielerin Julia Roberts' zweiter Vorname?

- ☐ Diana
- ☐ Fiona
- ☐ Magda
- ☐ Luna

BILDER-QUIZ

Wie heißt diese Blume?

DAHLIE – PRIMEL – KROKUS

In welcher Stadt steht diese Brücke?

LONDON – CANNES – MADRID

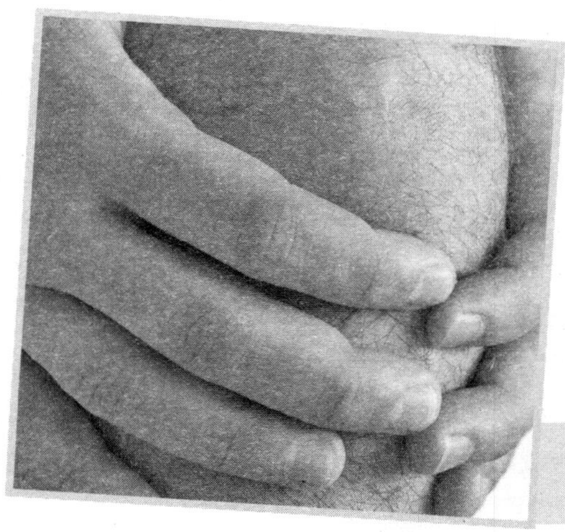

Die Kniescheibe nennt der Mediziner ...

PATELLA – AMPULLE – LÄSION

QUIZ

500 Euro

1 Was ist eine Amöbe?

A Einzeller
B Möwenart
C Waldameisenart
D antikes Möbelstück

1000 Euro

2 Welcher Fisch heißt nach dem Räuchern Bückling?

A Makrele
B Hering
C Sprotte
D Aal

2000 Euro

3 Welcher Schriftsteller war kein Arzt?

A Arthur Schnitzler
B Alfred Döblin
C Gottfried Benn
D Franz Kafka

5000 Euro

4 Was ist eine Seefeder?

A Fisch
B Blumentier
C Schreibgerät
D Pflanze

10 000 Euro

5 Wo findet man manchmal einen Schimmelbogen?

A in einem Buch
B in einem Gestüt
C in einer Kathedrale
D in einer Sternenkarte

50 000 Euro

6 Ein Baum mit dem lateinischen Namen Taxus ist eine ...

A Eibe
B Kiefer
C Tanne
D Platane

100 000 Euro

7 Wo hat der Mensch einen Türkensattel?

A in der Hand
B im Knie
C im Kopf
D in der Schulter

250 000 Euro

8 Caracas ist die Hauptstadt von ...

A Panama
B Honduras
C Ecuador
D Venezuela

500 000 Euro

9 Nicht in Hamburg geboren wurde ...

A Udo Lindenberg
B Heidi Kabel
C Helmut Schmidt
D Peer Steinbrück

1 000 000 Euro

10 Welches ist der größte Binnensee der Erde?

A Bodensee
B Kaspisches Meer
C Victoriasee
D Ladogasee

BILDER-QUIZ

Ein riesiges Naturschutzgebiet in Südafrika ist der ...

FISCHER-REICHSBEZIRK • KRÜGER-NATIONALPARK • MEIER-LANDESDISTRIKT • MÜLLER-STAATSGARTEN

Was bedeutet der Name des Potsdamer Schlosses „Sanssouci"?

EINSAMKEIT • LEBENSLUST • SCHWERELOS • SORGENFREI

Wie viele Länder grenzen an Italien?

EINS • ZWEI • DREI • VIER

Wer wird Millionär?

1) Shakespeare schrieb: „Gut gebrüllt, ..." — 50 €
- A Baby
- B Löwe
- C Elch
- D Bär

2) Wer rau und unfreundlich ist, ist ... — 100 €
- A hai
- B zander
- C barsch
- D rochen

3) Aufs Wesentliche beschränkt ist kurz und ... — 200 €
- A bündig
- B mündig
- C findig
- D sündig

4) Wenn man gut miteinander auskommt, stimmt ... — 300 €
- A die Chemie
- B die Biologie
- C das Deutsch
- D die Mathematik

5) Wie schreibt sich eine Jahrmarktsattraktion? — 500 €
- A Kahrussell
- B Karrusell
- C Karussell
- D Karussel

6) Ein asiatischer Fluss ist ... — 1000 €
- A der Mississippi
- B der Nil
- C der Ganges
- D der Amazonas

7) Doris Day und Cary Grant spielten in „Ein Hauch ...". — 2000 €
- A von Tüll
- B von Nerz
- C von Pelz
- D von Seide

8) Der Name Barbarossa bedeutet ... — 4000 €
- A mutiger Krieger
- B keine Manieren
- C roter Bart
- D Pferdeesser

9) Wie erlegt der Ameisenbär seine Beute? — 8000 €
- A mit der Tatze
- B mit dem Schwanz
- C mit der Zunge
- D per Ultraschall

10) Wie ruft die Comicfigur Marsupilami? — 16 000 €
- A Huba, huba!
- B Arriba, arriba!
- C Avanti, avanti!
- D Forza, forza!

11) Was ist keine Gedichtform? — 32 000 €
- A Haiku
- B Kornett
- C Distichon
- D Limerick

12) Ein Hit von Herbert Grönemeyer von 1984 war ... — 64 000 €
- A „Frauen"
- B „Kinder"
- C „Opas"
- D „Männer"

13) Erfolg mit „Singin' in the Rain" hatte ... — 125 000 €
- A Grace Kelly
- B Gene Kelly
- C Billie Holiday
- D Fred Astaire

14) Welche Bäume scheinen in Goethes Ballade „Erlkönig" „so grau"? — 500 000 €
- A Weiden
- B Erlen
- C Buchen
- D Eschen

15) Welche Sprache war zur Zeit Jesu Hauptverkehrssprache in Israel? — 1 000 000 €
- A Ägyptisch
- B Aramäisch
- C Arabisch
- D Gälisch

TIER-QUIZ

1 Der Pudel hat schon viele namhafte Künstler inspiriert. Wer komponierte ihm zu Ehren das Lied „Elegie auf den Tod eines Pudels"?

- ZUCKOWSKI
- CORNELIUS
- BEETHOVEN

2 Wer sich Kakadus zu Hause hält, muss mit viel Aufwand rechnen. Denn die Puderdunen in ihrem Gefieder verursachen jede Menge ...

- STAUB
- LÄRM
- HITZE

3 Beim Dsungarischen Zwerghamster hellt sich das Fell im Winter auf, bis auf die dunkle Linie entlang der Wirbelsäule. Wie nennt man diese?

- PELZKETTE
- AALSTRICH
- HAARZEILE

QUIZ

1. In einigen Familien hängt der Haussegen ...

A quer	**B** schief
C schräg	**D** senkrecht

2. Was geht angeblich durch den Magen?

A Glück	**B** Karriere
C Heiterkeit	**D** Liebe

3. Ein feines schwarzweißes Stoffmuster heißt Pfeffer und ...

A Mehl	**B** Paprika
C Salz	**D** Zucker

4. Alle Vögel sind schon da. Wer hat sich hier dazugemogelt?

A Fink	**B** Star
C Kuckuck	**D** Drossel

5. Eine spezielle Verbindung von zwei Holzteilen heißt ...

A Schwalbenschwanz	**B** Hahnenkamm
C Storchenschnabel	**D** Adlerklaue

6. Marie Antoinette sagte angeblich, als das Volk hungerte: „Wenn sie kein Brot haben, sollen sie doch ... essen."

A Wurst	**B** Kuchen
C Fleisch	**D** Käse

7. Zuständig für Briefmarken ist der Bundesminister für ...

A Finanzen	**B** Justiz
C Wirtschaft	**D** Familie

8. Der berühmte Kreidefelsen auf Rügen heißt ...

A Königsstuhl	**B** Grafenstuhl
C Herzogsstuhl	**D** Kaiserstuhl

9. Welcher Pilz wird auch Rehling genannt?

A der Steinpilz	**B** der Pfifferling
C die Morchel	**D** der Champignon

10. Wer spielt in der Oper „Hänsel und Gretel" nicht mit?

A das Taumännchen	**B** die Knusperhexe
C das Sandmännchen	**D** das Wichtelmännchen

11. Welche Insel gehört nicht zu den Nordfriesischen Inseln?

A Föhr	**B** Pellworm
C Borkum	**D** Sylt

12. Bei welcher Sportart trifft man einen Monoposto?

A beim Golf	**B** beim Springreiten
C bei Autorennen	**D** beim Segeln

WORTSPIEL

Wenn Sie die Bedeutungen der 8 Wörter herausgefunden haben, ergeben die Buchstaben hinter den richtigen Antworten – von oben nach unten gelesen – ein Sprichwort.

1 Aquaplaning

a) Schiffsabdeckung . . . . **DIE**
b) Meeresbewirtschaftung . . . . . . **MIT**
c) Wasserglätte im Straßenverkehr **BEH**

2 Champion

a) Haarwaschmittel . . . . **AUS**
b) Meister in einer Sportart . . . . . **AUP**
c) Blätterpilz . . . . **WER**

3 Dressman

a) Tierbändiger . . . . **EIN**
b) Herrenschneider . . . . **DAS**
c) männliches Fotomodell . . . . . . **TUN**

4 Entrüstung

a) Rostentfernung . . . . **EMW**
b) Empörung . . . . **GIS**
c) Verminderung der Waffen . . . . **WAH**

5 Fuchtel

a) eine Zierpflanze . . . . **IRD**
b) altes Weinmaß . . . . **REN**
c) Sinnbild strenger Aufsicht . . . . . **TNI**

6 Glaswolle

a) Feinstrickgewebe . . . . **KEI**
b) Dämmmaterial . . . . **CHT**
c) Grundstoff der Kunststickerei . . **ICH**

7 Hechtrolle

a) Spezialangel . . . . **LAM**
b) Turnübung . . . . **BEW**
c) Fischverarbeitungsgerät . . . . . **TER**

8 Hermes

a) Kirchweih, Jahrmarkt . . . . **ERN**
b) warme Quelle . . . . **DEN**
c) griechischer Götterbote . . . . **EIS**

Nur wenn Sie die Fragen richtig beantworten, werden Sie am Ziel mit den richtigen Buchstaben ankommen. Diese ergeben – hintereinandergelesen – den Titel eines James-Bond-Films.

START

M Die Einheit für Luftfeuchtigkeit heißt Fahrenheit.	**L** Schiffe werden vom Klabautermann gesteuert.	**E** Ein Fuchsweibchen ist eine Fähe.	**O** „Moontracker" ist ein James-Bond-Film.
A In der DDR hießen Hähnchen Spoiler.	**N** „Trittst im Morgenrot daher ..." beginnt die Schweizer Nationalhymne.	**B** In der Loge bei der „Muppet Show" sitzen Waldorf und Statler.	**A** Eines der Römerlager bei Asterix heißt Deinbonum.
G Auf dem Einwegpfand-Logo sind eine Flasche und eine Dose zu sehen.	**T** Ein Countertenor hat eine sehr hohe Stimmlage.	**N** Fred Feuersteins Gattin ist Selma.	**Y** Das Wappentier der USA ist ein Steinadler.
N „Ich komm wieder, keine Frage", sagte immer am Ende der Sendung Ulrich Wickert.	**U** Eine Rochade sieht man beim Dressurreiten.	**R** Bei den Jägern sind weibliche Hirsche Kahlwild.	**N** Der südlichste Staat der USA ist Hawaii.
I In den alten Hamburger Elbtunnel kommen Autos nur per Fahrstuhl.	**E** Famagusta ist eine Langustenart.	**Z** Esel sind Wiederkäuer.	**W** Victoria Beckham wurde als Posh Spice bekannt.
T Eulen können den Kopf um 180 Grad drehen.	**I** Michael Schumacher begann seine Formel-1-Karriere im Team Jordan.	**E** Jesus tischte bei seinem letzten Abendmahl Wein und Ölblätter auf.	**A** Das O aus der Abkürzung UFO steht für Objekt.
F Die Mehrzahl von Quiz gibt es im Duden nicht.	**M** Ein Golfball ist schwerer als ein Tennisball.	**A** Ein Pendant ist ein Rechthaber.	**L** ZIEL

Lösung:

Musik liegt in der Luft!

Überall auf der Welt gibt es besondere Orte, an denen die Musik die Menschen zusammenbringt ...

1 Sydney

Wir beginnen unsere musikalische Reise „ganz unten" auf unserem Erdball, dort, wo ein Opernhaus es zum Rang eines städtischen Wahrzeichens gebracht hat: in Sydney!

? Welche Monarchin weihte den Bau mit der kühnen Dachform im Oktober 1973 ein?

A Anne
B Elizabeth
C Mary

2 Bayreuth

Für Wagnerianer in aller Welt ist das Bayreuther Festspielhaus ein Heiligtum. Allerdings steht hier nicht immer die Musik im Vordergrund: „Koteletts, Bratkartoffeln und Omeletts wurden weitaus eifriger diskutiert", bemerkte schon 1876 ein berühmter Kollege Richard Wagners.

? Der Nachname des Gastes?

A Brahms **B** Liszt **C** Tschaikowsky

3 Verona

Seit fast 100 Jahren dient die antike Arena von Verona als Kulisse imposanter Aufführungen. Am 10. August 1913 erklang hier anlässlich des 100. Jahrestages seiner Geburt Musik von Giuseppe Verdi.

? Welches Werk des Meisters wurde damals aufgeführt?

A Aida
B Otello
C Rigoletto

4 Dresden

„Ah, ah! Brav! Herrlich getroffen!" So sang das „Volk" im Chor, als 1985 das restaurierte Dresdner Opernhaus mit Carl Maria von Webers „Freischütz" wiedereröffnet wurde.

? Welcher Baumeister hatte den berühmten Treffpunkt der Musikfreunde ursprünglich errichtet? Gottfried ...

A Knobelsdorff **B** Neumann **C** Semper

5 New York

Einen guten Klang in der Welt der Musik haben der New Yorker Times Square und der Broadway. Die Spielstätten im Herzen der Stadt gelten als Zentrum des US-amerikanischen Theaterlebens und als Geburtsort einer heute sehr populären Gattung der Musik.

? Wie nennt man die Gattung?

A Ballet **B** Musical **C** Zarzuela

6 Und wo ist das?

Leicht verträumt schaut Robert Schumann (1810–1856) über den Markt seines Geburtsortes. Eingeweiht wurde das Denkmal des berühmten Komponisten der „Kinderszenen" 1901 im Beisein seiner Töchter Marie, Elise und Eugenie.

? Wie heißt Schumanns (auch als „Automobilstadt" bekannter) Geburtsort?

A Bautzen **B** Görlitz **C** Zwickau

DAS LEICHTE QUIZ

Testen Sie Ihr Allgemeinwissen, und schicken Sie Ihr Gehirn ins Trainingslager! Unser Quiz macht Sie fit für Jauch, Pilawa und Co.

1 **50 Euro**
Was hört man von Hundebesitzern oft?
A Lieb Stöckel B Bär Wurz C Bei Fuß D Mus Kat

2 **100 Euro**
Jemand, der sehr gut sieht, hat Augen wie ein ...
A Wolf B Lamm C Luchs D Löwe

3 **200 Euro**
Einen Kinositz in der ersten Reihe nennt man auch ...
A Rasiersitz B Hochsitz C Schmusesitz D Notsitz

4 **300 Euro**
Jemand ohne gültige Fahrkarte im Bus ist ein ...
A Geisterfahrer B Falschfahrer C Kreuzfahrer D Schwarzfahrer

5 **500 Euro**
Manchmal wird gefeiert, bis die ... wackelt.
A Erika B Heide C Luise D Rose

6 **1.000 Euro**
Die Schweizer nennt man umgangssprachlich ...
A Schwurbrüder B Gelöbnisschwestern C Eidgenossen D Alpengefährten

7 **2.000 Euro**
Ein elektrischer Defekt ist der ...
A Rückschluss B Trugschluss C Kurzschluss D Entschluss

8 **4.000 Euro**
Was findet man auf jedem Flughafen?
A Tower B Big Ben C Themse D Tate Modern

9 **8.000 Euro**
Wie heißt eine Schiffsbauanlage?
A Fangt B Rollt C Passt D Werft

10 **16.000 Euro**
Zur Aufmunterung wünscht man: „Es wird schon ... gehen!"
A krumm B gerade C schief D schräg

11 **32.000 Euro**
Was streut man sich auf das Frühstücksei?
A Bikarbonat B Natriumchlorid C Schwefelsulfat D Sultanat

12 **64.000 Euro**
Was ist im Bremer Stadtwappen zu sehen?
A Ein Turm B Ein Schlüssel C Ein Nesselblatt D Ein Bär

13 **125.000 Euro**
Wie nennt man einen dicken Strickpullover auch?
A Grönländer B Norweger C Däne D Schwede

14 **500.000 Euro**
Der Farbstoff Indigo ist ...
A rot B gelb C grün D blau

15 **1.000.000 Euro**
Welcher Fluss fließt durch den Genfersee?
A Die Donau B Die Loire C Der Rhein D Die Rhone

BILDER-QUIZ

Wie heißt dieses Zupfinstrument?

LAUTE – BANJO – HARFE

Wie heißt die größte Insel Deutschlands?

USEDOM – RÜGEN – BORKUM

Wie nennt man diese Holzpantoffeln?

PUMPS – CLOGS – PEEPS

REISE-QUIZ

Jeden Sommer scheint es, als gäbe es in Bayreuth nichts als die berühmten Festspiele. Doch weit gefehlt! Wie gut kennen Sie Wagners Wirkungsstätte? Die acht Fragen haben je vier Antwortmöglichkeiten.

1 Lange vor Wagners Zeiten galt Bayreuth als strahlende Kulturmetropole. Davon zeugt das 1748 vollendete Markgräfliche Opernhaus. Wie hieß die Lieblingsschwester Friedrichs des Großen, die es erbauen ließ?

A Wilhelmine *B Florentine*
C Margarethe *D Philippina*

2 Wahrzeichen Bayreuths ist die Schlosskirche. Vom Türmerstübchen hat man einen herrlichen Blick auf das Umland: Welcher Höhenzug erstreckt sich nordöstlich von Bayreuth?

A Rothaargebirge *B Thueringer Wald*
C Fraenkische Alb *D Fichtelgebirge*

3 Von dort, aus Wunsiedel nämlich, stammt ein Dichter, der anno 1804 nach Bayreuth zog und hier 1825 starb. Seinem Leben und Werk ist heute ein Museum der Stadt gewidmet. Sein Name?

A Yves Karl *B Louis Max*
C Jean Paul *D Marc Otto*

4 Von Bayreuth begeben wir uns zu den Anfängen Richard Wagners: In welcher für ihren Thomanerchor bekannten Stadt kam er am 22. Mai 1813 zur Welt?

A Cottbus *B Breslau*
C Leipzig *D Rostock*

5 Als junger Musiker führte Wagner ein unstetes Leben. Immer wieder geriet er in finanzielle Schwierigkeiten. Wie hieß der bayerische König, der ihn „rettete" und 1864 nach München berief?

A Joseph *B Konrad*
C Lothar *D Ludwig*

6 Zur Heimat wurde ihm erst Bayreuth. Wie heißt das Haus, das er sich hier erbauen ließ und in dessen Garten er neben seiner Frau begraben liegt?

A Bergfried *B Friedvoll*
C Siegfried *D Wahnfried*

7 Für Wagnerianer ist das Festspielhaus ein Heiligtum. Mit welcher Oper wurde es am 13. August 1876 feierlich eröffnet?

A Dornroeschen *B Das Rheingold*
C Moses und Aron *D Così fan tutte*

8 Die Festspiele dauerten 2017 vom 25. Juli bis zum 28. August. Die Leitung übernahm Wagners Urenkelin Katharina. Welcher berühmte Komponist ist außerdem ihr Ur-Urgroßvater?

A Liszt *B Haydn*
C Weber *D Reger*

Wer wird Millionär?

1) Manche Menschen reden ohne Punkt und ... (50 €)
A Ausrufezeichen — C Komma
B Fragezeichen — D Semikolon

2) Wie nennt man eine Wasserrinne im Watt? (100 €)
A Priem — C Siel
B Priel — D Kiel

3) Welchen Beinamen hat der Fußballer Franz Beckenbauer? (200 €)
A Bauer — C Kaiser
B König — D Papst

4) Die Artischocke gehört zur gleichen Pflanzenfamilie wie ... (300 €)
A die Ananas — C der Kohlrabi
B der Löwenzahn — D die Agave

5) Welches Organ versorgt unser Blut mit Sauerstoff? (500 €)
A Herz — C Niere
B Milz — D Lunge

6) Wie heißt ein Likör aus Schwarzen Johannisbeeren? (1000 €)
A Campari — C Curaçao
B Cassis — D Sambuca

7) Wie viele Pferde ziehen den Wagen auf dem Brandenburger Tor? (2000 €)
A 3 — C 5
B 4 — D 6

8) Welche ist astronomisch gesehen die längste Jahreszeit? (4000 €)
A der Frühling — C der Herbst
B der Sommer — D der Winter

9) Wer bekam den ersten Oscar für die beste Hauptrolle? (8000 €)
A Hans Albers — C Heinz Rühmann
B Emil Jannings — D Clark Gable

10) Wie heißt das Pferd von Don Quichotte? (16 000 €)
A Dulcinea — C Xanthippe
B Rosinante — D Sancho

11) Wer spielte Jo Zenker in der „Lindenstraße"? (32 000 €)
A Joachim Król — C Til Schweiger
B Jan Josef Liefers — D Uwe Ochsenknecht

12) Was macht ein Caterer? (64 000 €)
A Autos vermieten — C Katzen betreuen
B Mahlzeiten liefern — D Kinder unterrichten

13) Der Buena Vista Social Club ist ein Klub in ... (125 000 €)
A Buenos Aires — C Rio de Janeiro
B Havanna — D Santiago de Cuba

14) Die unterste Schicht der Erdatmosphäre ist die ... (500 000 €)
A Stratosphäre — C Troposphäre
B Thermospäre — D Hemisphäre

15) Ein Roman von Max von der Grün heißt „Stellenweise ...". (1 000 000 €)
A Nebel — C Frost
B Glatteis — D Neuschnee

SORTIER-QUIZ

Staatenbildung

Amerika, die „Neue Welt?“ Nicht ganz so neu! Es ist eine ganze Weile her, dass mit den „Pilgervätern“ die ersten puritanischen Siedler von England nach Neuengland segelten und die Kolonie Plymouth gründeten. Wie hieß das Schiff, mit dem sie den Atlantik überquerten und im November 1620 in der Nähe von Cape Cod landeten. Wenn Sie – beginnend mit dem Frühesten – die Staaten danach ordnen, seit wann sie ein Staat der USA sind, haben Sie die Antwort.

◯	1787	Alaska	E
◯	1812	Arizona	W
◯	1836	Arkansas	Y
◯	1845	Delaware	M
◯	1850	Florida	F
◯	1861	Hawaii	R
◯	1912	Kalifornien	L
◯	Januar 1959	Kansas	O
◯	August 1959	Louisiana	A

DAS VERZWICKTE QUIZ

Beantworten Sie die Quizfragen. Die Buchstaben hinter den richtigen Antworten ergeben ein Lösungswort.

1 Welcher der nachstehend aufgeführten Kanäle ist der längste?

Wolga-Don-Kanal . . . . K
Main-Donau-Kanal . . . . M
Nord-Ostsee-Kanal . . . . O
Panamakanal . . . . S

2 Eine Novelle von Gottfried Keller heißt „Das Fähnlein der sieben ...“.

Brüder . . . . D
Gefährten L
Gerechten . . . . A
Aufrechten . . . . E

3 Ein Forscher auf dem Gebiet der Histologie beschäftigt sich mit ...

menschlichen Geweben . . . . E
mittelalterlichen Gemälden I
historischen Waffen . . . . R
Tropenkrankheiten . . . . N

4 Die philosophische Lehre des Yoga stammt ursprünglich aus ...

Japan . . . . F
China . . . . E
Indien . . . . R
Ägypten . . . . A

5 Das feinkörnige Stärkemehl Sago gewinnt man aus ...

Sagopalmen . . . . S
Sagoknollen . . . . N
Sagorüben . . . . E
Sagobeeren . . . . M

6 Der Name der Insel Mallorca stammt aus dem Lateinischen und heißt eigentlich ...

„die Kleinere“ . . . . Z
„die Größere“ . . . . A
„die Schönere“ . . . . M
„die Sonnigere“ . . . . E

7 Welches der folgenden Vitamine wird auch Biotin genannt?

Vitamin A . . . . O
Vitamin D . . . . D
Vitamin E . . . . E
Vitamin H L

8 Botanisch gesehen keine Beeren sind die Früchte der ...

Roten Johannisbeere I
Stachelbeere . . . . E
Schwarzen Johannisbeere . . . . A
Himbeere . . . . Z

1 2 3 4 5 6 7 8

Quiz für Wirtschaftswunderkinder

Selbst wer die 50er-Jahre erlebt hat, wird nicht jede der folgenden Fragen leicht beantworten können. Oder erinnern Sie sich noch perfekt an dieses Jahrzehnt? Testen Sie es mit diesem Quiz!

1 Die Aufhebung der Rassentrennung der Schüler in den USA erreichte?

A) Martin Luther King
B) das US-Volk durch Demonstrationen
C) der Oberste Gerichtshof
D) die Black Panther Party

2 Friedensnobelpreisträger Albert Schweitzer wirkte in ...

A) Kairo
B) Ouagadougou
C) Lambarene
D) Bamako

3 Wirtschaftswunderbar! Grundigs Autoradio heißt 1951 wie?

A) die Autowelle
B) Funkempfänger mobil 002
C) Autosuper 248
D) Rigoletto 43

4 Ein ungeklärtes Verbrechen beschäftigte die junge Republik. Das Opfer war ...

A) Ladislav Nazinsky
B) Lydia Lessomovska
C) Trude Unruh
D) Rosemarie Nitribitt

5 Einwohner der westlichen Besatzungszonen waren ...

A) die Wessis
B) die Zentralisten
C) die Trizonesier
D) die Unrussen

6 „Dinner for One" gibt es seit wann?

A) 1943
B) 1955
C) 1959
D) 1963

7 Die Familie Hesselbach kam aus ...

A) Südtirol
B) Hessen
C) Bayern
D) Bremen

8 Wann endete der Kaffeeschmuggel an der deutschen Grenze bei Aachen?

A) Oktober 1948
B) Januar 1951
C) August 1953
D) März 1954

9 Der CDU-Slogan zur Bundestagswahl 1957 war ...

A) Demokratie wählen
B) Auch morgen sicher leben
C) Wir sind bereit
D) Keine Experimente

10 Der Deutsche Max Born erhielt 1954 den Nobelpreis welcher Kategorie?

A) Literatur
B) Medizin
C) Physik
D) Chemie

Millionär können Sie bei uns (leider) nicht werden, aber auch hier können Sie Ihr Wissen testen. Viel Spaß!

1. Ein Wasserbock ist ...

A ein Insekt — B eine Antilope
C ein Fisch — D eine Korallenart

2. Wer verfasste eines der ersten deutschen Rechenbücher?

A Adam Ries — B Eva Zwerg
C Hans Hex — D Isaak Drach

3. Ein Primelgewächs mit gelben Blüten ist die ...

A Hakenrose — B Riegelnelke
C Kettentulpe — D Schlüsselblume

4. Ein Wiener Schnitzel besteht aus ...

A Kalbfleisch — B Lammfleisch
C Rindfleisch — D Schweinefleisch

5. Radioapparate hatten früher ein ... Auge.

A Blinkendes — B Leuchtendes
C Magisches — D Zauberndes

6. Zu welcher Vogelfamilie gehört der Wendehals?

A zu den Eulen — B zu den Kakadus
C zu den Spechten — D zu den Reihern

7. Was bekommt man beim Obsthändler?

A Maki — B Raki
C Kaki — D Fakelaki

8. Ein Zierfisch, für den man sehr viel Geld ausgeben kann, ist der ...

A Toi-Karpfen — B Poi-Karpfen
C Koi-Karpfen — D Moi-Karpfen

9. Was war der Moskauer Kreml ursprünglich?

A eine Kirche — B eine Burg
C ein Theater — D ein Gefängnis

10. Ein Sommelier ist ein ...

A Einwohner Somalias — B Weinkellner
C Hotelpage — D Schmetterling

11. Wer malte das Bild „Der blaue Reiter"?

A Franz Marc — B August Macke
C Paul Klee — D Wassily Kandinsky

12. Welche Tiere gehören nicht zu den Paarhufern?

A Gazellen — B Giraffen
C Rentiere — D Zebras

QUIZ

Testen Sie Ihr Allgemeinwissen!

1 **Manche Menschen reden ohne Punkt und ...**

☐ Ausrufezeichen ☐ Fragezeichen ☐ Komma ☐ Semikolon

2 **Ist der Beauftragte unfähig, machte man den Bock zum ...**

☐ Gärtner ☐ Bauern ☐ Künstler ☐ Sänger

3 **Worin ist – nach einem lateinischen Sprichwort – die Wahrheit?**

☐ Bier ☐ Sekt ☐ Wein ☐ Wodka

4 **Großes Aufsehen erregte der Film „Psycho" mit einem Mord in der ...**

☐ Wanne ☐ Toilette ☐ Schule ☐ Dusche

5 **Die Datumsgrenze verläuft teilweise entlang des ...**

☐ 180. Längengrads ☐ südl. Wendekreises ☐ Äquators ☐ Nullmeridians

6 **Was behielt Hans im Glück von seinem Goldklumpen am Ende übrig?**

☐ eine Kuh ☐ ein Schwein ☐ Steine ☐ gar nichts

7 **Keiner der fünf Freunde in der Kinderbuchserie von Enid Blyton ist ...**

☐ Anne ☐ Dick ☐ Julian ☐ Jimmy

8 **Bei welcher Sportart sind Luv und Lee wichtig?**

☐ Fußball ☐ Reiten ☐ Segeln ☐ Eishockey

9 **Als Chinesische Stachelbeeren bezeichnet man ...**

☐ Karambolas ☐ Kiwis ☐ Litschis ☐ Papayas

10 **In welcher US-amerikanischen Stadt steht die „Space Needle"?**

☐ New York ☐ Boston ☐ Chicago ☐ Seattle

11 **Welches Tier befindet sich in Schillers „Der Handschuh" nicht in der Arena?**

☐ Löwe ☐ Tiger ☐ Leopard ☐ Puma

12 **Wann wurde Johannes Paul II. zum Papst ernannt?**

☐ 1973 ☐ 1978 ☐ 1983 ☐ 1989

BILDER-QUIZ

Welcher Berg ist der höchste der Alpen?

MONTBLANC – ZUGSPITZE – MONTE ROSA

Gustave Eiffel, der Erbauer des Eiffelturms, hatte einen deutschen Ur-Ur-Großvater. Aus welcher Region stammte der?

BADEN – EIFEL – RHOEN

Ein zu den Ölbaumgewächsen gehörender Zierstrauch mit stark duftenden Blüten heißt ...

JANINE – JASMIN – JUDITH

QUIZ

500 Euro

1 In welcher Sportart benötigt man ein Fahrrad?

A Biathlon
B Curling
C Triathlon
D nordische Kombination

1000 Euro

2 Was sorgte 2009 für Belebung im Automarkt?

A Rostlaubengeld
B Oldtimerzulage
C Abwrackprämie
D Schrottbonus

2000 Euro

3 Brokkoli nennt man auch ...

A Chinakohl
B Spargelkohl
C Grünkohl
D Zierkohl

5000 Euro

4 Welche Tiere bemerken weit entfernte Waldbrände?

A Rauchschwalben
B Kiefernprachtkäfer
C Kohlfüchse
D Feuerwanzen

10 000 Euro

5 Mr. Fogg wollte in wie vielen Tagen um die Welt reisen?

A 40
B 60
C 80
D 100

50 000 Euro

6 Welcher deutsche Film bekam 2003 einen Oscar?

A Nirgendwo in Afrika
B Jenseits von Afrika
C Ich träumte von Afrika
D African Queen

100 000 Euro

7 Wer entführte die schöne Helena?

A Paris
B Rom
C Budapest
D Madrid

250 000 Euro

8 Wie heißt Roland Kaiser mit richtigem Namen?

A Ronald Kleiber
B Ronald Keiler
C Ronald Keller
D Ronald König

500 000 Euro

9 Wem verdanken wir das Forellenquintett?

A Robert Schumann
B Franz Schubert
C Johann Strauss
D Béla Bartók

1 000 000 Euro

10 Wer erhielt 1907 den Friedensnobelpreis?

A Ferdinand Porsche
B Carl Benz
C Louis Renault
D Gottlieb Daimler

BILDER-QUIZ

Vor über 120 Jahren, im Dezember 1895, machte Wilhelm Conrad Röntgen in Würzburg eine seiner ersten Röntgenaufnahmen. Und zwar von der Hand ...

KÖNIG LUDWIGS • EINES KOLLEGEN • SEINES BRUDERS • SEINER EHEFRAU

In welchem Land entstand am 24. Dezember 1818 das Lied „Stille Nacht"?

ARGENTINIEN • DEUTSCHLAND • ÖSTERREICH • NIEDERLANDE

Was hängen die Kinder in den USA nach altem Brauch zu Weihnachten über den Kamin?

SCHUHE • SOCKEN • JACKEN • PAKETE

Wer wird Millionär?

1) Wie heißt die Freundin von Micky Maus? – 50 €
- A Minni Maus
- B Lilli Maus
- C Jenni Maus
- D Winni Maus

2) Bei einer Versteigerung kommt etwas unter den ... – 100 €
- A Amboss
- B Meißel
- C Hammer
- D Deckel

3) Woraus wird Tofu hergestellt? – 200 €
- A Erbsen
- B Mais
- C Reis
- D Sojabohnen

4) Wo wurde der Komponist Richard Wagner geboren? – 300 €
- A Bayreuth
- B Leipzig
- C Riga
- D Dresden

5) Welchen Hund gibt es? – 500 €
- A Gabelhund
- B Löffelhund
- C Lupenhund
- D Hebelhund

6) Das Endspiel im American Football ist der ... – 1000 €
- A Supercup
- B America's Cup
- C Davis-Cup
- D Super Bowl

7) Wie groß ist Deutschland? – 2000 €
- A ca. 150 000 km^2
- B ca. 200 000 km^2
- C ca. 350 000 km^2
- D ca. 500 000 km^2

8) Friedrich Dürrenmatt schrieb die Komödie „Die ...". – 4000 €
- A Biologen
- B Chemiker
- C Mediziner
- D Physiker

9) Ein Film mit Meg Ryan heißt „e-m@il für ...". – 8000 €
- A mich
- B Dich
- C alle
- D ihn

10) Seit wann gibt es die Krimi-Serie „Tatort"? – 16 000 €
- A 1970
- B 1980
- C 1975
- D 1982

11) Was ist ein Mojito? – 32 000 €
- A ein Insekt
- B ein Cocktail
- C ein Mexikaner
- D ein Wirbelsturm

12) Wie heißt die Hauptstadt von Kanada? – 64 000 €
- A Edmonton
- B Montreal
- C Ottawa
- D Winnipeg

13) Welches ist die Komplementärfarbe zu Blau? – 125 000 €
- A Grün
- B Gelb
- C Rot
- D Braun

14) Ein Abstimmungsverfahren im Parlament heißt ... – 500 000 €
- A Gedankensprung
- B Seitensprung
- C Kopfsprung
- D Hammelsprung

15) Welches Sternbild gibt es nicht? – 1 000 000 €
- A Zirkel
- B Mikroskop
- C Stethoskop
- D Sextant

TIER-QUIZ

1

Widderkaninchen sind wegen ihres ruhigen Gemüts beliebte Haustiere. Aus welchem Land wurden sie im 19. Jahrhundert nach Deutschland gebracht?

- TSCHECHIEN
- FRANKREICH
- SÜDAFRIKA

2

Der Haflinger ist mit seiner langen, blonden Mähne unverwechselbar. Sein Fell hat einen besonderen Farbton. Welchen?

- ZEBRA
- BIBER
- FUCHS

3

Die Exotische Kurzhaarkatze stammt aus den USA. Die rot getigerte Art diente als Vorlage für welche Comicfigur?

- GARFIELD
- DAGOBERT
- GARGAMEL

QUIZ

1. Der Alleskönner wird das Kind ...

- **A** gleich wickeln
- **B** schon schaukeln
- **C** bald füttern
- **D** nur stillen

2. Was ist eine Handarbeitstechnik mit Garn?

- **A** Pflegeln
- **B** Lümmeln
- **C** Murmeln
- **D** Klöppeln

3. Wer sagt sich in ländlicher Idylle gute Nacht?

- **A** Wolf und Schaf
- **B** Hase und Igel
- **C** Katz und Maus
- **D** Fuchs und Hase

4. Bestellt ein Berliner Berliner, ordert er ...

- **A** Waffeln
- **B** Pfannkuchen
- **C** Plunder
- **D** Amerikaner

5. Bob Marley tröstete: „No Woman, ..."

- **A** No Tears
- **B** No Live
- **C** No Love
- **D** No Cry

6. Was untersucht der Histologe?

- **A** Geschichte
- **B** Gewebe
- **C** Sinne
- **D** Vögel

7. Wie lang ist die längste Sprintstrecke in der Leichtathletik?

- **A** 100 Meter
- **B** 400 Meter
- **C** 110 Meter
- **D** 200 Meter

8. Der jüngste Wimbledonsieger war ...

- **A** Rafael Nadal
- **B** Roger Federer
- **C** Boris Becker
- **D** Pete Sampras

9. Welcher Sprung heißt nicht nach einem Sportlernamen?

- **A** Auerbachsalto
- **B** Fosburyflop
- **C** Rittberger
- **D** Toeloop

10. Joachim Ringelnatz schrieb vom Seemann ...

- **A** Kuddel Muddel
- **B** Kudung
- **C** Kuttel Daddeldu
- **D** Kurti Sane

11. Mit dem Satz „Ilsebill salzte nach" beginnt ...

- **A** „Der Untertan"
- **B** „Deutschstunde"
- **C** „Die Rättin"
- **D** „Der Butt"

12. Wie viele Emirate bilden die Vereinigten Arabischen Emirate?

- **A** sieben
- **B** acht
- **C** neun
- **D** zehn

WORTSPIEL

Wenn Sie die Bedeutungen der 8 Wörter herausgefunden haben, ergeben die Buchstaben hinter den richtigen Antworten – von oben nach unten gelesen – ein Sprichwort.

1 Aspik
a) hohe Spielkarte . . . . **DER**
b) gallertartige Masse . . . . **GEL**
c) höchster Berggipfel eines Massivs . . . . **WER**

2 Autogiro
a) Drehflügelflugzeug . . . . **DMA**
b) Dauerauftrag für ständige Abbuchungen . . . . **GEN**
c) Bankschalter für Kraftfahrzeuge . . . . **TER**

3 Autorität
a) Schriftstellerverband . . . . . . **GEN**
b) Einfluss und Ansehen. . . . . . **CHT**
c) Lehre vom Kraftfahrzeugbau **MDE**

4 Baschlik
a) Hammelfleischspießchen . . . **LEB**
b) Sprache der Basken . . . . . . **HAB**
c) kaukasische Wollkapuze . . . . **NIC**

5 Belletristik
a) langweilige Freizeitgestaltung **NIE**
b) Lehre von der Bewegung geworfener Körper. . . . . **EID**
c) Unterhaltungsliteratur . . . . . **HTG**

6 Bergamotte
a) Birnensorte . . . . **LUE**
b) Kleinschmetterling . . . . **GEN**
c) Bewohner von Bergamo. . . . **ART**

7 Biberschwanz
a) Schmetterling . . . . **ALL**
b) Dachziegelart . . . . **CKL**
c) Speisepilz. . . . . **GER**

8 Burgenland
a) altertümliches Herrscherreich **TES**
b) Gebiet mit alten Bauwerken. . **IEL**
c) österreichisches Bundesland **ICH**

Nur wenn Sie die Fragen richtig beantworten, werden Sie am Ziel mit den richtigen Buchstaben ankommen. Diese ergeben – hintereinandergelesen – den Titel eines Woody-Allen-Films.

START

S Die Kaulquappe gehört zu den Amphibien.	**C** Leipziger Allerlei ist ein grüner Salat.	**H** Der Vorgänger von Bundespräsident Horst Köhler war Johannes Rau.	**O** Heinrich Schliemann gilt als der Entdecker von Troja.
R Azteken waren römische Soldaten.	**M** Der erste Mensch auf dem Mond war Lance Armstrong.	**A** Kohlrüssler sind eine afrikanische Elefantenart.	**L** Amnestie bezeichnet einen Gedächtnis-schwund.
R Presleys Spitzname war „Elvis the pelvis“.	**E** Lübeck gilt als „Stadt der acht Kirchtürme“.	**N** Box-Weltmeister Muhammad Ali heißt mit Geburtsnamen Cassius Clay.	**S** In Österreich ist „Dampfl“ die Bezeich-nung für eine alte Lokomotive.
R Kanister stammt aus dem Lateinischen und bedeutet „geflochtener Korb“.	**B** Die Bremer Stadtmusikanten haben 14 Beine.	**R** ABBA gewann 1974 mit dem Song „Alesia“ den Grand Prix d’Eurovision.	**P** Strauße sind keine Vögel, sondern Säugetiere.
I Tangor und Satsumas sind Zitrusfrüchte.	**G** Die Stadt Prag wird auch Goldene Stadt genannt.	**I** Spaghetti alle vongole sind ein Muschelgericht.	**U** Mozart war ein gebürtiger Wiener.
A Die fünf olympischen Ringe symbolisieren die Kontinente.	**O** Barack Obama ist der 44. US-Präsident.	**R** Die Alhambra in Granada heißt übersetzt „die Rote“.	**E** Greta Garbo hieß eigentlich Gustafsson.
N Micky Maus heißt in Italien Topolino.	**O** In der Filmrolle als Dr. Pfeiffer war Heinz Rühmann Schriftsteller.	**V** Unter dem Bruchstrich steht der Nenner.	**N** ZIEL

Lösung:

Seite 3

Wer wird Millionär?:
1B, 2C, 3B, 4D, 5C, 6A, 7A, 8B, 9D, 10A, 11B, 12C, 13D, 14C, 15C

Tier-Quiz:
1. Karpfen, 2. China, 3. Rennpferd

Seite 4

Quiz:
1C, 2D, 3B, 4D, 5A, 6B, 7B, 8A, 9B, 10B, 11C, 12B

Wortspiel:
Voller Magen will Ruhe haben.

Seite 5

Ja/Nein Quiz:
Auf Regen folgt Sonne.

Seite 6/7

Film-Quiz: Kinovorstellung

Seite 8

Reise-Quiz:
1. b, 2. a, 3. b, 4. d, 5. c, 6. b, 7. a, 8. c

Wer wird Millionär?:
1B, 2C, 3C, 4B, 5A, 6B, 7B, 8A, 9B, 10D, 11D, 12D, 13C, 14B, 15B

Seite 9

Sortier-Quiz:
HAYDN

Das verzwickte Quiz: stricken

Seite 10

Themen-Quiz:
Quiz für Ballermänner!
1B, 2B, 3B, 4A, 5C, 6D, 7B, 8B, 9C, 10B

Quiz für Genies:
1B, 2D, 3C, 4D, 5D, 6C, 7B, 8C, 9D, 10B, 11C, 12B

Seite 11

Testen Sie Ihr Allgemeinwissen!:
1. Chang, 2. Israel, 3. Schafkopf, 4. Auberginen, 5. Kopffüßer, 6. Schimmelpilzen, 7. Blattläuse, 8. acht, 9. des Baumes, 10. fünf, 11. Cousin Barney, 12. ein Käfer

Bilder-Quiz:
KOBEL, PETERWAGEN, JASMIN

Seite 12

Quiz:
1C, 2B, 3B, 4B, 5B, 6B, 7D, 8A, 9B, 10B

Royals-Quiz: 1b, 2b, 3b, 4c

Seite 13

Wer wird Millionär?:
1D, 2C, 3B, 4A, 5B, 6B, 7B, 8D, 9B, 10B, 11A, 12C, 13B, 14D, 15A

Tier-Quiz:
1. Temperatur, 2. Gössel, 3. Shetland

Seite 14

Quiz:
1C, 2B, 3B, 4B, 5B, 6A, 7C, 8A, 9D, 10A, 11C, 12B

Wortspiel:
Besser glauben als gruebeln.

Seite 15

Ja/Nein Quiz:
Oft weckt Not Talent.

Seite 16

Wie feiern Sie?:
1B, 2A, 3C, 4C, 5B, 6C

Seite 17

Das leichte Quiz:
1B, 2C, 3C, 4D, 5C, 6B, 7C, 8B, 9A, 10B, 11C, 12A, 13C, 14D, 15D

Bilder-Quiz:
GELB, RHIZOM, HESSEN

Seite 18

Reise-Quiz:
1. b, 2. d, 3. c, 4. b, 5. c, 6. c, 7. a, 8. c

Wer wird Millionär?:
1B, 2D, 3C, 4C, 5B, 6C, 7D, 8D, 9D, 10B, 11B, 12C, 13B, 14A, 15B

Seite 19

Sortier-Quiz:
JAMAIKA

Das verzwickte Quiz:
Ratgeber

Seite 20

Themen-Quiz:
Nix für Thaddädl und Urschel!
1C, 2D, 3C, 4A, 5B, 6A, 7C, 8D, 9D, 10A

Quiz für Genies:
1C, 2C, 3A, 4B, 5B, 6B, 7C, 8D, 9C, 10C, 11C, 12B

Seite 21

Testen Sie Ihr Allgemeinwissen!:
1. Feuer, 2. gerädert, 3. Vier, 4. Basstölpel, 5. Groupie, 6. Hängepartie, 7. Flugzeug, 8. Hygieia, 9. Äpfeln, 10. Küchengerät, 11. Wilhelm Busch, 12. 100-jährigen

Bilder-Quiz:
HEILBRONN, JONA, BESEN

Seite 22

Quiz:
1B, 2B, 3D, 4B, 5A, 6A, 7A, 8A, 9B, 10B

Bilder-Quiz:
HEIDENELKE, ROMULUS, SPROSSER

Seite 23

Wer wird Millionär?:
1C, 2C, 3D, 4C, 5B, 6C, 7C, 8C, 9B, 10C, 11B, 12A, 13B, 14A, 15A

Tier-Quiz:
1. Braun, 2. Pinsel, 3. Südamerika

Seite 24

Quiz:
1B, 2C, 3B, 4A, 5C, 6B, 7C, 8B, 9D, 10D, 11B, 12C

Wortspiel:
Allzu klug regiert nicht gut.

Seite 25

Ja/Nein Quiz:
Mit wenig lebt man wohl.

Seite 26/27

Film-Quiz:
Preisverleihung

Seite 28

Reise-Quiz:
1. b, 2. c, 3. d, 4. a, 5. b, 6. a, 7. b, 8. c

Wer wird Millionär?:
1A, 2C, 3C, 4B, 5B, 6B, 7A, 8C, 9C, 10C, 11A, 12B, 13B, 14B, 15D

Seite 29

Sortier-Quiz:
OREGON

Das verzwickte Quiz:
Erdbeere

Seite 30

Themen-Quiz:
Nid schlufig sy!
1A, 2D, 3A, 4D, 5D, 6B, 7B, 8D, 9D, 10B

Quiz für Genies:
1B, 2C, 3C, 4B, 5B, 6C, 7A, 8C, 9D, 10C, 11C, 12B

Seite 31

Testen Sie Ihr Allgemeinwissen!:
1. Farbe, 2. Schulbank, 3. Hunger, 4. Angel, 5. sonntags, 6. Rennpappe, 7. Volkszählung, 8. „Blondinen bevorzugt“, 9. Trichternetzspinne, 10. Mazurka, 11. Funchal, 12. Blauzahn

Bilder-Quiz:
Iris, Wien, Tauben

Seite 32

Quiz:
1C, 2C, 3B, 4B, 5A, 6D, 7B, 8B, 9C, 10C

Kultur-Quiz: 1b, 2a, 3b, 4d

Seite 33

Wer wird Millionär?:
1D, 2B, 3A, 4C, 5A, 6B, 7B, 8B, 9D, 10A, 11B, 12B, 13A, 14D, 15C

Tier-Quiz:
1. Zahn, 2. Leopardette, 3. Gemeinschaft

Seite 34

Quiz:
1B, 2C, 3D, 4B, 5D, 6D, 7A, 8B, 9A, 10D, 11B, 12B

Wortspiel:
Ein altes Pferd kennt den Weg.

Seite 35

Ja/Nein Quiz:
Besser spaet als nie.

Seite 36

Film-Quiz: harmonisch

Seite 37

Das leichte Quiz:
1A, 2C, 3D, 4B, 5D, 6A, 7B, 8B, 9C, 10A, 11D, 12B, 13A, 14D, 15C

Bilder-Quiz:
BIRKEN, IRIS, TAUNUS

Seite 38

Reise-Quiz:
1. c, 2. d, 3. a, 4. d, 5. d, 6. c, 7. b, 8. a

Wer wird Millionär?:
1B, 2B, 3C, 4B, 5C, 6B, 7D, 8A, 9D, 10B, 11D, 12D, 13B, 14C, 15C

Seite 39

Sortier-Quiz:
DARWIN

Das verzwickte Quiz:
Argument

Seite 40

Themen-Quiz:
Nichts für Damische!
1D, 2C, 3B, 4A, 5B, 6D, 7A, 8C, 9D, 10A

Quiz für Genies:
1B, 2C, 3C, 4D, 5D, 6B, 7A, 8A, 9A, 10C, 11B, 12C

Seite 41

Testen Sie Ihr Allgemeinwissen!:
1. Ärmelkanal, 2. die Zeche, 3. Glucke, 4. Moussaka, 5. Eichhörnchen, 6. Stieftochter, 7. Gurkenflieger, 8. gestohlen, 9. vierzehn, 10. China, 11. Feld, 12. Kohlendioxid

Bilder-Quiz:
RICKE, SCHILLER, JURA

Seite 42

Quiz:
1A, 2A, 3B, 4D, 5B, 6C, 7A, 8B, 9D, 10A

Bilder-Quiz:
IDUN, MOOR, SPITZWEGERICH

Seite 43

Wer wird Millionär?:
1C, 2A, 3C, 4B, 5A, 6D, 7A, 8D, 9D, 10D, 11C, 12A, 13B, 14C, 15B

Tier-Quiz:
1. Schwanz, 2. Wanderratte,
3. Antennenwels

Seite 44

Quiz:
1B, 2B, 3D, 4C, 5B, 6D, 7A, 8C, 9C, 10C, 11B, 12B

Wortspiel:
Am Gesang kennt man den Vogel.

Seite 45

Ja/Nein Quiz:
Irren ist menschlich.

Seite 46/47

Film-Quiz:
Schulkenntnisse

Seite 48

Reise-Quiz:
1. b, 2. c, 3. c, 4. d, 5. c, 6. a, 7. c, 8. b

Wer wird Millionär?:
1A, 2A, 3C, 4C, 5D, 6A, 7C, 8C, 9D, 10D, 11B, 12A, 13B, 14D, 15A

Seite 49

Sortier-Quiz:
THEKLA

Das verzwickte Quiz:
Artistik

Seite 50

Themen-Quiz:
Nix forr Drahnlammbe!
1C, 2D, 3C, 4A, 5B, 6A, 7D, 8D, 9C, 10B

Quiz für Genies:
1C, 2D, 3B, 4B, 5C, 6D, 7B, 8A, 9A, 10B, 11A, 12C

Seite 51

Testen Sie Ihr Allgemeinwissen!:
1. morgen, 2. Holzauge, 3. Grün, 4. Kammer, 5. Barbarossa, 6. „Du“, 7. Mulch, 8. Eule, 9. Messing, 10. Kaffeekantate, 11. Brunsbüttel, 12. Arzt

Bilder-Quiz:
DANEBROG, BLUME
KÖNIGSSTUHL

Seite 52

Quiz:
1D, 2C, 3C, 4B, 5A, 6B, 7D, 8C, 9B, 10D

Soap-Quiz: 1b, 2c, 3b, 4b

Seite 53

Wer wird Millionär?:
1A, 2C, 3C, 4D, 5B, 6B, 7A, 8C, 9B, 10B, 11D, 12B, 13A, 14A, 15C

Tier-Quiz: 1. Kuba, 2. Auslauf, 3. Darmatmer

Seite 54

Quiz:
1B, 2C, 3A, 4C, 5D, 6B, 7A, 8B, 9D, 10B, 11B, 12D

Wortspiel:
Blinde Rache, schlimme Sache.

Seite 55

Ja/Nein Quiz:
Kleider machen Leute.

Seite 56

Wanderlust:
1C, 2A, 3A, 4B, 5A, 6C

Seite 57

Das leichte Quiz:
1B, 2D, 3C, 4B, 5B, 6A, 7D, 8A, 9B, 10D, 11A, 12D, 13C, 14B, 15B

Bilder-Quiz:
VIOLINE, ZORRO, LUNGE

Seite 58

Reise-Quiz:
1. c, 2. d, 3. d, 4. b, 5. a, 6. a, 7. b, 8. b

Wer wird Millionär?:
1A, 2B, 3A, 4B, 5B, 6B, 7B, 8B, 9C, 10A, 11D, 12B, 13B, 14B, 15B

Seite 59

Sortier-Quiz: TOURS

Das verzwickte Quiz: treffend

Seite 60

Themen-Quiz:
Quiz för Kloogschieter!
1B, 2A, 3C, 4D, 5C, 6A, 7B, 8A, 9C, 10B

Quiz für Genies:
1D, 2B, 3D, 4C, 5B, 6B, 7A, 8D, 9C, 10C, 11D, 12B

Seite 61

Testen Sie Ihr Allgemeinwissen!:
1. Bücherwurm, 2. Bescherung, 3. Schauinsland, 4. Fürth, 5. Wunder, 6. Eisbär, 7. in Kiel, 8. Lukas, 9. ein Getränk, 10. Englisch, 11. Joseph H. Pilates, 12. Ivanhoe

Bilder-Quiz:
SALSA, ROLAND, BREAK

Seite 62

Quiz:
1D, 2C, 3A, 4B, 5A, 6C, 7A, 8D, 9B, 10B

Bilder-Quiz:
SCHWEIZ, MELATONIN, GRIMBART

Seite 63

Wer wird Millionär?:
1A, 2B, 3D, 4B, 5B, 6C, 7C, 8D, 9A, 10B, 11B, 12C, 13C, 14C, 15C

Tier-Quiz: 1. Schnabel, 2. erstarren, 3. Gockel

Seite 64

Quiz:
1A, 2D, 3B, 4A, 5A, 6C, 7B, 8C, 9A, 10D, 11D, 12B

Wortspiel:
Daheim ist der Himmel blauer.

Seite 65

Ja/Nein Quiz:
Doppelt haelt besser.

Seite 66/67

Film-Quiz:
Geschichtsdrama

Seite 68

Reise-Quiz:
1. c, 2. d, 3. b, 4. c, 5. a, 6. d, 7. a, 8. d

Wer wird Millionär?:
1A, 2D, 3C, 4C, 5C, 6B, 7A, 8A, 9B, 10B, 11D, 12B, 13D, 14A, 15B

Seite 69

Sortier-Quiz: BRIXEN

Das verzwickte Quiz: Oleander

Seite 70

Themen-Quiz:
Kein Schnatz von sowat?
1D, 2B, 3C, 4C, 5B, 6B, 7D, 8D, 9A, 10D

Quiz für Genies:
1A, 2B, 3C, 4D, 5C, 6C, 7B, 8B, 9A, 10A, 11A, 12A

Seite 71

Testen Sie Ihr Allgemeinwissen!:
1. am Ball, 2. geköpft, 3. böhmische, 4. Farbe, 5. Lindenstraße, 6. Merlin, 7. Deichkrone, 8. Avignon, 9. Schifffahrt, 10. Wappenkunde, 11. Küken, 12. Napoleon III.

Bilder-Quiz:
WAHRSCHAU, TULPE, ZEHN

Seite 72

Quiz:
1B, 2B, 3A, 4B, 5C, 6D, 7D, 8B, 9B, 10A

Krimi-Quiz:
1a, 2c, 3a, 4b

Seite 73

Wer wird Millionär?:
1D, 2B, 3C, 4A, 5D, 6C, 7B, 8D, 9B, 10B, 11A, 12C, 13A, 14D, 15C

Tier-Quiz:
1. Blau, 2. Fähen, 3. Stuttgart

Seite 74

Quiz:
1B, 2C, 3A, 4B, 5B, 6A, 7B, 8D, 9B, 10D, 11D, 12C

Wortspiel:
Der ist reich, der Freunde hat.

Seite 75

Ja/Nein Quiz:
Gut Ding braucht Weile.

Seite 76

Film-Quiz:
jugendlich

Seite 77

Das leichte Quiz:
1D, 2B, 3D, 4D, 5B, 6C, 7D, 8C, 9B, 10B, 11C, 12B, 13B, 14A, 15B

Bilder-Quiz:
LORENZ, NORDENS, BALLKLEID

Seite 78

Reise-Quiz:
1. c, 2. d, 3. d, 4. b, 5. d, 6. a, 7. c, 8. d

Wer wird Millionär?:
1A, 2B, 3B, 4D, 5B, 6C, 7B, 8B, 9A, 10A, 11C, 12A, 13B, 14D, 15B

Seite 79

Sortier-Quiz: ADLER

Das verzwickte Quiz: Drogerie

Seite 80

Themen-Quiz:
Nix für Simbel und Dämel!
1B, 2A, 3B, 4C, 5D, 6B, 7C, 8C, 9C, 10D

Quiz für Genies:
1C, 2C, 3C, 4C, 5A, 6D, 7A, 8B, 9D, 10B, 11C, 12D

Seite 81

Testen Sie Ihr Allgemeinwissen!:
1. Kränzchen, 2. Daumen, 3. Hippokrates, 4. Enid Blyton, 5. einem Theater, 6. New Deal, 7. Jürgen von der Lippe, 8. Indien, 9. vier, 10. Namen, 11. Letten, 12. Bayer 04 Leverkusen

Bilder-Quiz:
WAHRHEIT, SALZBURG, KELLE

Seite 82

Quiz:
1B, 2C, 3B, 4C, 5C, 6C, 7A, 8C, 9D, 10B

Bilder-Quiz:
STEPPE, FALLERSLEBEN, NELKEN

Seite 83

Wer wird Millionär?:
1D, 2A, 3C, 4C, 5C, 6D, 7D, 8B, 9C, 10D, 11B, 12C, 13B, 14C, 15C

Tier-Quiz:
1. Snoopy, 2. Schnecken, 3. Magen

Seite 84

Quiz:
1A, 2C, 3C, 4B, 5B, 6C, 7D, 8A, 9D, 10A, 11B, 12A

Wortspiel:
Das Auge ist ein treuer Zeuge.

Seite 85

Ja/Nein Quiz:
Jedes Fragen ist ein Suchen.

Seite 86/87

Film-Quiz:
Beziehungskiste

Seite 88

Reise-Quiz:
1. b, 2. d, 3. b, 4. d, 5. b, 6. c, 7. d, 8. a

Wer wird Millionär?:
1B, 2D, 3B, 4C, 5B, 6B, 7C, 8A, 9C, 10B, 11B, 12D, 13A, 14C, 15C

Seite 89

Sortier-Quiz:
BLUMEN

Das verzwickte Quiz:
Zugreise

Seite 90

Themen-Quiz:
Quiz für Wirtschaftswunderkinder
1C, 2D, 3B, 4C, 5B, 6D, 7A, 8C, 9B, 10A

Quiz für Genies:
1D, 2C, 3C, 4C, 5C, 6A, 7C, 8D, 9D, 10D, 11B, 12A

Seite 91

Testen Sie Ihr Allgemeinwissen!:
1. Schindmöhre, 2. ein Fünfeck, 3. Rosinante, 4. Fisch, 5. Baum, 6. Bär, 7. Deutsches Eck, 8. Bohnen, 9. Königswasser, 10. „Nase vorn“, 11. Südamerika, 12. Bergleute

Bilder-Quiz:
RÜDE, IMKER, TANSANIA

Seite 92

Quiz:
1C, 2B, 3D, 4C, 5A, 6A, 7D, 8B, 9B, 10A

Mode-Quiz:
1a, 2a, 3c, 4d

Seite 93

Wer wird Millionär?:
1C, 2C, 3C, 4C, 5B, 6D, 7B, 8C, 9C, 10D, 11A, 12D, 13A, 14B, 15A

Tier-Quiz:
1. Rosette, 2. Pflanzen, 3. Muli

Seite 94

Quiz:
1B, 2B, 3B, 4C, 5D, 6B, 7B, 8A, 9C, 10C, 11B, 12B

Wortspiel:
Anweisung ist keine Zahlung.

Seite 95

Ja/Nein Quiz:
Das Gute wirkt im Stillen.

Seite 96

Darf ich bitten?:
1C, 2A, 3C, 4A, 5B, 6B

Seite 97

Das leichte Quiz:
1C, 2B, 3D, 4B, 5A, 6D, 7C, 8D, 9B, 10B, 11D, 12C, 13B, 14B, 15A

Bilder-Quiz:
NOAH, ROTHAARGEBIRGE, GEMEINE WEGWARTE

Seite 98

Reise-Quiz:
1. d, 2. c, 3. a, 4. c, 5. b, 6. c, 7. c, 8. d

Wer wird Millionär?:
1B, 2D, 3B, 4C, 5C, 6C, 7D, 8C, 9A, 10B, 11A, 12C, 13B, 14A, 15B

Seite 99

Sortier-Quiz: KIEL

Das verzwickte Quiz:
Register

Seite 100

Themen-Quiz:
Quiz für „Ostalgiker“!
1B, 2B, 3B, 4D, 5C, 6D, 7D, 8D, 9B, 10A

Quiz für Genies:
1B, 2B, 3B, 4B, 5C, 6C, 7C, 8A, 9C, 10A, 11C, 12A

Seite 101

Testen Sie Ihr Allgemeinwissen!:
1. rasa, 2. Jubeljahre, 3. Betonkopf, 4. die Lausitz, 5. Weltbürger, 6. „Akropolis“, 7. Karten, 8. Reichtum, 9. Walen, 10. 1972, 11. „Que Sera, Sera“, 12. Astat

Bilder-Quiz:
RHEIN, WALDMENSCH, WEIN

Seite 102

Quiz:
1C, 2A, 3B, 4D, 5B, 6B, 7B, 8C, 9D, 10D

Bilder-Quiz:
JAPAN, LAUCH, SASSE

Seite 103

Wer wird Millionär?:
1D, 2A, 3B, 4C, 5D, 6B, 7C, 8A, 9B, 10B, 11A, 12C, 13B, 14A, 15C

Tier-Quiz:
1. Niederlande, 2. Wolf, 3. Afrika

Seite 104

Quiz:
1A, 2D, 3B, 4B, 5B, 6C, 7C, 8D, 9B, 10C, 11B, 12B

Wortspiel:
Aus einem Wolf wird kein Lamm.

Seite 105

Ja/Nein Quiz:
Wo Freude ist, da ist Leben.

Seite 106/107

Film-Quiz:
Liebesbeziehung

Seite 108

Reise-Quiz:
1. c, 2. d, 3. c, 4. b, 5. a, 6. d, 7. b, 8. a

Wer wird Millionär?:
1B, 2C, 3D, 4C, 5B, 6A, 7A, 8B, 9B, 10A, 11B, 12D, 13B, 14C, 15C

Seite 109

Sortier-Quiz:
WEIMAR

Das verzwickte Quiz:
Training

Seite 110

Themen-Quiz:
Klar wie Kloßbrühe?
1B, 2D, 3B, 4C, 5B, 6C, 7A, 8D, 9C, 10C

Quiz für Genies:
1B, 2B, 3D, 4B, 5C, 6B, 7D, 8D, 9D, 10B, 11A, 12C

Seite 111

Testen Sie Ihr Allgemeinwissen!:
1. Schnapszahlen, 2. Schnitzeljagd, 3. plus, 4. das Rhönrad, 5. abgestürzt, 6. Butt, 7. Violett, 8. Anne, 9. Teddy, 10. Vampir, 11. San Francisco, 12. Mensch

Bilder-Quiz:
WURZEL, WANGE, BELFAST

Seite 112

Quiz:
1B, 2C, 3B, 4C, 5B, 6B, 7A, 8C, 9A, 10A

Bilder-Quiz:
RÜTTELN, LIKÖR, HAARE

Seite 113

Wer wird Millionär?:
1A, 2D, 3C, 4B, 5B, 6D, 7D, 8A, 9A, 10B, 11C, 12D, 13D, 14B, 15A

Tier-Quiz:
1. Chile, 2. Nemo, 3. Points

Seite 114

Quiz:
1A, 2C, 3B, 4B, 5B, 6D, 7B, 8B, 9D, 10A, 11D, 12B

Wortspiel:
Niemand holt seine Worte ein.

Seite 115

Ja/Nein Quiz:
Erlaubt ist, was gefaellt.

Seite 116

Schokoladenzeiten:
1A, 2C, 3A, 4B, 5B, 6A

Seite 117

Das leichte Quiz:
1C, 2D, 3A, 4C, 5D, 6A, 7D, 8C, 9B, 10C, 11A, 12C, 13D, 14B, 15D

Bilder-Quiz:
BAGGERN, DILL, KAI

Seite 118

Reise-Quiz:
1. c, 2. b, 3. c, 4. c, 5. a, 6. a, 7. a, 8. b

Wer wird Millionär?:
1B, 2C, 3A, 4B, 5D, 6D, 7D, 8A, 9C, 10A, 11D, 12D, 13B, 14C, 15B

Seite 119

Sortier-Quiz:
WAHRHEIT

Das verzwickte Quiz:
Zwieback

Seite 120

Themen-Quiz:
Nix för Quittjes!
1D, 2B, 3A, 4C, 5A, 6A, 7B, 8D, 9C, 10C

Quiz für Genies:
1C, 2A, 3A, 4D, 5B, 6A, 7B, 8B, 9D, 10B, 11B, 12B

Seite 121

Testen Sie Ihr Allgemeinwissen!:
1. grüne, 2. Pasta, 3. Butter, 4. Blüte, 5. Teilung, 6. Natriumchlorid, 7. die Inka, 8. Lakritze, 9. Dativ, 10. faules, 11. Lausche, 12. China

Bilder-Quiz:
SCHAUFEL, ALBATROS, VERONA

Seite 122

Quiz:
1B, 2B, 3A, 4A, 5B, 6B, 7A, 8C, 9B, 10B

Bilder-Quiz:
MEERRABE, RHEUMA, HERZ

Seite 123

Wer wird Millionär?:
1A, 2D, 3B, 4B, 5B, 6D, 7A, 8B, 9A, 10B, 11C, 12C, 13A, 14D, 15C

Tier-Quiz: 1. Syrien, 2. Marder, 3. Halswieger

Seite 124

Quiz:
1C, 2B, 3D, 4B, 5B, 6C, 7B, 8D, 9B, 10C, 11A, 12A

Wortspiel:
Altes klappert, Neues klingt.

Seite 125

Ja/Nein Quiz:
Liebe macht schoen.

Seite 126/127

Film-Quiz: Dreivierteltakt

Seite 128

Reise-Quiz:
1. d, 2. c, 3. a, 4. d, 5. a, 6. b, 7. d, 8. d

Wer wird Millionär?:
1B, 2C, 3B, 4D, 5C, 6D, 7B, 8B, 9C, 10A, 11A, 12B, 13B, 14D, 15D

Seite 129
Sortier-Quiz: WILLIAM

Das verzwickte Quiz:
Reformer

Seite 130
Themen-Quiz:
Nix för Dröömdöppe!
1B, 2C, 3B, 4A, 5D, 6A, 7C, 8D, 9D, 10C

Quiz für Genies:
1C, 2D, 3D, 4B, 5D, 6B, 7B, 8C, 9C, 10A, 11D, 12C

Seite 131
Testen Sie Ihr Allgemeinwissen!:
1. freundlich, 2. Batterie, 3. Italien, 4. H. Erhardt, 5. Fred Astaire, 6. Schnittstelle, 7. Hund, 8. Sigourney Weaver, 9. Kasachstan, 10. Hypotonie, 11. Adam, 12. Schmetterling

Bilder-Quiz:
LILIE, DRESDEN, HUSKY

Seite 132
Quiz:
1B, 2A, 3A, 4B, 5B, 6A, 7C, 8C, 9A, 10C

Bilder-Quiz:
BAUMSAFT, ROSSKASTANIE, AFTERKLAUE

Seite 133
Wer wird Millionär?:
1D, 2A, 3C, 4B, 5B, 6B, 7A, 8C, 9D, 10B, 11A, 12C, 13A, 14C, 15D

Tier-Quiz:
1. Trump, 2. Spatulae, 3. schwitzen

Seite 134
Quiz:
1B, 2C, 3B, 4B, 5A, 6C, 7D, 8B, 9B, 10C, 11D, 12B

Wortspiel:
Eigner Ruhm ist Neides Sonne.

Seite 135
Ja/Nein Quiz:
Fragen kostet nichts.

Seite 136
Film-Quiz:
auffordern

Seite 137
Das leichte Quiz:
1D, 2D, 3C, 4B, 5D, 6B, 7C, 8D, 9C, 10D, 11C, 12B, 13B, 14B, 15D

Bilder-Quiz:
DORF, ROCHADE, EULE

Seite 138
Reise-Quiz:
1. b, 2. a, 3. b, 4. d, 5. a, 6. c, 7. c, 8. a

Wer wird Millionär?:
1A, 2A, 3B, 4A, 5B, 6D, 7C, 8A, 9D, 10C, 11B, 12A, 13B, 14B, 15D

Seite 139
Sortier-Quiz:
HAMBURG

Das verzwickte Quiz:
Internet

Seite 140
Themen-Quiz:
Da ist dein Wissen bläck, oder?
1D, 2C, 3B, 4B, 5A, 6C, 7A, 8D, 9D, 10C

Quiz für Genies:
1A, 2C, 3C, 4B, 5A, 6C, 7A, 8D, 9D, 10A, 11A, 12D

Seite 141
Testen Sie Ihr Allgemeinwissen!:
1. Boot, 2. Kasten, 3. Bremsen, 4. Zuckerhut, 5. halsen, 6. Namib, 7. Lob, 8. Nachtigall, 9. ...hasen, 10. Woodstock, 11. Gotham City, 12. Weiße Elster

Bilder-Quiz:
HIGHGROVE, BAGGERN, LUNTE

Seite 142
Quiz:
1B, 2C, 3B, 4D, 5C, 6C, 7D, 8B, 9C, 10C

Tennis-Quiz:
1d, 2d, 3a, 4b

Seite 143
Wer wird Millionär?:
1B, 2C, 3A, 4B, 5B, 6B, 7C, 8C, 9B, 10C, 11A, 12B, 13C, 14A, 15D

Tier-Quiz:
1. Australien, 2. Blesse, 3. Apportieren

Seite 144
Quiz:
1C, 2D, 3C, 4B, 5C, 6A, 7B, 8B, 9A, 10B, 11C, 12C

Wortspiel:
Daheim ist der Himmel blauer.

Seite 145
Ja/Nein Quiz:
Ohne Fleiss kein Preis!

Seite 146/147
Film-Quiz:
wiederentdecken

Seite 148
Reise-Quiz:
1. a, 2. d, 3. d, 4. a, 5. d, 6. c, 7. c, 8. b

Wer wird Millionär?:
1A, 2D, 3A, 4C, 5A, 6A, 7A, 8D, 9C, 10A, 11D, 12C, 13B, 14A, 15A

Seite 149
Sortier-Quiz: OSCAR

Das verzwickte Quiz:
gelassen

Seite 150

Themen-Quiz:
Nix fir Dommschwätzer!
1C, 2B, 3D, 4A, 5D, 6B, 7C, 8D, 9B, 10A

Quiz für Genies:
1D, 2B, 3B, 4D, 5B, 6D, 7D, 8A, 9D, 10B, 11A, 12C

Seite 151

Testen Sie Ihr Allgemeinwissen!:
1. Beine, 2. Eisen, 3. Rapunzel, 4. Usedom, 5. nie, 6. lesen, 7. rote Zahlen, 8. Alexandra Mary, 9. Oberhand, 10. Kanadier, 11. eine Soße, 12. Habicht

Bilder-Quiz:
ELBE, ROSE, EINS

Seite 152

Quiz:
1C, 2A, 3D, 4A, 5C, 6D, 7C, 8D, 9D, 10B

Bilder-Quiz:
ULTRASCHALL, BLENDEND, LEHM

Seite 153

Wer wird Millionär?:
1C, 2B, 3D, 4A, 5C, 6C, 7D, 8A, 9B, 10A, 11D, 12C, 13C, 14C, 15A

Tier-Quiz:
1. Mufflon, 2. Japan, 3. Strahlenflosser

Seite 154

Quiz:
1C, 2D, 3B, 4A, 5C, 6D, 7D, 8D, 9C, 10B, 11A, 12B

Wortspiel:
Verbotene Aepfel sind suess.

Seite 155

Ja/Nein Quiz:
Zum Tanz gehören zwei.

Seite 156

Das ist ja ein Kinderspiel!:
1A, 2A, 3B, 4C, 5B, 6C

Seite 157

Das leichte Quiz:
1C, 2D, 3D, 4B, 5D, 6C, 7C, 8A, 9D, 10C, 11D, 12B, 13D, 14B, 15A

Bilder-Quiz:
WASCHMASCHINE, IRLAND, PARIS

Seite 158

Reise-Quiz:
1. a, 2. b, 3. c, 4. a, 5. b, 6. d, 7. d, 8. c

Wer wird Millionär?:
1C, 2C, 3A, 4A, 5B, 6B, 7D, 8B, 9B, 10B, 11B, 12D, 13C, 14C, 15B

Seite 159

Sortier-Quiz: COLMAR

Das verzwickte Quiz:
anreisen

Seite 160

Themen-Quiz:
Quiz für Käpsele!
1C, 2B, 3A, 4A, 5B, 6C, 7A, 8B, 9D, 10B

Quiz für Genies:
1A, 2C, 3B, 4B, 5B, 6C, 7B, 8D, 9C, 10A, 11A, 12C

Seite 161

Testen Sie Ihr Allgemeinwissen!:
1. Eimer, 2. Sextanten, 3. von draußen, 4. Schwarzer Peter, 5. Fischstäbchen, 6. geschlagen, 7. Spiritus Sanctus, 8. Wandern, 9. der Pferdekuss, 10. Neverland, 11. stille, 12. Myopie

Bilder-Quiz:
ERIKA, MALLORCA, DIE RÄUBER

Seite 162

Quiz:
1D, 2A, 3B, 4B, 5C, 6D, 7A, 8C, 9B, 10B

Bilder-Quiz:
BILCHE, ERKÄLTUNG, BRENNNESSEL

Seite 163

Wer wird Millionär?:
1B, 2A, 3A, 4B, 5C, 6B, 7D, 8C, 9B, 10B, 11B, 12B, 13C, 14C, 15A

Tier-Quiz:
1. Lassie, 2. Europa, 3. Harzer Roller

Seite 164

Quiz:
1C, 2B, 3A, 4B, 5A, 6A, 7C, 8B, 9A, 10A, 11D, 12B

Wortspiel:
Ruecksicht ist Voraussicht.

Seite 165

Ja/Nein Quiz:
Allzu gut taugt auch nichts.

Seite 166

Promi-Quiz:
1. Lothar Walter, 2. Medizin, 3. Eishockey, 4. Staubsauger, 5. Muttersprache, 6. Abba, 7. stottern, 8. Glasauge, 9. Kanada

Seite 167

Das leichte Quiz:
1C, 2B, 3D, 4C, 5D, 6C, 7B, 8C, 9C, 10C, 11C, 12B, 13D, 14A, 15A

Bilder-Quiz:
LÖWE, KÖRBCHEN, ALT

Seite 168

Reise-Quiz:
1. c, 2. a, 3. d, 4. a, 5. d, 6. b, 7. c, 8. b

Wer wird Millionär?:
1A, 2D, 3B, 4A, 5B, 6D, 7A, 8D, 9D, 10B, 11C, 12C, 13B, 14D, 15D

Seite 169

Sortier-Quiz:
KOELN

Das verzwickte Quiz:
erinnern

Seite 170

Themen-Quiz:
Neist für den Drepsdrelles!
1A, 2D, 3B, 4B, 5C, 6D, 7A, 8B, 9C, 10C

Quiz für Genies:
1D, 2C, 3C, 4B, 5C, 6B, 7A, 8D, 9B, 10A, 11A, 12A

Seite 171

Testen Sie Ihr Allgemeinwissen!:
1. Gänsehaut, 2. Palme, 3. Schwarzwild, 4. gerufen, 5. Rheinfall, 6. Grönland, 7. Staubsauger, 8. Österreich, 9. Rechtsanwalt, 10. Harz, 11. krank machend, 12. von vorne

Bilder-Quiz:
TEE, WALDIG, GENF

Seite 172

Quiz:
1A, 2A, 3C, 4A, 5A, 6C, 7B, 8C, 9C, 10C

Bilder-Quiz:
PETZ, KREISRUND, OOTHEK

Seite 173

Wer wird Millionär?:
1C, 2C, 3D, 4B, 5D, 6C, 7B, 8A, 9C, 10B, 11C, 12B, 13D, 14A, 15C

Tier-Quiz:
1. Hundskatze, 2. Stare, 3. Kehlwamme

Seite 174

Quiz: 1B, 2C, 3A, 4C, 5C, 6A, 7B, 8A, 9C, 10C, 11A, 12B

Wortspiel:
Gemalte Blumen duften nicht.

Seite 175

Ja/Nein Quiz:
Lachen ist die beste Medizin.

Seite 176

Promi-Quiz:
1. Coburg, 2. Hochsprung, 3. Schuhe, 4. Impossible, 5. Ava, 6. weiß, 7. Andre Agassi, 8. Eiffelturm, 9. Heidelberg

Seite 177

Das leichte Quiz:
1D, 2B, 3A, 4A, 5B, 6C, 7B, 8A, 9D, 10A, 11C, 12B, 13B, 14A, 15A

Bilder-Quiz:
AGAVE, TELLER, NEUN

Seite 178

Reise-Quiz:
1. c, 2. c, 3. c, 4. d, 5. c, 6. c, 7. b, 8. a

Wer wird Millionär?:
1D, 2B, 3D, 4A, 5B, 6C, 7B, 8D, 9B, 10D, 11C, 12C, 13A, 14D, 15D

Seite 179

Sortier-Quiz: PATRICK

Das verzwickte Quiz: Brandung

Seite 180

Themen-Quiz:
Nix für Depperte!
1C, 2D, 3A, 4D, 5B, 6B, 7C, 8A, 9D, 10B

Quiz für Genies:
1B, 2D, 3B, 4A, 5C, 6B, 7A, 8B, 9D, 10A, 11A, 12B

Seite 181

Testen Sie Ihr Allgemeinwissen!:
1. wedeln, 2. Hase, 3. Sohle, 4. gehen, 5. Post, 6. Stollen, 7. böhmische, 8. gestrichen, 9. China, 10. „Rain Man“, 11. Regensburg, 12. Erzbischof

Bilder-Quiz:
EINSTEIN, SCHALKE, BELLADONNA

Seite 182

Quiz:
1C, 2D, 3D, 4B, 5C, 6D, 7A, 8B, 9B, 10B

Bilder-Quiz:
MILCHSAFT, HIRSCHE, WALDRAND

Seite 183

Wer wird Millionär?:
1C, 2A, 3C, 4C, 5B, 6D, 7C, 8D, 9A, 10B, 11A, 12A, 13B, 14D, 15C

Tier-Quiz:
1. Südamerika, 2. Kakadu, 3. Schwanzflosse

Seite 184

Quiz:
1D, 2C, 3B, 4C, 5B, 6B, 7A, 8B, 9A, 10A, 11C, 12D

Wortspiel:
Gipfel und Abgrund sind eins.

Seite 185

Ja/Nein Quiz:
Drei mal drei ist neun.

Seite 186

Promi-Quiz:
1. Jurist, 2. Hugh Grant, 3. Silly, 4. Sydney, 5. Cherokee, 6. Boxen, 7. Oliver Kahn, 8. Besenstiel, 9. Argentinien

Seite 187
Das leichte Quiz:
1C, 2D, 3D, 4B, 5D, 6A, 7B, 8C, 9D, 10B, 11C, 12A, 13A, 14B, 15D
Bilder-Quiz:
STRADIVARI, KUPFERZEIT, JULIENNE

Seite 188
Reise-Quiz:
1. a, 2. d, 3. b, 4. c, 5. b, 6. d, 7. c, 8. b
Wer wird Millionär?:
1A, 2D, 3C, 4B, 5B, 6A, 7B, 8C, 9B, 10A, 11D, 12B, 13B, 14B, 15D

Seite 189
Sortier-Quiz: DONNA LEON
Das verzwickte Quiz: makellos

Seite 190
Themen-Quiz:
Nix für Heichdl!
1A, 2C, 3D, 4A, 5C, 6B, 7C, 8B, 9D, 10D
Quiz für Genies:
1D, 2B, 3D, 4D, 5D, 6B, 7C, 8C, 9B, 10A, 11B, 12A

Seite 191
Testen Sie Ihr Allgemeinwissen!:
1. Anzug, 2. Wien, 3. Mutter, 4. Super Bowl, 5. San Diego, 6. übersinnlich, 7. ca. 3,5 Std., 8. Cocktail, 9. do, 10. Schwert, 11. Schweden, 12. Gabrielle
Bilder-Quiz:
KANADA, PUFFER, RUGBY

Seite 192
Quiz:
1B, 2A, 3B, 4D, 5B, 6B, 7B, 8B, 9D, 10A
Bilder-Quiz:
BLATTLÄUSE, HARZ, ANTISEPTISCH

Seite 193
Wer wird Millionär?:
1C, 2B, 3C, 4D, 5C, 6D, 7A, 8C, 9D, 10C, 11A, 12D, 13C, 14A, 15D
Tier-Quiz:
1. Jagd, 2. Ohrfleck, 3. Segelflosser

Seite 194
Quiz:
1A, 2C, 3D, 4D, 5C, 6A, 7A, 8B, 9B, 10B, 11B, 12A
Wortspiel:
Im Zorn ist Zaudern das Beste.

Seite 195
Ja/Nein Quiz:
Irrtümer bringen weiter.

Seite 196
Waldspaziergang:
1C, 2B, 3C, 4B, 5B, 6A

Seite 197
Das leichte Quiz:
1C, 2B, 3B, 4B, 5D, 6B, 7B, 8C, 9C, 10C, 11A, 12A, 13A, 14A, 15D

Bilder-Quiz:
SCHWARZ, TINTENFISCH, FREYJA

Seite 198
Reise-Quiz:
1. d, 2. c, 3. d, 4. a, 5. c, 6. a, 7. b, 8. d
Wer wird Millionär?:
1B, 2B, 3C, 4D, 5A, 6B, 7B, 8B, 9B, 10C, 11C, 12A, 13C, 14B, 15B

Seite 199
Sortier-Quiz: BASEL
Das verzwickte Quiz:
abreisen

Seite 200
Themen-Quiz:
Nix forr Deesbaddl!
1D, 2B, 3A, 4C, 5B, 6C, 7D, 8D, 9A, 10A
Quiz für Genies:
1D, 2C, 3A, 4B, 5B, 6B, 7D, 8B, 9D, 10D, 11A, 12D

Seite 201
Testen Sie Ihr Allgemeinwissen!:
1. Hals, 2. tauschen, 3. Hörner, 4. Latte, 5. Jütland, 6. Spirale, 7. Taktmesser, 8. Histidin, 9. Pilze, 10. Hochsprungtechnik, 11. einer Stadt, 12. Getreidesorten
Tier-Quiz:
TICKING, TWEETY, LAICHFLECK

Seite 202
Quiz:
1D, 2C, 3D, 4D, 5D, 6B, 7A, 8A, 9D, 10A
Bilder-Quiz:
AXEL, LUNTE, GLAS

Seite 203
Wer wird Millionär?:
1B, 2A, 3A, 4A, 5D, 6A, 7C, 8B, 9C, 10C, 11D, 12B, 13A, 14B, 15D
Tier-Quiz:
1. nachtaktiv, 2. Australien, 3. Nagetiere

Seite 204
Quiz:
1B, 2C, 3B, 4B, 5C, 6A, 7C, 8D, 9C, 10C, 11B, 12D
Wortspiel:
Was man hofft, glaubt man gern.

Seite 205
Ja/Nein Quiz:
Saturday Night Fever

206/207

Promi-Quiz:
1. Toupet, 2. Volleyball, 3. Loriot, 4. Socken, 5. Fences, 6. Anna, 7. Kohlen, 8. Mount Everest, 9. Deutschland, 10. Tarzan, 11. Maklerin, 12. Elvis Presley, 13. Physik, 14. Schach, 15. Dachs, 16. Messdiener, 17. Hunde, 18. Armenien

Seite 208

Reise-Quiz:
1. d, 2. c, 3. c, 4. c, 5. b, 6. c, 7. d, 8. d

Wer wird Millionär?: 1C, 2B, 3A, 4C, 5C, 6A, 7D, 8D, 9A, 10B, 11B, 12D, 13A, 14B, 15B

Seite 209

Sortier-Quiz: UMBAU

Das verzwickte Quiz: Blutbild

Seite 210

Themen-Quiz:
Hod's gschnacklt?
1C, 2B, 3D, 4A, 5C, 6D, 7B, 8A, 9D, 10D

Quiz für Genies:
1B, 2B, 3D, 4B, 5C, 6D, 7B, 8A, 9B, 10B, 11C, 12D

Seite 211

Testen Sie Ihr Allgemeinwissen!:
1. Hände, 2. Bohnen, 3. Schnuller, 4. Washington, 5. Schrei, 6. Kätzchen, 7. „Hanni und Nanni“, 8. Frankreich, 9. Stammbaum, 10. blau, 11. Granatäpfeln, 12. Physik

Bilder-Quiz:
ERFURT, LIMBO, TELLER

Seite 212

Quiz: 1D, 2D, 3B, 4D, 5C, 6B, 7A, 8B, 9C, 10A

Bilder-Quiz:
TEE, STEIGBÜGEL, MOLDAU

Seite 213

Wer wird Millionär?:
1C, 2D, 3C, 4A, 5C, 6C, 7B, 8B, 9D, 10C, 11C, 12B, 13C, 14B, 15C

Tier-Quiz:
1. Stop, 2. Palmnüsse, 3. Vibrissen

Seite 214

Quiz:
1D, 2C, 3B, 4B, 5D, 6C, 7B, 8B, 9C, 10A, 11B, 12B

Wortspiel:
Die Moral sinkt mit der Sonne.

Seite 215

Ja/Nein Quiz:

Jacke wie Hose sein.

Seite 216

So wunderschön ist Deutschland!:
1B, 2A, 3C, 4B, 5B, 6B

Seite 217

Das leichte Quiz:
1C, 2C, 3B, 4B, 5C, 6B, 7B, 8D, 9B, 10C, 11A, 12C, 13A, 14B, 15A

Bilder-Quiz:
WIEN, DREIZEHN, STRAUSS

Seite 218

Reise-Quiz:
1. d, 2. d, 3. c, 4. d, 5. c, 6. c, 7. b, 8. d

Wer wird Millionär?:
1D, 2C, 3D, 4B, 5B, 6B, 7C, 8C, 9B, 10B, 11C, 12A, 13A, 14C, 15B

Seite 219

Sortier-Quiz:
ANKUNFT

Das verzwickte Quiz:
Kreation

Seite 220

Themen-Quiz:
¿Xerra mallorqui?
1B, 2D, 3A, 4A, 5C, 6D, 7B, 8C, 9D, 10C

Quiz für Genies:
1C, 2D, 3B, 4A, 5A, 6B, 7D, 8B, 9B, 10C, 11C, 12A

Seite 221

Testen Sie Ihr Allgemeinwissen!:
1. nassforsch, 2. grünen, 3. Schweiß, 4. Eiertanz, 5. Groschen, 6. Sizilien, 7. Superfood, 8. Freedom, 9. Bürgerschaft, 10. Meerrettich, 11. 19., 12. Concordia

Bilder-Quiz:
MILCHSTRASSE, BUNDESTAG, LOVE

Seite 222

Quiz:
1A, 2D, 3C, 4D, 5B, 6A, 7C, 8C, 9B, 10C

Bilder-Quiz:
BART, SCHAUFEL, DALMATINER

Seite 223

Wer wird Millionär?:
1D, 2B, 3C, 4D, 5D, 6A, 7A, 8B, 9C, 10C, 11C, 12A, 13D, 14A, 15C

Tier-Quiz:
1. Tibet, 2. Schwimmhäute, 3. Kalzium

Seite 224

Quiz:
1D, 2C, 3B, 4B, 5A, 6D, 7C, 8D, 9D, 10C, 11D, 12B

Wortspiel:
Ohne Eifersucht keine Liebe.

Seite 225

Ja/Nein Quiz:

Urlaubsvorbereitung

Seite 226/227

Promi-Quiz:
1. Herzblatt, 2. Sacha, 3. Ohio, 4. Ärztin, 5. Eisdiele, 6. Weinanbau, 7. Lena-Maria, 8. New Orleans, 9. Turnen, 10. Argentinien, 11. Segeln, 12. Wodka, 13. Kirk Douglas, 14. Marius, 15. Anwalt, 16. Biene Maja, 17. Prins Pilsje, 18. Valentin

Seite 228

Reise-Quiz:
1. c, 2. c, 3. c, 4. a, 5. c, 6. b, 7. d, 8. b

Wer wird Millionär?:
1A, 2B, 3A, 4C, 5B, 6B, 7A, 8B, 9B, 10A, 11C, 12A, 13C, 14B, 15A

Seite 229

Sortier-Quiz:
GULLIVER

Das verzwickte Quiz:
Laborant

Seite 230

Themen-Quiz:
Nix für Thaddädl und Urschel!
1D, 2B, 3C, 4B, 5D, 6A, 7A, 8D, 9B, 10C

Quiz für Genies:
1C, 2B, 3C, 4B, 5C, 6B, 7A, 8C, 9B, 10B, 11A, 12D

Seite 231

Testen Sie Ihr Allgemeinwissen!:
1. Eisen, 2. 0, 3. ins Blaue, 4. Väter, 5. Rom, 6. Augen, 7. Billard, 8. Onkel Fritz, 9. Albatros, 10. Gemini, 11. Nena, 12. Kartografie

Bilder-Quiz:
TIVOLI, ELISE, EDISON

Seite 232

Quiz:
1D, 2A, 3A, 4B, 5B, 6B, 7C, 8C, 9B, 10D

Bilder-Quiz:
CHINA, ARABER, VIERZEHN

Seite 233

Wer wird Millionär?:
1A, 2B, 3D, 4B, 5B, 6D, 7B, 8C, 9C, 10C, 11C, 12D, 13D, 14B, 15A

Tier-Quiz:
1. Auslauf, 2. Weiß, 3. Neuseeland

Seite 234

Quiz:
1B, 2A, 3B, 4C, 5B, 6C, 7C, 8B, 9D, 10C, 11D, 12A

Wortspiel:
Nobel geht die Welt zugrunde.

Seite 235

Ja/Nein Quiz:
Weihnachtsstollen

Seite 236

Promi-Quiz:
1. Klosterschule, 2. Riesenslalom, 3. Weimar, 4. Lauren Kitt, 5. Suri, 6. Preisboxer, 7. Katze, 8. Schweiz, 9. Herr der Ringe

Seite 237

Das leichte Quiz:
1C, 2B, 3D, 4C, 5A, 6C, 7B, 8D, 9B, 10B, 11A, 12C, 13B, 14C, 15D

Wortspiel:
Lerne leiden ohne Klagen.

Seite 238

Reise-Quiz:
1. c, 2. b, 3. b, 4. d, 5. c, 6. c, 7. c, 8. b

Wer wird Millionär?:
1D, 2A, 3B, 4B, 5D, 6C, 7C, 8B, 9B, 10A, 11A, 12C, 13C, 14D, 15A

Seite 239

Sortier-Quiz: VICTORIA

Das verzwickte Quiz: Gemeinde

Seite 240

Themen-Quiz: Nid schlufig sy!
1C, 2A, 3A, 4B, 5D, 6C, 7B, 8D, 9A, 10B

Quiz für Genies:
1C, 2C, 3D, 4A, 5B, 6C, 7C, 8B, 9B, 10C, 11A, 12C

Seite 241

Testen Sie Ihr Allgemeinwissen!:
1. Sonntag, 2. Notnagel, 3. Schwarte, 4. Frauenschuh, 5. Ah!, 6. Mallorca, 7. Sachsen, 8. ein Bein, 9. Tomate, 10. John Ross, 11. Henri, 12. Grün

Bilder-Quiz: TAGETES, WEIN, BERN

Seite 242

Quiz: 1D, 2B, 3D, 4C, 5C, 6A, 7B, 8A, 9D, 10A

Bilder-Quiz: ARGENTINIEN, HAMBURG, ZWEI

Seite 243

Wer wird Millionär?: 1D, 2C, 3A, 4B, 5B, 6C, 7B, 8B, 9D, 10B, 11C, 12C, 13A, 14A, 15A
Tier-Quiz: 1. neun, 2. Bauch, 3. Australien

Seite 244

Quiz:
1C, 2C, 3C, 4A, 5D, 6A, 7B, 8D, 9B, 10C, 11D, 12C

Wortspiel: Ein Mensch bedarf des andern.

Seite 245

Ja/Nein Quiz:
Nichts bleibt, wie es war.

Seite 246/247

Promi-Quiz:
1. Oktoberfest, 2. zwei, 3. Baseball, 4. Muppet Show, 5. Pippi, 6. Skifahren, 7. Feuerschlucker, 8. Sportschau, 9. Mozart, 10. Pilotin, 11. Hamburg, 12. Bora Bora, 13. Ich dien, 14. Honolulu, 15. Griechenland, 16. Udo Jürgens, 17. Geige, 18. Staubsauer

Seite 248

Reise-Quiz:
1. a, 2. c, 3. d, 4. c, 5. b, 6. c, 7. d, 8. d

Wer wird Millionär?:
1A, 2B, 3C, 4C, 5D, 6A, 7C, 8D, 9B, 10B, 11D, 12C, 13B, 14B, 15B

Seite 249

Sortier-Quiz: TILSIT

Das verzwickte Quiz: abnehmen

Seite 250

Themen-Quiz:
Nichts für Damische!
1B, 2C, 3A, 4D, 5A, 6B, 7D, 8C, 9D, 10B

Quiz für Genies:
1C, 2D, 3C, 4A, 5D, 6B, 7A, 8D, 9B, 10B, 11B, 12D

Seite 251

Testen Sie Ihr Allgemeinwissen!:
1. mahlt, 2. Glück, 3. Spinat, 4. Besen, 5. Sakristei, 6. Alexander, 7. Karlsbrücke, 8. Martina Hill, 9. Musik, 10. Königsberg, 11. Worte, 12. Pius IX.

Bilder-Quiz:
HELSINKI, BOGEN, LUTHER

Seite 252

Quiz:
1B, 2B, 3B, 4C, 5B, 6B, 7A, 8A, 9C, 10A

Bilder-Quiz: HELEN MIRREN, KIEW, GOTHA

Seite 253

Wer wird Millionär?:
1C, 2B, 3C, 4C, 5B, 6B, 7B, 8C, 9C, 10A, 11B, 12B, 13D, 14C, 15A

Tier-Quiz:
1. Wiener, 2. fliegen, 3. Carapax

Seite 254

Quiz:
1D, 2B, 3C, 4D, 5B, 6B, 7B, 8D, 9B, 10B, 11A, 12B

Wortspiel:
Voller Bauch lobt das Fasten.

Seite 255

Ja/Nein Quiz:

Walpurgisnacht

Seite 256

Ab an den Strand:

1C, 2A, 3B, 4B, 5A, 6B

Seite 257

Das leichte Quiz:
1D, 2B, 3C, 4A, 5B, 6A, 7B, 8B, 9D, 10D, 11B, 12C, 13B, 14B, 15B

Bilder-Quiz:
ARIANE, RHEIN, WEIN

Seite 258

Reise-Quiz:
1. d, 2. d, 3. b, 4. c, 5. b, 6. c, 7. b, 8. a

Wer wird Millionär?:
1A, 2D, 3B, 4D, 5D, 6A, 7A, 8C, 9B, 10C, 11B, 12C, 13A, 14A, 15A

Seite 259

Sortier-Quiz:
CHARLES

Das verzwickte Quiz:
Tastsinn

Seite 260

Themen-Quiz:
Nix forr Drahnlammbe!
1C, 2B, 3A, 4B, 5C, 6A, 7D, 8C, 9D, 10A

Quiz für Genies:
1B, 2C, 3C, 4D, 5C, 6C, 7D, 8C, 9B, 10D, 11B, 12A

Seite 261

Testen Sie Ihr Allgemeinwissen!:
1. Sense, 2. schon schaukeln, 3. Batterie, 4. die Schöne, 5. Frauenkirche, 6. „Xanadu“, 7. Oscar, 8. Verona, 9. Nachruf, 10. „Flashdance“, 11. Niederländisch, 12. Physik

Bilder-Quiz:
BASSTÖLPEL, LÜBECK, GOETHE

Seite 262

Quiz:
1C, 2B, 3D, 4B, 5D, 6A, 7B, 8D, 9C, 10C

Bilder-Quiz:
GEIGERZÄHLER, BIBERSCHWANZ, SALIERI

Seite 263

Wer wird Millionär?:
1B, 2D, 3D, 4C, 5B, 6C, 7B, 8B, 9A, 10B, 11C, 12D, 13A, 14B, 15C

Tier-Quiz:
1. Liebesvögel, 2. Schaum, 3. Bergbau

Seite 264

Quiz:
1C, 2A, 3A, 4D, 5B, 6A, 7B, 8B, 9D, 10B, 11B, 12B

Wortspiel:
Armut ist ein schlimmer Gast.

Seite 265

Ja/Nein Quiz:
Herbstspaziergang

Seite 266
Promi-Quiz:
1. Barcelona, 2. Navajo,
3. Ocean's Eleven, 4. Leguan,
5. Baptist, 6. Basketball,
7. Lourdes, 8. Eislöffel, 9. Abba

Seite 267
Das leichte Quiz:
1B, 2C, 3D, 4A, 5A, 6A, 7B, 8D, 9B, 10A, 11D, 12B, 13D, 14D, 15B

Bilder-Quiz:
REINEKE, TOPAS, BLINDE KUH

Seite 268
Reise-Quiz:
1. d, 2. d, 3. d, 4. d, 5. d, 6. c, 7. a, 8. b

Wer wird Millionär?: 1A, 2C, 3D, 4A, 5C, 6A, 7B, 8D, 9A, 10B, 11B, 12D, 13A, 14D, 15A

Seite 269
Sortier-Quiz:
HELGOLAND

Das verzwickte Quiz:
Internet

Seite 270
Themen-Quiz:
Quiz für Kloogschieter!
1C, 2D, 3A, 4C, 5C, 6A, 7C, 8B, 9D, 10B

Quiz für Genies:
1C, 2D, 3B, 4B, 5C, 6D, 7A, 8D, 9D, 10A, 11A, 12D

Seite 271
Testen Sie Ihr Allgemeinwissen!:
1. Gut und Böse, 2. Blutwurst, 3. Leimen, 4. Nase, 5. acht, 6. „Du", 7. Legende, 8. Fränkisches, 9. Bundestagspräsident, 10. Oregano, 11. Paris, 12. der Emu

Bilder-Quiz: COPACABANA, ZWEI, MENSCHENRECHTE

Seite 272
Quiz: 1B, 2D, 3D, 4C, 5B, 6B, 7B, 8B, 9B, 10C

Bilder-Quiz: FETTER DIENSTAG, MUSCHEL, ORANGE

Seite 273
Wer wird Millionär?: 1B, 2B, 3A, 4C, 5B, 6A, 7B, 8A, 9B, 10C, 11B, 12A, 13B, 14A, 15C

Tier-Quiz: 1. Stoffpuppe, 2. klettern, 3. Brustband

Seite 274
Quiz:
1B, 2D, 3C, 4A, 5C, 6B, 7D, 8B, 9A, 10A, 11D, 12A

Wortspiel:
Aller Dinge Anfang ist klein.

Seite 275
Ja/Nein Quiz:
Nachrichtensprecher

Seite 276
Promi-Quiz:
1. Bankkaufmann, 2. Hirsch, 3. Pferde, 4. Berlin, 5. Conan, 6. Tokio, 7. Ägypten, 8. Paella, 9. Journalistin

Seite 277
Das leichte Quiz:
1C, 2B, 3D, 4D, 5C, 6A, 7B, 8C, 9D, 10D, 11D, 12A, 13D, 14D, 15B

Bilder-Quiz:
BINGEN, EMMA, BIRNE

Seite 278
Reise-Quiz:
1. a, 2. d, 3. d, 4. b, 5. a, 6. c, 7. d, 8. a

Wer wird Millionär?:
1C, 2B, 3A, 4B, 5C, 6A, 7B, 8C, 9C, 10B, 11C, 12C, 13D, 14C, 15A

Seite 279
Sortier-Quiz:
BRECHT

Das verzwickte Quiz:
strahlen

Seite 280
Themen-Quiz:
Kein Schnatz von sowat?
1A, 2C, 3A, 4D, 5C, 6B, 7D, 8B, 9D, 10B

Quiz für Genies:
1D, 2C, 3D, 4B, 5C, 6C, 7A, 8B, 9A, 10A, 11B, 12D

Seite 281
Testen Sie Ihr Allgemeinwissen!:
1. Jahrmarkt, 2. perlen, 3. dicker Fisch, 4. Hunnen, 5. Venus, 6. Juliane Werding, 7. Grasmücke, 8. Juist, 9. Lux, 10. Russland, 11. Sprichwörtern, 12. Köhler

Bilder-Quiz:
QUEUE, HAMBURG, ADEBAR

Seite 282
Quiz:
1B, 2C, 3C, 4D, 5A, 6B, 7B, 8A, 9A, 10C

Bilder-Quiz:
FABERGÉ, BREAK, ALT

Seite 283
Wer wird Millionär?:
1C, 2C, 3B, 4C, 5A, 6A, 7C, 8D, 9A, 10C, 11D, 12A, 13D, 14B, 15B

Tier-Quiz:
1. weiß, 2. Größe, 3. vier

Seite 284
Quiz:
1C, 2A, 3D, 4B, 5C, 6D, 7D, 8B, 9A, 10B, 11A, 12D

Wortspiel:
In der Faust liegt kein Recht.

Seite 285
Ja/Nein Quiz:
Führerscheinprüfung

Seite 286
Promi-Quiz:
1. „Faust“, 2. Waldmensch, 3. Wilhelm, 4. erfolgreich, 5. Esmeralda, 6. Englisch, 7. Beirut, 8. Shrader, 9. Riesenslalom

Seite 287
Das leichte Quiz: 1C, 2D, 3D, 4B, 5C, 6A, 7D, 8C, 9B, 10D, 11C, 12C, 13C, 14B, 15C

Bilder-Quiz:
ISAR, BASSET, SECHZIG

Seite 288
Reise-Quiz: 1. c, 2. a, 3. d, 4. a, 5. b, 6. c, 7. b, 8. b

Wer wird Millionär?:
1D, 2B, 3C, 4C, 5B, 6C, 7B, 8C, 9A, 10A, 11B, 12C, 13C, 14C, 15D

Seite 289
Sortier-Quiz: ADLER

Das verzwickte Quiz: Harmonie

Seite 290
Themen-Quiz:
Nix für Simbel und Dämel!
1B, 2A, 3A, 4B, 5C, 6C, 7A, 8B, 9A, 10D

Quiz für Genies:
1D, 2C, 3C, 4C, 5D, 6B, 7C, 8D, 9B, 10D, 11D, 12C

Seite 291
Testen Sie Ihr Allgemeinwissen!:
1. Berg, 2. Zimmermann, 3. geschmiedet, 4. Frau, 5. Mosel, 6. Batiken, 7. „Brisant“, 8. Brasilia, 9. ein Sitzmöbel, 10. Riems, 11. elf, 12. Fiona

Bilder-Quiz:
KROKUS, LONDON, PATELLA

Seite 292
Quiz: 1A, 2B, 3D, 4B, 5A, 6A, 7C, 8D, 9A, 10B

Bilder-Quiz:
KRÜGER-NATIONALPARK, SORGENFREI, VIER

Seite 293
Wer wird Millionär?:
1B, 2C, 3A, 4A, 5C, 6C, 7B, 8C, 9C, 10A, 11B, 12D, 13B, 14A, 15B

Tier-Quiz:
1. Beethoven, 2. Staub, 3. Aalstrich

Seite 294
Quiz: 1B, 2D, 3C, 4C, 5A, 6B, 7A, 8A, 9B, 10D, 11C, 12C

Wortspiel:
Behauptung ist nicht Beweis.

Seite 295
Ja/Nein Quiz:
Man lebt nur zweimal.

Seite 296
Musik liegt in der Luft!:
1B, 2C, 3A, 4C, 5B, 6C

Seite 297
Das leichte Quiz:
1C, 2C, 3A, 4D, 5B, 6C, 7C, 8A, 9D, 10C, 11B, 12B, 13B, 14D, 15D

Bilder-Quiz:
HARFE, RÜGEN, CLOGS

Seite 298
Reise-Quiz: 1. a, 2. d, 3. c, 4. c, 5. d, 6. d, 7. b, 8. a

Wer wird Millionär?: 1C, 2B, 3C, 4B, 5D, 6B, 7B, 8B, 9B, 10B, 11C, 12B, 13B, 14C, 15B

Seite 299
Sortier-Quiz: MAYFLOWER

Das verzwickte Quiz: Meersalz

Seite 300
Themen-Quiz:
Quiz für Wirtschaftswunderkinder
1C, 2C, 3C, 4D, 5C, 6D, 7B, 8C, 9D, 10C

Quiz für Genies:
1B, 2A, 3D, 4A, 5C, 6C, 7C, 8C, 9B, 10B, 11D, 12D

Seite 301
Testen Sie Ihr Allgemeinwissen!:
1. Komma, 2. Gärtner, 3. Wein, 4. Dusche, 5. 180. Längengrads, 6. gar nichts, 7. Jimmy, 8. Segeln, 9. Kiwis, 10. Seattle, 11. Puma, 12. 1978

Bilder-Quiz:
MONTBLANC, EIFEL, JASMIN

Seite 302
Quiz: 1C, 2C, 3B, 4B, 5C, 6A, 7A, 8B, 9B, 10C

Bilder-Quiz:
SEINER EHEFRAU, ÖSTERREICH, SOCKEN

Seite 303
Wer wird Millionär?: 1A, 2C, 3D, 4B, 5B, 6D, 7C, 8D, 9B, 10A, 11B, 12C, 13B, 14D, 15C

Tier-Quiz: 1. Frankreich, 2. Fuchs, 3. Garfield

Seite 304
Quiz: 1B, 2D, 3D, 4B, 5D, 6B, 7B, 8C, 9D, 10C, 11D, 12A

Wortspiel:
Geld macht nicht gluecklich.

Seite 305
Ja/Nein Quiz:
Schmalspurganoven